Die Schöpfer und Lehrer des Judentums

vom Fall Jerusalems bis zum Tod Herodes des Großen

Charles Foster Kent

Alpha-Editionen

Diese Ausgabe erschien im Jahr 2023

ISBN: 9789359251950

Herausgegeben von
Writat
E-Mail: info@writat.com

VORWORT

Der in diesem Band dargestellte Zeitraum ist in vielerlei Hinsicht der komplexeste und verwirrendste in der Geschichte Israels. Die Aufzeichnungen beziehen sich nicht auf das Leben einer Nation, sondern auf die verstreuten Überreste einer Rasse. Es war unvermeidlich, dass die Überlebenden der jüdischen Rasse unter dem Einfluss ihrer vielfältigen Umgebung sehr unterschiedliche Überzeugungen und Eigenschaften entwickelten. Das Ergebnis ist, dass sich in der Literatur dieser Zeit viele unterschiedliche Denkrichtungen und Glaubensrichtungen widerspiegeln; Einiges davon ist Schlacke, aber ein Großteil davon ist reinstes Gold. Während die Zeit nach der Zerstörung Jerusalems eine Zeit des Nachdenkens und Rückblicks war, in der die Lehren der früheren Priester und Propheten breite Akzeptanz fanden, war sie auch eine kreative Ära. Die Hälfte der Literatur des Alten Testaments und alle wichtigen Schriften der Apokryphen stammen aus diesen tragischen fünf Jahrhunderten. Obwohl die historischen Aufzeichnungen keineswegs vollständig sind, werden die großen Krisen im Leben Israels durch so bemerkenswerte historische Schriften wie die Memoiren von Nehemia, das erste Buch der Makkabäer und die detaillierten Geschichten von Josephus beleuchtet.

Die meisten Schriften offenbaren jedoch vor allem die Seele der Rasse. Aus seiner Angst und seinem Leid entstanden die unsterblichen Gedichte, die in Jesaja 40-66, im Buch Hiob und im Psalter zu finden sind. Anstelle der ausgeprägt nationalistischen Sichtweise, die praktisch alle Schriften der vorexilischen Zeit kennzeichnet, wird das Interesse individuell und die Sichtweise universell. Während dieser Jahrhunderte wurden die Propheten, Priester und Weisen Israels nicht nur zu Lehrern der Nation, sondern auch der Menschheit. Unter den großen Lehrern seiner Zeit sticht der edle Weise Jesus, der Sohn Sirachs, heraus, der das Wesentliche in der früheren Lehre seines Geschlechts herausarbeitete und in wirkungsvoller Form darlegte. In seinem breiten, einfachen Glauben an Gott und den Menschen, in seiner Betonung von Taten und Charakter sowie Zeremoniell und in seiner praktischen Lebensphilosophie war er ein würdiger Vorläufer des großen Lehrers, dessen Namen er trug.

Diese Periode stellt den Höhepunkt und die Frucht der göttlichen Einflüsse dar, die in der frühen Geschichte Israels am Werk waren. In dieser Zeit wurde das Judentum geboren und erreichte seine volle Entwicklung, Israel akzeptierte die absolute Herrschaft des geschriebenen Gesetzes und die Schriftgelehrten traten die Nachfolge der früheren Propheten und Weisen an. Aus der Hitze und dem Konflikt des makkabäischen Kampfes entstanden die Parteien der Pharisäer und Sadduzäer und eroberten ihren beherrschenden Platz im Leben des Judentums. Daher ist diese Periode die naturgeschichtliche Einführung in das Studium der Geburt und frühen Entwicklung des Christentums. Es ist auch die Verbindung, die die Offenbarung des Alten Testaments mit der des Neuen verbindet.

Die Literatur aus dieser Zeit ist so umfangreich, dass sie an vielen Stellen gekürzt werden musste, um das Wertvollste zu nutzen. Dies wurde dadurch erreicht, dass Passagen weggelassen wurden, die sekundären Ursprungs oder Werts sind, und gleichzeitig die Sprache und das logische Denken der ursprünglichen Autoren bewahrt wurden. In den ausführlichen und umfangreichen Schriften von Josephus ist der resultierende Text in den meisten Fällen weitaus klarer und nützlicher; denn die sich wiederholenden Sätze im Original verdecken oft den wahren Gedanken des Autors. Für die Verwendung apokryphischer Schriften wie „I Makkabäer", „Ben Sira", „Die Weisheit Salomos" oder „Josephus' Geschichten" bedarf es keiner Entschuldigung oder Erklärung, denn diese sind erforderlich, um die zwei Jahrhunderte zu überbrücken, die zwischen den neuesten Schriften des Alten Testaments und dem Alten Testament liegen früheste Schriften des Neuen. Sie ermöglichen es, die biblische Geschichte als eine ununterbrochene Einheit von den Tagen Moses bis zum Ende des ersten christlichen Jahrhunderts zu studieren und so die bedeutende, aber oft vergessene Tatsache konkret hervorzuheben, dass Gott sich unaufhörlich durch das Leben seines Volkes offenbarte und dass die Bibel, die diese Offenbarung aufzeichnet, nicht aus zwei getrennten Teilen besteht, sondern ein einziges Buch ist.

Ich bin zwei meiner ehemaligen Studenten, Reverend Harold B. Hunting und Ralph H. Pierce, für wertvolle Hilfe und Anregungen bei der Vorbereitung dieses Bandes für den Druck verpflichtet.

CFK YALE UNIVERSITY, *Oktober* 1911.

Das Exil und die Wiederbelebung der judäischen Gemeinschaft

Abschnitt XCI. DIE JUDEN IN PALÄSTINENS UND ÄGYPTEN

[Randbemerkung: Lam. 2:1-5]
Wie der Herr in seinem Zorn die Tochter Zion verdunkelt hat! Er hat die
Schönheit Israels vom Himmel auf die Erde geworfen und seinen
Fußschemel nicht im Gedächtnis behalten am Tag seines Zorns. Der Herr
Er hat ohne Gnade jede Wohnstätte Jakobs verschlungen, Er hat in seinem
Zorn die Festungen der Tochter Juda niedergerissen, Er hat sie zu Boden
geschlagen, Er hat ihren König und ihre Fürsten verunreinigt. Er hat sie
vernichtet in der Grimmigkeit ihrer Er erzürnt die ganze Kraft Israels, er
hat seine rechte Hand vor dem Feind zurückgezogen, er hat in Jakob
gebrannt wie eine Flamme, die von allen Seiten verzehrt. Er hat seinen
Bogen gespannt wie ein Feind, er hat dagestanden wie ein Widersacher, er
Er hat alle begehrten Männer im Zelt Zions getötet und seinen Zorn wie
Feuer [über die Tochter Juda] ausgegossen. Der Herr ist wie ein Feind
geworden, er hat Israel verschlungen, er hat alle seine Paläste verschlungen
Er hat seine Festungen zerstört und die Tochter Judas mit Seufzen und
Wehklagen vermehrt.

[Randbemerkung: Lam. 2:6,7]
Er hat seine Wohnung abgerissen wie einen Weinstock, er hat seine
Versammlungsstätte zerstört, er hat in Zion den Fasttag und den Sabbath in
Vergessenheit geraten lassen und hat in seinem Zorn König und Priester
verschmäht Der Herr hat seinen Altar verworfen, er hat sein Heiligtum
verabscheut, er hat die Bundeslade in die Hände des Feindes gegeben, sie
haben einen Lärm gemacht im Haus des HERRN wie an einem feierlichen
Festtag.

[Randbemerkung: Lam. 2:8-10]
Der HERR hat beschlossen, die Mauer Zions zu zerstören. Er hat die Linie
ausgestreckt, er hat seine Hand nicht zurückgehalten, sie zu zerstören Er
hat die Erde zerstört, ihre Verteidigungen zerstört .
Ihr König und ihre Fürsten sind unter den Heiden, es gibt kein Gesetz.
Auch ihre Propheten empfangen von Jehova keine Vision. Schweigend
sitzen die Ältesten Zions auf der Erde; sie werfen Staub auf ihre Häupter ;
Sie sind mit Säcken umgürtet. Mit zur Erde gesenkten Häuptern sind die
Töchter Jerusalems.

[Randbemerkung: Lam. 5:1-7]
Denke daran, o Jehova, was uns widerfahren ist. Schau und sieh unsere
Schande. Unser Erbe wird Fremden übergeben. Unsere Häuser gehören
Fremden. Wir sind Waisen und vaterlos. Unsere Mütter sind wie Witwen.

Wir trinken unser Wasser für Geld, unser Holz kommt zu uns durch Kauf. Das Joch auf unserem Hals bedrängt uns, wir sind müde und finden keine Ruhe. Wir haben den Ägyptern und den Assyrern die Hand gegeben, damit wir gesättigt würden Nahrung. Unsere Väter haben gesündigt und sind nicht mehr, während wir ihre Schuld tragen.

[Randbemerkung: Lam. 5:8-13]
Sklaven haben die Herrschaft über uns, und niemand kann sie aus ihrer Hand erlösen. Wir bekommen unser Brot unter Lebensgefahr, wegen des Schwertes der Wüste. Unsere Haut wird heiß wie ein Ofen, wegen des glühende Hitze der Hungersnot. Sie vergewaltigen die Frauen in Zion, die Jungfrauen in den Städten Judas. Fürsten werden an der Hand aufgehängt, Die Person der Ältesten wird nicht geehrt. Die jungen Männer tragen die Mühle hoch, und die Kinder straucheln darunter Das Holz.

[Randbemerkung: Lam. 5:14-18]
Die Ältesten haben aufgehört vom Tor, die Jünglinge von ihrer Musik. Die Freude unseres Herzens hat aufgehört, Unser Tanz hat sich in Trauer verwandelt. Die Krone ist von unserem Haupt gefallen; Wehe uns! denn wir haben gesündigt.

Aus diesem Grund ist unser Herz schwach,
aus diesem Grund sind unsere Augen trüb; denn der Berg Zion ist wüst; die Schakale gehen darüber.

[Randbemerkung: Jer. 43:8-12] Das Wort des HERRN erging auch an Jeremia in Tachpanhes und sprach: Nimm große Steine in deine Hand und vergrabe sie in dem losen Fundament an der mit Ziegeln bedeckten Stelle vor der Tür des Pharao-Palastes in Tachpanhes vor den Augen der Menschen Männer von Juda; und sprich zu ihnen: So spricht der HERR, der Gott Israels, Heerscharen: Siehe, ich werde Nebukadnezar, den König von Babylon, meinen Diener , herbeiholen lassen und seinen Thron auf diese Steine setzen, die ihr begraben habt, und er soll es tun breitet seinen königlichen Pavillon über ihnen aus. Und er wird kommen und das Land Ägypten schlagen; die, die dem Tode schuldig sind, werden dem Tod übergeben werden, und die, die der Gefangenschaft dienen, werden der Gefangenschaft übergeben werden, und die, die dem Schwert geweiht sind, werden der Gefangenschaft übergeben werden dem Schwert gegeben werden. Und er wird ein Feuer anzünden in den Häusern der Götter Ägyptens und wird sie verbrennen und wegführen. Und er wird sich im Land Ägypten einhüllen, wie ein Hirte seinen Mantel anzieht, und Er wird von dort in Frieden fortgehen. Er wird auch die Obelisken von Heliopolis zerschlagen und die Tempel der Götter Ägyptens wird er mit Feuer verbrennen.

[Randbemerkung: Jer. 44:1-10] Das Wort, das zu Jeremia erging über alle Juden, die im Land Ägypten wohnten, die in Migdol , Tachpanhes , Memphis und im Oberägypten wohnten, und sprach: So spricht der HERR Zebaoth, der Gott Israels „Ihr habt all das Böse gesehen, das ich über Jerusalem und alle Städte Judas gebracht habe; Und siehe, sie sind heute eine Wüste, und niemand wohnt darin, wegen ihrer Bosheit, die sie begangen haben, um mich zu erzürnen, indem sie hingingen, um anderen Göttern Opfer darzubringen, was sie nicht wussten, weder sie noch ihr , noch deine Väter. Ich sandte jedoch ständig alle meine Diener, die Propheten, zu ihnen und sagte: „Oh, tut nicht dieses abscheuliche Ding, das ich hasse.“ Aber sie hörten nicht und neigten auch nicht dazu, sich von ihrer Bosheit abzuwenden und anderen Göttern kein Opfer darzubringen. Und so ergoss sich mein Zorn und mein Zorn und entbrannte gegen die Städte Judas und die Straßen Jerusalems, und sie wurden verwüstet und verwüstet, wie es jetzt der Fall ist. Darum nun spricht der HERR, der Gott der Heerscharen, der Gott Israels: „Warum begeht ihr ein großes Verbrechen gegen euch selbst, indem ihr Mann und Frau, Säugling und Säugling aus der Mitte Judas ausrottet, damit ihr fortzieht?“ Keiner bleibt übrig, indem ihr mich durch das Werk eurer Hände erzürnt, indem ihr anderen Göttern Opfer darbringt im Land Ägypten, wohin ihr als Fremder gezogen seid, damit ihr ausgerottet werdet und damit ihr zum Gegenstand werdet Fluch und Schmach unter allen Völkern der Erde? Habt ihr die Verbrechen eurer Väter und die Verbrechen der Könige von Juda und die Verbrechen ihrer Fürsten vergessen, die sie im Land Juda und auf den Straßen Jerusalems begangen haben? Bis zum heutigen Tag demütigen sie sich nicht, fürchten sie sich nicht und wandeln sie auch nicht in meinem Gesetz noch in meinen Satzungen, die ich euch und euren Vätern vorgelegt habe.

[Randbemerkung: Jer. 44:11-13, 22] „Darum spricht der HERR der Heerscharen, der Gott Israels: „Siehe, ich richte mein Angesicht gegen dich zum Bösen, um den Rest von Juda im Land Ägypten auszurotten, und sie werden umfallen.“ durch Schwert und durch Hungersnot; sie werden sterben, Klein und Groß, und sie werden zum Gegenstand der Verfluchung, des Entsetzens, des Fluches und der Schmähung werden. Denn ich werde diejenigen bestrafen, die im Land Ägypten wohnen, wie ich sie bestraft habe Jerusalem, durch das Schwert, durch Hungersnot und durch Pest, so dass niemand von dem Überrest Judas, der in das Land Ägypten gezogen ist, um dort zu wohnen, entkommen oder zurückgelassen werden muss, um in das Land Juda zurückzukehren, wohin sie Sehnsucht danach, zurückzukehren; denn niemand wird zurückkehren, außer als Flüchtlinge. Und die, die dem Schwert entkommen, werden aus dem Land Ägypten in das Land Juda zurückkehren, wenige an ihrer Zahl, und der ganze Überrest von Juda, der in das Land gezogen ist von Ägypten, die sich dort aufhalten, werden erfahren, wessen Wort bestätigt werden soll, meins oder ihres.

I. Die Bedeutung der Zerstörung des hebräischen Staates. Die Zerstörung Jerusalems im Jahr 586 v. Chr. führte zu einer gewaltigen Veränderung im Leben und Denken Israels. Es markierte den endgültigen Sturz der alten hebräischen Königreiche und den allmählichen Aufstieg dieses neuen und wichtigen Faktors in der Menschheitsgeschichte, der als Judentum bekannt ist. Über drei Jahrhunderte lang waren die Juden, die die große Katastrophe überlebten, der Herrschaft der großen Weltmächte hilflos ausgeliefert, die nacheinander Südwestasien eroberten. Für die große Mehrheit der jüdischen Rasse bedeutete es den Beginn jenes langen Exils, das bis heute andauert. Verstreut von der Sahara-Wüste bis ins ferne China und vom Schwarzen Meer bis zum Indischen Ozean begannen die verschiedenen Verbanntengruppen schnell, sich an ihre veränderte Umgebung anzupassen und das neue Wissen und die mächtigen Einflüsse aufzunehmen, die sich allmählich veränderten ihre Überzeugungen und Ideale. Während ihre Vision durch diesen Kontakt enorm erweitert wurde, verbanden die Gefahr und der Schrecken, völlig von der großen heidnischen Welt verschlungen zu werden, die Gläubigen noch enger und machten das Judentum mit der Zeit zu einem festen, unzerbrechlichen Fels, der den Angriffen und zerfallenden Kräften der Welt widerstanden hat das Alter. Zunächst waren die Überlebenden der großen Katastrophe fassungslos über den Schlag, der ihre Nation erschüttert hatte. Sie lebten nur in ihren Erinnerungen an die Vergangenheit und in ihren Hoffnungen für die Zukunft. Schließlich, in der langen Zeit des Elends und der erzwungenen Meditation, begannen sie, die von ihren früheren Propheten verkündeten ewigen Grundsätze nicht nur zu akzeptieren, sondern auch anzuwenden. So erlangten sie unter diesen völlig neuen Bedingungen einen breiteren und tieferen Glauben und wurden noch weiter für die göttliche Aufgabe, die Menschheit zu lehren, geschult.

II. Das Buch der Klagelieder. Nachdem die Zerstörung des kleinen Königreichs, das in Mizpa unter Gedalja gegründet wurde, beschrieben wurde, verstummten die hebräischen historischen Aufzeichnungen plötzlich. Dieses Schweigen ist auf die Tatsache zurückzuführen, dass es kaum etwas von externem Interesse zu dokumentieren gab. Die wahre Geschichte dieses tragischen halben Jahrhunderts ist die Aufzeichnung der Ängste, Zweifel und Hoffnungen in den Herzen der verstreuten Überreste der Rasse. Das kleine Buch der Klagelieder drückt auf dramatische und pathetische Weise die Gedanken der Menschen aus, die über die Reihe von Katastrophen meditierten, die sich im Zusammenhang mit der großen Katastrophe von 586 v. Chr. ansammelten. Wie die alte Tora oder fünf Bücher des Gesetzes enthält es ein Quintett von Gedichten . Diese sind in Thema und Form vielen Psalmen des Psalters sehr ähnlich. In den ersten vier Stücken wird konsequent der charakteristische Fünf-Takt-Takt verwendet, in dem die tiefen Emotionen, insbesondere die Trauer, zum Ausdruck gebracht wurden. Jede dieser vier ist auch ein Akrostichon, das heißt, jede nachfolgende Zeile oder Zeilengruppe beginnt mit einem nachfolgenden Buchstaben des hebräischen Alphabets. Diese akrostichonische Form wurde wahrscheinlich übernommen, um das Gedächtnis zu stärken, und lässt vermuten, dass diese Gedichte von Anfang an für den öffentlichen Gebrauch geschrieben wurden. So singen die Juden Jerusalems sie heute an jedem ihrer Sabbate neben den Grundmauern der großen Plattform, auf der einst ihr zerstörter Tempel stand. Obwohl der künstliche Charakter dieser Gedichte dazu neigt, den freien Ausdruck von Gedanken und Gefühlen zu behindern, ist es möglich, in ihnen einen logischen Fortschritt zu erkennen und den Einfluss der starken Emotionen zu spüren, die sie inspiriert haben.

III. Autorschaft und Datum des Buches. In Thema und literarischer Form ähneln diese Gedichte so auffallend den späteren Predigten Jeremias, dass es fast unvermeidlich war, dass die Tradition sie dem großen Propheten des Niedergangs Judas zuschrieb. Diese Tradition, der die Stellung des Buches der Klagelieder in der griechischen und englischen Bibel zu verdanken ist, kann nicht vor der griechischen Zeit zurückverfolgt werden. Die Beweise in den Gedichten selbst weisen stark darauf hin, dass sie nicht von Jeremia geschrieben wurden. Es ist fast unvorstellbar, dass er sein dichterisches Genie den starren Beschränkungen der Akrostichonstruktur unterwerfen würde. Darüber hinaus hätte er niemals mit den Worten der Hochachtung, die in Klagelieder 4:20 erscheinen, über den schwachen Zedekia gesprochen, dessen schwankende Politik er verurteilte. Diese Gedichte spiegeln auch die populäre Interpretation des großen nationalen Unglücks wider und nicht Jeremias tiefgreifende Analyse der grundlegenden Ursachen. Eine sorgfältige Untersuchung der Klagelieder zeigt, dass die Kapitel 2 und 4 wahrscheinlich von jemandem geschrieben wurden, der stark von Hesekiels Gedanken beeinflusst war. Beide folgen in ihrer Akrostichonstruktur einer ungewöhnlichen Reihenfolge des hebräischen Alphabets und unterscheiden sich in dieser Hinsicht von den Kapiteln 1 und 3. Sie haben so viele enge Berührungspunkte miteinander, dass man mit Sicherheit sagen kann, dass sie beide vom selben Autor stammen . Sie offenbaren eine enge Vertrautheit mit den Ereignissen unmittelbar nach der Zerstörung Jerusalems und wurden wahrscheinlich zwischen 580 und 561 v. Chr. geschrieben, als Jojachin befreit wurde. Die Kapitel 1 und 3 folgen der regulären Reihenfolge des hebräischen Alphabets und stellen offenbar das Werk eines oder mehrerer späterer Autoren dar. Kapitel 1 ist voller Pathos und religiöser Gefühle und weist im Gedanken eine enge Parallele zu Psalmen wie 42 und 137 auf. Kapitel 3 ist ein poetischer Monolog, der das Schicksal beschreibt und die Reue der Gerechten innerhalb der judäischen Gemeinschaft zum Ausdruck bringt. Kapitel 5 hingegen ist im Dreitakttakt gehalten und weist nicht die Akrostichonstruktur der vorangehenden Kapitel auf. Sein Stil und seine Sichtweise unterscheiden sich so sehr von denen der vorangegangenen

Kapitel, dass es sich um das Werk eines anderen Autors handeln muss, der wahrscheinlich in persischer Zeit lebte.

IV. Sein wahrer Charakter. Der Zweck des Buches der Klagelieder bestand offensichtlich darin, (1) den Gefühlen der Juden, die die Zerstörung Jerusalems im Jahr 586 v. Chr. überlebten, einen angemessenen Ausdruck zu verleihen; (2) die großen Lehren aus ihrer Vergangenheit deutlich zu machen und so wahre Reue zu wecken; und (3) wiederum Hoffnungen hinsichtlich ihrer Zukunft zu wecken. Durch sie leben und sprechen Jeremia und Hesekiel erneut, aber aus der Sicht des Volkes. Diese tragischen Gedichte werfen auch ein zeitgenössisches Licht auf die Schrecken der letzten Belagerung und Einnahme Jerusalems und auf das Schicksal der Überlebenden.

V. Zahl und Vermögen der in Palästina verbliebenen Juden. Die tatsächlich in die Gefangenschaft verschleppten Juden machten nur einen kleinen Teil der Gesamtbevölkerung Judas aus (vgl. Abschnitt XC:ii). Die Bauern und die Bewohner der Städte außerhalb Jerusalems blieben ungestört, außer dass einige von ihnen zweifellos in die Armee eingezogen wurden, die es unter Zedekia unternahm, Jerusalem gegen die Chaldäer zu verteidigen. Aus den späteren Aufzeichnungen über Nehemias Werk lassen sich die Namen vieler dieser Städte ermitteln. Im Norden lagen Jericho, Geba , Mizpa, Anathoth und Kirjath-Jearim ; in der Mitte Netophah und Bethlehem; und im Süden Tekoa, Kehila und Beth-Zur . Das Schicksal dieser Menschen, die später als „Volk des Landes" bekannt wurden, war in der Tat erbärmlich. In den Klageliedern und in Hesekiel finden sich viele Hinweise auf die Verfolgungen, denen sie durch ihre bösartigen Feinde, die Moabiter und Ammoniter im Osten und die Philister im Westen, ausgesetzt waren. Noch grausamer und aggressiver waren die Edomiter, denen die Hebräer viel Unrecht zugefügt hatten. Wahrscheinlich begann zu dieser Zeit, dass dieses halbnomadische Volk durch den Vormarsch der Nabatäer, eines arabischen Volkes, das aus dem Süden kam, nach Norden getrieben wurde. Die aus ihren Häusern vertriebenen Edomiter nutzten die Schwäche der Juden aus und eroberten den Süden Judas, einschließlich der alten Hauptstadt Hebron. Das Schicksal, das Hesekiel in 25[12] über die Edomiter verkündet, ist auf die Rache zurückzuführen, die sie zu dieser Zeit an den Juden verübten. Es ist bezeichnend, dass Hesekiels Predigten in der Zeit unmittelbar nach dem Fall Jerusalems schreckliche Vorhersagen göttlicher Rache an all diesen Feinden enthalten. Nach dem Sturz von Gedaljas Königreich scheinen die in Palästina verbliebenen Juden völlig ohne Verteidigungsanlagen und Verteidiger zurückgeblieben zu sein . Hesekiel spricht in 33:23-29 von denen, die in den wüsten Gegenden des Landes Israel wohnen, die in den Festungen und Höhlen leben. Einige von ihnen scheinen Räuber geworden zu sein. Ausländische Siedler kamen von allen Seiten und heirateten mit der Zeit mit den Einheimischen und verführten sie zum Götzendienst. Hesekiel verurteilt ihre Unmoral und ihren Abfall aufs Schärfste.

Aus den Hinweisen in Jeremia 41:5 und Esra 3:3 geht klar hervor, dass selbst während dieser Schreckensherrschaft viele Menschen weiterhin Opfer für Jehova an dem großen, in einheimischen Fels gehauenen Altar darbrachten, der vor den Ruinen ihres Tempels stand Jerusalem. Zweifellos gab es im Land auch Priester, die diese Gottesdienste abhielten. Die alten Feste mit ihrer fröhlichen Stimmung und dem daraus resultierenden Gefühl göttlicher Gunst wurden jedoch nicht mehr begangen. Stattdessen feierten die Menschen in Sack und Asche das Fasten zum Gedenken an die aufeinanderfolgenden Phasen der Zerstörung ihrer Stadt (Sach 7,3-7). Obwohl ihr Schicksal bemitleidenswert und ihr Charakter scheinbar aussichtslos war, waren diese Menschen des Landes wichtige Faktoren bei der Wiederherstellung der judäischen Gemeinschaft.

VI. Schicksale der Juden in Ägypten. Die Erzählung in Jeremia besagt eindeutig, dass der große Teil derjenigen, die sich nach seinem Tod um Gedalja versammelt hatten, an der Ostgrenze Ägyptens vorübergehend Zuflucht fanden. Hier befanden sie sich außerhalb der Reichweite der chaldäischen Armeen und befanden sich auf dem Territorium der einen Nation, die den jüdischen Flüchtlingen ein freundliches Asyl bot. Der Großteil dieser späteren Gruppe von Verbannten ließ sich in den Städten Tahpanhes und Migdol nieder . Letzteres bedeutet Turm und ist wahrscheinlich mit einem östlichen Außenposten zu identifizieren, der Hauptstation der großen Straße, die entlang der südöstlichen Küste des Mittelmeers direkt nach Palästina und Syrien verlief.

Die Ausgrabungen des Egypt Exploration Fund in Tahpanhes , dem Daphnae von Herodot, haben viel Licht auf die Heimat dieser jüdischen Gemeinde geworfen. Die Stadt lag in einer Sandwüste südlich eines sumpfigen Sees. Es lag auf halber Strecke zwischen dem kultivierten Delta im Westen und dem heutigen Suezkanal im Osten. Dahinter verlief die Hauptstraße nach Palästina. Sein Gründer, Psamtik I., der Urgroßvater von Hophra , hatte hier eine Festung zur Bewachung der Straße errichtet. Herodot gibt an, dass er hier auch Wachen stationiert hatte und dass es bis in die späte persische Zeit von Garnisonen verteidigt wurde, deren Aufgabe es war, asiatische Invasionen abzuwehren (II, 30). Hier erhielten die ionischen und karischen Söldner, die zu dieser Zeit die Hauptverteidigung des ägyptischen Königs darstellten , dauerhafte Unterkünfte. Aufgrund seiner gemischten Bevölkerung und seiner geografischen Lage war Tahpanhes ein großartiger Treffpunkt der östlichen und westlichen Zivilisation. Hier trafen sich einheimische Ägypter, griechische Söldner, phönizische und babylonische Händler sowie jüdische Flüchtlinge auf einer gemeinsamen Basis und lebten Seite an Seite. Es entsprach in dieser Hinsicht dem modernen Port Said.

Wahrscheinlich in Erinnerung an die jüdische Kolonie, die einst hier lebte, tragen die Ruinen der Festung noch immer einen arabischen Namen, der „Palast der Tochter des Juden" bedeutet. Der Begriff „Palast" ist nicht ganz unpassend, denn offenbar wurde die Festung gelegentlich als königliche Residenz genutzt. In den Ruinen wurden viele Weinkrüge mit den Siegeln von Psamtik , Hophra und Amasis gefunden. Im nordwestlichen Teil dieser Ruinen wurde eine große Freiluftplattform aus Ziegelmauerwerk freigelegt, auf die in Jeremia 43:8-10 Bezug genommen wird. Es war der Ort der gemeinsamen Begegnung, der in jedem ägyptischen Palast oder Privathaus zu finden war. Als Amasis 564 v. Chr. den ägyptischen Thron bestieg, entzog er die Privilegien, die seine Vorgänger Ausländern gewährt hatten. Die griechischen Kolonisten wurden nach Naukratis verlegt und Tahpanhes verlor den größten Teil seines früheren Glanzes. Spätestens um diese Zeit kehrte wahrscheinlich die große Mehrheit der jüdischen Flüchtlinge, die sich in diesen Grenzstädten niedergelassen hatten, nach Palästina zurück, um in den teilweise entvölkerten Städten ein Zuhause zu finden.

Hesekiel aus dem fernen Babylon scheint die Juden in Ägypten mit großer Hoffnung betrachtet zu haben (Hes 29,21). Aber Jeremiah, der sie besser kannte, war sich ihrer Fehler bewusst. In ihrer Verzweiflung und Wut lehnten viele von ihnen offensichtlich die Lehren der Propheten ab und wurden Anhänger der aramäischen Göttin, der Königin des Himmels, die in der kürzlich entdeckten aramäischen Inschrift von Zakar , dem König von Hazrak , erwähnt wird (vgl. Abschnitt LXV:vii). Jeremias abschließende Worte an sie sind daher Anklagen und Vorhersagen, dass sie selbst im Land Ägypten durch die Hand Nebukadnezars das gleiche Schicksal erleiden würden, das ihre Landsleute in Jerusalem ereilt hatte. Sowohl Jeremia als auch Hesekiel (Hesekiel 30) sagten voraus, dass Nebukadnezar in Ägypten einmarschieren und es erobern würde. Im Jahr 568 v. Chr. erschien seine Armee tatsächlich an den Grenzen Ägyptens; aber wie weit es ihm gelang, das Land zu erobern, ist unbekannt. Die vollständige Eroberung Ägyptens erfolgte sicherlich erst in der persischen Zeit unter der Führung des grausamen Kambyses.

VII. Die jüdische Kolonie in Elephantine. Jeremia und Hesekiel beziehen sich auch auf die jüdischen Kolonisten in Memphis und Pathros , der biblischen Bezeichnung für Oberägypten. Viele der Kolonisten, die sich dort niedergelassen hatten, waren zweifellos vor der Eroberung Jerusalems geflohen. Die Anwesenheit einer großen Zahl von Juden in Ägypten zu einem späteren Zeitpunkt weist darauf hin, dass es bereits zu diesem frühen Zeitpunkt wahrscheinlich mehr Verbannte in Ägypten als in Babylon gab. Jüngste Entdeckungen auf der Insel Elephantine im oberen Nil, gegenüber dem heutigen Assuan , haben neues Licht auf das Leben dieser jüdischen Kolonisten geworfen. Diese Aufzeichnungen bestehen (1) aus einer Reihe wunderschön erhaltener Rechtsdokumente, die in aramäischer Sprache auf Papyrus geschrieben wurden und eindeutig auf die Jahre 471 bis 411 v. Chr. datiert sind. Sie umfassen Verträge zwischen den auf der Insel Elephantine lebenden Juden über die Übertragung von Eigentum und andere Rechtsgeschäfte . Sie enthalten viele bekannte jüdische Namen, wie Zadok, Jesaja, Hosea, Nathan, Ethan, Sacharja, Schallum, Uria und Schemaja. Sie weisen darauf hin, dass zu Beginn der persischen Zeit eine große und wohlhabende Kolonie jüdischer Händler und Bankiers auf dieser Insel gegründet wurde. Sie scheinen in einer eigenständigen Gemeinschaft gelebt zu haben, aber im Herzen der Stadt, Seite an Seite mit Ägyptern, Persern, Babyloniern, Phöniziern und Griechen, deren Eigentum sich in einigen Fällen mit ihrem eigenen vereinigte . Die Juden hatten ihr eigenes Gericht, das den persischen und ägyptischen Gerichten gleichgestellt war. Sogar einheimische Ägypter, die Klagen gegen die Juden hatten, erschienen davor. Auch die Namen von Aramäern und Arabern erscheinen in den Zeugenlisten. Aus diesen zeitgenössischen Dokumenten geht klar hervor, dass die Juden Oberägyptens große Privilegien genossen und ungehindert in das Leben des Landes eintreten konnten. Normalerweise heirateten sie Angehörige ihrer eigenen Rasse; aber auch die Heirat einer Jüdin mit einem Ausländer wird berichtet. Er scheint jedoch ein Proselyt des Judentums gewesen zu sein. Eine andere Jüdin heiratete einen Ägypter und legte einen Eid bei der ägyptischen Göttin Sati ab, was darauf hindeutet, dass sie zumindest nominell die Religion ihres Mannes angenommen hatte. Ein Hebräer trägt auch den suggestiven Namen Hosea, den Sohn von Petichnum (ein ägyptischer Name, der *„Geschenk des Gottes Chnum“ bedeutet*).

VIII. Der Tempel von Yahu in Elephantine. Diese aramäischen Rechtsdokumente enthalten auch viele Hinweise auf Yahu (die ältere Form von Yahweh oder Jehova), dem von den Juden verehrten Gott, und auf Yahus Tempel in der King's Street, einer der Hauptverkehrsstraßen der Stadt. Diese Hinweise wurden eindeutig durch einen höchst bemerkenswerten Brief bestätigt, den die Deutschen kürzlich an dieser Stelle entdeckten. Es wurde im November des Jahres 408 v. Chr. von den Mitgliedern der jüdischen Kolonie Elephantine an Bagohi (die Bagoas von Josephus), den persischen Gouverneur von Juda, geschrieben. Darin heißt es unter anderem: „Bereits in den Tagen der Könige von Ägypten hatten unsere Väter diesen Tempel in der Festung Elephantine gebaut. Und als Kambyses (529-522 v. Chr.) nach Ägypten kam, fand er diesen Tempel gebaut vor, und doch . “ Die Tempel der Götter Ägyptens wurden damals alle gestürzt, niemand hat etwas in diesem Tempel verletzt. Weiter heißt es, dass vor Kurzem (im Jahr 411 v. Chr.) in Abwesenheit des persischen Statthalters in Ägypten die Ausländer in Elephantine einen bestimmten kleinen Beamten aufgehetzt hätten, seinen

Sohn, der Kommandant einer benachbarten Festung war, mit der Zerstörung der Festung zu beauftragen Jüdischer Tempel.

Der aramäische Brief sollte zusammen mit reichen Geschenken verschickt werden, um den mächtigen persischen Gouverneur von Juda, Bagohi , dazu zu bewegen, einen Befehl zu erlassen, der den Juden den Wiederaufbau ihres Tempels erlaubte. Aus diesem Brief erfahren wir, dass der Tempel des Gottes Yahu aus behauenem Stein mit Steinsäulen davor gebaut wurde, wahrscheinlich ähnlich denen in den ägyptischen Tempeln, und dass er sieben große Tore aus behauenem Stein hatte und mit Türen und Bronzescharnieren versehen war. Sein Dach bestand vollständig aus Zedernholz, das wahrscheinlich aus dem fernen Libanon stammte, und seine Wände scheinen mit Decken bedeckt oder mit Stuck verziert zu sein, wie es auch bei Salomos Tempel der Fall war. Es war auch mit Schalen aus Gold und Silber und anderen Opferutensilien ausgestattet. Hier wurden regelmäßig Getreideopfer, Brandopfer und Weihrauch dargebracht. Die Bittsteller versprachen außerdem, dass wir, wenn die persischen Beamten ihrer Bitte stattgeben würden, „auch in Ihrem Namen Getreideopfer, Weihrauch und Brandopfer auf dem Altar darbringen und in Ihrem Namen zu Gott beten werden, wir und unsere Frauen." und alle Juden, die hier sind, wenn ihr das tut, bis der Tempel gebaut ist. Und ihr sollt einen Anteil haben vor dem Gott Jahu , dem Gott des Himmels, von jedem , der ihm Brandopfer und Schlachtopfer darbringt."

Geschichtsforscher sind seit langem mit der Tatsache vertraut, dass die Juden Ägyptens spät in der griechischen Zeit in Leontopolis im Delta einen Tempel für Jehova bauten (vgl. Abschnitt CXV:iii); Aber diese jüngsten Entdeckungen eröffnen ein völlig neues Kapitel in der jüdischen Geschichte. Sie weisen darauf hin, dass sich die jüdischen Kolonisten in Ägypten wahrscheinlich innerhalb einer Generation nach der Zerstörung des Jerusalemer Tempels im Jahr 586 v. Chr. weit oben am Nil und möglicherweise an anderen Punkten in diesem Land ihres Exils einen oder mehrere Tempel für Jehova bauten ; dass sie Gott und den Institutionen ihrer Rasse treu blieben; und dass sie inmitten des kosmopolitischen Ägyptens ihre Rasseneinheit intakt bewahrten. Im Lichte dieser Entdeckungen ist auch klar, dass die Juden Ägyptens aufgrund ihres Charakters, ihrer Zahl und ihrer Nähe zu Palästina bereits in dieser frühen Zeit ein weitaus wichtigerer Faktor im Leben und in der Entwicklung des Judentums waren als bisher berücksichtigt. Diese Entdeckungen geben auch durchaus Anlass zu der Hoffnung, dass von dieser unerwarteten Seite viel wertvolleres Material zur Erhellung dieser ansonsten dunklen Periode der jüdischen Geschichte nach dem Exil kommen wird.

Abschnitt XCII. Hesekiels Botschaft an seine verstreuten Landsleute

[Randbemerkung: Ezek. 37:1-6] Die Hand des HERRN war auf mir, und er führte mich durch den Geist und setzte mich mitten im Tal nieder; und es war voller Knochen. Und er ließ mich ringsum an ihnen vorbeigehen; Und siehe, es waren sehr viele auf der Taloberfläche; und siehe da, sie waren sehr trocken. Und er sagte zu mir: Menschensohn, können diese Knochen leben? Und ich antwortete: O Herr, Jehova, du weißt es . Wiederum sagte er zu mir: Prophezeie über diese Knochen und sprich zu ihnen: O ihr dürren Knochen, hört das Wort des HERRN. ' So spricht Jehova zu diesen Gebeinen: „Siehe, ich bin dabei, euch Atem einzuhauchen, damit ihr lebt. Und ich werde Sehnen an euch legen und werde euch mit Fleisch bekleiden und euch mit Haut bedecken und euch Atem einhauchen." , damit ihr lebt und erkennt, dass ich der HERR bin."

[Randbemerkung: Ezek. 37:7-10] Und ich prophezeite, wie er mir befohlen hatte, und wie ich prophezeite, geschah ein Erdbeben; und die Knochen kamen zusammen, Knochen an Knochen. Und ich sah, und siehe, da waren Sehnen an ihnen, und Fleisch hatte sie bekleidet, und Haut bedeckte sie; aber es war kein Atem in ihnen. Dann sagte er zu mir: Prophezeie zum Atem, prophezeie, Menschensohn, und sprich zum Atem: „So spricht Jehova: „Komme aus den vier Winden, o Atem, und wehe auf diese Erschlagenen, damit sie leben." ' So prophezeite ich, wie er es mir befohlen hatte, und der Atem kam in sie hinein, und sie lebten und stellten sich auf ihre Füße, ein überaus großes Heer.

[Randbemerkung: Ezek. 37:11-14] Da sprach er zu mir: O Mensch, diese Gebeine sind das ganze Haus Israel; Siehe, sie sagen: „Unsere Gebeine sind ausgetrocknet, und unsere Hoffnung ist verloren; wir sind völlig ruiniert.' Darum prophezeie und sprich zu ihnen: „So spricht der HERR: Siehe, ich werde eure Gräber öffnen und euch aus euren Gräbern auferwecken, mein Volk, und ich werde euch in das Land Israel bringen. Und ihr werdet erkennen, dass ich Ich bin Jehova, wenn ich deine Gräber geöffnet und dich aus deinen Gräbern auferweckt habe, o mein Volk. Und ich werde meinen Geist in dich legen, damit du lebst, und ich werde dich in dein eigenes Land zurückbringen, damit du das erkennst „Ich, Jehova, habe es geredet und ausgeführt", ist der Ausspruch Jehovas.'

[Randbemerkung: Ezek. 37:15-23] Dieses Wort kam auch zu mir von Jehova: Nimm, o Mensch, einen Stock und schreibe darauf: JUDA UND DIE MIT IHM VERBUNDENEN ISRAELTEN; dann nimm einen anderen Stock und schreibe darauf: JOSEPH, Und das ganze mit ihm verbundene Haus Israel. Dann füge sie zusammen, damit sie zu einem Stock in deiner Hand werden. Und wenn die Kinder deines Volkes zu dir sagen werden: „Willst du uns nicht zeigen, was das bedeutet?" Sprich zu ihnen: So spricht der HERR: Siehe, ich will den Stab Josephs nehmen, der in der Hand Ephraims und der mit ihm verbündeten Stämme Israels ist, und ich werde sie mit dem Stab

Judas vereinen. Und mache sie zu einem Stab, und sie werden in meiner Hand vereint sein. Und die Stöcke, auf die du schreibst, seien in deiner Hand vor ihren Augen. Und sprich zu ihnen: So spricht der Herr, Jehova: „Siehe, ich bin dabei, die Israeliten aus den Nationen herauszunehmen, wohin sie gegangen sind, und sie von allen Seiten zu sammeln und sie in ihr eigenes Land zu bringen. Und ich werde es tun." Mache sie zu einer Nation im Land, auf den Bergen Israels, und es wird ein König über sie alle sein; und sie werden nicht länger zwei Nationen sein, und sie werden nicht länger in zwei Königreiche geteilt sein, und sie werden sich nicht länger verunreinigen noch mehr mit ihren Götzen, noch mit ihren Abscheulichkeiten, noch mit all ihren Übertretungen; sondern ich werde sie von all ihren Abtrünnigen retten, in denen sie gesündigt haben, und werde sie reinigen; so werden sie mein Volk sein, und ich werde ihr Gott sein ."'

[Randbemerkung: Ezek. 37:24-28] „Und mein Knecht David wird König über sie sein; und sie werden alle einen Hirten haben; sie werden auch in meinen Gesetzen wandeln und meine Satzungen beobachten und sie tun. Und sie werden im Land wohnen." Das habe ich meinem Knecht Jakob gegeben, in dem ihre Väter wohnten, und sie sollen darin wohnen, sie und ihre Söhne, für immer. Und mein Knecht David soll für immer ihr Fürst sein. Und ich werde einen Friedensbund mit ihnen schließen; das soll so sein Schließe einen ewigen Bund mit ihnen, und ich werde sie festigen und vermehren und mein Heiligtum für immer in ihrer Mitte errichten. Auch meine Wohnstätte soll bei ihnen sein, und ich werde ihr Gott sein, und sie sollen mein Volk sein . Und die Nationen werden erkennen, dass ich der HERR bin, der Israel heiligt , wenn mein Heiligtum für immer in ihrer Mitte sein wird."

[Randbemerkung: Ezek. 40:1-4] Im fünfundzwanzigsten Jahr unserer Gefangenschaft, am Anfang des Jahres, am zehnten Tag des Monats, im vierzehnten Jahr nach der Einnahme der Stadt, am selben Tag, die Hand des HERRN wurde mir auferlegt, und er brachte mich in einer inspirierten Vision in das Land Israel und setzte mich auf einen sehr hohen Berg, auf dem sich im Süden ein stadtähnliches Gebäude befand. Dorthin brachte er mich, und da war ein Mann, der aussah wie aus Erz, mit einer Flachsschnur und einem Messrohr in der Hand; und er stand im Tor. Und der Mann sprach zu mir: Menschensohn, sieh mit deinen Augen und höre mit deinen Ohren und achte auf alles, was ich dir zeigen werde; denn um es dir zu zeigen, wurdest du hierher gebracht ; Erzähle dem Haus Israel alles, was du siehst .

[Randbemerkung: Ezek. 40:5] Da war eine Mauer, die einen Tempel umgab, und in der Hand des Mannes ein Messrohr von sechs Ellen Länge, wobei jede Elle etwa 21 Zoll lang war. Und er maß die Dicke des Gebäudes ein Rohr (ungefähr zehneinhalb Fuß); und die Höhe ein Schilfrohr.

[Randbemerkung: Ezek. 40:6-12] Dann kam er zum östlichen Tor, stieg die Stufen hinauf und maß die Schwelle des Tores eine Schilfrohrbreite lang. Und jede Wache war ein Schilfrohr lang und ein Schilfrohr breit; und zwischen den Wachstuben waren Räume von fünf Ellen; Und die Schwelle des Tores an der Innenseite des Tores war ein einziges Rohr. Dann maß er die Vorhalle des Tores, acht Ellen, und seine Pfosten, zwei Ellen; und die Vorhalle des Tores war auf der Innenseite. Und die Wachstuben des Osttors waren drei auf jeder Seite; und alle drei hatten die gleichen Abmessungen; und die Pfosten waren auf beiden Seiten. Und er maß die Breite des Toreingangs: zehn Ellen; und die Breite des Tores: dreizehn Ellen; und es gab ein Fensterbrett von einer Elle Breite vor den Wachstuben auf jeder Seite; und die Wachstuben, sechs Ellen auf beiden Seiten.

[Randbemerkung: Ezek. 40:13, 15] Und er maß das Tor von der Außenwand des einen Wachraums bis zur Außenwand des anderen, fünfundzwanzig Ellen breit [ungefähr vierundvierzig Fuß]; Tür gegenüber der Tür. Und von der Vorderseite des Tores am Eingang bis zur Vorderseite der inneren Vorhalle des Tores waren es fünfzig Ellen.

[Randbemerkung: Ezek. 40:17, 19] Und er brachte mich in den Vorhof, und um den Vorhof herum wurden Kammern und ein Gehsteig angelegt; Auf dem Bürgersteig befanden sich dreißig Kammern. Und er maß seine Breite von der Vorderseite des unteren Tors bis zur Vorderseite des inneren Vorhofs draußen, hundert Ellen im Osten und im Norden.

[Randbemerkung: Ezek. 40:20, 21b, 24b] Und das Nordtor des Vorhofs maß er seine Länge und Breite. Und seine Maße waren die gleichen wie die des Osttors. Auch die Abmessungen des Tors im Süden waren die gleichen wie bei den anderen.

[Randbemerkung: Ezek. 40:44-47] Er führte mich vor das Tor und in den inneren Vorhof, und dort waren zwei Kammern im inneren Vorhof, eine beim Nordtor, nach Süden gerichtet, und die andere beim Südtor, nach Norden gerichtet. Und er sagte zu mir: Diese Kammer, die nach Süden zeigt, ist für die Priester, die für den Tempel zuständig sind; und die Kammer, die gegen Norden zeigt, ist für die Priester, die den Altar bewachen; Es sind die Söhne Zadoks, die von den Söhnen Levis, die dem HERRN nahe sein mögen, um ihm zu dienen. Und er maß den Hof, hundert Ellen breit und hundert Ellen breit – ein vollkommenes Quadrat. Der Altar befand sich vor dem Tempel.

[Randbemerkung: Ezek. 41:1,2] Dann führte er mich in die Halle des Tempels und maß die Pfosten, sechs Ellen auf jeder Seite. Und die Breite des Eingangs betrug zehn Ellen; und die Seiten des Eingangs waren auf jeder Seite fünf Ellen lang; Und er maß seine Länge: vierzig Ellen; und seine Breite betrug zwanzig Ellen.

[Randbemerkung: Ezek. 41:3, 4] Dann ging er in den inneren Raum und maß die Pfosten seines Eingangs, zwei Ellen; und der Eingang sechs Ellen; und die Seitenwände des Eingangs, sieben Ellen auf jeder Seite. Und er maß seine Länge, zwanzig Ellen, und seine Breite, zwanzig Ellen, vor der Halle des Tempels. Und er sagte zu mir: Dies ist der heiligste Ort.

[Randbemerkung: Ezek. 41:5-8a] Dann maß er die Dicke der Mauer des Tempels, sechs Ellen; und die Breite der Seitenkammern, vier Ellen, rings um den Tempel auf jeder Seite. Und die Seitenkammern waren in drei Stockwerken übereinander angeordnet, und zwar dreißig in jedem Stockwerk; und rund um die Wände des Tempels waren Absätze angebracht, damit die Seitenkammern an ihnen und nicht an den Wänden des Tempels befestigt werden konnten. Und die Seitenkammern wurden immer weiter, je höher sie gingen, denn der Tempel wurde immer schmaler; und es gab einen Aufstieg vom untersten zum höchsten Stockwerk durch das mittlere Stockwerk. Und ich sah auch, dass der Tempel ringsum eine erhöhte Plattform hatte.

[Randbemerkung: Ezek. 43:1-5] Dann führte er mich zum Osttor. Und siehe, die Herrlichkeit des Gottes Israels kam von Osten her; und seine Stimme war wie das Rauschen vieler Wasser; und die Erde leuchtete in seiner Herrlichkeit. Und die Vision, die ich sah, war wie die, die ich sah, als er kam, um die Stadt zu zerstören; und die Visionen waren wie die, die ich am Fluss sah Chebar ; und ich fiel auf mein Gesicht. Dann kam die Herrlichkeit Jehovas durch das Osttor in den Tempel. Und der Geist nahm mich auf und führte mich in den inneren Vorhof; Und siehe, die Herrlichkeit des HERRN erfüllte den Tempel.

[Randbemerkung: Ezek. 43:6-9] Da hörte ich einen aus dem Tempel zu mir reden, der neben mir stand. Und er sprach zu mir: O Mensch, das ist der Ort meines Throns und der Ort für meine Fußsohlen, wo ich für immer inmitten der Israeliten wohnen werde. Und das Haus Israel, sie und ihre Könige, sollen meinen heiligen Namen nicht mehr mit ihrem Götzendienst und mit den Leichen ihrer Könige verunreinigen, indem sie ihre Schwellen an meine Schwelle stellen und ihre Türpfosten an meinen Türpfosten, nur mit a Mauer zwischen mir und ihnen und entweihe so meinen heiligen Namen durch die Greuel, die sie begangen haben; darum habe ich sie in meinem Zorn vernichtet. Nun sollen sie ihren Götzendienst und die Leichen ihrer Könige von mir fernhalten, damit ich für immer in ihrer Mitte wohnen kann.

[Randbemerkung: Cor. Hesek. 44:9-14] Darum spricht der Herr, Jehova: „Kein Ausländer, der weder im Herzen noch im Fleisch geweiht ist, von allen Fremden, die unter den Israeliten sind, soll mein Heiligtum betreten." Aber die Leviten, die sich von mir entfernt haben, als Israel in die Irre ging, die von mir abgekommen sind, um ihren Götzen nachzujagen, sollen ihre Schuld tragen. Doch sie sollen Diener in meinem Heiligtum sein, die Aufsicht über die Tore des Tempels haben und im Tempel dienen; Sie sollen das Brandopfer und das Schlachtopfer für das Volk schlachten und vor ihnen stehen und ihnen dienen. Denn sie pflegten ihnen vor ihren Götzen zu dienen und waren für das Haus Israel ein Ärgernis der Ungerechtigkeit; darum habe ich einen feierlichen Eid gegen sie geschworen", lautet der Spruch des Herrn, Jehovas, „und sie werden ihre Schuld tragen." Und sie sollen sich mir nicht nähern, um als Priester für mich zu dienen, um in die Nähe irgendeines meiner heiligen Dinge zu kommen, noch zu dem, was am heiligsten ist; aber sie werden ihre Schande und die Strafe für die Greuel tragen, die sie begangen haben; Ich werde sie für die Pflege des Tempels, für seinen gesamten Dienst und für alles, was darin getan werden soll, verantwortlich machen.

[Randbemerkung: Cor. Hesek. 44:15-16] Aber die Priester, die Leviten, die Söhne Zadoks, die mein Heiligtum in Besitz genommen haben, als die Israeliten von mir abgewichen sind, werden zu mir kommen, um mir zu dienen, und sie werden vor mir stehen, um Opfer zu bringen „Fett und Blut soll ich haben", ist der Ausspruch des Herrn, Jehovas. „Sie werden in mein Heiligtum eintreten und an meinen Tisch treten, um mir zu dienen, und sie werden meinen Auftrag erfüllen."

[Randbemerkung: Cor. Hesek. 44:23-24] Und sie werden mein Volk den Unterschied zwischen dem Heiligen und dem Gemeinen lehren und es unterweisen, wie man zwischen dem Reinen und dem Unreinen unterscheidet. Und im Streitfall sollen sie als Richter fungieren und nach meinen Rechten urteilen. Und sie sollen meine Gesetze und Satzungen an allen meinen Festen halten; und sie werden die Heiligkeit meiner Sabbate wahren.'

[Randbemerkung: Cor. Hesek. 45:2-5] Wenn ihr das Land als Erbe zuteilt, sollt ihr als besondere Gabe dem HERRN einen heiligen Teil des Landes anbieten, fünftausend Ellen lang und zwanzigtausend Ellen breit; Es soll in seiner gesamten Ausdehnung heilig sein. Und von diesem Gebiet sollst du einen Raum abmessen, fünfundzwanzigtausend Ellen lang und zehntausend Ellen breit, und darauf soll das Allerheiligste stehen. Es ist ein heiliger Teil des Landes; Es soll den Priestern gehören, die im Heiligtum dienen und zum Dienst für Jehova herantreten. und es soll ein Ort für ihre Häuser und ein freier Raum für das Heiligtum sein. Davon soll ein Quadrat von fünfhundert Ellen für das Heiligtum sein, mit einem freien Raum von fünfzig Ellen Breite darum herum. Und ein Raum von fünfundzwanzigtausend Ellen Länge und zehntausend Ellen Breite soll den Leviten, den Dienern des Tempels, gehören; es soll ihr Eigentum sein, als Städte zum Wohnen.

[Randbemerkung: Cor. Hesek. 45:6-8] Und als Eigentum der Stadt sollt ihr neben dem heiligen Reservat einen Raum von fünftausend Ellen Breite und fünfundzwanzigtausend Ellen Länge bestimmen; es soll dem ganzen Haus Israel gehören. Und der Fürst soll den Raum auf beiden Seiten des heiligen Reservats und des Eigentums der Stadt haben, im Westen und im Osten, und von der gleichen Länge wie ein Teil der Stämme, von der Westgrenze bis zum Osten Grenze des Landes. Es soll sein Besitz in Israel sein; und die Fürsten Israels sollen mein Volk nicht mehr unterdrücken, sondern das Land dem Haus Israel nach seinen Stämmen geben.

I. Die Heimat der Verbannten in Babylon. Aus den Referenzen der zeitgenössischen Autoren ist es möglich, eine einigermaßen eindeutige Vorstellung von der Umgebung der jüdischen Exilanten in Babylon zu gewinnen. Hesekiel beschreibt den Ort als „ein Land des Handels, eine Stadt der Kaufleute, ein fruchtbarer Boden und an vielen Wassern", wo die Kolonie wie eine Weide gepflanzt wurde [17:5]. Der Kabaru- Kanal (der Fluss Chebar von Hesekiel) verlief südöstlich von Babylon nach Nippur durch eine reiche Schwemmlandebene, die von zahlreichen Kanälen durchzogen war. Daneben lebte eine dichte landwirtschaftliche Bevölkerung. Auf den Tells oder künstlichen Hügeln, die aus den Ruinen früherer babylonischer Städte entstanden waren, wurden die Bauerndörfer errichtet. Hesekiel spricht davon, in der jüdischen Kolonie Tel-Abib (Sturmberg) zu predigen, und die Listen derer, die später nach Juda zurückkehrten, enthalten Hinweise auf diejenigen, die aus Tel-Melah (Salzberg) und Tel-Harsha (Waldberg) kamen. hügel).

II. Ihr Zustand und ihre Berufe. Es ist wahrscheinlich, dass diese Hügel nicht weit voneinander entfernt waren und dass die angrenzenden Felder von den jüdischen Kolonisten bewirtschaftet wurden. Dadurch wurde es ihnen ermöglicht, unter noch günstigeren Bedingungen als in Juda, ihren alten Berufen nachzugehen und Häuser zu bauen und Familien zu ernähren, wie Jeremia es geraten hatte (Jer. 29; Abschnitt LXXXVII:35). In Babylonien wie auch in Elephantine durften sie wahrscheinlich nach ihren eigenen Gesetzen regieren, solange sie die kaiserliche Steuer zahlten und von offener Gewalt Abstand nahmen. Die Ältesten der verschiedenen Familien leiteten die Angelegenheiten der Gemeinde und fungierten als Richter, außer bei Kapitalverbrechen, die im Namen Nebukadnezars bestraft wurden (Jer. 29– 22). So bildeten die Verbannten lange Zeit ein kleines Juda im Herzen des babylonischen Reiches und bewahrten ihre Rassenintegrität noch vollständiger als die in Ägypten ansässigen Juden.

Babylonien war Schauplatz einer intensiven Handelsaktivität. Die Möglichkeiten und Verlockungen des weitreichenden Verkehrs, der die großen Flüsse auf und ab und durch die benachbarten Wüsten führte, waren schließlich zu groß, als dass die Juden ihnen widerstehen konnten. Daher gaben sie in Babylonien wie in Ägypten nach und nach ihre überkommenen landwirtschaftlichen Gewohnheiten auf und verwandelten sich in eine Nation von Händlern. In den kürzlich entdeckten Aufzeichnungen über die Transaktionen des berühmten babylonischen Bankhauses, das zu Beginn der persischen Zeit unter der Leitung nachfolgender Generationen der Murashu florierte Familie, finden sich viele bekannte jüdische Namen. Diese weisen darauf hin, dass innerhalb eines Jahrhunderts nach dem Fall Jerusalems bereits viele Söhne der Verbannten einen herausragenden Platz im Handelsleben dieser großen Metropole erobert hatten.

III. Ihr religiöses Leben. Mit dieser Veränderung ihres Berufes war die Versuchung groß, ihre Rasse zu vergessen und ihre Ideale aus den Augen zu verlieren. Die Versuchung war umso größer, als ihre Hauptstadt und ihr Tempel in Trümmern lagen und der Glaube weit verbreitet war, dass Jehova sein Land und Volk verlassen und sich auf seinen „Berg im äußersten Norden" zurückgezogen hatte (Jes. 14:13 Hes . 1:4). Ihre tatsächlichen Erfahrungen hatten sich so grundlegend von ihren Hoffnungen unterschieden, dass bei vielen zweifellos schreckliche Zweifel darüber aufkamen, ob Jehova in der Lage sei, seine Versprechen zu erfüllen. Auch falsche Propheten waren anwesend, um das Volk in die Irre zu führen (Jer. 39:21-23 Hes. 13:1-7 14:8-10). Es gibt auch keinen Hinweis darauf, dass die Juden Babylons jemals versucht hätten, im Land ihrer Gefangenschaft einen Tempel für Jehova zu bauen. Daher gab es keine alten Feste, öffentlichen und privaten Opfer und eindrucksvollen Zeremonien, um ihre religiösen Gefühle zu entfachen und ihren nationalen Glauben am Leben zu erhalten. Stattdessen muss die imposante Religion der Babylonier mit ihren reichen Tempeln, ihren vielen Festen, ihrem wohlhabenden und mächtigen Priestertum und ihrem ausgefeilten Ritual sie zutiefst beeindruckt und dazu geführt haben, dass sie ungünstige Vergleiche zwischen ihr und den einfachen Gottesdiensten ihrer Vorgänger anstellen. Exil-Tempel. Doch trotz dieser Versuchungen erwiesen sich viele als loyal gegenüber Jehova. An die Stelle von Opferriten traten Gebete, Fasten und die Einhaltung des Sabbats. Hesekiel legt großen Wert auf den Sabbat. [Nebenbemerkung A: Hesekiel 20:12-31; Hesekiel 22:26; Hesekiel 23:38] Von dieser Zeit an wurde es zu einer der wichtigsten und charakteristischsten Institutionen des Judentums. Unter dem Einfluss der neuen Situation verlor es viel von seinem ursprünglichen, philanthropischen und sozialen Charakter und wurde stattdessen zu einer zeremoniellen Institution. Indem sie es treu befolgten, hatten die Verbannten das Gefühl, dass sie selbst in der Gefangenschaft ihrem göttlichen König huldigten. Je mehr er an die Stelle der alten Feste und Opfer trat, desto mehr vergaßen sie, dass der Sabbath eher ein Geschenk Gottes an den arbeitenden Menschen als ein Geschenk des Menschen an Gott war. Aus dem babylonischen Exil stammt wahrscheinlich auch der

Brauch, sich am Sabbat zu versammeln, um die alten Schriften zu lesen, der die Entstehung der späteren Synagoge und ihres Dienstes darstellt.

IV. Die Prophezeiungen Hesekiels. Der Priester-Prophet Hesekiel war der Dolmetscher, Pastor und Führer der babylonischen Exilanten. Er ging auf ihre Probleme ein und schlug Lösungen vor, die zu den Grundprinzipien des späteren Judentums wurden. Seine Prophezeiungen lassen sich naturgemäß in vier verschiedene Gruppen einteilen: (1) Kapitel 1 bis 24, die seinen Ruf schildern und sich mit den Problemen befassen, die in den verschiedenen judäischen Gemeinden in den kritischen Jahren zwischen der ersten und zweiten Gefangenschaft auf dem Spiel standen. Sie stellen das Werk des Propheten zwischen 592 und 586 v. Chr. dar. (2) Die Kapitel 25 bis 32 umfassen sieben Orakel über Ammon, Moab, Edom, Philistäa, Tyrus und Ägypten, die Nationen, die an der Zerstörung Jerusalems oder anderen beteiligt waren , wie Ägypten, hatte Juda in den Untergang gelockt. Die völlige Vernichtung dieser Feinde wird vorhergesagt, und Kapitel 32 endet mit einem seltsamen Bild ihres Schicksals, das von Jehova dazu verurteilt wurde, im Scheol , der Wohnstätte der Schatten, zu wohnen. (3) Die Kapitel 33 bis 39 enthalten Botschaften des Trostes und der Verheißung an Hesekiels Mitverbannte in Babylonien und in den fernen Ländern der Zerstreuung. Sie werden auf die Jahre 586 bis 570 v. Chr. datiert. (4) In den Kapiteln 40 bis 48 wird Hesekiels Plan für die Wiederherstellung des Tempels und Gottesdienstes sowie für die Neuaufteilung des Territoriums Kanaans vorgestellt und seine Überzeugung, dass die Fruchtbarkeit Judas auf wundersame Weise gesteigert werden würde. Dieser Plan wird definitiv auf das Jahr 572 v. Chr. datiert, zwei Jahre vor dem Tod des Propheten.

V. Die Auferstehung der toten Nation. Hesekiel ging konkret und aus einer für sie leicht verständlichen Sicht auf die Probleme seiner Mitexilanten ein. Er war sich völlig darüber im Klaren, dass, wenn der Glaube der Menschen in dieser Krise gerettet werden soll, ihnen eine klare, in objektiven Bildern ausgedrückte Hoffnung entgegengebracht werden muss. Mit der gleichen inspirierten Einsicht, die Jeremia in der Stunde des Untergangs Jerusalems dazu veranlasst hatte, das Anwesen seiner Familie zu kaufen, erkannte Hesekiel, dass Jehova sein Volk noch wiederherstellen würde, wenn es nur auf die Anforderungen dieser Krise reagieren würde. Seine Botschaft war daher eine Botschaft der Hoffnung und des Versprechens. In dem denkwürdigen Kapitel, in dem er sich ein Tal voller dürrer Knochen vorstellt, wollte er ihren Glauben wecken, indem er erklärte, dass Jehova nicht nur in der Lage sei, sondern die zerstückelten Teile der Nation mit Sicherheit zusammenbringen und ihr neues Leben und neue Aktivität verleihen werde. Der Prophet sprach eindeutig eher von einer nationalen als von einer individuellen Auferstehung. Wie Jeremia rechnete er damit, dass die Stämme des Nordens und des Südens wieder vereint werden würden, wie in den

Tagen Davids, und dass ein Spross des davidischen Hauses als Stellvertreter Jehovas über sie herrschen würde. Er versicherte ihnen auch, dass Jehova wiederkommen und inmitten seines gereinigten und wiederhergestellten Volkes wohnen würde.

VI. Der göttliche Hirte. Im vierunddreißigsten Kapitel behandelt Hesekiel dasselbe Thema unter einer anderen Figur. Zunächst führt er die Ursache des Exils auf die Ineffizienz, Gier und Unterdrückung der früheren Hirten zurück, der Herrscher wie Jojakim, die das ihnen anvertraute Volk eher zerstreut als gesammelt und geführt hatten. Nun wird Jehova selbst, der große Hirte des Volkes, aufstehen und seine Herde sammeln und sie in ihre Heimat zurückführen und ihnen eine reiche Weide geben. Über sie wird er einen Nachkommen Davids ernennen, aber dieser Prinz wird seiner alten königlichen Macht beraubt.

Hesekiel präsentiert in seiner charakteristischen, symbolischen Form auch die Verheißung, dass Jehova nun die Hoffnungen des Volkes erfüllen und die bösen Feinde vernichten wird, die sein Volk ausgebeutet haben, und so seine göttliche Herrschaft über die Welt rechtfertigen wird. In einer Passage repräsentieren Judas schlimmste Feinde, die Edomiter, ein aggressives Heidentum. Wiederum schildert er in einem noch eindrucksvolleren Bild, das durch ein Erlebnis in seiner eigenen Kindheit angedeutet wurde, als die schrecklichen Skythen aus dem Norden herüberfielen , den Vormarsch der geheimnisvollen Feinde aus dem fernen Norden unter der Führung von Gog (38, 39). Wenn sie bereits im Land Palästina sind, erklärt der Prophet, wird Jehova sie mit einem Erdbeben erschrecken, so dass sie sich in Panik gegenseitig töten werden, wie es die Midianiter in den Tagen Gideons taten, bis sie alle Opfer Jehovas werden Beurteilung. Hesekiel belebte so unter den veränderten Bedingungen des Exils die weitverbreitete Vorstellung vom Tag Jehovas, die die früheren Propheten nicht befürwortet hatten. Es war die anschauliche Art und Weise, wie der Prophet verkündete, dass Jehova den Weg für die Rückkehr seines Volkes bereiten würde, wenn es nur reagieren würde, wenn der richtige Zeitpunkt dafür käme. Das spätere Judentum jedoch und insbesondere die apokalyptischen Autoren interpretierten dieses Bild vom großen Gerichtstag Jehovas wörtlich und entwickelten es noch weiter, bis es zu einer herausragenden Lehre des späteren jüdischen und christlichen Denkens wurde.

In ähnlicher Weise erklärte Hesekiel, dass die unfruchtbaren Länder Judas auf wundersame Weise verwandelt und in die Lage versetzt würden, die große Zahl der Verbannten zu ernähren, die zurückkehren sollten. In dieser Hinsicht wurde Hesekiel zum Vater der späteren Priesterschule, zu der auch der Autor des Buches der Chroniken gehört, in dessen Gedanken sich die Ereignisse der Geschichte Israels abspielten, nicht durch ernsthafte Anstrengung des Menschen und in Übereinstimmung mit den etablierten

Gesetzen des Universums , aber durch besondere göttliche Intervention. Es lässt sich nur schwer feststellen, ob Hesekiel selbst nur dramatisch zum Ausdruck bringen wollte, dass Jehova die Bedürfnisse seines Volkes vollständig vorhersehen würde, oder ob er tatsächlich eine Reihe ungeheurer Wunder vorhergesehen hatte.

VII. Hesekiels Plan des wiederhergestellten Tempels. Hesekiel, ein wahrer Prophet, war sich völlig darüber im Klaren, dass die grundlegende Frage für die Zukunft seiner Rasse nicht darin bestand, ob sie in ihre Heimat zurückgebracht würden, sondern ob sie sich vor den Fehlern und Sünden der Vergangenheit hüten und im Einklang mit Jehovas Leben leben würden oder nicht nur Forderungen. Die Lösung dieser Frage, die er vorschlägt, offenbart seine priesterliche Ausbildung. Mit unendlicher Sorgfalt und Liebe zum Detail entwickelt er den Plan eines restaurierten Tempels und Rituals. Die Einzelheiten wurden zweifellos zum Teil durch seine Erinnerung an den Tempel in Jerusalem angedeutet und zum Teil den großen Tempeln Babylons entnommen. Mit diesem aufwändigen Bild brachte er seine feste Überzeugung zum Ausdruck, dass seine Rasse mit Sicherheit wiederhergestellt werden würde. Sein Hauptzweck bestand jedoch darin, den Gedanken seines Volkes die überragende Heiligkeit Jehovas und die Notwendigkeit, dass er von einem heiligen Volk angebetet wird, einzuprägen. Der gesamte Plan des Tempels, des Rituals und sogar der Aufteilung des Territoriums Kanaans sollte diese Idee durchsetzen. Sein Plan sollte, wenn er angenommen würde, das Volk von den Versuchungen und Fehlern der Vergangenheit befreien. Zu diesem Zweck wurde die heilige Wohnstätte Jehovas mit massiven Doppelmauern und riesigen Toren bewacht. Nur die Priester durften den inneren Vorhof betreten, und es wurde scharf unterschieden zwischen den Priestern, die Nachkommen Zadoks waren, und den Leviten, deren Väter in den vielen über das Land Israel verstreuten Heiligtümern gedient hatten. Das unmittelbar an den Tempel angrenzende Gebiet wurde den Priestern und Leviten zugewiesen, und seine Heiligkeit wurde im Osten und Westen zusätzlich durch die Herrschaftsgebiete des Fürsten bewacht. Seine Hauptaufgabe bestand nicht darin, zu regieren, wie es die selbstsüchtigen und ineffizienten Tyrannen vor ihm getan hatten, sondern darin, die Tiere und das Material bereitzustellen, die für den Tempeldienst erforderlich waren. Das Gebiet nördlich und südlich des Tempels wurde den verschiedenen Stämmen Israels zugewiesen.

Keine politischen oder sozialen Probleme trübten die Vision des Propheten. Die gesamte Energie des Priesters, des Leviten, des Fürsten und des Volkes sollte der Anbetung des Heiligen gewidmet werden, dessen wiederhergestelltes und verherrlichtes Heiligtum in ihrer Mitte stand. So kehrte Hesekiel die Ideale des vorexilischen hebräischen Staates um und präsentierte das Programm , das mit vielen Modifikationen im Prinzip zumindest von der nachexilischen judäischen Gemeinschaft übernommen wurde. An die Stelle der Monarchie trat die Hierarchie; Anstelle des Königs wurde der Hohepriester sowohl das religiöse als auch das bürgerliche Oberhaupt der Nation. Bald verschwand die davidische Königslinie vollständig und die Interessen des Volkes konzentrierten sich immer mehr auf den Tempel und sein Ritual. Obwohl Hesekiels Vision außer durch eine Reihe von Wundern nicht vollständig verwirklicht werden konnte und konnte, war dieser hingebungsvolle Priester-Prophet des Exils im Großen und Ganzen der Vater des Judentums.

Abschnitt XCIII. Die letzten Jahre der babylonischen Herrschaft

[Randbemerkung: 2. Könige 25:27-30] Und es geschah im siebenunddreißigsten Jahr der Gefangenschaft Jojachins, des Königs von Juda, am siebenundzwanzigsten Tag des zwölften Monats, als Evil-Merodach, der König von Babylon , in Das Jahr, in dem er König wurde (561 v. Chr.), erhob Jojachin, den König von Juda, aus dem Gefängnis in eine Ehrenposition. Und er redete freundlich zu ihm und stellte seinen Sitz über die Sitze der Könige, die bei ihm in Babylon waren, und wechselte seine Gefängnisgewänder. Und Jojachin aß beständig mit ihm, solange er lebte. Und für seinen Unterhalt gab ihm der König eine ständige Zulage, jeden Tag einen Teil, solange er lebte.

[Randbemerkung: Isa. 9:1-3]
Die Menschen, die in der Finsternis wandelten, sehen ein großes Licht.
Denen, die im Land der tiefsten Finsternis wohnen, auf ihnen scheint ein Licht .
Du vervielfachst den Jubel, du machst die Freude groß.
Sie jubeln vor dir, wie die Menschen sich zur Erntezeit freuen, wie die Menschen zu jubeln pflegen, wenn sie Beute verteilen.

[Randbemerkung: Isa. 9:4, 5]
Denn das schwere Joch und die Querlatte auf seiner Schulter, die Rute seines Zuchtmeisters, zerbrichst du wie in den Tagen Midians.
Denn jeder Stiefel des Kriegers mit lärmenden Schritten
und jeder Kriegsmantel, der mit dem Blut der Erschlagenen getränkt ist,
wird als Brennstoff für die Flamme vollständig verbrannt sein.

[Randbemerkung: Isa. 9:6, 7]
Denn ein Kind wird geboren, uns ist ein Sohn gegeben, und die Herrschaft wird auf seiner Schulter ruhen; und sein Name wird sein: Wunderbarer Ratgeber, gottähnlicher Held, ewig wachsamer Vater, Fürst des Friedens.
Zur Vermehrung Seine Herrschaft und der Friede werden kein Ende haben, auf dem Thron Davids und in seinem ganzen Königreich, um es durch Gerechtigkeit und Rechtschaffenheit aufzurichten und zu bewahren von nun an und für immer. Die Eifersucht Jehovas wird dies bewirken.

[Randbemerkung: Isa. 11:1, 2]
Ein Spross wird aus dem Stamm Isais hervorgehen, und ein Spross aus
seinen Wurzeln wird Frucht tragen. Der Geist des HERRN wird auf ihm
ruhen. Ein Geist der Weisheit und Einsicht, ein Geist des Rates und der
Macht, A Geist der Erkenntnis und die Furcht vor Jehova.

[Randbemerkung: Isa. 11:3-6]
Er wird nicht richten nach dem, was seine Augen sehen, noch wird er
entscheiden nach dem, was seine Ohren hören; sondern er wird die
Hilflosen mit Gerechtigkeit richten, und mit Gerechtigkeit wird er für die
Bedürftigen im Land entscheiden.

Er wird einen Unterdrücker mit der Rute seines Mundes schlagen
und mit dem Hauch seiner Lippen wird er die Schuldigen töten.
Gerechtigkeit wird der Gürtel um seine Lenden sein, und Treue das Band
um seine Hüften.

[Randbemerkung: Isa. 11:6-8]
Dann wird der Wolf der Gast des Lammes sein, und der Leopard wird bei
dem Böckchen liegen; das Kalb und der junge Löwe werden zusammen
grasen, und ein kleines Kind wird ihr Anführer sein. Die Kuh und das
Bären werden Freunde werden, ihre Jungen werden beieinander liegen, und
der Löwe wird Stroh fressen wie der Ochse; der Säugling wird um das Loch
der Natter spielen, und das entwöhnte Kind wird seine Hand zum Nest der
Viper ausstrecken.

[Randbemerkung: Isa. 11:9, 10] Auf
meinem ganzen heiligen Berg sollen die Menschen weder schaden noch
zerstören;
Denn die Erde wird mit Erkenntnis des HERRN erfüllt sein,
wie die Wasser das Meer bedecken. Und es wird an jenem Tag geschehen,
dass die Wurzel Isais, der den Völkern als Signal dienen soll, zu ihm greifen
wird Und seine Ruhestätte wird herrlich sein.

[Randbemerkung: Isa. 13:2-4]
Erhebe auf einem baumlosen Berg ein Zeichen, erhebe einen Schrei zu
ihnen, winke mit der Hand, damit sie in die fürstlichen Tore eintreten
können. Ich selbst habe meinen Geweihten den Befehl gegeben, meinen
Zorn auszuführen, das habe ich auch getan rief meine Helden herbei, meine
stolz jubelnden. Horch, ein Tumult auf den Bergen, wie von einer
mächtigen Menge! Horch, ein Aufruhr der Königreiche, der versammelten
Nationen! Es ist der HERR der Heerscharen, der die kriegerischen
Heerscharen versammelt.

[Randbemerkung: Isa. 13:17-22]
Ich werde die Erde für ihre Bosheit bestrafen und die Bösen für ihre

Missetat Achte nicht auf Silber und habe kein Gefallen an Gold. Auf Kinder werden sie ohne Mitleid blicken, sie haben kein Mitleid mit der Frucht des Mutterleibs. Und Babylon, das schönste aller Königreiche, die stolze Herrlichkeit der Chaldäer, wird sein. Als Gott Sodom und Gomorra stürzte.

Es wird für immer unbewohnt und für immer unbewohnbar sein;
Kein Nomade wird dort sein Zelt aufschlagen, noch Hirten seine Herden dort lagern lassen, sondern Wildkatzen werden dort liegen, und ihre Häuser werden voller Schakale sein; Strauße werden dort wohnen und Satyrn werden dort tanzen, und heulende Tiere werden zu jedem schreien andere in seinen Burgen und Wölfe in seinen Festsälen ;
Seine Zeit ist nahe, sein Tag wird nicht verlängert.

[Nebenbemerkung: Esra 6:3-5] Im ersten Jahr des Königs Cyrus erließ der König Cyrus einen Beschluss: Bezüglich des Hauses Gottes in Jerusalem — dieses Haus soll wieder aufgebaut werden, wo sie Opfer darbringen und ihm Opfergaben bringen, die er gemacht hat Feuer. Seine Höhe soll sechzig Ellen und seine Breite sechzig Ellen betragen. Er soll aus drei Schichten riesiger Steine und einer Schicht Holz gebaut sein. Und die Ausgaben sollen aus der Schatzkammer des Königs bestritten werden. Auch die goldenen und silbernen Gefäße des Hauses Gottes, die Nebukadnezar aus dem Tempel in Jerusalem genommen und nach Babylon gebracht hat, sollen wiederhergestellt und wieder in den Tempel in Jerusalem gebracht werden, jedes an seinem Platz, und ihr sollt es hineinstellen das Haus Gottes.

[Nebenbemerkung: Esra 5:14, 15] Nun die goldenen und silbernen Gefäße des Hauses Gottes, die Nebukadnezar aus dem Tempel in Jerusalem nahm und zum Tempel in Babylon brachte, jene, die Cyrus, der König, aus dem Tempel in Babylon nahm, und Sie wurden einem Mann namens Scheschbazzar übergeben , den er zum Statthalter ernannt hatte. Und er sprach zu ihm: Nimm diese Gefäße; Geh, stelle sie in den Tempel zu Jerusalem und lass das Haus Gottes an seiner Stelle wieder aufbauen.

[Nebenbemerkung: Esra 1:5, 6; Ich Esdr . 5:1-6] Da machten sich die Häupter der Vaterhäuser von Juda und Benjamin und die Priester und Leviten auf, alle, deren Geist Gott erweckt hatte, hinaufzuziehen, um den Tempel des HERRN zu bauen, der in Jerusalem ist. Und alle, die um sie herum waren, versorgten sie mit silbernen Gefäßen und mit Gold, mit Gütern und mit Vieh und mit Kostbarkeiten, außer allem, was sie freiwillig gaben.

Dies sind die Namen der Männer, die nach ihren Stämmen und ihrer Genealogie aufgestiegen sind. Von den Priestern die Söhne Pinehas, des Sohnes Aarons: Jeschua , der Sohn Jozadaks , des Sohnes Serias . Und es stand mit ihm Serubbabel auf, der Sohn Schealtiels , aus dem Hause Davids, aus der Familie Peres, aus dem Stamm Juda; im zweiten Jahr von Cyrus, dem König von Persien, am ersten Tag des Monats Nisan.

[Nebenbemerkung: Esra 3:2-4, 6b] Da machten sich Jeschua , der Sohn Jozadaks , und seine Verwandten, die Priester, und Serubbabel, der Sohn Schealtiels , und seine Verwandten auf und bauten den Altar des Gottes Israels, um Brandopfer darzubringen darauf, wie es im Gesetz Moses, des Mannes Gottes, vorgeschrieben ist. Und sie stellten den Altar an seiner Stelle auf; aus Furcht vor den Völkern, die im Land wohnten, waren sie über sie gekommen, aber sie fassten Mut und brachten dem HERRN Brandopfer dar, nämlich Brandopfer morgens und abends. Und sie hielten das Laubhüttenfest, wie es vorgeschrieben ist, und brachten die festgesetzte Zahl täglicher Brandopfer dar, wie es für jeden Tag vorgeschrieben war; aber der Grundstein für den Tempel Jehovas war noch nicht gelegt.

I. Die Umwandlung der Juden in ein literarisches Volk. Die Zerstörung Jerusalems verwandelte die jüdischen Bauern Palästinas in eine literarische Rasse. Vor der endgültigen Zerstörung Jerusalems hatten sie zusammen in einem kleinen Gebiet gelebt, wo die Kommunikation einfach war und der Bedarf an schriftlichen Aufzeichnungen gering war. Das Exil trennte Freunde und Mitglieder derselben Familien und zerstreute sie über die gesamte damals bekannte Welt. Die einzige Möglichkeit, miteinander zu kommunizieren, war in den meisten Fällen das Schreiben, und diese Notwendigkeit entwickelte zwangsläufig die literarische Kunst. Die Exilanten in Babylonien und Ägypten standen auch in engem Kontakt mit den beiden aktivsten literarischen Völkern der Antike. In Ländern, in denen fast jede öffentliche oder private Handlung in schriftlicher Form aufgezeichnet wurde und in denen die Literatur der Vergangenheit sorgfältig aufbewahrt und umfassend transkribiert wurde, war es unvermeidlich, dass die Juden stark von diesen Beispielen beeinflusst wurden. Darüber hinaus griffen die Lehrer des Geschlechts, Propheten und Priester, die durch die Zerstörung des Tempels daran gehindert wurden, ihre früheren mündlichen und symbolischen Lehrmethoden anzuwenden, wie der Priester Hesekiel, zur Feder. So begannen der religiöse Gedanke und die Hingabe der Rasse in ihrer Literatur Ausdruck zu finden.

Auch der Anreiz, die früheren Schriften der Priester und Propheten zu sammeln, war außerordentlich stark, denn die Erfahrungen und Institutionen ihrer Vergangenheit sowie ihre Hoffnungen für die Zukunft waren die beiden Hauptkräfte, die nun die jüdische Rasse zusammenhielten. Glücklicherweise erkannten die intelligenteren Führer bereits vor 586 v. Chr., dass die endgültige Katastrophe praktisch sicher war, und bereiteten sich daher im Voraus darauf vor. Das Jahrzehnt zwischen der ersten und zweiten Gefangenschaft gab ihnen auch Gelegenheit, die wichtigeren Schriften ihrer früheren prophetischen und priesterlichen Lehrer zu sammeln, während der judäische Staat noch intakt war und diese früheren Schriften leicht zu Rate gezogen werden konnten. II. Die literarische Tätigkeit der babylonischen Zeit. Das literarische Werk dieser Zeit nahm drei verschiedene Formen an: (1) Die Sammlung, Zusammenstellung und Bearbeitung früherer historischer Schriften. Vermutlich wurden in dieser Zeit die Erzählungen der Richter, Samuels und Könige, die die Geschichte bis ins Exil hineintragen, endgültig überarbeitet. (2) Frühere Schriften wurden überarbeitet oder ergänzt, um sie den neuen und veränderten Verhältnissen anzupassen. So wurden die Predigten der vorexilischen Propheten, wie beispielsweise die des Amos und Jesajas, an vielen Stellen überarbeitet und ergänzt. Diese früheren Propheten hatten Untergang und Zerstörung für ihre Nation vorhergesagt; Aber jetzt, da ihre Vorhersagen wahr geworden waren, brauchten sie eine Botschaft des Trostes und des Versprechens. Die Erfüllung ihrer früheren Vorhersagen hatte ihre Autorität in den Köpfen der Menschen verankert. Der Zweck der späteren Herausgeber bestand offensichtlich darin, diesen früheren Propheten das in den Mund zu legen, was sie wahrscheinlich gesagt hätten, wenn sie später anwesend gewesen wären, um zu ihren entmutigten und trostlosen Landsleuten zu sprechen. Unter Berücksichtigung dieser beiden grundlegend unterschiedlichen Standpunkte werden die eklatanten Widersprüche, die in den prophetischen Büchern auftauchen, vollständig erklärt und die Konsistenz der früheren Propheten bestätigt.

Die dritte Form der literarischen Tätigkeit wird durch die Schriften Hesekiels repräsentiert. Mit der Autorität eines Propheten befasste er sich direkt mit den Problemen seiner Zeit, und der größte Teil seines Buches besteht aus den Aufzeichnungen seiner prophetischen Ansprachen oder Briefen, die er an seine verstreuten Landsleute sandte, so wie Jeremia von dort aus schrieb Judah, ein Brief an die fernen Verbannten in Babylon. Auch seine neue Verfassung für den wiederhergestellten jüdischen Staat basierte auf früheren Bräuchen und Gesetzen, wurde jedoch an die neuen Bedürfnisse der veränderten Situation angepasst. Er war nicht der Einzige, der diese Aufgabe übernahm. Andere Priester sammelten frühere Gruppen mündlicher Gesetze und fassten die Bräuche und Traditionen des vorexilischen Tempels in schriftlicher Form zusammen. Gleichzeitig änderten sie diese früheren Bräuche, um die Übel zu korrigieren, die in der Vergangenheit aufgedeckt worden waren .

III. Der Heiligkeitskodex. Das Hauptprodukt der literarischen Tätigkeit des früheren Teils des Exils ist die Gesetzessammlung im siebzehnten bis sechsundzwanzigsten Kapitel des Levitikus. Aufgrund seiner starken Betonung der Heiligkeit Jehovas und der Notwendigkeit, dass er von einem sowohl zeremoniell als auch moralisch heiligen Volk verehrt wird, wird er heute allgemein als Heiligkeitskodex bezeichnet. Im Thema, in der Sichtweise, im Zweck und in der literarischen Form weist es viele enge

Berührungspunkte mit den Schriften Hesekiels auf. In seiner ursprünglichen Einheit stammte es offensichtlich aus der Zeit und dem Gedankenkreis, in dem der große Priester-Prophet lebte. Seine Predigten deuten jedoch darauf hin, dass er mit den wichtigsten Lehren vertraut war. Indem Hesekiel scharf zwischen den Jerusalemer Priestern und den dienenden Leviten unterscheidet und die Ehe eines Priesters mit einer Witwe verbietet, zeigt er, dass sein Werk ein etwas späteres Stadium in der Entwicklung der religiösen Standards Israels darstellt. Das wahrscheinlichste Datum für den Heiligkeitskodex ist daher das Jahrzehnt zwischen der ersten und zweiten Gefangenschaft (597-586 v. Chr.).

Wie jedes alte Gesetzbuch enthält der Heiligkeitskodex viele Gesetze und Vorschriften, die offensichtlich aus einer viel früheren Zeit in der Geschichte Israels stammen. Einige seiner Bestimmungen sind denen der Urkodizes von Exodus 21–23 sehr ähnlich. Im Geiste ist es eng mit dem Buch Deuteronomium verbunden. Es gibt auch viele der in diesem früheren Kodex enthaltenen Gesetze wieder. Beide Kodizes stellen die Frucht der Lehren der Propheten und Priester vor dem Exil dar. Jedes enthält zeremonielle, bürgerliche und moralische Gesetze; aber die Betonung des Rituals ist im Heiligkeitskodex stärker ausgeprägt. Es besteht aus zehn oder elf verschiedenen Gesetzesgruppen. In Levitikus 18 und 19 finden sich bestimmte kurze Dekaloge. Sie repräsentieren wahrscheinlich die gemeinsamen Bemühungen der judäischen Propheten und Priester während der assyrischen Zeit, den Menschen die wahren Grundsätze der Gerechtigkeit, des Dienstes und der Anbetung einzuprägen. Einige der Gesetze in diesen früheren Dekalogen sind die edelsten Beispiele alttestamentlicher Gesetzgebung:

PFLICHTEN GEGENÜBER ANDEREN

[Nebenbemerkung: Güte gegenüber den Bedürftigen]
I. Du sollst die Ecken deiner Felder nicht vollständig abernten.II. Du sollst die Nachlese deiner Ernte nicht einsammeln.III. Du sollst deinen Weinberg nicht auflesen.IV. Du sollst die gefallenen Früchte deines Weinbergs nicht einsammeln. V. Du sollst sie den Armen und den ansässigen Fremden überlassen.

[Randbemerkung: Ehrlichkeit in Geschäftsbeziehungen]
VI. Ihr sollt nicht stehlen.VII. Ihr sollt kein Unrecht tun, weder in der Länge noch im Gewicht oder in der Menge.VIII. Ihr sollt nicht falsch miteinander umgehen.IX. Ihr sollt einander nicht belügen.X. Ihr sollt bei meinem Namen nicht falsch schwören.

GERECHTIGKEIT FÜR ALLE MÄNNER

[Randbemerkung: Gegenüber Angehörigen]
I. Du sollst deinen Nächsten nicht unterdrücken.II. Du sollst deinen Nächsten nicht ausrauben.III. Der Lohn eines Tagelöhners soll nicht die ganze Nacht bis zum Morgen bei dir bleiben.IV. Du sollst die Tauben nicht verfluchen.V. Du sollst dem Blinden kein Ärgernis bereiten.

[Randbemerkung: Auf dem Weg zu Gleichen]
VI. Du sollst bei der gerichtlichen Entscheidung kein Unrecht tun.VII. Du sollst gegenüber den Armen keine Parteilichkeit zeigen.VIII. Du sollst keine übermäßige Rücksicht auf die Mächtigen nehmen.IX. Du sollst nicht als Verkünder unter deinem Volk umhergehen.X. Du sollst nicht das Blut deines Nächsten fordern [indem du vor Gericht falsche Aussagen machst].

EINSTELLUNG GEGENÜBER ANDEREN

[Nebenbemerkung: Im Herzen]
I. Du sollst deinen Landsmann nicht in deinem Herzen hassen.II. Du sollst deinen Nächsten warnen und seinetwegen keine Sünde begehen.III. Du sollst keine Rache nehmen.IV. Du sollst keinen Groll gegen die Mitglieder deiner Rasse hegen.V. Du sollst deinen Nächsten lieben wie dich selbst.

IV. Die Befreiung Jojachins und die Hoffnungen der Juden. Die Befreiung Jojachins, des Enkels Josias, aus dem babylonischen Gefängnis, in dem er seit der ersten Eroberung Jerusalems eingesperrt war, war das einzige Ereignis in der babylonischen Zeit, das von den Bibelhistorikern als erwähnenswert erachtet wurde. Der Anlass war die Thronbesteigung von Nebukadnezars Sohn Evil- Merodach (babylonisch, Amil- Marduk). Die Tat hatte kaum politische Bedeutung, denn die Juden waren in den Händen ihrer babylonischen Herren hilflos; aber es weckte offensichtlich die Hoffnungen der Verbannten, und insbesondere jene Art von Hoffnung, die sich auf das Haus Davids konzentrierte .

Hesekiel übertrug in seinem idealen Programm dem davidischen Fürsten nur geringfügige Aufgaben im Zusammenhang mit dem Tempel und übertrug die Hauptgewalt dem Hohepriester und seinen Dienern. Es ist jedoch offensichtlich, dass Hesekiel die Hoffnungen der Mehrheit der Verbannten nicht vollständig zum Ausdruck brachte. Die späte Passage in 2. Samuel 7:16, die das Versprechen an David enthält:

Dein Haus und dein Königreich werden immer fest vor mir stehen,
dein Thron wird für immer bestehen,

drückt den vorherrschenden Glauben in den Tagen unmittelbar vor dem Exil aus. Die nationalen Hoffnungen, deren Erfüllung von den Nachkommen des Hauses David erwartet wurde, wurden jedoch durch die Erfahrungen des Exils unweigerlich verändert und durch die Befreiung Jojachins gestärkt. Die Herrschaft von Königen wie Manasse und Jojakim hatte das überwältigende Übel offenbart, das unwürdige Herrscher, selbst wenn sie aus dem Hause Davids stammten, über ihre Untertanen bringen konnten. Josias Herrschaft hingegen setzte neue und höhere Maßstäbe. Die edlen ethischen und sozialen Ideale von Amos, Hosea und Jesaja hatten nicht ganz versagt, eine Reaktion hervorzurufen.

All diese unterschiedlichen Einflüsse sind in den beiden Prophezeiungen in Jesaja 9:1-7 und 11:1-10 nachvollziehbar. Da sie viele der sozialen Prinzipien verkörpern, für die Jesaja plädierte, war es nur natürlich, dass diese anonymen Schriften später diesem großen Staatsmann-Propheten zugeschrieben wurden. Jehova war jedoch der einzige höchste König, den Jesaja anerkannte;

und es war schwierig, in seinem anstrengenden Leben einen logischen oder historischen Rahmen für diese königlichen Orakel zu finden. Sie deuten auch darauf hin, dass das Königshaus von Juda niedergeschlagen wurde und dass der neue König aus einem düsteren Hintergrund auferstehen und eine völlig neue Ära einleiten soll. Der Charakter und die Herrschaft dieses Königs der Hoffnungen des Volkes spiegeln viele Charakterzüge Davids und Josias wider; aber seine Ziele und Methoden stehen im Einklang mit den moralischen und sozialen Standards der großen Propheten vor dem Exil. Sie stellen einen weltlichen Herrscher dar; aber der Geist, der ihn antreibt, und die Prinzipien, die ihn leiten, sind edel und selbstlos. Wie die spätere Geschichte deutlich zeigt, hofften der oder die Propheten, die diese Porträts malten, offenbar, dass ein Sohn oder Enkel Jojachins sie verwirklichen würde. Angesichts der späteren Vorhersagen von Haggai und Sacharja (Abschnitte XCIV, XCV) ist es äußerst wahrscheinlich, dass diese Prophezeiungen nicht lange nach der Geburt Serubbabels geschrieben wurden. Das Königreich, über das er herrschen und dem er vollkommene Gerechtigkeit und Frieden bringen sollte, war das prophetische Gegenstück zu Hesekiels priesterlichem Plan der wiederhergestellten und erlösten Gemeinschaft. Die so konkret dargelegten ethischen Ideale wurden in der unruhigen Geschichte Israels nie vollständig verwirklicht; aber sie sind auch heute noch genauso gültig und gebieterisch wie damals in der babylonischen Zeit. Die Abschaffung aller Kriegsinsignien, das hohe Bewusstsein der offiziellen Verantwortung, der Schutz der Schwachen durch die Starken und die Herrschaft vollkommenen Friedens und Harmonie auf der ganzen Erde sind die Ziele, denen alle ernsthaften, geweihten Seelen aller Zeiten nachgehen und Rasse streben danach. Es ist natürlich und angemessen, dass die christliche Kirche in Jesus die vollständigste und wahrste Verwirklichung dieser alten königlichen Ideale sieht.

V. Die Herrschaft des Nabonidus. Die Nachfolger Nebukadnezars erwiesen sich als schwach und ineffizient. Sein liederlicher Sohn Amil- Marduk wurde bald von seinem Schwager Nergalsharuzur (gr. Neriglissar) ermordet. Bei diesem Herrscher handelt es sich wahrscheinlich um den Nergal- Scharzer aus Jeremia 39:3, der 586 v. Chr. die endgültige Eroberung und Zerstörung Jerusalems anordnete. Nachdem er vier Jahre lang regiert hatte, starb er und überließ das babylonische Reich seinem kleinen Sohn, der bald einer Verschwörung zum Opfer fiel seine Adligen. Sie setzten einen gewissen Nabunaid auf den Thron , der den griechischen Historikern als Nabonidus bekannt ist. Er schien mehr daran interessiert zu sein, antike Ruinen auszugraben und alte Tempel wieder aufzubauen, als an der Herrschaft über seine Untertanen. Durch seine willkürliche Religionspolitik und seine Vernachlässigung der Volksgötter der Babylonier entfremdete er die Loyalität seines Volkes völlig. Während des letzten Teils seiner Regierungszeit, die von

555 bis 538 v. Chr. reichte, überließ er die Regierung größtenteils seinem Sohn Belsharuzur , dem Belsazar aus der Geschichte in Daniel.

VI. Aufstieg und Eroberungen des Cyrus. Während das babylonische Reich im Verfall versank, erlebte das medische Königreich im Norden und Osten eine umfassende Revolution. Der Grund dafür war die Unzufriedenheit der älteren medischen Bevölkerung unter der Herrschaft der barbarischeren Umman -Manda. Diese späteren skythischen Eroberer hatten unter ihrem König Cyaxares die Macht Assyriens gebrochen und waren die Erben seines östlichen Territoriums geworden. Die älteren Elemente fanden einen Anführer in Cyrus, dem König von Anshan, einem kleinen Staat in den Bergen von Elam, nordöstlich von Babylonien. Aus zeitgenössischen Inschriften geht hervor, dass die Anhänger des Astyages, der Cyaxares auf den medischen Thron folgte, gegen ihren König rebellierten und ihn in die Hände von Cyrus übergaben. Sobald Cyrus Herr über das Mederreich wurde, erwies er sich als fähiger Feldherr, geschickter Politiker und weiser Staatsmann. Er erkannte, dass er die vielfältigen und turbulenten Elemente in seinem heterogenen Königreich nur dann unter Kontrolle halten konnte, wenn er sie aktiv beschäftigte, und begann sofort eine Reihe von Feldzügen, die ihn am Ende zum unangefochtenen Herrscher über Südwestasien machten. Im Jahr 547 v. Chr., zwei Jahre nachdem er König von Medien geworden war, überquerte er den Tigris und eroberte Mesopotamien, das eine Zeit lang von den Babyloniern gehalten worden war. Offenbar nahm er den Titel König von Persien erst 546 an. Er schätzte die große Stärke von Er versuchte zunächst nicht, Babylon zu erobern, sondern begann sofort, durch Intrigen den Weg für seinen endgültigen Sturz zu ebnen. Im Jahr 545 brach er zu einem Westfeldzug gegen Krösus, den König von Lydien, den alten Rivalen der Medien, auf. Nach einem schnellen und energischen Feldzug wurde Sardes, die reiche lydische Hauptstadt, eingenommen, und Cyrus konnte gegen die reichen griechischen Kolonien vorrücken, die an der Ostküste der Ägäis lagen. Diese fielen in rascher Folge in seine Hände, so dass er 538 v. Chr. in der Lage war, mit einem großen siegreichen Heer gegen die Herrin des unteren Euphrat vorzurücken.

VII. Seine Eroberung Babylons. Die Feldzüge des Kyros wurden von den jüdischen Exilanten in Babylonien natürlich mit großem Interesse verfolgt. Die Lieder in Jesaja 14, 15 und 21:1-10 sowie Jeremia 51:29-31 bringen ihre freudige Erwartung auf die bevorstehende Demütigung Babylons zum Ausdruck. In einer zeitgenössischen Inschrift hat Cyrus den Fall der Hauptstadt anschaulich beschrieben. Anfang Oktober des Jahres 538 v. Chr. versammelte er eine große Armee an der Nordgrenze Babyloniens. Hier kam es zu einer Schlacht, in der die Babylonier völlig besiegt wurden. Die Stadt Sippar ergab sich schnell dem General von Cyrus und zwei Tage später marschierte die persische Armee in Babylon ein. Der Bericht besagt, dass die

Tore der mächtigen Stadt von ihren Bewohnern geöffnet wurden und Cyrus und seine Anhänger als Befreier willkommen geheißen wurden. König Nabonid wurde gefangen genommen und in die ferne Provinz Karmanien nordöstlich des Persischen Golfs verbannt. Mit den Worten von Cyrus: „Frieden gab er der Stadt; Frieden verkündete er allen Babyloniern." In den Augen der Besiegten galt er als Verfechter ihrer Götter, deren Abbilder er in der Hauptstadt wieder herstellte. Die Tempel und die Mauern Babylons wurden wieder aufgebaut, und der König erklärte sich öffentlich zu einem hingebungsvollen Verehrer von Marduk und Nebo, den Hauptgöttern der Babylonier. So unterschied sich die Politik des Kyros im Umgang mit den eroberten Völkern von Anfang an grundlegend von der der Babylonier und Assyrer. Sie hatten versucht, ihre Macht dadurch zu festigen, dass sie die Besiegten vernichteten, anstatt ihr Wohlergehen zu fördern; aber Cyrus wollte durch seine vielen Akte der Gnade ihre Loyalität sichern und bewahren.

VIII. Seine Behandlung eroberter Völker. Die gleiche Weisheit bewies Cyrus in seinem Umgang mit den vielen kleinen Völkern, die unter der harten Herrschaft Babylons zermürbt worden waren. In einer seiner Inschriften erklärt er: „Die Götter, deren Heiligtümer einst in Trümmern lagen, brachte ich wieder in ihre Wohnorte zurück und ließ sie für immer dort wohnen. Alle Bürger dieser Länder versammelte ich und stellte sie wieder her." zu ihren Häusern" (Cyrus Cyl ., 31, 32). Im Lichte dieser Aussage ist klar, dass den Juden ebenso wie anderen gefangenen Völkern die uneingeschränkte Erlaubnis erteilt wurde, in ihre Häuser zurückzukehren und ihren zerstörten Tempel wieder aufzubauen. Der Erlass des Cyrus, der im aramäischen Dokument in Esra 6:3-5 aufgezeichnet ist, ist offenbar die jüdische Version des allgemeinen Erlasses, den er erlassen hat. Es ist auch möglich, dass er den Vasallenvölkern beim Wiederaufbau ihrer Heiligtümer half; denn ein solches Vorgehen entsprach vollkommen seiner klugen Politik. Auch die Herrschaft über verschiedene Königreiche übertrug er soweit wie möglich einheimischen Fürsten. Im griechischen Buch I Esdras ist eine Liste (die aus dem biblischen Buch Esra herausgefallen ist) derer erhalten, die von Cyrus' Erlaubnis Gebrauch machten, nach Palästina zurückzukehren. Dazu gehören einfach der Priester Jeshua oder Josua, der direkte Erbe der frühen Jerusalemer Priesterlinie von Zadok, und Serubbabel, ein Nachkomme der judäischen Königsfamilie. Sie nahmen zweifellos ihre unmittelbaren Anhänger mit und wurden wahrscheinlich von einigen Verbannten begleitet, deren Loyalität sie dazu veranlasste, die attraktiven Möglichkeiten in Babylon zu verlassen, um sich den Gefahren der langen Reise und den größeren Gefahren in Palästina zu stellen.

Aus Jeremia 41:5 und Haggai 2:14 geht hervor, dass auf dem heiligen Felsen in Jerusalem ein schlichter Altar errichtet worden war und dass an der Stelle des zerstörten Tempels kurz nach seiner Zerstörung im Jahr 586 v. Chr. Gottesdienste abgehalten wurden, wobei die Geschenke zurückgebracht wurden Von Serubbabel und seinen Anhängern wurden wahrscheinlich auf dem wiederhergestellten Altar unter der Leitung des Priesters Josua tägliche Opfer dargebracht (vgl. Hag. 2:10-14). Im Lichte der ältesten Aufzeichnungen ist jedoch klar, dass die Wiederbelebung der judäischen Gemeinschaft in Palästina schrittweise erfolgte und zunächst alles andere als glorreich war. Die Juden waren ein gebrochenes, von Armut geplagtes, verfolgtes Volk, immer noch erschüttert von der großen Katastrophe, die ihre Nation heimgesucht hatte. Die allgemeine Rückkehr der Verbannten war nur ein Traum der Zukunft, und trotz der allgemeinen Erlaubnis von Cyrus lag der Tempel in Jerusalem immer noch in Trümmern.

Abschnitt XCIV. DER WIEDERAUFBAU DES TEMPELS

[Nebenbemerkung: Hag. 1:1-6] Im zweiten Jahr des Königs Darius, am ersten Tag des sechsten Monats, erging dieses Wort des HERRN durch Haggai, den Propheten: Rede zu Serubbabel, dem Sohn Schealtiels, dem Statthalter von Juda, und zu Josua Sohn Jozadaks , des Hohenpriesters, und sprach: „So spricht der HERR der Heerscharen: „Dieses Volk sagt: Die Zeit ist noch nicht gekommen, den Tempel des HERRN wieder aufzubauen." Da erging dieses Wort des HERRN durch Haggai, den Propheten: Ist es ein? Zeit für euch selbst, in euren eigenen Häusern mit Decken zu wohnen, während dieser Tempel in Trümmern liegt? Nun also, so spricht Jehova der Heerscharen: „Bedenke deine vergangenen Erfahrungen." Ihr sät viel, bringt aber wenig ein; Ihr isst, aber ihr habt nicht genug; Ihr trinkt, aber ihr werdet nicht satt; Ihr kleidet euch, aber nicht so, dass ihr warm seid; Und wer Lohn verdient , verdient Lohn in einem Sack mit Löchern.

[Nebenbemerkung: Hag. 1:7-11] So spricht Jehova der Heerscharen: „Bedenke deine Erfahrungen." Steigt auf die Berge, bringt Holz und baut den Tempel wieder auf; dann werde ich Freude daran haben, und ich werde meine Herrlichkeit offenbaren', spricht Jehova. „Ihr habt nach viel gesucht, und es wurde wenig; und als ihr es nach Hause gebracht habt, habe ich darauf geblasen. Warum?' spricht der HERR Zebaoth. „Wegen meines Tempels, der in Trümmern liegt, während ihr jeder in sein eigenes Haus rennt." Darum halten die Himmel den Tau zurück, und die Erde hält ihre Früchte zurück. Und ich habe eine Dürre hervorgerufen über das Land und die Berge und über das Getreide und den Most und das Öl und über das, was die Erde hervorbringt, und über Menschen und Tiere und über alle Arbeit der Hände.
'

[Nebenbemerkung: Hag. 1:12-15a] Da gehorchten Serubbabel, der Sohn Schealtiels , und Josua, der Sohn Jozadaks , des Hohenpriesters, und das ganze übrige Volk dem Befehl des HERRN, ihres Gottes, und den Worten des Propheten Haggai, wie es der HERR, ihr Gott, getan hatte schickte ihn zu ihnen. Auch das Volk fürchtete sich vor Jehova. Und der HERR erweckte den Geist Serubbabels, des Sohnes Shealtiels , des Statthalters von Juda, und den Geist Josuas, des Sohnes Jozadaks , des Hohenpriesters, und den Geist des ganzen übrigen Volkes, sodass sie kamen und am Tempel arbeiteten des HERRN der Heerscharen, ihres Gottes, am vierundzwanzigsten Tag des sechsten Monats.

[Nebenbemerkung: Hag. 1:15b-2:5] Im zweiten Jahr des Königs Darius, am einundzwanzigsten Tag des siebten Monats, erging dieses Wort von Jehova durch Haggai, den Propheten: Rede zu Serubbabel, dem Sohn Schealtiels, dem Statthalter von Juda , und zu Josua, dem Sohn Jozadaks , dem Hohenpriester, und zu dem ganzen Rest des Volkes und sprachen: Wer von euch ist noch übrig, der diesen Tempel in seiner früheren Pracht gesehen hat? und wie siehst du es jetzt? Ist es in deinen Augen nicht ein Nichts? Doch nun sei stark, Serubbabel, lautet der Ausspruch des HERRN. „Und sei stark, o Josua, Sohn Jozadaks , des Hohepriesters, und sei stark, alles Volk des Landes", ist der Ausspruch des HERRN, „und arbeite, denn ich bin mit dir", ist der Ausspruch des HERRN der Heerscharen: „Und mein Geist bleibt in deiner Mitte; keine Angst.'

[Nebenbemerkung: Hag. 2:6-9] Denn so spricht der HERR der Heerscharen: „Nur noch eine kleine Weile, und ich werde die Himmel und die Erde und das Meer und das trockene Land erschüttern." Und ich werde alle Nationen erschüttern, und die Kostbarkeiten aller Nationen werden kommen; und ich werde diesen Tempel mit Herrlichkeit erfüllen', spricht der HERR der Heerscharen. „Das Silber gehört mir und das Gold gehört mir", lautet der Ausspruch des HERRN der Heerscharen. „Die spätere Herrlichkeit dieses Tempels wird größer sein als die frühere", spricht der HERR der Heerscharen; „Und an diesem Ort werde ich Wohlstand gewähren", ist der Ausspruch des HERRN der Heerscharen.

[Nebenbemerkung: Hag. 2:10-14] Am vierundzwanzigsten Tag des neunten Monats, im zweiten Jahr des Darius, erging dieses Wort Jehovas durch Haggai, den Propheten: So spricht Jehova der Heerscharen: „Bitte von den Priestern eine Entscheidung und sprich : „Wenn jemand heiliges Fleisch im Rock seines Gewandes trägt und mit seinem Rock Brot oder Suppe oder Wein oder Öl oder irgendein Essen berührt, soll es dann heilig werden?" Und die Priester antworteten und sagten: Nein. Dann sagte Haggai: Wenn jemand, der aufgrund eines toten Körpers unrein ist, eines davon berührt, soll es dann unrein sein? Und die Priester antworteten und sprachen: Es wird unrein sein. Da antwortete Haggai und sprach: So ist dieses Volk und so ist dieses Volk vor mir, ist das Wort des HERRN; und so ist jedes Werk ihrer Hände; und was sie dort anbieten, ist unrein.

[Nebenbemerkung: Hag. 2:15-19] Und nun bitte ich Sie, denken Sie an diesen Tag zurück, bevor im Tempel des HERRN ein Stein auf den anderen gelegt wurde; Wie ging es euch? Als ihr zu einem Haufen von zwanzig Maß kamt, waren es nur zehn; Als ihr zum Weinbottich kamt, um fünfzig Gefäße herauszuholen, waren es nur zwanzig. Ich habe alles Werk deiner Hände mit Strahlen, mit Mehltau und mit Hagel geschlagen; Ihr habt euch aber nicht zu mir bekehrt, lautet das Wort des HERRN. Denken Sie an diesen Tag zurück, denken Sie nach! Ist der Same schon in der Kornkammer, ja, der Weinstock und der Feigenbaum und der Granatapfel und der Olivenbaum haben ihn nicht hervorgebracht? Von diesem Tag an werde ich dich segnen.

[Nebenbemerkung: Hag. 2:20-22] Dieses Wort Jehovas erging am vierundzwanzigsten Tag des Monats zum zweiten Mal an Haggai: Rede zu Serubbabel, dem Statthalter von Juda, und sprich: „Ich werde Himmel und Erde erschüttern; und ich werde den Thron der Königreiche stürzen; und ich werde die Stärke der Königreiche der Nationen zerstören; und ich werde die Streitwagen und diejenigen, die darin fahren, umstürzen; und die Pferde und ihre Reiter werden herabkommen, jeder durch das Schwert seines Bruders.

[Nebenbemerkung: Hag. 2:23] „An jenem Tag", ist das Wort des HERRN der Heerscharen, „werde ich dich nehmen, OZerubbabel, meinen Diener, den Sohn Shealtiels ", ist das Wort des HERRN, „und werde dich zu einem Siegelring machen, „Denn ich habe dich erwählt", lautet der Ausspruch Jehovas der Heerscharen.

[Nebenbemerkung: Esra 5:3-5] Zu dieser Zeit kamen Tattenai , der Gouverneur der Provinz jenseits des Flusses , und Shethar-Bozenai und ihre Mitarbeiter zu ihnen und redeten so zu ihnen: Wer gab euch die Erlaubnis, diesen Tempel zu bauen und um diese Mauer fertigzustellen? Und wer sind die Bauherren, die das durchsetzen? Aber das Auge ihres Gottes war auf die Ältesten der Juden gerichtet, und sie ließen sie nicht aufhören, bis ein Bericht zu Darius kam und eine schriftliche Entscheidung darüber zurückgesandt wurde.

[Nebenbemerkung: Esra 6:1-5] Dann erließ der König Darius ein Dekret und es wurde eine Suche in den Archiven durchgeführt, in denen die offiziellen Dokumente aus Babylon aufbewahrt worden waren. Und in Ekbatana, dem königlichen Palast in der Provinz Medien, wurde eine Rolle gefunden, und darin stand Folgendes geschrieben: Eine Aufzeichnung: Im ersten Jahr des Königs Cyrus erließ der König Cyrus einen Beschluss: „Bezüglich des Hauses Gottes." In Jerusalem soll das Haus wieder aufgebaut werden, wo man ihm Opfer darbringt und ihm Feueropfer bringt. Seine Höhe soll sechzig Ellen und seine Breite sechzig Ellen betragen. Es soll aus drei Lagen riesiger Steine und einer Lage Holz gebaut werden; und die Ausgaben sollen aus der

Schatzkammer des Königs bestritten werden. Auch die goldenen und silbernen Gefäße des Hauses Gottes, die Nebukadnezar aus dem Tempel in Jerusalem nahm und nach Babylon brachte, sollen wiederhergestellt und in den Tempel in Jerusalem gebracht werden, jedes an seinen Platz; und du sollst sie in das Haus Gottes bringen.

[Nebenbemerkung: Esra 6:6-12] Und nun, Tattenai , Gouverneur der Provinz jenseits des Flusses, Shethar-Bozenai , und die Herrscher der Provinz jenseits des Flusses , gehen von dort weg; lasst die Arbeit dieses Hauses Gottes in Ruhe; Die Ältesten der Juden sollen an seiner Stelle dieses Haus Gottes wieder aufbauen. Außerdem erlasse ich einen Befehl darüber, was Sie für diese Ältesten der Juden beim Bau dieses Hauses Gottes tun sollen: Aus dem Vermögen des Königs aus dem Tribut der Provinz jenseits des Flusses sollen genau die Kosten für diese Männer bezahlt werden , und das ohne Verzögerung. Und was nötig ist, sowohl junge Ochsen als auch Widder und Lämmer zum Brandopfer für den Gott des Himmels, auch Weizen, Salz, Wein und Öl, gemäß der Anweisung der Priester in Jerusalem, soll ihnen Tag für Tag gegeben werden Tag und Nacht, damit sie dem Gott des Himmels regelmäßig Opfer von süßem Duft darbringen und für das Leben des Königs und seiner Söhne beten. Ich habe auch beschlossen, dass jeder, der dieses Gebot außer Kraft setzt, einen Balken aus seinem Haus herausreißen und ihn darauf aufpfählen soll, und dass sein Haus dafür zu einem Müllhaufen gemacht werden soll. Und der Gott, der seinen Namen dort wohnen ließ, wird alle Könige und Völker stürzen, die ihre Hand ausstrecken, um den Befehl ungültig zu machen oder das Haus Gottes in Jerusalem zu zerstören. Genau wird es ausgeführt.

[Nebenbemerkung: Esra 6:13,14] Dann taten Tattenai , der Gouverneur der Provinz jenseits des Flusses , und Shethar-Bozenai und ihre Mitarbeiter genau das, was Darius, der König, befohlen hatte. Und die Ältesten der Juden bauten und gediehen. Und sie vollendeten den Bau gemäß dem Befehl des Gottes Israels und gemäß dem Ratschluss von Cyrus und Darius.

I. Die Bücher Esra und Nehemia. Die Bücher Esra und Nehemia sind die wichtigsten Informationsquellen zur jüdischen Geschichte während der persischen Zeit. Sie lassen sich in neun allgemeine Abschnitte unterteilen: (1) die Rückkehr der babylonischen Verbannten und die Wiederbelebung der judäischen Gemeinde, Esra 1–4;

(2) der Wiederaufbau des Tempels, 5-6; (3) Esras Feldzug und die Priesterreformation, 8–10, und Nehemia 8–10; (4) Nehemias Arbeit beim Wiederaufbau der Mauern, Nehemia 1:1-7:5; (5) Volkszählung der judäischen Gemeinde, 7:6-69; (6) Maßnahmen zur Sicherung der Wiederbevölkerung Jerusalems, 11; (7) Genealogie der Priester und Leviten, 12:1-26; (8) Einweihung der Mauern, 12:27-43; und (9) Nehemias spätere

Reformmaßnahmen, 12:44-13:31. Es ist offensichtlich, dass Esra und Nehemia ursprünglich ein Buch waren und dass sie vom selben Autor stammen wie die Chroniken I und II. Diese wichtige Tatsache wird durch das Vorhandensein der gleichen ausgeprägten Denk- und Literaturmerkmale in beiden Büchern deutlich. Die Schlussverse der II. Chronik werden auch zu Beginn von Esra wörtlich wiederholt.

In diesen Büchern geht es eher um religiöse und zeremonielle als um zivile und nationale Themen. Sie stellen in Wirklichkeit eine Geschichte des Jerusalemer Tempels und seiner Institutionen dar. Das Ganze kann zu Recht als „Kirchengeschichte Jerusalems" bezeichnet werden. Es zeichnet die Geschichte Jerusalems und des südlichen Königreichs von den frühesten Zeiten bis zum Ende der persischen Zeit nach. Sein Autor, der allgemein als Chronist bekannt ist, lebte offensichtlich in der frühen Hälfte oder Mitte der griechischen Zeit. Bestimmte Merkmale seines literarischen Stils und seiner Sichtweise weisen darauf hin, dass er um 250 v. Chr. schrieb. Seine Besonderheiten und Schreibmethoden werden durch einen Vergleich der älteren Parallelgeschichte von Samuel-Könige mit den Büchern der Chroniken deutlich. Im Allgemeinen fehlt ihm der historische Geist und die Perspektive der früheren prophetischen Historiker. Er überarbeitet auch seine Aufzeichnungen früherer Ereignisse frei, um sie mit den Traditionen seiner Zeit in Einklang zu bringen. Sein Ziel war es vor allem, die Autorität und das Ansehen des Jerusalemer Tempels zu stärken und zu beweisen, dass Jehova „nicht mit Israel war" (2. Chronik 25:7), was zu seiner Zeit durch die verhassten Samariter repräsentiert wurde. Der durch die Samariterfehde hervorgerufene Hass erklärt viele der Besonderheiten des Chronisten. Tatsächlich war er eher ein Apologet als ein Historiker. So werden nachexilische Institutionen, wie zum Beispiel der Tempelgesangsgottesdienst mit seinen Sängerzünften, bis in die Zeit Davids zurückversetzt und die Ereignisse der frühen hebräischen Geschichte ständig verherrlicht. Die in den früheren, prophetischen Quellen gefundenen Zahlen werden vergrößert, und an jedem Punkt ist leicht der Einfluss der Vertrautheit des Chronisten mit der Pracht und Großartigkeit der großen persischen und griechischen Reiche und seines Wunsches, seine Mitjuden zu inspirieren, zu erkennen mit Nationalstolz und Loyalität gegenüber ihren religiösen Institutionen.

II. Die Vorstellung des Chronisten von der Restauration. Glücklicherweise verließ sich der Chronist nicht ausschließlich auf die zu seiner Zeit aktuellen Überlieferungen oder auf seine eigenen Vorstellungen von der frühen Geschichte, sondern zitierte frei aus früheren Quellen. Infolgedessen wird ein großer Teil der prophetischen Geschichte von Samuel und den Königen wörtlich in der ersten und zweiten Chronik wiedergegeben . Für die persische Zeit, für die er unser Hauptautor ist, zitierte er offenbar aus drei oder vier Dokumenten. In Esra 4:7-23 findet sich eine kurze Beschreibung auf

Aramäisch über den Widerstand der Nachbarn Judas gegen den Wiederaufbau der Mauern, wahrscheinlich in den Tagen Nehemias. In Esra 5 und 6 gibt es ein weiteres langes Zitat aus einem aramäischen Dokument, das einen ähnlichen Versuch beschreibt , den Wiederaufbau des Tempels in den Tagen Haggais und Sacharjas zu stoppen . Der Chronist glaubte offensichtlich, dass der zweite Tempel nicht vom Volk des Landes, mit dem Haggai und Sacharja sprachen, wieder aufgebaut wurde, sondern von jüdischen Exilanten, die nach der Thronbesteigung von Cyrus in großer Zahl aus Babylon zurückgekehrt waren. Er ging davon aus, dass Juda während des babylonischen Exils entvölkert worden war und dass in Palästina nur noch Heiden und verhasste Samariter übrig blieben. Er stellt sich auch die Rückkehr der Verbannten vor, nicht als die einer Handvoll mutiger Patrioten, sondern als die einer riesigen Truppe, beladen mit reichen Geschenken und bewacht von persischen Soldaten.

der 42.360 Verbannten enthält, die unmittelbar nach 538 v. Chr. zurückkehrten, zeigt schnell, dass es, wie sein Duplikat in Nehemia 7:6-69, seine historische Grundlage hat, sofern es überhaupt welche außerhalb des Fruchtbaren gibt Nach der Vorstellung des Chronisten handelt es sich um eine Volkszählung der judäischen Gemeinde. Diese Volkszählung wurde nicht zu Beginn, sondern am Ende der persischen Zeit durchgeführt. So erscheinen in der Liste der Führer nicht nur die Namen von Josua und Serubbabel, sondern auch von Nehemia und Esra (Azaria). Bestimmte Anführer wie Mordechai und Bigvai tragen persische Namen, was eindeutig darauf hindeutet, dass sie weit unten in der persischen Zeit lebten. Die Familie des Hohepriesters Josua zählt bereits neunhundertdreiundneunzig. In diese Volkszählung werden auch die Einwohner vieler Städte außerhalb Jerusalems einbezogen, beispielsweise Jericho, Gibeon und Bethlehem. Darüber hinaus werden bestimmte Städte wie Lud und Ono erwähnt, die erst in der zweiten Hälfte der persischen Zeit der judäischen Gemeinde hinzugefügt wurden. Angesichts dieser Tatsachen und der eindeutigen Schlussfolgerungen aus den Predigten von Haggai und Sacharja, dass es zu ihrer Zeit keine allgemeine Rückkehr ihrer Verwandten aus Babylon gegeben hatte, ist die vorherrschende populäre Interpretation dieser Periode der Geschichte Israels eindeutig unhaltbar und irreführend. Wenn es zu einer allgemeinen Rückkehr der Vertriebenen aus Babylon kam, dann sicherlich erst, nachdem die Mauern unter der inspirierenden Führung Nehemias wieder aufgebaut worden waren. Die Juden, denen Haggai und Sacharja predigten und die den zweiten Tempel wieder bauten, waren die Menschen des Landes, die die Zerstörung Jerusalems überlebt hatten oder aus ihrer vorübergehenden Zuflucht an den Grenzen des Landes Ägypten zurückgekehrt waren.

III. Erschütterungen im Persischen Reich. Nach einer glänzenden und erfolgreichen Herrschaft starb Kyros im Jahr 529 v. Chr. und überließ sein riesiges Reich seinem Sohn Kambyses. Dem neuen König fehlte die Weisheit und Staatskunst seines Vaters, aber er erbte dessen Eroberungslust. Der größte Teil seiner kurzen Regierungszeit war der Eroberung Ägyptens gewidmet. Von ihren Hügeln aus beobachteten die Juden zweifellos den Vormarsch der großen Armeen Persiens und waren gezwungen, zu ihrer Unterstützung beizutragen. Es war eine Zeit des Wandels und des Übergangs, in der alte Reiche zugrunde gingen und neue Kräfte die Vorherrschaft erlangten.

Bei seiner Rückkehr aus Ägypten beging Kambyses, der einen Thronprätendenten vorfand, Selbstmord und ließ das Reich ohne rechtmäßiges Oberhaupt zurück. Während dieser Krise wurde im Herbst 521 v. Chr. ein persischer Adliger, Darius, von Verschwörern zum König erhoben, die den Prätendenten getötet hatten. Darius beanspruchte Beziehungen zur persischen Königsfamilie und stärkte seine Position durch die Heirat mit Atossa , der Tochter von Cyrus. Der Beginn seiner Herrschaft war durch eine Reihe von Aufständen im gesamten Reich gekennzeichnet. In Susiana proklamierte sich eine gewisse Athrina zum König. In Babylonien versammelte ein einheimischer Prinz seine Landsleute und nahm den Titel Nebukadnezar III. an. Der medische Aufstand wurde von einem gewissen Pharaorten angeführt ; während unter den Persern selbst ein Prätendent, der behauptete, ein Sohn des Kyros zu sein, eine große Anhängerschaft erlangte. Zum Glück für Darius gab es keine konzertierte Aktion zwischen den Anführern dieser verschiedenen Aufstände, so dass er sie nacheinander unterdrücken konnte; aber für den gewöhnlichen Betrachter schien die Aufgabe nahezu unmöglich. Erst im Frühjahr 519 erlangte Darius die volle Kontrolle über die Lage.

IV. Haggais effektive Adressen. Es war im Herbst 520 v. Chr., als die Aufstände im Persischen Reich ihren Höhepunkt erreichten, als Haggai seinen mitreißenden Appell an die Mitglieder der judäischen Gemeinde richtete. Aus den Verweisen in seinen Ansprachen und denen seines Zeitgenossen Sacharja geht hervor, dass er und seine Zuhörer tiefgreifend von diesen großen Weltbewegungen beeinflusst waren. Die Situation schien nicht nur eine Befreiung von der persischen Herrschaft zu versprechen, sondern auch eine Gelegenheit, endlich die nationalen Hoffnungen der jüdischen Rasse zu verwirklichen. Haggais Botschaft war einfach, direkt und praktisch. Nach den zu seiner Zeit allgemein akzeptierten Überzeugungen war seine Logik unbeantwortbar. Einerseits hatte Jehova durch schlechte Ernten und schwere Zeiten deutlich seinen Unmut über sein Volk in Juda zum Ausdruck gebracht. Der Grund war offensichtlich; Obwohl sie sich bequeme Häuser gebaut hatten, lag der Tempel Jehovas immer noch in

Trümmern. Wenn sie seine Gunst gewinnen wollten, war es eindeutig ihre Pflicht, aufzustehen und sein Heiligtum wieder aufzubauen. Die Umwälzungen im Persischen Reich versprachen auch, dass, wenn sie ihrem göttlichen König treu blieben, er endlich die Vorhersagen ihrer früheren Propheten erfüllen würde.

Die Worte Haggais, die er im September 520 äußerte, stießen sofort auf Resonanz. Im Oktober desselben Jahres wurde mit den Arbeiten am Tempel begonnen. Als die Energie und der Enthusiasmus der Bauherren zu schwinden begannen, erschien der Prophet im November 520 erneut vor ihnen mit der Erklärung, dass Jehova im Begriff sei, die großen Weltmächte zu stürzen und die Streitwagen, Pferde und Reiter ihrer persischen Herren zu zerstören. „Jeder durch das Schwert seines Bruders." Er brachte auch die Erwartungen der Bevölkerung zum Ausdruck, die sich auf Serubbabel konzentrierten , der bereits zum Statthalter von Juda ernannt worden war. Der Prophet erklärte kühn, dass dieser Spross des Hauses David der Siegelring Jehovas sein würde, der irdische Vertreter jener göttlichen Macht, die im Begriff war, große Revolutionen in der Weltgeschichte herbeizuführen. Im gleichen Zeitraum äußerte Sacharja auch seine ermutigenden Botschaften und spornte das Volk zu weiteren Bemühungen an (Abschnitt XCV).

V. Der Versuch, den Wiederaufbau des Tempels zu stoppen. Das in Esra 5 und 6 erhaltene aramäische Dokument beschreibt ausführlich einen Versuch des persischen Statthalters, der über die Provinz westlich des Euphrat herrschte, dem Tempelbau ein Ende zu setzen. Die Erzählung, der Brief und die darin enthaltenen Dekrete verraten an vielen Stellen ihre jüdische Herkunft. Obwohl die Überlieferung vergleichsweise spät ist, lässt ihr Umstandscharakter den Schluss zu, dass sie die Erinnerung an ein bestimmtes historisches Ereignis bewahrt. Das Vorgehen der Juden beim Wiederaufbau ihres Tempels stand in vollkommener Übereinstimmung mit der Politik von Cyrus und auch von Darius, wie zeitgenössische Inschriften belegen. Der Versuch, den Bau des Tempels zu stoppen, scheiterte daher; und im Jahr 516 v. Chr., vier Jahre nach Beginn der Arbeiten, wurde es abgeschlossen.

VI. Die Bedeutung der Restaurierung des Tempels. Der Wiederaufbau des Jerusalemer Tempels scheint vor allem für die Juden Palästinas von unmittelbarer Bedeutung gewesen zu sein. Die Juden Ägyptens, oder zumindest die von Elephantine, hatten einen eigenen Tempel. Aus Sacharja 6:9-11 geht hervor, dass die jüdischen Exilanten in Babylon bestimmte Geschenke an den Jerusalemer Tempel schickten; Aber die dazwischen liegenden Hunderte von Kilometern Wüste erschwerten die Kommunikation außerordentlich, so dass es außer in seltenen Abständen offenbar nur wenig Austausch zwischen Babylonien und Palästina gab. Für alle Juden bedeutete der Wiederaufbau des Tempels jedoch, dass sie endlich einen gemeinsamen Treffpunkt hatten und dass Jehova wieder von seinem eigenen Volk an seinem traditionellen Wohnort angebetet wurde. In gewisser Weise überbrückte es die siebzig Jahre, die seit der Zerstörung des vorexilischen hebräischen Staates vergangen waren, und ermöglichte die Wiederbelebung der alten religiösen Bräuche. Mit der Zeit zog es aus den Ländern der Zerstreuung patriotische Juden an, deren Interesse auf die zeremonielle Seite ihres religiösen Lebens gerichtet war. Es bildete auch ein Zentrum , um das herum sich nach und nach eine Hierarchie mit immer ausgefeilteren Ritualen und einer Reihe von Gesetzen entwickelte, die schließlich zu den charakteristischen Merkmalen des Judentums wurden.

Abschnitt XCV. Sacharjas Visionen und ermutigende Ansprachen

[Nebenbemerkung: Zech. 1:7-11] Am vierundzwanzigsten Tag des elften Monats [Februar], im zweiten Jahr des Darius [519 v. Chr.], erging dieses Wort Jehovas an den Propheten Sacharja, den Sohn Berechjas, des Sohnes Iddos : Ich sah in der Nacht und da war ein Mann, der zwischen den Myrtenbäumen stand, die am Talgrund waren, und hinter ihm waren Pferde, rote, Sauerampfer und weiße. Da sagte ich: „O mein Herr, was sind das?" Und der Engel, der mit mir redete, sagte zu mir: Ich werde dir zeigen, was das ist. Und der Mann, der zwischen den Myrtenbäumen stand, antwortete und sprach: Das sind die, die der HERR gesandt hat, um auf der Erde hin und her zu gehen . Und sie antworteten dem Engel des HERRN, der zwischen den Myrtenbäumen stand, und sprachen: Wir sind auf der Erde auf und ab gegangen, und siehe, die ganze Erde ist still und in Frieden.

[Nebenbemerkung: Zech. 1:12-17] Da antwortete der Engel des HERRN und sprach: O HERR der Heerscharen, wie lange hast du kein Mitleid mit Jerusalem und den Städten Judas, mit denen du diese siebzig Jahre lang zornig gewesen bist? Und Jehova antwortete dem Engel, der mit mir redete, mit guten Worten, sogar mit tröstenden Worten. Da sprach der Engel, der mit mir redete, zu mir: Verkünde jetzt: So spricht der HERR der Heerscharen: „Ich bin mit großer Eifersucht auf Jerusalem und auf Zion bedacht. Aber mit großem Zorn bin ich auf die arroganten Nationen gerichtet; denn ich war nur ein wenig wütend [auf Israel], aber sie trugen dazu bei, das Unglück noch größer zu machen." Deshalb spricht der HERR: „Ich wende mich, um Jerusalem Gnade zu erweisen; mein Tempel soll darin gebaut werden", spricht der HERR der Heerscharen, „und eine Messlinie soll über Jerusalem gespannt werden. Verkünde noch einmal: So spricht der HERR der Heerscharen : Meine Städte werden noch vor Wohlstand überströmen; und Jehova wird Zion noch trösten und Jerusalem erwählen."

[Nebenbemerkung: Zech. 1:18, 19] Und ich hob meine Augen auf und schaute, und da waren vier Hörner. Und ich sagte zu dem Engel, der mit mir redete: „Was sind das?" Und er versicherte mir: „Das sind die Hörner, mit denen er Juda zerstreute."

[Nebenbemerkung: Zech. 1:20, 21] Dann zeigte mir Jehova vier Schmiede. Und ich sagte: Was kommen diese zu tun? Und er sagte: Das sind die Hörner, die Juda zerstreuten, sodass niemand sein Haupt erhob; aber diese sind gekommen, um sie zu erschrecken, um die Hörner der Nationen niederzuschlagen, die ihr Horn gegen das Land Juda erhoben, um es zu zerstreuen.

[Nebenbemerkung: Zech. 2:2-5] Und ich hob meine Augen auf und schaute, und da war ein Mann mit einer Messschnur in seiner Hand. Dann sagte ich: Wohin gehst du? Und er sagte zu mir: Um Jerusalem zu messen, um zu sehen, wie breit und lang es ist. Da blieb der Engel, der mit mir redete, stehen, und ein anderer Engel ging ihm entgegen und sprach zu ihm: Lauf, rede zu diesem jungen Mann und sprich: „Jerusalem soll wie ein Dorf ohne Mauern bewohnt werden wegen der Menschenmenge." und Vieh in ihrer Mitte. Denn ich", spricht Jehova, „werde eine feurige Mauer um sie herum sein, und ich werde die Herrlichkeit in ihrer Mitte sein."

[Nebenbemerkung: Zech. 2:6-9]
Ho, ho, flieht aus dem Land des Nordens, ist das Orakel des HERRN. Denn ich habe euch ausgebreitet wie die vier Winde des Himmels, ist das Orakel des HERRN. Ho, flieht nach Zion, ihr, die ihr darin wohnt Babylon. Denn so spricht der HERR der Heerscharen zu den Nationen, die euch ausgeplündert haben: Wer euch berührt , berührt meinen Augapfel. Denn siehe, ich bin im Begriff, meine Hand über sie zu schütteln, und sie werden denen zur Beute sein, die ihnen gedient haben; und ihr werdet erfahren, dass der HERR der Heerscharen mich gesandt hat.

[Nebenbemerkung: Zech. 2:10-13]
Singe und freue dich, o Tochter Zion, denn siehe, ich komme und werde in deiner Mitte wohnen, ist das Wort des HERRN. Und viele Nationen werden sich des Tages dem HERRN anschließen,Und soll sein Volk sein, und er wird in deiner Mitte wohnen, und du sollst erfahren, dass der HERR der Heerscharen mich zu dir gesandt hat. Und der HERR wird Juda als sein Teil im heiligen Land erben, und er wird Zion noch trösten und erwählen Jerusalem. Schweigt, alles Fleisch, vor dem HERRN; denn er ist aufgewacht aus seiner heiligen Wohnung.

[Nebenbemerkung: Zech. 3:1-3] Dann zeigte er mir Josua, den Hohepriester, wie er vor dem Engel des HERRN stand, und den Widersacher, der zu seiner Rechten stand, um ihn anzuklagen. Und der Engel des HERRN sprach zu dem Widersacher: Der HERR tadele dich, o Widersacher! Ja, Jehova, der Jerusalem erwählt hat, tadele dich. Ist das nicht eine Marke, die aus dem Feuer geholt wurde? Nun war Josua mit schmutzigen Kleidern bekleidet und stand vor dem Engel.

[Nebenbemerkung: Zech. 3:4-5] Und [der Engel] antwortete und redete zu denen, die vor ihm standen, und sprach: Zieht ihm die schmutzigen Kleider aus und bekleidet ihn mit Staatsgewändern; setze ihm einen sauberen Turban auf den Kopf. Sie setzten ihm einen reinen Turban aufs Haupt und bekleideten ihn mit Gewändern. und der Engel des HERRN stand dabei.

[Nebenbemerkung: Zech. 3:6-10] Und der Engel des HERRN bezeugte Josua und sprach: So spricht der HERR der Heerscharen: „Wenn du auf meinen Wegen wandelst und meinen Geboten folgst, dann wirst du auch mein Haus regieren und auch regieren." Behalte meine Höfe, und ich werde dir einen Zutrittspunkt unter denen geben, die dabeistehen. Höre nun, o Josua, der Hohepriester, du und deine Gefährten, die vor mir sitzen; denn sie sind Menschen, die ein Zeichen sind; Denn siehe, ich bin dabei, meinen Diener, den Zweig, hervorzubringen. Denn siehe, der Stein, den ich vor Josua gelegt habe; „Auf einem Stein sind sieben Facetten. Siehe, ich werde ihn eingravieren", spricht der HERR der Heerscharen, „und ich werde die Missetat dieses Landes an einem Tag beseitigen." An jenem Tag", spricht der HERR der Heerscharen, „wird jeder seinen Nächsten unter den Weinstock und unter den Feigenbaum einladen."

[Nebenbemerkung: Zech. 4:1-6] Und der Engel, der mit mir geredet hatte, kam wieder und weckte mich wie einen Menschen, der aus seinem Schlaf erwacht ist. Und er sagte zu mir: Was siehst du? Und ich sagte: Ich sehe dort in der Mitte einen Leuchter, ganz aus Gold, mit einer Schale oben darauf und seinen sieben Lampen darauf; Zu jeder der Lampen gehören sieben Rohre, die auf der Spitze stehen, und zwei Olivenbäume daneben, einer auf der rechten Seite der Schale und der andere auf ihrer linken Seite. Und ich redete und sagte zu dem Engel, der mit mir redete: Was sind das, mein Herr? Da antwortete der Engel, der mit mir redete, und sprach zu mir: Weißt du nicht, was das ist? Und ich sagte: Nein , mein Herr. Da antwortete er und redete zu mir und sprach: Die Augen des HERRN, die auf der ganzen Erde hin und her wandern .

[Nebenbemerkung: Zech. 4:11-14] Da antwortete ich und sprach zu ihm: Was sind das für zwei Ölbäume auf der rechten Seite des Leuchters und auf seiner linken Seite? Und er antwortete mir und sprach: Weißt du nicht, was das ist? Und ich sagte: Nein , mein Herr. Da sagte er: Das sind die beiden Gesalbten, die dem Herrn der ganzen Erde zur Seite stehen.

[Nebenbemerkung: Zech. 4:6b-10] Dies ist das Wort des HERRN über Serubbabel: Nicht durch Kraft noch durch Macht, sondern durch meinen Geist, spricht der HERR des Willens, mache ich den großen Berg vor Serubbabel zu einer Ebene; und er wird die obersten Steine hervorbringen und rufen : „Gnade, Gnade sei ihm!" Und dieses Wort des HERRN erging an mich: Die Hände Serubbabels haben den Grundstein für diesen Tempel gelegt; seine Hände werden es auch vollenden; und ihr werdet erfahren, dass der HERR der Heerscharen mich zu euch gesandt hat. Denn wer hat den Tag der kleinen Dinge verachtet? Denn sie werden sich freuen und das Blei in der Hand Serubbabels sehen.

[Nebenbemerkung: Zech. 6:9-11]. Nun geschah dieses Wort des HERRN zu mir: Nimm von denen aus der Gefangenschaft, nämlich von Heldai , von Tobija , von Jedaja und von Josia, dem Sohn Zefanjas, die aus Babylon gekommen sind, ja, nimm von ihnen Silber und Gold, um sie zu machen eine Krone und setzte sie auf das Haupt Serubbabels, des Sohnes Schealtiels .

[Nebenbemerkung: Zech. 6:12-15] Du sollst auch zu ihnen sagen: „So spricht der HERR der Heerscharen: „Siehe, der Mann, dessen Name der Spross ist; und er wird aus seinem Ort aufwachsen; und er wird den Tempel des HERRN bauen; und er wird die Herrlichkeit tragen und auf seinem Thron sitzen und herrschen; und Josua, der Sohn Jozadaks , wird Priester zu seiner Rechten sein, und der Rat des Friedens wird zwischen ihnen beiden sein. Und die Krone soll Heldai und Tobija gehören Jedaja und Josia, der Sohn Zefanjas, zum Gedenken im Tempel des HERRN. Und die Fernen werden kommen und im Tempel des HERRN bauen; und ihr werdet erfahren, dass der HERR der Heerscharen mich zu euch gesandt hat. Und dies wird geschehen, wenn ihr der Stimme des HERRN, eures Gottes, eifrig gehorcht."

[Nebenbemerkung: Zech. 7:1-6] Im vierten Jahr des Königs Darius, am vierten Tag des neunten Monats, sandte die Stadt Bethel Scharezer und Regemmelech und ihre Männer, um die Gunst des HERRN zu erbitten und mit den Priestern des Volkes zu reden Haus des HERRN der Heerscharen, und zu den Propheten und sprachen: Soll ich im fünften Monat [zum Gedenken an die Zerstörung des Tempels] weinen und mich absondern, wie ich es all die Jahre getan habe? Da erging dieses Wort des HERRN der Heerscharen an mich: Rede zu dem ganzen Volk des Landes und zu den Priestern und sprich: „Als ihr im fünften und im siebten Monat [als Gedalja ermordet wurde] fastete und trauerte, auch diese." Habt ihr siebzig Jahre vor mir gefastet, auch vor mir? Und wenn ihr isst und trinkt, isst ihr nicht für euch selbst und trinkt für euch selbst?

[Nebenbemerkung: Zech. 7:7-14] Solltet ihr nicht diese Worte hören, die Jehova durch die früheren Propheten schrie, als Jerusalem bewohnt und im Wohlstand war und seine Städte ringsum und das Südland und das Tiefland bewohnt waren? Führe wahres Urteil und zeige Freundlichkeit und Mitleid, jeder gegenüber seinem Bruder; und unterdrücke weder die Witwe noch den Waisen, noch den ansässigen Fremden noch den Armen; Und niemand von euch soll in seinem Herzen Böses gegen seinen Bruder ersinnen. Aber sie weigerten sich, darauf zu achten, und wandten hartnäckig die Schulter und hielten ihre Ohren zu, damit sie nicht hörten. Ja, sie machten ihr Herz hartnäckig, damit sie nicht die Lehren und die Worte hörten, die der HERR der Heerscharen durch seinen Geist durch die früheren Propheten gesandt hatte. Darum kam großer Zorn von Jehova der Heerscharen. Und selbst als ich schrie, hörten sie nicht, und als sie schrieen, hörte ich nicht, spricht der HERR der Heerscharen. Und ich zerstreute sie durch einen Wirbelsturm unter die Nationen, die sie nicht kannten. So blieb das Land verwüstet zurück, sodass kein Mensch hin- und herzog ; denn sie machten das schöne Land zur Wüste.

[Nebenbemerkung: Zech. 8:1-5]
Nun geschah dieses Wort des HERRN der Heerscharen zu mir: So spricht der HERR der Heerscharen: „Ich hege große Eifersucht auf Zion, und ich bin mit großem Zorn auf sie eifersüchtig.“ So spricht der HERR: „Das habe ich.“ kehrte nach Zion zurück und wird mitten in Jerusalem wohnen; und Jerusalem wird „Stadt der Wahrheit“ genannt werden; und der Berg Jehovas der Heerscharen „Heiliger Berg“. So spricht Jehova der Heerscharen: „Alte Männer und Alte Frauen werden wieder auf den Plätzen Jerusalems sitzen, jeder mit seinem Stab in der Hand wegen des Alters. Und die Straßen der Stadt werden voller Knaben und Mädchen sein, die auf ihren Plätzen spielen.

[Nebenbemerkung: Zech. 8:6-8]
So spricht der HERR der Heerscharen:Weil es dem Überrest dieses Volkes unmöglich
erscheint , ist es für mich unmöglich? spricht der HERR der Heerscharen. So spricht der HERR der Heerscharen: Ich bin dabei, mein Volk aus dem Land des Ostens und dem Land des Westens zu retten, und ich werde sie herbringen, und sie werden mitten in Jerusalem wohnen. Und sie werden es tun Sei mein Volk in Wahrheit und Gerechtigkeit, und ich wiederum werde ihr Gott sein.

I. Zacharias Abstammung und Standpunkt. Haggais Zeitgenosse, der Prophet Sacharja, war offensichtlich ein Priester. In der Genealogie von Nehemia 12:4 heißt es, dass er zur Priesterfamilie von Iddo gehörte . Diese Schlussfolgerung wird durch den Charakter seiner Prophezeiungen bestätigt. Wie der Priester-Prophet Hesekiel liebt er die apokalyptische Symbolik außerordentlich. Er interessiert sich auch sehr für das Priestertum und seine zeremonielle Reinheit. Darüber hinaus ist es äußerst wahrscheinlich, dass er ein Nachkomme eines der vielen Priester war, die als Verbannte nach Babylon gebracht wurden. Dies zeigt sich in seinem großen Interesse und seiner genauen Kenntnis der großen politischen Bewegungen, die damals das Persische Reich erschütterten. Seine Vorstellung von Jehova ist auch stark von den Analogien beeinflusst, die er am persischen Hof herstellt. Seiner

Meinung nach ist Israels Gott ein transzendentaler Herrscher, der mit seinen Untertanen nicht direkt, sondern über Engelsboten kommuniziert und der wie die persischen Könige für Informationen über sein großes Königreich auf die Berichte der verschiedenen Mitglieder seines himmlischen Hofes angewiesen ist . Somit stellt Sacharja eine große Abkehr von der einfachen Theologie der Propheten vor dem Exil dar, die dachten, Jehova wohne inmitten seines Volkes und kommuniziere direkt mit allen, die sich im Glauben an ihn wandten.

II. Das Buch Sacharja. Das Buch, in dem die Predigten des Propheten aufgezeichnet sind, enthält vier verschiedene Unterteilungen: (1) Eine Ermahnung an das Volk im Dezember 520, drei Monate nachdem Haggai es zum ersten Mal aufgefordert hatte, sich zu erheben und den Tempel wieder aufzubauen, Sacharja 1:1-8; (2) symbolische Visionen, die sich mit den Problemen in der judäischen Gemeinschaft befassen, 1:7-6:8; (3) praktische Ratschläge, Ermahnungen und Versprechen, 6:9-8:23; (4) ein späterer Anhang, der von einem Propheten stammt, der wahrscheinlich im früheren Teil der Makkabäerzeit, 9-14, lebte. Alle aufgezeichneten Predigten Sacharjas stammen wahrscheinlich aus den drei oder vier Jahren zwischen 520 und 516 v. Chr., in denen der Tempel wieder aufgebaut wurde. Sie werfen ein bemerkenswert klares Licht auf eine äußerst kritische und bedeutsame Zeit im Leben der Juden Palästinas. Sie sind in vielerlei Hinsicht auch die beste alttestamentliche Quelle für das Studium der Entwicklung der messianischen Hoffnungen Israels.

III. Probleme und Hoffnungen der jüdischen Gemeinschaft. Vier oder fünf praktische Probleme stellten die Tempelbauer vor und beunruhigten sie. Die erste lautete: Würden Jerusalem und der Tempel, noch ohne Mauern, vor dem Angriff der feindlichen Feinde geschützt werden, die sie umzingelten? Eine zweite und größere Frage war: Was sollte das Ergebnis des großen Sturms sein, den das Persische Reich durchmachte, und bedeutete es für die Juden Befreiung von den mächtigen Eroberern, die sie jahrhundertelang unterdrückt und vernichtet hatten? Die dritte Frage lautete: Wäre der notwendigerweise bescheidene Dienst des wiederhergestellten Tempels, der bereits durch heidnische Hände auf traurige Weise verunreinigt wurde, für Jehova akzeptabel? Ein weiteres Problem war: Welche Beziehungen und welche Pflichten hatten Serubbabel und Josua, die zivilen und religiösen Autoritäten der Gemeinschaft? Es war auch unvermeidlich, dass zu dieser Zeit die Hoffnung auf die Sicherung ihrer Unabhängigkeit unter der Führung Serubbabels in den Vordergrund rückte. Auf jedes dieser Probleme ging Sacharja selbst ein, und in seinem Buch sind seine Überzeugungen und öffentlichen Äußerungen festgehalten.

IV. Sacharjas Zusicherungen der Fürsorge Jehovas. In seiner ersten Vision über die Engelsreiter erkennt er, dass die Stürme, die über das Persische

Reich hinweggefegt sind, allmählich nachlassen, aber er sagt seinen Mitarbeitern, dass, wenn sie bestehen bleiben, der Tempel Jehovas und die Länder um Jerusalem wieder aufgebaut werden wieder an eifrige Käufer verkauft werden, und die Städte Judas werden sich ihres früheren Wohlstands erfreuen, denn „Jehova wird Zion gewiss trösten." In der Vision von den vier Hörnern und den vier Schmieden, deren Aufgabe es ist, die Hörner zu schmieden, versichert er dem Volk, dass Jehova zu seiner rechten Zeit und auf seine Weise die Nationen stürzen wird, die jetzt Unrecht tun und sie unterdrücken. Obwohl es kein Versprechen gibt, dass Jerusalem von Mauern umgeben sein wird, erklärt er, dass es sich eines Wohlstands und eines Wachstums erfreuen wird, das keine Mauern eindämmen können, und dass Jehova selbst sowohl sein Schutz als auch seine Herrlichkeit sein wird, die er sammeln wird Zerstreute Verbannte, und dass sie zusammen mit den Nationen, die die Herrschaft Jehovas anerkennen werden, dennoch nach Juda zurückkehren werden.

In seiner nächsten Vision stellt der Prophet anschaulich eine Szene am Hofe Jehovas dar. Der Priester Josua, der den zeremoniellen Dienst im verunreinigten Tempel vertritt, wird vom Widersacher der Unreinheit beschuldigt. Hier erhaschen wir zum ersten Mal in der hebräischen Literatur einen Blick auf Satan, der nicht als Feind Gottes, sondern als Staatsanwalt des Himmels angesehen wird. Wie im Prolog des Buches Hiob ist er ein akkreditiertes Mitglied der göttlichen Hierarchie. Seine Aufgabe ist es, die Missetaten der Menschen aufzuspüren und Jehova zu melden. In Sacharjas Vision spricht der göttliche Richter Josua jedoch von der Anklage frei und lässt ihn saubere Gewänder anziehen, womit er die göttliche Anerkennung des bescheidenen, aber hingebungsvollen Dienstes der judäischen Gemeinde verkündet.

V. Vorbereitungen für die Krönung Serubbabels. In Bezug auf Serubbabel erklärt Sacharja in sehr bildlicher Sprache, dass er noch gekrönt werden und über ein glückliches und wohlhabendes Volk herrschen werde. Er wird als Jehovas Diener, der Spross, bezeichnet. Der Begriff stammt wahrscheinlich ursprünglich aus Sacharja, wird jedoch in den ergänzenden Passagen in Jeremia 23:5 und 33:15 erneut verwendet. Das Wort ähnelt dem Begriff „Spross aus dem Hause Isai", der in Jesaja 11 verwendet wird, um einen bestimmten Spross des Hauses David zu beschreiben, der aller Wahrscheinlichkeit nach der junge Serubbabel war. Sacharjas Figur beschreibt den Prinzen als einen Ableger desselben königlichen Baumes. Die unklare Passage scheint zu bedeuten, dass Jehova selbst auf dem Stein mit seinen sieben Facetten, der in die für den Kopf Serubbabels vorbereitete Krone eingelassen werden sollte, einen passenden Titel eingravieren würde.

In Sacharjas fünfter Vision definierte er die Beziehungen zwischen der zivilen und der priesterlichen Obrigkeit. Der goldene Leuchter repräsentierte den

Tempel und seinen Dienst. Die beiden Olivenbäume daneben standen für Serubbabel, den zivilen Herrscher, und für Josua, den Hohepriester. Die Pflicht eines jeden bestand darin, seinen Teil zur Unterstützung des Tempeldienstes beizutragen. Sie waren beide Messiasse Jehovas, das heißt Männer, die als Symbol für die Aufgabe gesalbt wurden, die jeder zu erfüllen hatte.

In diesem Zusammenhang erklärte Sacharja, dass Jehova alle Hindernisse vor Serubbabel beseitigen werde und dass der, der das Werk begonnen habe, seine Vollendung noch erleben werde. In einer Ansprache, die im letzten Teil des sechsten Kapitels seiner Prophezeiung aufgezeichnet wurde (absichtlich von einem späteren Schreiber überarbeitet), verzichtete Sacharja auf jegliche Symbolik und gab Anweisungen, aus dem mitgebrachten Silber und Gold eine Krone für den Kopf Serubbabels anzufertigen als Geschenk einer Abordnung der Juden Babylons. Er sagte auch klar voraus, dass dieser Nachkomme Davids auf dem Thron von Juda sitzen würde und dass Josua, der Priester, sein Minister sein würde, wie die Priester im Königreich vor dem Exil.

VI. Enttäuschung dieser patriotischen Hoffnungen. Mit der Vorhersage Sacharjas, dass Serubbabel auf dem Thron Judas regieren würde, verschwinden die Nachkommen des Hauses David plötzlich und für immer aus der Geschichte des Alten Testaments. Ob die Juden den Versuch unternahmen, das Joch Persiens abzuschütteln, oder ob Serubbabel stillschweigend abgesetzt wurde, lässt sich nicht klären. Die zeitgenössische Geschichte besagt, dass die Autorität von Darius innerhalb von mindestens sechs Monaten, nachdem Sacharja die patriotischen Hoffnungen seines Volkes geäußert hatte, im gesamten Reich vollständig etabliert war. Er begann sofort damit, das weite Reich gründlich zu organisieren. Poststraßen verbanden die entfernten Provinzen miteinander, und Satrapen, die größtenteils aus den Reihen der königlichen Familie ernannt wurden, vereinten das gesamte Reich und hielten es unter fester Kontrolle. In der Regel wurden die einheimischen Fürsten durch persische Gouverneure ersetzt. Mit der Einführung dieser Politik könnte Serubbabel durchaus stillschweigend beiseite geschoben worden sein. Das Ereignis hinterließ offenbar einen tiefgreifenden Eindruck auf die messianischen Erwartungen der Juden. Von nun an, drei oder vier Jahrhunderte lang, verschwand die weltliche, königliche Art der messianischen Hoffnung, die von den Herrlichkeiten der Herrschaft Davids inspiriert worden war, vollständig. Es wurde erst wiederbelebt, als die militärischen Siege der Makkabäerzeit diese Phase des nationalen Ruhms erneut deutlich in den Vordergrund rückten (vgl. Abschnitt CXVI). Als Folge dieser Enttäuschungen wurden Israels Hoffnungen universalisiert und vergeistigt. Von nun an galt Jehova als der alleinige höchste König Israels und nicht mehr als Spross des Hauses David.

VII. Sacharjas spätere Ermahnungen und Vorhersagen. In den Kapiteln 7 und 8, die die ursprünglichen Predigten Sacharjas abschließen, verschwand die apokalyptische Sprache, mit der er seine früheren Vorhersagen über die Zukunft der judäischen Gemeinschaft umhüllte, und er sprach wie Amos und Haggai klar und direkt über die gestellten Fragen dann rührt er die Leute. Als eine Abordnung aus dem Norden kam, um sich zu erkundigen, ob sie nun, da der Tempel wieder aufgebaut wurde, weiterhin ihr Fasten zum Gedenken an die Zerstörung Jerusalems und den Tod von Gedalja einhalten sollten, stellte der Prophet die dringende Frage, ob sie Das Motiv dieser Gottesdienste bestand darin, Jehova oder sich selbst zu gefallen. Anschließend erklärte er, dass der einzig wirksame Weg, Jehova zu dienen, in Taten der Gerechtigkeit und Güte bestehe, insbesondere gegenüber den abhängigen Klassen in der Gemeinschaft, und dass die Schrecken des Exils gekommen seien, weil ihre Väter es versäumt hätten, Jehova durch Gerechte anzubeten Taten.

Der Prophet schließt mit einem brillanten Bild der bevorstehenden Wiederherstellung Jerusalems und des Friedens und des Wohlstands, der allen zuteil werden sollte, denn Jehova war im Begriff, sein zerstreutes Volk aus dem Osten und Westen zu sammeln und es in seiner Mitte zu errichten seine heilige Stadt. Andere Nationen sollten eifrig nach Jerusalem kommen, um die Gunst Jehovas zu erbitten und sich mit seinen treuen Anhängern, den Juden, zu verbünden. In einer Prophezeiung, die in Micha 4,1-4 und Jesaja 2,1-4 überliefert ist (die wahrscheinlich aus dieser Zeit stammt), wird derselbe Gedanke edel ausgedrückt:

Es wird in den letzten Tagen geschehen,
dass der Berg des HERRN errichtet werden wird, nämlich das Haus
unseres Gottes auf dem Gipfel des Berges, und es wird sich über die Hügel
erheben. Alle Nationen werden zu ihm strömen Viele Völker werden
hingehen und sagen: Kommt, lasst uns auf den Berg des HERRN gehen,
zum Haus des Gottes Jakobs, damit er uns in seinen Wegen unterweist und
wir auf seinen Pfaden wandeln. Denn von Zion geht die Unterweisung aus.
Und das Wort Jehovas aus Jerusalem.

Abschnitt XCVI. ISRAELS AUSBILDUNG UND SCHICKSAL

[Randbemerkung: Isa. 40:1, 2]
Tröstet, tröstet mein Volk, spricht euer Gott: Redet zärtlich zu Jerusalem und verkündet ihr, dass ihr harter Dienst getan ist, dass ihre Schuld gesühnt ist, dass sie aus der Hand des HERRN das Doppelte für alle ihre Sünden erhalten hat .

[Randbemerkung: Isa. 40:3, 4]
Eine Stimme verkündet: „Bereite in der Wüste den Weg des HERRN, mache gerade in der Wüste eine Straße für unseren Gott! Lass jeden Berg

und Hügel sinken und jedes Tal sich erheben, und das Krumme werde."
gerade gemacht und die rauen Grate eine Ebene.

[Randbemerkung: Isa. 40:6-8]
Eine Stimme sagt: Verkündet ! und ich sagte: Was soll ich verkünden?
Alles Fleisch ist Gras und all seine Schönheit wie eine Blume des Feldes.
Das Gras verdorrt, die Blume verwelkt, wenn der Atem des HERRN ewig
darauf weht. Das Gras verdorrt, die Blume verwelkt, aber das Wort unseres
Gottes bleibt ewiglich.

[Randbemerkung: Isa. 40:9]
Steige auf einen hohen Berg, Zions Verkünder der frohen Botschaft.
Erhebe deine Stimme mächtig, du Jerusalems Verkünder der guten
Botschaft. Erhebe dich furchtlos und sprich zu den Städten Judas: Siehe,
euer Gott!

[Randbemerkung: Jes 40:10, 11]
Siehe, der HERR kommt mit Macht, und sein Arm hält seine Herrschaft
aufrecht. Siehe, sein Lohn ist bei ihm und sein Lohn ist vor ihm. Wie ein
Hirte wird er seine Herde hüten, mit ihm Mit seinem Arm wird er es
sammeln, die Lämmer wird er in seinem Busen tragen, die Mutterschafe
wird er führen.

[Randbemerkung: Isa. 40:12]
Wer hat mit der hohlen Hand das Wasser gemessen und die Himmel mit
einer Spanne bestimmt, oder den Staub der Erde mit einem Maß
umschlossen, und die Berge mit Waagen gewogen und die Hügel mit einer
Waage?

[Randbemerkung: Isa. 40:13, 14]
Wer hat den Geist des HERRN bestimmt, und wie ihm sein Ratgeber
geraten hatte? Mit wem hat er sich beraten, um Aufklärung zu erhalten und
um im Rechten belehrt zu werden und um den Weg der Unterscheidung
gezeigt zu bekommen?

[Randbemerkung: Isa. 40:16, 17]
Siehe, die Nationen! wie ein Tropfen aus einem Eimer und wie Staub auf
einer Waage. Siehe, die Inseln! Wie einen Splitter erhebt er ihn ,
und der Libanon reicht nicht als Brennstoff und seine wilden Tiere als
Brandopfer. Vor ihm sind alle Nationen wie nichts, sie gelten ihm als nichts
und nichts.

[Randbemerkung: Isa. 40:18-20]
Mit wem wollt ihr dann Gott vergleichen, und welches Gleichnis soll neben
ihm stehen? Ein Bild! Ein Handwerker goss es, und ein Schmelzer überzog
es mit Gold.
Wer zu arm ist, um dies zu tun, wählt einen Baum, der nicht verrottet ist,

und
sucht sich einen geschickten Handwerker,
um ein Bild zu errichten, das nicht wankt.

[Randbemerkung: Isa. 40:21, 22]
Wisst ihr es nicht? Hört ihr nicht? Ist es euch nicht von Anfang an gesagt
worden? Habt ihr es nicht seit der Gründung der Erde gewusst? Er ist es,
der über dem Gewölbe der Erde thront, und ihre Bewohner sind wie
Heuschrecken, der sich ausbreitet die Himmel wie ein dünner Schleier
und breitet sie aus wie ein bewohnbares Zelt.

[Randbemerkung: Isa. 40:23, 24]
Er ist es, der Fürsten zunichte macht; die Herrscher der Erde macht er zur
Wüste.
Kaum sind sie gepflanzt, kaum sind sie gesät, kaum hat der Bestand
Wurzeln geschlagen in der Erde, aber er bläst auf sie, und sie verdorren,
und ein Wirbelsturm trägt sie fort wie Stoppeln.

[Randbemerkung: Isa. 40:25, 26]
Mit wem wollt ihr mich dann vergleichen, dass ich ihm gleichkäme? spricht
der Heilige. Erhebe deine Augen in die Höhe und sieh: Wer hat sie
erschaffen? Er, der ihr Heer nach Zahl hervorbringt und jeden bei seinem
Namen ruft; von den vielen Mächtigen und Starken fehlt keiner.

[Randbemerkung: Isa. 40:27-31]
Warum sagst du, o Jakob, und redest , o Israel: „
Mein Weg ist vor dem HERRN
verborgen , und mein Recht bleibt von meinem Gott unbemerkt? Hast du
es nicht gewusst?" Hast du
nicht gehört ? Ein ewiger Gott ist Jehova .
Junge Männer mögen in Ohnmacht fallen und müde werden, und die
stärksten Jünglinge mögen straucheln, aber diejenigen, die auf Jehova
vertrauen, erneuern ihre Kraft, sie steigen auf Schwingen wie Adler, sie
rennen, werden aber nie müde, sie gehen, aber nie
ohnmächtig
.

[Randbemerkung: Isa. 41:1-4]
Hört mir schweigend zu, ihr Küstenländer, lasst die Völker herbeikommen;
Dann lasst sie reden. Lasst uns gemeinsam zum Gericht gehen. Wer hat
diesen aus dem Osten erweckt, dessen Schritte jemals der Sieg begleitete,
der Völker vor ihm preisgab und ihn Könige niedertreten ließ? Sein
Schwert machte sie zu Staub, und sein Bogen zerschmetterte sie Stoppeln;
Er verfolgte sie und ging sicher weiter, ohne den Weg mit seinen Füßen zu
betreten. Wer hat dies getan und vollbracht? Er, der die Generationen von

Anfang an berufen hat, ich, Jehova, der der Erste ist, und mit denen, die danach kommen Ich bin der selbe.

[Randbemerkung: Isa. 41:8-10]
Und du, Israel, mein Knecht Jakob, den ich erwählt habe, Nachkomme Abrahams, mein Freund, du, den ich von den Enden der Erde hergebracht und von ihren entferntesten Enden gerufen habe; zu dem ich gesagt habe Du bist mein Diener, ich habe dich erwählt und nicht verworfen. Fürchte dich nicht, denn ich bin tatsächlich mit dir. Fürchte dich nicht, denn ich bin dein Gott. Ich werde dich stärken; ja, ich werde dir helfen; ja, ich werde dich mit meiner gerechten Hand unterstützen.

[Randbemerkung: Isa. 42:1]
Siehe, mein Diener, den ich stütze, mein Auserwählter, an dem ich Wohlgefallen habe; ich habe meinen Geist auf ihn gelegt, damit er den Nationen das Gesetz vorlege.

[Randbemerkung: Isa. 42:2-3b]
Er wird nicht laut schreien und nicht brüllen, noch wird seine Stimme auf der Straße gehört werden. Ein zerdrücktes Rohr wird er nicht zerbrechen, und einen schwach brennenden Docht wird er nicht löschen.

[Randbemerkung: Isa. 42:3c-4]
Treu wird er das Gesetz erlassen; er wird weder an Kraft verlieren noch zerschlagen werden, bis er das Gesetz auf der Erde
erlassen hat , und auf seine Lehre warten die Küstenländer.

[Randbemerkung: Isa. 42:5-7]
So spricht der eine Gott, Jehova, der die Himmel ausgebreitet und ausgestreckt hat, der die Erde und ihre Produkte erschaffen hat, der den Menschen darauf Atem und Geist denen gegeben hat, die darauf wandeln :Ich, der HERR, habe dich in Gerechtigkeit gerufen, ich habe dich bei der Hand genommen und behütet, ich habe dich zum Pfand für das Volk gemacht, zum Licht für die Nationen, um die Augen der Blinden zu öffnen, um die Gefangenen herauszuführen Gefangenschaft, Aus dem Gefängnis Hausbewohner in der Dunkelheit.

[Randbemerkung: Isa. 42:13-50]
Ihr, die taub sind, hört, und ihr Blinden schaut auf, um zu sehen: Wer ist blind als meine Diener, taub wie ihre Herrscher? Viel habt ihr gesehen, ohne es zu bemerken, obwohl eure Ohren offen waren nicht gehört.

[Randbemerkung: Isa. 42:21, 22]
Es gefiel dem HERRN um seiner Gerechtigkeit willen, seine Lehre groß und herrlich zu machen, und doch ist es ein verdorbenes und geplündertes Volk, sie sind alle in Löchern gefangen und in Gefängnishäusern versteckt,

sie sind zur Beute geworden Niemand zu retten, ein Objekt der
Plünderung, von dem niemand sagen kann: „Wiederherstellen".

[Randbemerkung: Isa. 42:23-25]
Wer von euch wird dem zuhören, wird zuschauen und zuhören für die
kommende Zeit? Und seine Gewalt war wie eine Flamme, so dass sie ihn
ringsum versengte, ohne dass er es wusste, und dass sie ihn verbrannte,
aber er nahm es sich nicht zu Herzen?

[Randbemerkung: Isa. 43:1-2]
Und nun, so spricht der HERR: Er, der dich erschaffen hat, o Jakob, und
dich geformt hat: „Fürchte dich nicht, o Israel, denn ich erlöse dich, ich
rufe dich bei deinem Namen, du gehörst mir. Wenn du durch die Stadt
gehst Wasser, ich werde mit dir sein,
durch die Ströme, sie werden dich nicht überfluten; Wenn du durchs Feuer
gehst , sollst du nicht versengt werden,
und die Flamme soll dich nicht verbrennen.

[Randbemerkung: Isa. 43:3, 4]
Denn ich, der HERR, bin dein Gott. Ich, der Heilige Israels, bin dein
Erlöser; ich gebe Ägypten als Lösegeld für dich, Äthiopien und Seba für
dich.
Weil du in meinen Augen kostbar bist, weil du geehrt wirst und ich dich
liebe, werde ich Länder an deiner Stelle und Völker geben, um deines
Lebens willen.

[Randbemerkung: Isa. 43:5-7]
Fürchte dich nicht, denn ich bin mit dir. Aus dem Osten werde ich deine
Nachkommen bringen, und aus dem Westen werde ich dich sammeln; zum
Norden werde ich sagen: Gib auf !
Und zum Süden, halte dich nicht zurück! Bring meine Söhne von ferne und
meine Töchter von den Enden der Erde,
alle , die nach meinem Namen genannt sind,
die ich zu meiner Ehre erschaffen und geformt habe.

[Randbemerkung: Isa. 43:10, 11]
Ihr seid meine Zeugen, ist das Orakel des HERRN, und meine Diener, die
ich erwählt habe, damit ihr mich anerkennt und glaubt, und damit ihr
erkennt, dass ich immer derselbe bin, vor mir wurde kein Gott gebildet,
Auch wird es keinen nach mir geben, ich, ich bin der HERR, und außer mir
gibt es keinen Retter.

[Randbemerkung: Isa. 43:12, 13]
Ich war es, der die Befreiung verkündete und herbeiführte, und ich erklärte,
und es war kein fremder Gott unter euch: Ihr seid meine Zeugen, ist das
Orakel des HERRN,

ich bin Gott, ja, von nun an derselbe;
Und es gibt niemanden, der mir aus der Hand reißen kann. Wenn ich
arbeite, wer kann es rückgängig machen?

[Randbemerkung: Isa. 43:14, 15]
So spricht Jehova, dein Erlöser, der Heilige Israels: „Um deinetwillen habe
ich nach Babylon gesandt und habe sie alle als Flüchtlinge zu Fall gebracht.
Sogar die Chaldäer mit ihren durchdringenden Klageschreien: Ich bin es,
Jehova.", dein Heiliger, der Schöpfer Israels, dein König.

[Randbemerkung: Isa. 43:22-24]
Aber du, Jakob, hast mich nicht angerufen, noch hast du dich um mich
gekümmert, o Israel; du hast mir die Schafe deiner Brandopfer nicht
gebracht und mich nicht mit deinen Opfern geehrt. Mit Ich habe dich nicht
mit Opfergaben belastet und dich nicht mit Räucherwerk ermüdet . Du hast
mir kein Zuckerrohr zu deinem Geld
gebracht , und mit dem Fett deiner Opfer hast du mich nicht gesättigt.
Vielmehr hast du mich nur mit deinen Sünden belastet und mich mit deinen
Missetaten ermüdet.

[Randbemerkung: Isa. 43:25-28]
Aber ich allein bin es, der deine Übertretungen auslöscht, und ich denke
nicht an deine Sünden. Erinnere mich, lass uns gemeinsam flehen: Erkläre
die Sache, damit du gerechtfertigt wirst: Dein erster Vater hat gesündigt,
Und deine Mittler lehnten sich gegen mich auf. Deine Herrscher haben
mein Heiligtum entweiht, und ich habe Jakob dem Bann preisgegeben und
Israel der Schmähung !

[Randbemerkung: Isa. 44:1-3b]
Doch nun höre, o Jakob, mein Knecht, Israel, den ich erwählt habe. So
spricht der HERR, dein Schöpfer: Er, der dich von Mutterleibe an geformt
hat, der dir hilft: Fürchte dich nicht, mein Knecht
Jakob, und Du, Jeschurun, den ich erwählt habe; denn ich werde Wasser
auf das dürre Land und Bäche auf das dürre Land gießen.

[Randbemerkung: Isa. 44:3c-5]
Ich werde meinen Geist auf deine Kinder ausgießen und meinen Segen auf
deine Nachkommen, damit sie wie Gras mitten im Wasser wachsen und wie
Weiden an Wasserläufen. Man soll sagen: „Ich." „Und ein anderer wird sich
„Jakob" nennen, und ein anderer wird auf seine Hand schreiben: „Jehovas",
und den Beinamen „Israel" erhalten.

I. Die siebzig Jahre nach dem Wiederaufbau des Tempels. Über die siebzig
Jahre, die zwischen dem Wiederaufbau des Tempels im Jahr 516 v. Chr. und
dem Erscheinen Nehemias im Jahr 445 lagen, schweigen die Bibelhistoriker.
Dieses Schweigen ist wahrscheinlich darauf zurückzuführen, dass im Leben

der judäischen Gemeinde keine wichtigen politischen Ereignisse aufgezeichnet wurden. Im letzten Teil seiner Herrschaft überbrückte Darius den Hellespont und unternahm die Eroberung der westlichen Welt. Später, unter der Herrschaft seines Sohnes Xerxes, wurden die mächtigen Horden östlicher Krieger zurückgeschlagen und die wachsende Schwäche des großen persischen Reiches offenbarte sich. Im Jahr 486 rebellierte Ägypten, und persische Armeen marschierten entlang der Ostküste des Mittelmeers und erhoben wahrscheinlich hohe Steuern für ihre Unterstützung sowohl von den Juden als auch von den anderen Völkern Palästinas. Die Niederschlagung des Aufstands in Ägypten zeigte, wie unmöglich es für eines der östlichen Völker war, selbst der dekadenten Macht des Persischen Reiches zu widerstehen.

In Palästina waren die Juden noch immer die Beute ihrer feindlichen Nachbarn. Keine Mauern schützten den Tempel und die Stadt Jerusalem. Die Juden wurden wahrscheinlich unter ihren gierigen persischen Gouverneuren niedergemacht. Mit dem Verschwinden Serubbabels fiel die örtliche Kontrolle ganz natürlich in die Hände des Hohepriesters und seiner Anhänger, deren zivile Autorität von nun an ständig zunahm. Die Worte des 2. Jesaja beschreiben gut das Schicksal der Juden Palästinas in dieser Zeit:

Es ist ein Volk, das verwöhnt und ausgeplündert wurde.
Sie sind alle in Löchern gefangen und in Gefängnissen versteckt. Sie sind zur Beute geworden, ohne dass es jemanden zu retten gibt, zu einem Objekt der Plünderung, ohne dass es jemanden gibt, der sagen kann:
„Wieder herstellen".

II. Spirituelle Kräfte im Judentum. Der politische Horizont konnte die enttäuschten und verfolgten Juden wenig inspirieren. Ihre Augen waren noch immer geblendet von den strahlenden Hoffnungen, die sie damals geweckt hatten, als der Tempel wieder aufgebaut wurde. Das Auslöschen dieser Hoffnungen hatte sie in tiefere Dunkelheit zurückgelassen als zuvor. In den Wolken, die sie überschatteten, schien es keinen Riss zu geben. Sogar ihre priesterlichen Herrscher waren egoistisch und rücksichtslos. Für die wenigen Gläubigen, die sich über die Entmutigungen und Hindernisse hinwegsetzten, mit denen sie konfrontiert waren, wurde diese Zeit tiefster Düsternis jedoch durch einen Glauben erhellt, der durch die meisten späteren Bücher des Alten Testaments hindurchscheint und sie verherrlicht. Aus den Psalmen und Prophezeiungen dieser Zeit geht hervor, dass es einige gab, die inmitten dieser entmutigenden Umstände Frieden und Freude fanden. Als sie über die Erfahrungen ihrer Rasse nachdachten und die Schriften früherer Propheten lasen und darüber nachdachten, begannen sie nicht nur die wahre Bedeutung ihrer vergangenen Geschichte, sondern auch die Bedeutung des gegenwärtigen Leids zu erkennen. Der Hauptsprecher dieser unsterblichen Glaubenshelden war der prophetische Autor von Jesaja 40-66.

III. Beweise dafür, dass Jesaja 40-66 in Palästina geschrieben wurde. Erst vor Kurzem haben aufmerksame Leser von Jesaja 40-66 begonnen zu erkennen, dass der Standpunkt in all diesen Kapiteln nicht das ferne Babylon, sondern Jerusalem ist. Die wiederholten Verweise in Kapitel 56 und folgenden auf die Verhältnisse in Jerusalem haben alle dazu gebracht, ihre palästinensische Herkunft anzuerkennen. Die Beweise für die Kapitel 40–55 sind jedoch fast ebenso überzeugend. Das Vokabular und die literarischen Figuren, die überall verwendet werden, sind dem landwirtschaftlichen Leben Palästinas eigen und nicht der kommerziellen Zivilisation Babylons. Die Probleme betreffen auch die judäische Gemeinschaft. Die Klasse, an die der Prophet seine Botschaften richtet, ist offensichtlich dieselbe wie die, an die Haggai und Sacharja sprechen. Jerusalem, keine jüdische Kolonie in Babylon, ist der ständige Gegenstand der Berufung des Propheten. Babylon ist nur eines der fernen Länder der Zerstreuung. Von Jerusalem aus blickt der Prophet stets auf die Welt. So erklärt er in 43:5,6 im Namen Jehovas:

Fürchte dich nicht, denn ich bin bei dir.
Von Osten werde ich deine Nachkommen herbringen, und von Westen her werde ich sie sammeln; zum Norden werde ich sagen: Gib auf!
Und im Süden, halte dich nicht zurück! Bring meine Söhne von weit her und meine Töchter von den Enden der Erde.

Wenn diese Prophezeiungen im Lichte ihres wahren geografischen Kontexts interpretiert werden, erhalten sie sofort eine neue und klarere Bedeutung.

IV. Ihr wahrscheinliches Datum. Der Hinweis in 43:23, 24 auf die Opfergaben, die das Volk zum Tempel Jehovas brachte, deutet eindeutig darauf hin, dass er bereits gebaut worden war. Darüber hinaus sind die gegen die judäische Gemeinde erhobenen Anklagen denen im Buch Maleachi sehr ähnlich, das im Allgemeinen der Zeit unmittelbar vor der Ankunft Nehemias im Jahr 445 v. Chr. zugeordnet wird (vgl. Abschnitt XCVII). Aus den Parallelen in Kapitel 48 und anderswo geht hervor, dass Jehovas Messias in 45:1 nicht Cyrus, sondern Israel ist, die messianische Nation, der Jehova in früheren Tagen unter David und seinen Nachfolgern wiederholt Siege und weitreichende Autorität verlieh. Das Vorhandensein des Namens Cyrus scheint ohne begründeten Zweifel auf einen späteren Schreiber zurückzuführen zu sein, der die Anspielung somit falsch identifizierte. Es wird weder durch die metrische Struktur noch durch den Kontext der Passagen, in denen es vorkommt, gestützt. Darüber hinaus sind die Ideen in Jesaja 40-55 fast ausnahmslos diejenigen, die Zacharias bereits im Keim erweckt hatte, insbesondere in seinen neuesten Prophezeiungen, die in den Kapiteln 7 und 8 aufbewahrt werden. Sie werden hier vollständiger und weitaus herrlicher erweitert, was auf ihren Autor hinweist lebte vielleicht eine Generation später als Sacharja. Die Jahre zwischen 500 und 450 bieten den zufriedenstellendsten Rahmen für diese Prophezeiungen. Im wahrsten Sinne des Wortes sind sie jedoch, wie viele Psalmen, zeitlos. Die Frage nach ihrem genauen Datum ist vergleichsweise unwichtig, es sei denn, sie wirft Licht auf ihre Interpretation.

V. Ihre literarischen Eigenschaften. Die Prophezeiungen in Jesaja 40-66 sind Psalmen, die die Merkmale aller hebräischen Lyrik aufweisen. Jedes ist in sich abgeschlossen und doch inhaltlich und literarisch eng mit den anderen verbunden. Ihre thematische Erhabenheit, ihre Weitsichtigkeit, ihr Reichtum an reichen und leuchtenden Figuren und ihr vollendeter literarischer Charakter verleihen ihnen einen unbestreitbaren Platz unter den größten Schriften des Alten Testaments. Auch wenn sie alle von einem starken Argument durchzogen sind, ist die Logik nicht kumulativ, sondern bewegt sich vielmehr in einer Spirale, wobei sie häufig zum gleichen Thema zurückkehrt, sich aber allmählich weiterbewegt. Es ist die charakteristische orientalische Denkweise, die das Gegenteil derjenigen der westlichen Welt ist. Diese Gedichte sind in drei Zyklen gruppiert, die offenbar das Denken des Propheten in den aufeinanderfolgenden Perioden widerspiegeln. Der erste Zyklus ist in 40-48 enthalten. Kapitel 48 ist eine Wiederholung des Gedankens des Vorangegangenen und bildet einen natürlichen Abschluss der ersten Sammlung. Die zweite Gruppe liegt bei 49-55. Der Ton des Leidens ist hier stärker ausgeprägt, und das Bild des idealen Dienertyps, den Jehova sich wünscht, um sein Vorhaben in der Menschheitsgeschichte zu verwirklichen, wird detaillierter entwickelt (vgl. Abschnitt XCIX). Die dritte Gruppe in den Jahren 56–66 wird von vielen einem anderen Propheten und einer viel späteren Zeit zugeordnet. Während das allgemeine Thema der Gruppe anders ist und einen etwas veränderten historischen Hintergrund impliziert, kehren auch hier die charakteristischen Ideen und literarischen Formen von 40-55 wieder. Vom Studium der Vergangenheit und Zukunft Israels wendet sich der Prophet einer genaueren Betrachtung der Probleme in Palästina zu. Die historischen Anspielungen stimmen größtenteils mit den Zuständen überein, die Nehemia im Jahr 445 v. Chr. in Jerusalem vorfand

VI. Ihr Thema und Zweck. Die Gedichte behandeln ein Thema, das Schicksal des auserwählten Volkes. Der Prophet blickt zunächst auf ihre Vergangenheit zurück, um die Absicht Jehovas zu veranschaulichen, die durch Israel verwirklicht wurde. Er weist auf die unterschiedliche Art und Weise hin, wie Jehova sie auf ihre große Aufgabe geschult und vorbereitet hatte. Im Lichte der neuen Situation und seiner erweiterten Kenntnis der Welt geht der Prophet dann dazu über, die Aufgabe zu definieren, die sein Volk erwartet. Obwohl er sich nicht völlig von der weit verbreiteten Erwartung löst, dass die verstreuten Verbannten doch noch nach Jerusalem zurückkehren würden, um an dem universellen Königreich teilzunehmen, das dort errichtet werden sollte, ist er sich der größeren Bedeutung der

Mission Israels voll und ganz bewusst. Er erkennt, dass es weltweit ist. Er sieht, dass die jüdische Rasse nicht nur dazu berufen ist, Ehrungen und materielle Segnungen zu empfangen, sondern auch der leidenden und bedürftigen Menschheit zu dienen. Die Enttäuschungen und Leiden, die er durchmacht, sind nur ein Teil der göttlichen Ausbildung für diesen edleren spirituellen Dienst. Der Diener Israel ist dazu berufen, ein Zeuge für alle Nationen zu sein und die Lehren Jehovas treu darzulegen, bis sein Gesetz auf der ganzen Erde in Kraft tritt. So interpretiert der Prophet Israels Vergangenheit, Gegenwart und Zukunft in ihrer entscheidenden Beziehung zum universellen Leben der Menschheit und erklärt, dass Israel dazu bestimmt ist, eine Prophetennation zu sein und der gesamten Menschheit den Charakter Jehovas zu offenbaren.

VII. Gründe, warum Jehova sein Volk wiederherstellen wird. Der Prophet beginnt mit der Erklärung, dass Jerusalems Zeit des Zwangsdienstes vorbei ist, dass es das Doppelte für die Sünden der Vergangenheit bezahlt hat und dass Jehova dabei ist, alle Hindernisse zu beseitigen und sein unterdrücktes Volk wiederherzustellen und zu erhöhen. Dann nennt er die Gründe für seine starke Überzeugung: (1) Jehova ist den Kräften der Natur, den Nationen, die Israel in Knechtschaft halten, und den heidnischen Göttern, deren Bilder von Menschenhand geformt werden, unvergleichlich überlegen. Alle Kräfte des Himmels und der Erde stehen unter seiner Kontrolle. Er ist der Schöpfer und höchste Herrscher des Universums, der in der Lage ist, alle Hindernisse zu beseitigen und denen Kraft und Macht zu verleihen, die ihm vertrauen. (2) Durch die Führung seines Volkes in der Vergangenheit, durch seine Siege über seine mächtigen Feinde und in allen Erfahrungen seines nationalen Lebens hat er seine Führungs- und Befreiungskraft unter Beweis gestellt. (3) Zu Israel, seinem Diener, steht er in einer einzigartigen Beziehung, denn er hat sein Volk für einen großen Dienst für die ganze Welt ausgewählt und ausgebildet. Deshalb wird derjenige, der fähig und bereit ist zu liefern, sein Volk in der Stunde der Not nicht im Stich lassen. (4) Ihr gegenwärtiges Leid ist nur ein Teil der Ausbildung, die notwendig ist, bevor sie ihre Aufgabe als Diener Jehovas erfüllen können; Diese Aufgabe besteht darin, sich zärtlich für die Sache der Unterdrückten einzusetzen, Blinden die Augen zu öffnen, Gefangene aus ihrer Gefangenschaft zu befreien und als treuer Lehrer die ganze Menschheit mit Liebe zum Gott Israels zu erfüllen.

Das Ziel des Propheten bestand eindeutig darin, sein verzweifeltes Volk zu ermutigen, ihm die tiefere Bedeutung seiner gegenwärtigen Nöte zu zeigen, ihm die Augen für die gnädige Absicht Jehovas zu öffnen und der gesamten Menschheit ein Ziel zu geben, nach dem sie leben und streben konnte, und vor allem , um sie zu wirksamem Handeln zu bewegen. Zweifellos dachte der Prophet nur an die Probleme der Menschen seiner Zeit, aber mit seiner Interpretation des weltweiten Vorsatzes Jehovas und mit dem Glauben und der Hingabe, die seine Worte wecken, vermittelte er der gesamten Menschheit eine universelle, unsterbliche Botschaft.

Abschnitt XCVII. BEDINGUNGEN UND PROBLEME INNERHALB DER JUDÄISCHEN GEMEINSCHAFT

[Randbemerkung: Mal. 1:6-9]
Ein Sohn ehrt seinen Vater, und ein Diener fürchtet seinen Herrn; Wenn ich nun ein Vater bin, wo ist meine Ehre? Und wenn ich ein Herr bin, wo ist der, der mich fürchtet? Spricht der HERR zu euch, ihr Priester, die ihr meinen Namen verachtet. Ihr aber sagt: „Was haben wir verachtet?“ Dein Name? „Ihr opfert auf meinem Altar Brot, das verunreinigt ist, und fragt: „Womit haben wir es verunreinigt?“ Indem ihr sagt: „Der Tisch des HERRN ist verächtlich.“ Und wenn ihr die Blinden zum Opfer opfert: „Es ist kein Schaden!‘ Und wenn ihr die Lahmen und Kranken opfert: ‚Es ist kein Schaden!‘ Präsentiere es jetzt deinem Statthalter; Wird er damit zufrieden sein? Oder wird er dich wohlwollend empfangen? spricht der HERR der Heerscharen. Und nun erflehe Gott um seine Gunst mit einem solchen Opfer, damit er uns gnädig sei: Möchte ich einen von euch wohlwollend aufnehmen? spricht der HERR Zebaoth.

[Randbemerkung: Mal. 1:10, 11]
Ach, dass unter euch welche wären, die die Türen verschließen würden, damit ihr nicht umsonst Feuer auf meinem Altar anzündet! Ich habe kein Gefallen an euch, spricht der HERR der Heerscharen, und ich werde kein Opfer annehmen denn vom Aufgang der Sonne bis zu ihrem Untergang ist mein Name heilig unter den Nationen, und an jedem Ort bringen sie meinem Namen ein reines Opfer dar; denn mein Name ist groß unter den Nationen, spricht der HERR der Heerscharen.

[Randbemerkung: Mal. 1:12, 14]
„Der Tisch des HERRN ist verunreinigt, und seine Speise ist verächtlich.“ Ihr sagt auch: „Seht, was für eine Ermüdung ist das!“ und ihr habt mich verachtet; und ihr habt Blinde, Lahme und Kranke gebracht. Soll ich das von eurer Hand annehmen? spricht der HERR der Heerscharen. Verflucht sei aber der Verführer, der in seiner Herde ein Männchen hat und dem HERRN ein Makel schwört und opfert; denn ich bin ein großer König, und mein Name ist unter den Nationen gefürchtet.

[Randbemerkung: Mal. 2:1-4]
Und nun, ihr Priester, dieser Befehl ist für euch. Wenn ihr nicht hört und es euch nicht zu Herzen nehmt, um meinem Namen Ehre zu geben, spricht der HERR der Heerscharen, dann werde ich es
tun Sende den Fluch über dich, und ich werde deine Segnungen verfluchen. Siehe, ich werde deinen Arm abschneiden und Abfälle auf deine Gesichter verteilen, nämlich die Abfälle deiner Feste, und ihr werdet erkennen, dass

ich euch diesen Befehl gesandt habe, damit mein Bund mit Levi bewahrt werde, spricht der HERR der Heerscharen .

[Randbemerkung: Mal. 2:15-7]
Mein Bund mit ihm bestand darin, Leben und Frieden zu geben. Und ich gab sie ihm, damit er mich ehren konnte. Und er achtete mich und fürchtete sich vor meinem Namen. Und Ungerechtigkeit wurde nicht auf seinen Lippen gefunden; Er wandelte mit mir in Frieden und Aufrichtigkeit und wandte viele von der Ungerechtigkeit ab. Denn die Lippen des Priesters sollten Erkenntnis bewahren, und die Menschen sollten das Gesetz aus seinem Mund suchen; Denn er ist der Gesandte des HERRN der Gastgeber.

[Randbemerkung: Mal. 2:8, 9]
Aber ihr seid vom Weg abgekommen; ihr habt viele im Gesetz zum Straucheln gebracht; ihr habt den Bund Levis verdorben, spricht der HERR der Heerscharen. Darum habe ich euch auch verächtlich und niedrig gemacht vor euch das ganze Volk, weil ihr meine Wege nicht beachtet habt und mich nicht respektiert habt, als ihr das Gesetz weitergegeben habt.

[Randbemerkung: Mal. 2:10, 13, 14]
Haben wir nicht alle einen Vater? Hat uns nicht ein Gott erschaffen? Warum gehen wir untreu miteinander um und entweihen den Bund unserer Väter? Und das tut ihr auch: Ihr bedeckt den Altar des HERRN mit Tränen, sodass er die Opfergabe nicht mehr
beachtet und sie nicht angenehm von deiner Hand
annimmt . Doch ihr sagt: „Warum? Denn der HERR war Zeuge zwischen dir und der Frau deiner Jugend, gegen die du treulos gehandelt hast, obwohl sie deine Gefährtin und die Frau deines Bundes ist.“

[Randbemerkung: Mal. 2:15, 16]
Darum achte auf deinen Geist und lass niemanden untreu mit der Frau seiner Jugend umgehen,
denn ich hasse es, sie wegzulegen,
spricht der HERR, der Gott Israels, und den, der sein Gewand mit Gewalt bedeckt. Darum nimm Achtet auf euren Geist, dass ihr nicht untreu seid.

[Randbemerkung: Mal. 2:17]
Ihr habt den HERRN mit euren Worten ermüdet. Doch ihr sagt: Wie haben wir ihn ermüdet?
Indem ihr sagt: Jeder, der Böses tut, ist gut in den Augen des HERRN, und er hat Gefallen an ihnen;
Oder wo ist der Gott der Gerechtigkeit?

[Randbemerkung: Mal. 3:1-4]
Siehe, ich bin dabei, meinen Boten zu senden, und er wird den Weg vor mir

bereiten; und der Herr, den ihr sucht, wird plötzlich zu seinem Tempel
kommen; aber wer kann den Tag seiner Ankunft ertragen? Und wer wird
bestehen, wenn er erscheint ?
Denn er ist wie das Feuer eines Raffinierers und wie die Laugen von Fullern
;
Und er wird sitzen als Läuterer und Läuterer, und er wird die Söhne Levis
läutern und sie zu Gold und Silber läutern; und sie werden Opfergaben in
Gerechtigkeit darbringen. Dann werden die Opfergaben Judas und
Jerusalems dem HERRN wohlgefällig sein, wie in die alten Tage und wie in
früheren Jahren.

[Randbemerkung: Mal. 3:5, 6]
Und ich werde zu euch kommen zum Gericht; und ich werde ein schneller
Zeuge sein wider die Zauberer und gegen die Ehebrecher und gegen
diejenigen, die etwas Falsches
schwören , und gegen diejenigen, die den Tagelöhner unterdrücken, die
Witwe und die Waisen, die den ansässigen Fremden von seinem Recht
abweisen und sich nicht vor mir fürchten, spricht der HERR der
Heerscharen. Denn ich, der HERR, ändere mich nicht; ihr aber habt nicht
aufgehört, Söhne Jakobs zu sein.

[Randbemerkung: Mal. 3:7-9]
Von den Tagen deiner Väter an seid ihr von meinen Satzungen abgewichen
und habt sie nicht gehalten. Wendet euch zu mir, und ich werde euch
zuwenden, spricht der HERR. Ihr aber sagt: Wohin sollen wir uns wenden?
ı

Wird ein Mann Gott berauben? Dennoch habt ihr mich ausgeraubt.
Ihr aber sagt: „Wo haben wir dich beraubt?" In Zehnten und Gaben. Ihr
seid mit einem Fluch belegt, denn ihr beraubt mich.

[Randbemerkung: Mal. 3:10-12]
Bringt den ganzen Zehnten in das Vorratshaus, damit in meinem Haus
Vorräte vorhanden sind; und prüfe mich dadurch, wenn ich dir nicht die
Fenster des Himmels öffne und dir Segen ausgieße, bis mehr als genug da
ist. Ich werde um deinetwillen den Fresser zurechtweisen, dass er die
Frucht des Bodens nicht vernichte, auch nicht Wird der Weinstock seine
Früchte auf dem Feld nicht reifen lassen, und alle Nationen werden euch
glücklich nennen, denn ihr werdet ein liebliches Land sein, spricht der
HERR der Heerscharen.

[Randbemerkung: Mal. 3:13-16]
Deine Worte sind hart für mich, spricht der HERR. Ihr sagt: „Was haben
wir gegen dich gesagt?" Ihr habt gesagt: „Es ist nutzlos, Gott zu dienen,
und welchen Gewinn haben wir, wenn wir es behalten." seine
Verantwortung,Und dass wir in Bestattungsgewändern vor ihm

hergegangen sind? Auch jetzt nennen wir die Stolzen glücklich, Ja, diejenigen, die Unrecht tun, gedeihen, Ja, sie versuchen Gott und entkommen.'

[Nebenbemerkung Mal. 3:16-18]
Solches redeten die, die den HERRN fürchteten, untereinander, und der HERR achtete darauf und hörte es, und vor ihm wurde ein Gedenkbuch geschrieben über die, die den HERRN fürchteten, und über die, die an seinen Namen denken; Und sie werden mein sein, spricht der HERR der Heerscharen, an dem Tag, an dem ich meinen besonderen Schatz mache. Und ich werde sie verschonen, wie ein Mann seinen Sohn verschont, der ihm dient. Dann werdet ihr umkehren und zwischen den Gerechten und den Bösen unterscheiden ,Zwischen dem, der Gott dient, und dem, der ihm nicht dient.

[Randbemerkung: Mal. 4:1-3]
Denn siehe, es kommt der Tag, der brennen wird wie ein Ofen, und alle Hochmütigen und Übeltäter werden zu Stoppeln werden, und der kommende Tag wird sie verbrennen, spricht der HERR der Heerscharen, so dass Es werden ihnen weder Wurzel noch Zweig übrig bleiben. Aber euch, die ihr meinen Namen fürchtet, wird aufgehen die Sonne der Gerechtigkeit mit Heilung auf ihren Flügeln,
und ihr werdet hinausgehen und wie Kälber aus dem Stall springen.
Und ihr werdet die Bösen zertreten, denn sie werden wie Asche unter euren Fußsohlen sein, an dem Tag, an dem ich mit der Hinrichtung beginne, spricht der HERR der Heerscharen.

[Randbemerkung: Ps. 22:1-5]
Mein Gott, warum verlässt du mich? Mein Seufzen ist fern von meiner Rettung. Tagsüber rufe ich, aber du antwortest nicht,
und nachts gibt es für mich keine Ruhe.

Doch du, o mein Gott, bist der Heilige, der
in den Lobliedern Israels thront. Auf dich vertrauten unsere Väter, sie vertrauten, und du hast sie errettet; zu dir riefen sie und wurden errettet, auf dich vertrauten sie und waren nicht beschämt.

[Randbemerkung: Ps. 22:6-8]
Ich aber bin ein Wurm und kein Mensch, von den Menschen geschmäht und von den Menschen verachtet. Wer mich sieht, spottet über mich , sie spotten und werfen den Kopf zurück: „Er verließ sich auf den HERRN, er errette ihn." errette ihn, denn er hat Freude an ihm!"

[Randbemerkung: Ps. 22:9-11]
Doch du warst es, der mich vom Mutterleib an genommen hat, der mich an der Brust meiner Mutter geborgen gemacht hat; auf dich wurde ich von der

Geburt an geworfen, du bist mein Gott vom Mutterleib an. Sei nicht fern von mir, denn Es ist Bedrängnis, naht herbei, denn es gibt keinen Helfer.

[Randbemerkung: Ps. 22:12-18]
Viele Stiere umzingeln mich, Mächtige von Basan bedrängen mich, sie öffnen ihr Maul gegen mich, wie ein reißender, brüllender Löwe. Wie Wasser wurde ich ausgegossen, ja, alle meine Knochen sind aus den Fugen geraten, Mein Herz ist wie Wachs geworden, es ist in meinem Körper geschmolzen, mein Gaumen ist ausgetrocknet wie eine Tonscherbe, und meine Zunge klebt an meinen Kiefern;
In den Staub des Todes legst du mich,
denn Hunde umkreisen mich,
die Schar der Übeltäter schließt mich ein; sie durchbohren meine Hände und meine Füße, ich kann alle meine Knochen zählen; sie starren, sie freuen sich über mich. Sie spalten meine Kleider waren unter ihnen, und um meine Kleidung warfen sie das Los!

I. Datum des Buches Maleachi. Maleachi bedeutet auf Hebräisch „Mein Gesandter", und das Wort stammt offenbar aus dem ersten Vers des dritten Kapitels. Wie viele Schriften aus der Zeit nach dem Exil ist das Buch daher anonym. Sein Datum kann jedoch aus seinem Inhalt bestimmt werden. Der Hinweis auf die Verwüstung des Landes der Edomiter legt nahe, dass es spät in der persischen Zeit geschrieben wurde, nachdem die Edomiter von den Nabatäern vom Berg Seir vertrieben worden waren und an der Südgrenze Judas eine Heimat gefunden hatten. Die Priester in der judäischen Gemeinde waren korrupt und der Tempeldienst wurde vernachlässigt, was darauf hindeutet, dass sie den frühen Enthusiasmus verloren hatten, der dem Wiederaufbau des Heiligtums folgte. Die judäische Gemeinde war entmutigt und in den Köpfen derjenigen, die treu danach strebten, Jehova zu dienen, herrschte ein Geist des Zweifels und des Fragens. Die Prophezeiung ist ein genaues Bild der Verhältnisse, wie Nehemia sie vorfand, so dass das Buch Maleachi nicht weit von 445 v. Chr. datiert werden kann

II. Vernachlässigung des Tempeldienstes. Die Methode des Propheten ähnelt der von Sacharja. Offensichtlich ist die frühe Ehrfurcht vor dem Wort des Propheten verschwunden. Anstelle bloßer Behauptungen wird jede Schlussfolgerung durch detaillierte Argumente gestützt. Auch der Autor von Maleachi interessiert sich sehr für das Ritual und betrachtet die Bewahrung seiner Reinheit als wesentlich für das religiöse Leben der judäischen Gemeinschaft. Er beschuldigt die Priester, die zeremoniellen Gesetze nicht eingehalten zu haben, insbesondere weil sie dem Volk erlaubt haben, blinde, lahmende und kranke Tiere zum Opfern zu bringen. Diese Taten sind ein Beweis für die religiöse Apathie, die selbst die religiösen Führer des Volkes erfasst hatte. Der Prophet erklärt kühn, dass die Priester unter dem Deckmantel der Religion Jehova berauben. Vor allem sind sie ihrer

Verantwortung als ernannte Lehrer des Volkes untreu. In 2,5-7 präsentiert er das klarste Bild, das wir von der Aufgabe des Priesters als Lehrer erhalten haben. Seine Aufgabe bestand darin, die Menschen zu unterweisen, ihnen zu helfen, Versuchungen zu überwinden, und ihnen den Weg der Pflicht deutlich zu zeigen. Dieses Ideal, so erklärt der Prophet, sei von früheren Priestern verwirklicht worden, doch nun führen diejenigen, die als religiöse Führer ernannt wurden, das Volk in die Irre.

III. Die Notwendigkeit eines großen moralischen Erwachens. Die Übel, die der Prophet anprangerte, waren nicht auf die Priester beschränkt. Das alte semitische Scheidungsrecht war äußerst lax. Ein Ehemann könnte seine Frau zur Tür seines Zeltes führen und ihr sagen, sie solle gehen, und damit ihre Ehe abbrechen. Das deuteronomische Gesetz versuchte, diese Ungerechtigkeit zu lindern, indem es vorsah, dass der Ehemann seiner Frau beim Weggang ein Dokument in die Hand legen muss, in dem die Gründe aufgeführt sind, aus denen er sich von ihr scheiden ließ. In der Mitte des fünften Jahrhunderts v. Chr. waren Scheidungen in Palästina offenbar überaus häufig geworden. Der Prophet verurteilte es aufgrund seiner Ungerechtigkeit und Grausamkeit. Er behauptete auch, dass die Ehe ein feierlicher Bund vor Jehova zwischen Mann und Frau sei und dass derjenige, der ihn missachtete, untreu handelte und besonders Gegenstand göttlichen Unmuts war.

In Juda blieben noch Spuren des alten Heidentums erhalten, und die abhängigen, unterdrückten Klassen hatten wenig Mitleid von den selbstsüchtigen, herzlosen Herrschern. Angesichts dieser Übel erklärte der Prophet, dass Jehova mit Sicherheit einen Boten senden würde, um Priester und Volk zu bestrafen und zu reformieren. Die Prophezeiung basierte offensichtlich auf der klaren Erkenntnis, dass Jehova stets daran arbeitete, sein Volk zu schulen und zu erheben, und dass auf eine Zeit der Degeneration sicherlich eine Zeit der Reformen folgen musste. Im Werk Nehemias erfüllten sich die Hoffnungen des Propheten teilweise, aber die größere Erfüllung des zugrunde liegenden Prinzips wurde im tiefgreifenden Reformwerk Johannes des Täufers und im Werk des großen Lehrers verwirklicht. In einem späteren Anhang zur Prophezeiung Maleachis wird dieses Thema noch weiter ausgeführt. Es wird versprochen, dass ein anderer Prophet mit dem Eifer des großen Reformators Elia kommen und den Weg für eine neue und edlere Ära bereiten würde.

IV. Das Los der Gläubigen. In der Prophezeiung Maleachis kommen zum ersten Mal die verzweifelten Schreie und Zweifel der Gläubigen zum Ausdruck, die es nicht geschafft haben, sich über die Auswirkungen der bestehenden sozialen und religiösen Übel zu erheben. Sie sind die Gerechten oder Bedrängten, die auch durch bestimmte frühere Psalmen des Psalters sprechen (z. B. 10-17, 22). Es war eine Zeit, in der der Mann, der das Richtige tat und den Forderungen des Gesetzes treu blieb, dadurch zu Armut und Verfolgung durch die korrupten Priester und Herrscher verurteilt wurde. Schlimmer noch: Ihre Armut und ihr Elend wurden nach dem damaligen Glauben als überzeugender Beweis für das Missfallen Jehovas wegen ihrer Sünden interpretiert. Es war eine Zeit, in der das Böse triumphierte und die Unschuld litt und in der die Frage, ob ein gerechter Gott das Universum regierte oder nicht, in den Köpfen der Gläubigen immer wieder aufkam. Der Autor von Maleachi erkennt diese Zweifel und versucht, sie auszuräumen:

Ihr habt gesagt: „ Es ist sinnlos, Gott zu dienen.
Und welchen Gewinn haben wir für uns, wenn wir seine Obhut behalten haben und in Bestattungsgewändern vor ihm wandelten? Selbst jetzt nennen wir die Stolzen glücklich. Wahrlich, diejenigen, die Unrecht tun, gedeihen." Ja, sie versuchen Gott und entkommen.

Hier ist das Problem dasselbe wie im Buch Hiob. Auf diese Zweifel konnte der Prophet nur antworten, dass Jehova ein Buch über die Gläubigen führen und sie zu gegebener Zeit belohnen wird.

V. Das Problem des Leidens in der Literatur dieser Zeit. Selbstverständlich stand dieses Problem des unschuldigen Leidens in der damaligen Literatur im Vordergrund. Es wurde zu dieser Zeit besonders dringlich, weil es nicht mehr das Problem der Gemeinschaft, sondern das Problem von Einzelpersonen oder einer Klasse geworden war. Während die Nation im Schatten des Unglücks ruhte, wurde eine Lösung des Problems im Bewusstsein der nationalen Schuld und in der Hoffnung gefunden, dass das Leid nur vorübergehend sein würde. Das alte Dogma, dass Tugend immer belohnt und Böses bestraft wird, befriedigte weiterhin die israelischen Führer. Als sich jedoch eine beträchtliche Schicht in der Gemeinschaft bewusst wurde, dass sie keine Verbrechen begangen hatten, die den erbitterten Verfolgungen und Katastrophen, die sie überfielen, würdig gewesen wären, und dass dies oft nur ihrer Tugend und der Standhaftigkeit zu verdanken war, mit der sie an den edleren Idealen festhielten Als Angehörige ihrer Rasse, die sie auf diese Weise angegriffen hatten, waren die aktuellen Interpretationen des Bösen nicht mehr zufriedenstellend. Als mit der Zeit viele von ihnen zermalmt von der Trauer und den Objekten der Verspottungen und Beschimpfungen ihrer bösen Verfolger zu Grabe gingen, zeigte sich auf tragische Weise, dass die derzeitige Erklärung des Unglücks unzureichend ist. Für sie bot der Scheol oder das Grab keine Lösung, denn wie bei allen frühen arischen und semitischen Völkern galt es als der dunkle, leidenschaftslose, freudlose Aufenthaltsort der Schatten.

In den meisten Psalmen dieser Zeit brachten die Dichter, die im Namen der leidenden Klasse sprachen, wie der Autor von Maleachi, die Hoffnung zum Ausdruck, dass Jehova schnell zu ihrer Befreiung kommen und sie symbolisch rechtfertigen und belohnen würde. Der Heldenmut und die Treue, die sie repräsentieren, können nur im Licht dieser entmutigenden Zeit, in der das Böse herrschte, voll gewürdigt werden . Es war offenbar zu dieser Zeit, als der große Dichter, der durch das Buch Hiob spricht, mit dem Geist und der Methode eines modernen Philosophen das Schicksal dieser unschuldigen Leidenden darlegte. Er hat auch für alle Zeiten bewiesen, dass Unglück nicht immer ein Beweis für Schuld ist und dass die derzeitige Lehre von der verhältnismäßigen Belohnung und die Erklärungen, die zu ihrer Stützung angeführt wurden, in bestimmten Fällen völlig unhaltbar waren.

Abschnitt XCVIII. Das Problem und die Lehren des Buches Hiob

[Randbemerkung: Hiob 1:1-5] Es gab einen Mann im Land Uz , dessen Name Hiob war. Und dieser Mann war tadellos und aufrichtig; er fürchtete Gott und wandte sich vom Bösen ab. Und ihm wurden sieben Söhne und drei Töchter geboren. Zu seinen Besitztümern gehörten auch siebentausend Schafe, dreitausend Kamele, fünfhundert Ochsengespanne, fünfhundert Esel und eine überaus große Zahl von Dienern; so dass dieser Mann der größte aller Völker Palästinas war. Und seine Söhne pflegten, jeder an seinem Tag ein Fest im Haus des anderen zu feiern. Und sie pflegten ihre drei Schwestern zu schicken und einzuladen, mit ihnen zu essen und zu trinken. Und als die Tage ihrer Feste vorüber waren, sandte Hiob sie und heiligte sie, und er stand frühmorgens auf und opferte Brandopfer nach ihrer aller Zahl; Denn Hiob sagte: Vielleicht haben meine Söhne gesündigt und in ihrem Herzen Gott verleugnet. So tat Hiob fortwährend.

[Nebenbemerkung: Hiob 1:6-11] An einem bestimmten Tag, als die Söhne Gottes kamen, um sich vor Jehova zu präsentieren, kam auch Satan unter sie. Und Jehova sagte zu Satan: Woher? kommst du? Da antwortete Satan dem HERRN und sprach: Vom Hin- und Hergehen auf der Erde und dem Auf- und Abgehen auf ihr. Und Jehova sprach zu Satan: Hast du an meinen Diener Hiob gedacht? Denn es gibt niemanden wie ihn auf der Erde, einen tadellosen und aufrichtigen Mann, der Gott fürchtet und sich vom Bösen abwendet. Da antwortete Satan dem HERRN und sprach: Fürchtet Hiob Gott umsonst ? Hast du nicht einen Zaun um ihn und um sein Haus und um alles, was er hat, auf allen Seiten gemacht? Du hast das Werk seiner Hände gesegnet und seine Besitztümer im Land vermehrt. Aber strecke jetzt deine Hand aus und berühre alles, was er hat, und er wird dich ins Angesicht verfluchen.

[Nebenbemerkung: Hiob   1:12]
Da sprach Jehova zu Satan: Siehe , alles, was er hat, ist in deiner Macht; nur strecke deine Hand nicht gegen ihn aus. So verließ Satan die Gegenwart Jehovas

.

[Nebenbemerkung: Hiob 1:13-19] An einem bestimmten Tag, als seine Söhne und Töchter im Haus ihres ältesten Bruders aßen und tranken, kam ein Bote zu Hiob und sagte: Die Ochsen pflügten und die Esel weideten neben ihnen . als die Sabäer sie plötzlich angriffen und gefangen nahmen und sie die Diener mit der Schärfe des Schwertes töteten; und ich allein bin entkommen, um es dir zu sagen. Während dieser noch redete, kam ein anderer und sagte: Das Feuer Gottes ist vom Himmel gefallen und hat die Schafe und Diener verbrannt und sie verzehrt; und ich allein bin entkommen, um es dir zu sagen. Während dieser noch redete, kam ein anderer und sagte: Die Chaldäer machten drei Banden und plünderten die Kamele und nahmen sie weg, und sie haben die Diener mit der Schärfe des Schwertes getötet; Ich allein bin entkommen, um es dir zu sagen. Während dieser noch redete, kam ein anderer und sagte: Eure Söhne und eure Töchter aßen und tranken im Haus ihres ältesten Bruders, da kam ein heftiger Wind aus der Wüste und schlug in die vier Ecken des Hauses, so dass es einstürzte auf die jungen Männer, und sie sind tot. Ich allein bin entkommen, um es dir zu sagen.

[Nebenbemerkung: Hiob 1:20-22] Da stand Hiob auf, zerriss sein Gewand und rasierte sich den Kopf und fiel auf die Erde und betete an; und er sagte:

Nackt kam ich aus dem Schoß meiner Mutter,
und nackt werde ich dorthin zurückkehren! Jehova gab und er nahm weg;
Gepriesen sei der Name Jehovas!

Bei alledem hat Hiob weder gesündigt, noch hat er Gott geschmäht.

[Nebenbemerkung: Hiob 2:1-6] Und an einem bestimmten Tag, als die Söhne Gottes kamen, um sich vor Jehova zu präsentieren, kam auch Satan, um sich vor Jehova zu präsentieren. Und Jehova sagte zu Satan: Woher? kommst du? Und Satan antwortete dem HERRN und sprach: Vom Hin- und Hergehen auf der Erde und vom Auf- und Abwandeln auf ihr. Und Jehova sprach zu Satan: Hast du an meinen Diener Hiob gedacht? Denn es gibt niemanden wie ihn auf der Erde, einen tadellosen und aufrichtigen Mann, einen, der Gott fürchtet und sich vom Bösen abwendet; und er bleibt standhaft in seiner Frömmigkeit, obwohl du mich gegen ihn aufhetzst , um ihn ohne Grund zu vernichten. Und Satan antwortete dem HERRN und sprach: Haut um Haut, ja, alles, was ein Mensch hat, wird er für sein Leben geben. Aber strecke jetzt deine Hand aus und berühre sein Gebein und sein Fleisch; Wahrlich, er wird dich ins Angesicht verfluchen. Und der HERR sprach zu Satan: Siehe, er ist in deiner Macht; verschone nur sein Leben.

[Nebenbemerkung: Hiob 2:7, 8] So ging Satan aus der Gegenwart Jehovas hervor und schlug Hiob mit einem bösartigen Ausschlag von der Fußsohle bis zum Scheitel. Und er nahm eine Tonscherbe, um sich damit zu kratzen; und er saß inmitten der Asche.

[Nebenbemerkung: Hiob 2:9, 10]
Da sagte seine Frau zu ihm: Bleibst du immer noch standhaft in deiner
Frömmigkeit?
Verfluche Gott und stirb. Aber er sagte zu ihr: Du sprichst wie eine der
törichten
Frauen. Wir empfangen Gutes aus der Hand Gottes, sollten wir nicht auch
Böses empfangen?
Bei alledem hat Hiob nicht mit seinen Lippen gesündigt.

[Nebenbemerkung: Hiob 2:11-13] Als nun Hiobs drei Freunde von all dem
Bösen hörten, das über ihn gekommen war, kamen sie, jeder von seinem Ort:
Eliphas, der Temaniter, und Bildad, der Schuhiter, und Zophar , der
Naamathiter ; und sie vereinbarten gemeinsam einen Termin, um ihr
Mitgefühl für ihn zu bekunden und ihn zu trösten. Und als sie ihre Augen in
der Ferne aufhoben und ihn nicht erkannten, erhoben sie ihre Stimme und
weinten; und alle zerrissen ihre Gewänder und sprengten Staub auf ihre
Häupter gen Himmel. Und sie saßen sieben Tage und sieben Nächte mit ihm
auf der Erde, ohne dass jemand ein Wort zu ihm sprach, denn sie sahen, dass
sein Schmerz sehr groß war.

[Nebenbemerkung: Hiob 3:2, 11, 13-15, 17-19]
Dann begann Hiob zu sprechen und sagte:

Warum bin ich nicht vor der Geburt gestorben?
Warum bin ich nicht gestorben, als meine Mutter mich geboren hat? Denn
jetzt hätte ich mich hingelegt und still gewesen,
ich hätte geschlafen, wäre ich dann in Ruhe gewesen,
bei Königen und Ratgebern der Erde, die sich Ruinen aufgebaut haben;
Oder mit Fürsten, die Gold besaßen, die ihre Häuser mit Silber füllten.
Dort hören die Bösen auf zu toben, und die Müden ruhen. Dort haben
auch die Gefangenen Frieden, sie hören nicht die Stimme des
Zuchtmeisters. Die Kleinen und die Großen sind dort,Und der Diener ist
frei von seinem Herrn.

[Nebenbemerkung: Hiob 3:20-22, 25, 26]
Warum wird den Leidenden Licht gegeben und denen in Not Leben, die
sich nach dem Tod sehnen, der aber nicht kommt, und mehr danach
suchen als nach Schätzen, die sich mit großer Freude freuen? Jubel, und
sind froh, wenn sie das Grab finden können? Denn das, wovor ich mich
fürchtete, ist über mich gekommen, und das, wovor ich Angst hatte, hat
mich eingeholt. Kein Frieden und keine Ruhe habe ich, keine Ruhe,
sondern Zittern ergreift mich.

[Nebenbemerkung: Hiob 4:1-7]
Da antwortete Eliphas, der Temaniter , und sagte:

Wenn jemand versucht, mit dir zu sprechen, wirst du dann ungeduldig sein, aber wer kann sich des Redens enthalten? Siehe, du hast viele belehrt und schwache Hände gestärkt. Deine Worte haben den gestützt, der fiel, und du hast wankende Knie stark gemacht .Aber jetzt, da es zu dir gekommen ist, bist du ungeduldig, es berührt dich selbst und du verlierst den Mut. Ist deine Frömmigkeit, dein Vertrauen, deine Hoffnung nicht die Integrität deiner Wege? Erinnere dich jetzt, wer unschuldig umgekommen ist? Oder wo Wurden die Pfosten zerstört?

[Nebenbemerkung: Hiob 4:17-19]
Kann der sterbliche Mensch vor Gott gerecht sein? Kann ein Mensch vor seinem Schöpfer rein sein? Siehe, er vertraut nicht auf seine eigenen Diener, und seine Engel beschuldigt er des Irrtums;
Wie viel mehr die Bewohner von Lehmhäusern,
deren Fundament im Staub liegt?

[Nebenbemerkung: Hiob 5:17-22, 26, 27]
Glücklich ist der Mann, den Gott zurechtweist .
Deshalb lehne die Züchtigung des Allmächtigen nicht ab. Denn er verursacht Schmerzen und bindet ;
Er verwundet und seine Hände heilen.
Er wird dich aus sechs Drangsalen erlösen, ja, in sieben wird dich kein Übel treffen, In der Hungersnot wird er dich vom Tod erlösen, und im Krieg von der Macht des Schwertes. Du sollst verborgen sein vor der Geißel der Zunge; Du sollst keine Angst vor der Zerstörung haben, wenn sie kommt. Über Zerstörung und Not sollst du lachen, und du brauchst dich nicht vor den Tieren der Erde zu fürchten. Du wirst in reifem Alter zu deinem Grab kommen, wie eine Garbe, die zu ihrer Zeit geerntet wird. Siehe, das haben wir herausgefunden, so ist es; Höre es und erkenne es selbst.

[Randbemerkung: Hiob 6:1-4b]
Dann antwortete Hiob und sagte:

Oh, dass meine Bitterkeit gewogen würde,
all mein Unglück auf die Waage gelegt würde! Dann wäre es schwerer als der Sand der Meere. Aus diesem Grund sind meine Worte voreilig. Denn die Pfeile des Allmächtigen sind in mir, und sie vergiften meinen Geist trinkt.[Nebenbemerkung: Hiob 6:8-10]Oh, dass meine Bitte erfüllt würde,und dass Gott das gewähren würde, wonach ich mich sehne:Auch dass es Gott gefallen würde, mich zu zertreten,Und dass er seine Hand loslassen würde und schneide mich ab! Dann wäre das mein Trost, ich würde vor Schmerz jubeln, der nicht schont.

[Nebenbemerkung: Hiob 6:11-13]
Welche Kraft muss ich noch ertragen? Und was ist mein Ziel, dass ich geduldig sein sollte? Ist meine Stärke die Stärke von Steinen? Oder ist mein

Körper aus Erz? Siehe, es gibt keine Hilfe in mir, und die Weisheit ist ganz von mir vertrieben.

[Nebenbemerkung: Hiob 6:14, 15, 20-23] Wer
verzweifelt ist, dem gebührt die Güte seines Freundes, auch wenn er die Furcht vor dem Allmächtigen aufgibt. Meine Brüder waren so trügerisch wie ein Bach, wie der Bach der Bäche die verschwinden. Denn jetzt bist du nichts, du siehst einen Schrecken und fürchtest dich. Habe ich gesagt: „Gib es mir?" Oder: „Bib mir ein Geschenk von deinem Reichtum?" Oder: „Befreie mich aus der Hand eines Feindes?" „Oder: ‚Erlöse mich von der Macht des Unterdrückers?'

[Randbemerkung: Hiob 6:24-39]
Lehre mich, und ich werde schweigen und mir deutlich machen, worin ich mich geirrt habe. Wie angenehm sind aufrichtige Worte! Aber was bedeutet eine Zurechtweisung von dir? Denkst du daran, bloß zu tadeln? Worte: „Wenn die Reden der Verzweifelten wie Wind sind? Du fällst über einen tadellosen Mann, und du machst aus deinem Freund eine Ware. Jetzt freue dich also, auf mich zu schauen; denn ich werde dich gewiss nicht anlügen. Wende dich um, bevor du Ungerechtigkeit zulässt." geschehe, ja, wende dich wieder um, meine Sache ist gerecht. Liegt Ungerechtigkeit auf meiner Zunge?
Kann mein Geschmack nicht erkennen, was böse ist?

[Nebenbemerkung: Hiob 7:1-6]
Hat der Mensch nicht einen harten Dienst auf Erden geleistet? Und sind seine Tage nicht wie die Tage eines Tagelöhners? Wie ein Sklave, der nach den Schatten des Abends seufzt, und wie ein Tagelöhner, der danach sucht sein Lohn, so werden mir Monate des Elends gegeben, und ermüdende Nächte sind mir bestimmt. Wenn ich mich niederlege, sage ich: „Wann werde ich aufstehen und die Nacht vorüber sein?" Und ich bin voller Unruhe bis zum Morgengrauen. Mein Fleisch ist mit Würmern und Staubklumpen bedeckt ;
Meine Haut wird hart und bricht dann wieder aus. Meine Tage sind schneller als das Schiffchen eines Webers und ich verbringe sie ohne Hoffnung.

[Nebenbemerkung: Hiob 7:9, 10]
Wie die Wolke verzehrt wird und verschwindet, so wird der, der in den Scheol hinabsteigt, nicht mehr heraufkommen,
er wird nicht mehr in sein Haus zurückkehren, und sein Ort wird ihn nicht mehr kennen .

[Nebenbemerkung: Hiob 7:11, 19]
Darum werde ich meinen Mund nicht zurückhalten; ich werde in der Bitterkeit meines Geistes reden. Bin ich ein Meer oder ein Seeungeheuer,

dass du eine Wache über mich stellen solltest? Wenn ich Sag: „Mein Bett
soll mich trösten, mein Lager soll meine Klage lindern." Dann erschreckst
du mich mit Träumen
und erschreckst mich mit Visionen,
so dass ich mich selbst für das Erwürgen und den Tod anstelle meiner
Schmerzen entscheide . Ich verabscheue das Leben, ich würde es tun Lebe
nicht immer,
lass mich in Ruhe, denn meine Tage sind wie ein Atemzug. Was ist der
Mensch, dass du ihn
erhöhst , dass du deine Gedanken
auf ihn richtest , dass du ihn jeden Morgen
besuchst und ihn jeden Augenblick auf die Probe stellst ?

[Randbemerkung: Hiob 7:20, 21]
Wenn ich gesündigt habe, was habe ich dir dann angetan, o Hüter der
Menschen? Warum hast du mich als dein Ziel gesetzt? Und warum bin ich
eine Last für dich? Und warum tust du es nicht meine Übertretung
verzeihen und meine Missetat hinwegnehmen ?
Denn jetzt werde ich im Staub liegen, und wenn du mich suchen wirst,
werde ich nicht sein.

[Nebenbemerkung: Hiob 8:1-2]
Da antwortete Bildad, der Schuhiter , und sagte:

Wie lange wirst du diese Dinge sagen?
Und die Worte deines Mundes sind wie ein mächtiger Wind? Verdreht Gott
die Gerechtigkeit? Oder verdreht der Allmächtige die Gerechtigkeit?

[Randbemerkung: Hiob 8:3-6]
Wenn deine Kinder gegen ihn gesündigt haben und er sie den Folgen ihrer
Schuld ausgeliefert hat, dann solltest du Gott ernstlich suchen, er soll seinen
Stab von mir nehmen, und sein Schrecken soll mich nicht verunsichern
Angst,
dann würde ich sprechen und ihn nicht fürchten,
denn in mir selbst habe ich keine solche Angst.

[Randbemerkung: Hiob 10:9-15]
Denke daran, dass du mich wie Lehm geformt hast und mich wieder in
Staub verwandeln willst? Hast du mich nicht wie Milch ausgeschüttet? Haut
und mit Fleisch, und binde mich mit Knochen und mit Sehnen zusammen.
Du hast mir Leben und Gunst geschenkt, und deine Fürsorge hat meinen
Atem bewahrt. Doch diese Dinge hast du in deinem Herzen verborgen; ich
weiß, dass dies dein Plan ist: Wenn Ich sündige, dann wachst du über mich,
und wenn ich gerecht wäre, kann ich mein Haupt nicht erheben!

[Nebenbemerkung: Hiob 10:20-22]
Sind die Tage meines Lebens nicht wenige genug? Lass mich in Ruhe, damit
ich ein wenig aufmuntern kann, bevor ich gehe, wohin ich nicht
zurückkehren werde,
in das Land der Dunkelheit und der Finsternis. Das Land ist dunkel wie
Schwärze, Düsternis ohne einen Schimmer oder Lichtstrahl.

[Nebenbemerkung: Hiob 11:1, 7-9]
Dann antwortete Zophar, der Naamathiter , und sagte:

Soll die Menge der Worte unbeantwortet bleiben?
Kannst du die Tiefen Gottes finden? Kannst du die Vollkommenheit des
Allmächtigen erreichen? Es ist hoch wie der Himmel; Was kannst du tun?
Tiefer als der Scheol ; Was kannst du wissen?
Sein Maß ist länger als die Erde und breiter als das Meer.

[Randbemerkung: Hiob 11:13-15]
Wenn du dein Herz aufrichtig hältst und deine Hände nach ihm ausreckst;
wenn Ungerechtigkeit in deiner Hand ist, lege sie fern, und lass die
Ungerechtigkeit nicht in deinem Zelt wohnen. Dann wirst du aufstehen
Erhebe dein Angesicht ohne Flecken, und du sollst standhaft sein und
keine Angst haben. Und flehe zum Allmächtigen. Wenn du rein und
aufrichtig bist, dann wird er deiner gerechten Behausung gedeihen lassen.

[Nebenbemerkung: Hiob 9:1-7]
Dann antwortete Hiob und sagte: Wahrlich, ich weiß, dass es so ist. Aber
wie kann ein Mensch mit Gott gerecht gemacht werden? Wenn es ihm
gefällt, mit ihm zu streiten, kann er ihm keine Antwort geben Tausend. Er
ist weise im Sinn und mächtig an Kraft. Wer hat sich ihm widersetzt
und
ist unverletzt geblieben
? seine Säulen zittern, der der Sonne befiehlt und sie nicht aufgeht,
und sein Siegel auf die Sterne legt .

[Nebenbemerkung: Hiob 9:16-20, 24]
Wenn ich rufen würde und er mir antworten würde, würde ich nicht
glauben, dass er meine Stimme gehört hat. Er, der mich mit einem Sturm
zermalmt , der eine Beute ist und meine Wunden ohne Grund
vervielfacht . Er erlaubt mir nicht, den Atem zu rauben, sondern erfüllt
mich mit Bitterkeit.
Wenn wir von der Stärke der Mächtigen sprechen, siehe, er ist es! Und
wenn von Gerechtigkeit, wer wird ihn rufen? Obwohl ich gerecht bin,
verurteilt mein eigener Mund Ich, obwohl ich vollkommen bin, würde es
mich als pervers erweisen. Die Erde ist in die Hand der Bösen gegeben; Er
verhüllt die Gesichter ihrer Richter;
Wenn nicht er, wer ist es dann?

[Randbemerkung: Hiob 9:31-35]
Wenn ich mich mit Schnee wasche und meine Hände mit Lauge reinige,
und du mich doch in den Dreck stößt, beweise, dass meine eigenen
Freunde mich verabscheuen werden.
Denn er ist kein Mann wie ich, dass ich ihm antworten sollte, dass wir im
Gericht zusammenkommen sollten. Es gibt keinen Schiedsrichter zwischen
uns, der seine Hand auf uns beide legen könnte.

[Randbemerkung: Hiob 12:1-3]
Dann antwortete Hiob und sagte:

Kein Zweifel, aber du bist das Volk,
und die Weisheit wird mit dir sterben!
Aber ich habe einen Verstand, der so gut ist wie du,
und wer weiß das nicht?

[Nebenbemerkung: Hiob 13:7-12]
Wirst du reden, was für Gott falsch ist? Und wirst du für ihn betrügerisch
reden? Wirst du ihm Gunst erweisen? Wirst du für Gott kämpfen? Wäre es
gut, wenn er dich aufspüren würde? „Oder wie jemand einen Menschen
betrügt, wirst du ihn täuschen? Er wird dich sicherlich zurechtweisen, wenn
du ihm heimlich seine Gunst erweist. Wird seine Majestät dich nicht
einschüchtern und die Furcht vor ihm dich überkommen? Deine
denkwürdigen Sprüche sind Sprichwörter der Asche, deine Verteidigung
sind Verteidigungsanlagen aus Lehm!

[Nebenbemerkung: Hiob 13:13-18]
Schweige, damit ich rede, und es komme zu mir, was will. Ich nehme mein
Fleisch in meine Zähne und lege mein Leben in meine Hand. Siehe, er wird
mich töten; Ich habe keine Hoffnung, aber ich werde meine Wege vor ihm
verteidigen. Kein gottloser Mann würde vor ihn treten. Hören Sie sorgfältig
auf meine Rede, und lassen Sie meine Erklärung in Ihren Ohren sein. Siehe,
jetzt habe ich meinen Fall vorbereitet, das weiß ich Ich werde gerechtfertigt
sein.

[Randbemerkung: Hiob 13:21-25]
Ziehe deine Hand weit von mir zurück, und dein Schrecken mache mir
keine Angst. Dann rufe, und ich werde antworten, oder lass mich reden und
antworte mir. Wie viele sind meine Sünden und Sünden „Mach mir meine
Übertretung und meine Sünde klar. Warum verbirgst du dein Angesicht
und betrachtest mich als deinen Feind? Willst du ein vom Wind verwehtes
Blatt belästigen?
Und willst du den dürren Stoppeln nachjagen?

[Nebenbemerkung: 14:7-10]
Denn es gibt Hoffnung für einen Baum, wenn er gefällt wird, dass er wieder

sprießt
und dass sein Trieb nicht aufhört.
Auch wenn seine Wurzel in der Erde alt wird und sein Stamm im Boden
abstirbt; durch den Duft des Wassers wird er sprießen und seine Zweige
hervorbringen wie eine Pflanze. Aber der Mensch stirbt und wird
niedergestreckt. Ja, ein Mensch stirbt, und wo ist er?

[Nebenbemerkung: Hiob 14:13-15, 18, 19]
Oh, dass du mich im Scheol verbergen würdest ,
dass du mich geheim halten würdest, bis dein Zorn vorüber wäre, dass du
eine Zeit über mich setzen würdest und an mich denken würdest !Wenn ein
Mann sterben könnte, soll er wieder leben! Alle Tage meines harten
Dienstes würde ich warten, bis meine Freilassung käme. Du würdest rufen
und ich selbst würde dir antworten; du würdest dich nach der Arbeit deiner
Hände sehnen. Aber Der Berg stürzt ein, und der Fels weicht von seinem
Platz, das Wasser zerwühlt die Steine, seine Fluten spülen den Staub von
der Erde weg.

[Nebenbemerkung: Hiob 15:4-6]
Da antwortete Eliphas, der Temaniter , und sagte:

Wahrlich, du beseitigt die Furcht vor Gott
und hinderst die Hingabe an Gott. Denn deine Bosheit inspiriert deine
Rede, und du wählst die Zunge der Listigen. Dein eigener Mund verurteilt
dich und nicht ich; und deine eigenen Lippen zeugen gegen dich .

[Randbemerkung: Hiob 16:1-3a, 4b]
Dann antwortete Hiob und sagte:

Ich habe viele solcher Dinge gehört;
Ihr seid alle lästige Tröster. Gibt es kein Ende der eitlen Worte? Wenn ihr
nur an meiner Stelle wärt, könnte ich Worte gegen euch zusammenfügen!

[Randbemerkung: Hiob 16:11-13a]
Gott übergibt mich den Gottlosen
und wirft mich in die Hände der Bösen.
Ich war beruhigt, und er zerschmetterte mich, er packte mich am Hals und
zerschmetterte mich,
er hat mich auch zu seinem Ziel gemacht,
seine Pfeile umringen mich ringsum.

[Nebenbemerkung Hiob 16:18-21]
O Erde, bedecke nicht mein Blut, und lass mein Schreien keine Ruhestätte
haben. Auch jetzt, siehe, mein Zeuge ist im Himmel, und der für mich
bürgt , ist in der Höhe. Er wird sich als mein Freund erweisen, vor Gott
gießt mein Auge seine Tränen. Und er wird das Recht eines Menschen vor
Gott wahren, und zwischen einem Menschen und seinem Nächsten!

[Nebenbemerkung: Hiob 18:1, 5-7]
Dann antwortete Bildad, der Schuhiter , und sagte:

Das Licht des Gottlosen ist ausgelöscht,
und die Flamme seines Feuers leuchtet nicht, das Licht ist in seinem Zelt
verfinstert, und sein Licht über ihm ist ausgelöscht. Die Schritte seiner
Stärke sind verkürzt, und sein eigener Rat wird vergehen ihn nieder.

[Randbemerkung: Hiob 19:13-16]
Dann antwortete Hiob und sagte:

Meine Brüder halten sich von mir fern,
und meine Bekannten sind wie Fremde für mich. Meine Verwandten
kennen mich nicht mehr, selbst die Gäste in meinem Haus haben mich
vergessen. Meine Mägde halten mich für einen Fremden, ich bin ein
Fremder in ihren Augen.

[Nebenbemerkung: Hiob 19:23-27]
Oh, dass meine Worte jetzt geschrieben waren! Oh, dass sie in ein Buch
eingeschrieben waren! Dass sie mit einer eisernen Feder und Blei für immer
in einen Felsen eingraviert waren! Aber ich weiß tatsächlich, dass mein
Verteidiger lebt ,
und zuletzt wird er auf der Erde stehen: Und danach wird meine Haut
zerstört, dann werde ich Gott schauen, den ich selbst auf meiner Seite
sehen werde, den meine Augen sehen werden, und keinen Fremden.

[Nebenbemerkung: Hiob 20:1-4]
Da antwortete Zophar, der Naamathiter , und sagte:

Nicht also geben mir meine Gedanken Antwort.
Darum ist meine Eile meine! wurde auf die Erde gelegt, dass das
Frohlocken der Bösen kurz ist und die Freude der Gottlosen nur für einen
Moment?

[Nebenbemerkung: Hiob: 21:1, 7-8]
Dann antwortete Hiob und sagte: Warum leben die Bösen, werden alt und
erlangen große Macht? Ihre Nachkommen sind vor ihren Augen etabliert
und ihre Nachkommen vor ihren Augen. Ihre Haushalte sind vor
Schrecken sicher, und die Rute Gottes ist nicht auf ihnen.

[Nebenbemerkung: Hiob 22:1-6]
Da antwortete Eliphas, der Temaniter , und sprach:
Ist ein Mann für Gott von Bedeutung? Gewiss, ein weiser Mann ist für sich
selbst von Bedeutung. Ist es für den Allmächtigen ein Gefallen, dass du
gerecht bist? Oder ist es für ihn ein Gewinn, dass du aufrichtig bist? Liegt
es an deiner Furcht vor ihm, dass er dich
zurechtweist , dass er mit dir ins Gericht

geht ? Ist deine Bosheit nicht groß? Und deine Missetaten nehmen kein
Ende.

[Nebenbemerkung: Hiob 22:26, 27, 28]
Wenn du zum Allmächtigen zurückkehrst und dich demütigst, wenn du die
Ungerechtigkeit weit von deinen Zelten entfernt, dann sollst du zu ihm
beten, und er wird dich erhören, und du sollst deine bezahlen Gelübde. Du
wirst auch etwas beschließen, und es wird für dich in Kraft treten. Und
Licht wird auf deinen Wegen leuchten.

[Randbemerkung: Hiob 23:1-6]
Dann antwortete Hiob und sagte:

Sogar jetzt ist meine Klage bitter,
mein Schlag ist schwerer als mein Stöhnen. Oh, dass ich wüsste, wo ich ihn
finden könnte! Damit ich sogar zu seinem Thron gelangen könnte! Ich
würde meine Sache vor ihm darlegen und meinen Mund mit Argumenten
füllen .
Ich würde die Worte kennen, mit denen er mir antworten würde,
und verstehen, was er zu mir sagen würde. Würde er mit der Größe seiner
Macht mit mir kämpfen? Wahrlich, er würde mir Beachtung schenken.

[Nebenbemerkung: Hiob 25:1-4]
Da antwortete Bildad, der Schuhiter , und sagte:

Herrschaft und Schrecken begleiten ihn;
Er schafft Frieden auf seinen Höhen.
Gibt es eine Zahl seiner Heere? Und auf wem geht sein Licht nicht auf?
Wie kann dann der Mensch gerecht vor Gott sein? Oder wie kann der rein
sein, der von einer Frau geboren ist?

[Nebenbemerkung: Hiob 26:1, 27:2, 4, 5]
Dann antwortete Hiob und sagte:

So wahr Gott lebt , der mir mein Recht genommen hat,
und der Allmächtige, der mein Leben bitter gemacht hat: Meine Lippen
reden nicht Ungerechtigkeit, noch redet meine Zunge Falschheit. Es liegt
mir fern, dass ich dir Recht gebe ;Bis ich sterbe, werde ich meine Unschuld
nicht aufgeben.

[Nebenbemerkung: Hiob 27:7-9]
[Dann antwortete Zophar und sagte]:

Möge mein Feind sein wie der Böse,
und wer sich gegen mich erhebt, sei wie der Ungerechte. Denn was ist die
Hoffnung des Gottlosen, wenn Gott sein Leben
fordert ? Wird Gott seinen Schrei hören, wenn ihn Schwierigkeiten treffen?

[Randbemerkung: Hiob 29:1-5]
Und Hiob nahm sein Gleichnis noch einmal auf und sagte:

Oh, dass ich war wie in den alten Monaten,
wie in den Tagen, als Gott über mich wachte, als seine Lampe auf mein
Haupt schien und ich in seinem Licht durch die Dunkelheit ging; als ich in
der Blüte meines Lebens war, als Gott legte eine Decke über mein Zelt, als
der Allmächtige noch bei mir war und meine Kinder um mich waren.

[Nebenbemerkung: Hiob 30:16-21]
Aber nun ist meine Seele in mir ausgeschüttet; Tage der Bedrängnis haben
mich ergriffen. Die Nacht bohrt sich durch meine Knochen, und meine
nagenden Schmerzen ruhen nicht. Wegen der großen Verschwendung
meiner Kleidung ist zerknittert; es bindet mich wie der Kragen meines
Mantels. Er hat mich in den Schlamm geworfen, und ich bin geworden wie
Staub und Asche. Ich schreie zu dir, aber du antwortest mir nicht. Ich stehe
auf, aber du tust es Achte nicht auf mich. Du bist grausam gegen mich; mit
der Kraft deiner Hand verfolgst du mich.

[Nebenbemerkung: Hiob 31:5-8]
Wenn ich in der Lüge gewandelt bin und mein Fuß zum Betrug geeilt ist,
dann lass mich in einer gerechten Waage gewogen werden, damit Gott
meine Integrität erkennt. Wenn mein Schritt vom Weg abgewichen ist Und
mein Herz folgte meiner Neigung, und wenn irgendein Fleck meine Hände
beschmutzt, dann lass mich säen und ein anderer essen, und der Ertrag
meines Feldes soll ausgerottet werden.

[Randbemerkung: Hiob 31:35-37]
Oh, dass da jemand war, der mich hörte! Seht, hier ist meine Unterschrift,
der Allmächtige antworte mir! Und die Anklage, die mein Gegner
geschrieben hat!
Sicherlich würde ich es auf meiner Schulter tragen;
Ich würde es an mich binden wie eine Krone; ich würde ihm die Zahl
meiner Schritte verkünden; wie ein Fürst würde ich mich ihm nähern.

[Nebenbemerkung: Hiob 38:2-7]
Dann antwortete Jehova Hiob aus dem Sturm und sagte:

Wer ist dieser, der den Rat durch Worte
verdunkelt , denen es an Wissen mangelt? Gürte jetzt deine Lenden wie ein
Mann, und lass mich von dir bitten und es mir mitteilen. Wo warst du, als
ich den Grundstein für die Erde legte?
Erkläre es, wenn du Verständnis hast. Wer hat seine Maßnahmen festgelegt,
die du kennst ?
Oder wer hat die Linie darüber gespannt?
Worauf wurden seine Fundamente befestigt?

Oder wer hat seinen Grundstein gelegt, als die Morgensterne sangen und
alle Söhne Gottes jubelten?

[Nebenbemerkung: Hiob 38:8-11]
Oder der das Meer mit Türen verschlossen hat, als es hervorbrach und aus
dem Mutterleib hervorkam; als ich Wolken zu seinen Gewändern und
dichte Nebel zu seinen Windeln machte und den Weg markierte Ich habe es
gebunden und Riegel und Türen gesetzt und gesagt: Hier sollst du kommen,
aber nicht weiter;
Und hier sollen deine stolzen Wellen aufhören?

[Nebenbemerkung: Hiob 38:39-41]
Kannst du die Beute der Löwin jagen oder den Appetit der jungen Löwen
stillen, wenn sie in ihren Höhlen schlafen und im Versteck bleiben, um auf
der Lauer zu liegen? Wer sorgt am Abend für sein Eigentum ? Beute,
wenn seine Jungen zu Gott schreien
und umherwandern, um nach Nahrung zu suchen?

[Nebenbemerkung: Hiob 40:8,9]
Wird der Fehlersucher mit dem Allmächtigen streiten? Wer mit Gott
streitet , der soll antworten.
Willst du sogar mein Urteil aufheben? Verurteile mich, damit du
gerechtfertigt wirst, oder hast du einen Arm wie Gott? Und kannst du mit
einer Stimme wie er donnern?

[Randbemerkung: Hiob 42:1, 2, 3, 5, 6]
Dann antwortete Hiob Jehova und sagte:

Ich weiß, dass du alles tun kannst
und dass kein deiner Absichten aufgehalten werden kann. Darum habe ich
Dinge geäußert, die ich nicht verstand; Dinge, die zu wunderbar für mich
waren, die ich nicht wusste. Ich habe durch das Hören von dir gehört des
Ohrs, aber jetzt sieht dich mein Auge,
deshalb verabscheue ich [meine Worte]
und bereue in Staub und Asche.

I. Die Struktur des Buches Hiob. Wie die meisten Bücher des Alten
Testaments ist Hiob ohne begründeten Zweifel das Werk mehrerer
verschiedener Autoren. Die Prosa-Einleitung (1-2) mit dem entsprechenden
Schluss (42:7-17) war wahrscheinlich einst eine eigenständige Geschichte.
Die Worte Jehovas im Epilog (42:7) deuten deutlich darauf hin, dass Hiob,
wie in 1 und 2, die Prüfung bestanden und sich demütig den Bedrängnissen
unterworfen hatte, die Satan mit göttlicher Zustimmung über ihn geschickt
hatte, und so weiter Andererseits hatten ihn seine Freunde, wie auch seine
Frau, dazu gedrängt, Gott zu verfluchen und zu sterben. Die Sprache und
die Formulierungen dieser Prosageschichte unterscheiden sich grundlegend

von denen des Gedichts, das den Hauptteil des Buches bildet. Die einzigartige Erklärung, warum Hiob so leiden musste, die in den ersten Kapiteln gegeben wird, wird auch in den poetischen Dialogen (3-31) völlig ignoriert. Ebenso wird die im Prolog aufgeworfene Frage, ob Hiob umsonst Gott fürchtet oder nicht, erst im abschließenden Prosa-Epilog wieder aufgegriffen. In der Prosa folgt Hiobs Frömmigkeit den populären Maßstäben, während er in den poetischen Abschnitten an den höheren ethischen Grundsätzen der vorexilischen Propheten gemessen wird (vgl. Kap. 31). Die Prosageschichte unterscheidet sich in ihrer Form, ihrem Ziel und ihrem Inhalt grundlegend von dem großen dramatischen Gedicht, das das eigentliche Buch Hiob darstellt. Der Hauptteil des Buches findet sich in den Kapiteln 3-27, 29-31, 38:1-40:14 und 42:1-6. An einigen Stellen scheint die ursprüngliche Reihenfolge durcheinander geraten zu sein und spätere Hände haben die älteren Abschnitte häufig ergänzt, aber die literarische Einheit des Ganzen ist offensichtlich. In drei Vortragszyklen wird das Problem des unschuldigen Leidens umfassend herausgearbeitet und die aktuellen Lösungen vorgestellt. Abschließend ertönt die Stimme Jehovas zu Hiob und ruft ihn von sich selbst zur Betrachtung des größeren Universums, das die göttliche Weisheit und Herrschaft offenbart.

Die Elihu-Reden in den Jahren 32-37 stammen offensichtlich von einem oder mehreren noch späteren Autoren, die Hiobs scheinbare Gottlosigkeit und das Versagen seiner Freunde, eine zufriedenstellende Erklärung für das Leiden der Unschuldigen zu liefern, zurechtweisen wollten. Seine Eigenständigkeit zeigt sich in der Anwesenheit vieler aramäischer Wörter, in der fehlenden literarischen Kraft und in den häufigen Wiederholungen, die es deutlich von den Schriften des Autors des Hauptteils des Buches unterscheiden. Elihu und seine Beiträge werden auch im Rest des Buches völlig ignoriert und an Stellen, an denen bestimmte Verweise, wenn sie originell wären, fast unvermeidlich wären. Tatsächlich sind diese Reden lediglich eine umfassendere Weiterentwicklung der Argumentation von Eliphas im fünften Kapitel. Sie enthalten auch viele Anregungen aus den Reden Jehovas in den Kapiteln 38 und 39.

II. Daten der verschiedenen Teile. Der klassische hebräische Stil und das Fehlen aramäischer Wörter weisen darauf hin, dass die Prosageschichte der älteste Teil des Buches ist. Es bekräftigt in abgewandelter Form auch das bis weit in die persische Zeit verbreitete Dogma, dass die Gerechten, wenn sie das Leid geduldig ertragen, am Ende mit Sicherheit reich belohnt werden. Es enthält eine Botschaft, die gut auf die Bedürfnisse und Überzeugungen des jüdischen Volkes während der Katastrophen der babylonischen Zeit zugeschnitten ist. Seine Vorstellung von Satan als dem anklagenden Anwalt des Himmels und von Jehova als einem transzendentalen Herrscher, der von einer Hierarchie von Engeln umgeben ist, ähnelt stark dem, was erstmals im zweiten Kapitel von Sacharja erscheint. Die Verweise auf Hiob in Hesekiel 14,14.20 als einen der drei Helden der Volkstradition, die für ihre Frömmigkeit berühmt sind, implizieren die Existenz einer Geschichte während des Exils, die der im Prolog und Epilog sehr ähnlichen, wenn nicht sogar identischen Geschichte ähnelt des Buches Hiob. Eine solche Geschichte gab es wahrscheinlich schon lange vor den Tagen Hesekiels, aber in ihrer gegenwärtigen Form wurde sie erst in der zweiten Hälfte der babylonischen oder zu Beginn der persischen Zeit niedergeschrieben.

Der erste Teil dieser Geschichte diente dem Autor offenbar als Einleitung zu dem großen dramatischen Gedicht. Damit protestierte er bewusst gegen die Lösung des Problems des unschuldigen Leidens, die die antike Geschichte nahelegt. Das Gedicht selbst kann nicht früher als in die Mitte der persischen Zeit datiert werden. Darin werden die hohen ethischen und sozialen Standards der vorexilischen Propheten voll und ganz akzeptiert. Sein wunderbarer Weitblick deutet auch auf ein fortgeschrittenes Stadium im Denken Israels hin. Das Problem des Leidens, mit dem es sich befasst, ist nicht nur das der Nation, sondern das des Einzelnen oder einer Klasse innerhalb der judäischen Gemeinschaft. Es ist genau das Problem, mit dem der Autor von Maleachi konfrontiert war und auf das er in 3,13-16 Bezug nimmt. Es handelt sich um dasselbe Problem, das in den Psalmen dieser Zeit einen großen Platz einnimmt und in Jesaja 53 seine edelste Lösung findet. Alle seine Ähnlichkeiten bestätigen daher die Schlussfolgerung, dass es aus der Mitte des fünften Jahrhunderts v. Chr. stammt und wahrscheinlich etwas älter als Jesaja ist 49-55, das eine grundlegendere Behandlung des Problems des menschlichen Leidens darstellt. Der Autor hält immer noch an der alten, prophetischen Vorstellung des Universums (38:4-6) fest und lässt sich von den priesterlichen Gedanken und Tendenzen, die in den letzten Jahren der persischen Zeit besonders hervortraten, nicht berühren.

Die Elihu-Reden und das ergänzende Gedicht zur Beschreibung der Weisheit in 28 und des Behemoth und Leviathan in 40:15-41:34 stammen wahrscheinlich aus der griechischen Zeit.

III. Die Prosageschichte. In der Prosageschichte wird Hiob als ein Mann von höchster Frömmigkeit und Wohlstand dargestellt. Nach den gängigen Maßstäben der damaligen Zeit führte er ein tadelloses Leben. Seine Leiden dienten lediglich dazu, den selbstlosen Charakter seiner Frömmigkeit zu demonstrieren. In rascher Folge wird er aller Besitztümer beraubt und von der schlimmsten aller Krankheiten heimgesucht, offenbar der abscheulichen tuberkulösen Lepra. Sogar seine Frau versucht ihn, Gott zu verfluchen und zu sterben, aber er besteht die Prüfung vollständig und erhält, wie aus dem Zeugnis des abschließenden Epilogs hervorgeht, die Anerkennung Jehovas und wird zu den Freuden der Familie, dem Ansehen und dem Reichtum zurückgeführt. Es ist offensichtlich, dass es sich, wie in den Geschichten in den ersten Kapiteln der Genesis, um eine populäre Erzählung handelt, die frei an die Ziele angepasst ist, die der Geschichtenerzähler erreichen wollte. Die aufgezeichneten Vorfälle entsprechen nicht den gewöhnlichen Lebenserfahrungen, sondern gehören eher in den Bereich der populären Fantasie. Wie aus einer Erwähnung in Hesekiel hervorgeht, war es wahrscheinlich, wie die ähnlichen Geschichten über Noah und Daniel, ein Erbe aus der gemeinsamen semitischen Überlieferung. Tatsächlich erzählt eine kürzlich entdeckte babylonische Tafel von einem berühmten König von Nippur, Tâbi-utul-Bêl mit Namen, dessen Erfahrungen und Geist denen des Helden dieser Prosageschichte sehr ähnlich sind.

Die Botschaft der Prosageschichte von Hiob, wie sie an die jüdische Rasse verschickt wurde, war, dass es nicht immer möglich war, den Grund zu verstehen, warum die Gerechten bedrängt wurden, sondern dass, wenn sie die Prüfung treu bestanden, die Wiederherstellung mit der Zustimmung Jehovas erfolgen würde die Ehre und der Ruf, die zwangsläufig damit einhergingen, waren gesichert. Für die Nation war eine solche Botschaft nicht ohne praktischen Nutzen und Wert, aber sie verfehlte völlig die individuellen Probleme, die in der Mitte des fünften Jahrhunderts v. Chr. erbärmlich drängend wurden

IV. Das Gedicht Hiobs. In der späteren poetischen Fassung der Geschichte (die mit dem dritten Kapitel beginnt) ist Hiob selbst die Verkörperung des Problems des unschuldigen Leidens. Die Vermutungen und Verurteilungen seiner Freunde machen sein Leid noch schlimmer. Unerträglicher als der Verlust von Besitz, Gesundheit und Ansehen ist jedoch sein Gefühl, von Jehova verlassen und verurteilt zu werden. Hiob kann sich nicht ganz von dem Glauben befreien, der ihm seit frühester Kindheit eingeprägt wurde, dass Unglück ein Zeichen göttlichen Missfallens und damit der Sünde des Opfers sei. In der Reihe von Monologen und Dialogen zwischen Hiob und seinen Freunden äußert er jede Phase des großen Problems und macht es konkret und objektiv. Mit wunderbarer psychologischer Wahrheit und Einsicht hat der Autor die verschiedenen Gefühlsphasen dargestellt, die ein unschuldiger Leidender in Hiobs Lage natürlich durchläuft. Manchmal ist Hiob in seiner Rede maßlos und manchmal verfällt er der Verzweiflung; Wiederum überwindet sein Glaube alle Hindernisse und er glaubt im Moment klar an die endgültige Rechtfertigung nicht nur seiner selbst, sondern auch der Gerechtigkeit Jehovas.

Seine Freunde hingegen formulieren ausführlich die aktuelle Erklärung des Leidens. Hiob macht in seinen scharfen Erwiderungen die Unanwendbarkeit der Argumente und die Grenzen der Dogmen deutlich, die sie immer wieder behaupten. In den abschließenden Reden Jehovas führt der Autor Hiob mit meisterhaftem Geschick aus seinem kleinen Kreis in die größere Welt der Natur und stellt ihn den Beweisen von Jehovas Macht, Weisheit und gnädiger

Herrschaft über das große Universum und die Welt gegenüber komplexes Leben derer, die es bewohnen. Vor allem lernt Hiob Gott kennen, nicht durch das Zeugnis anderer, sondern durch direkte persönliche Erfahrung, und dieses Wissen erzeugt Demut und Vertrauen.

V. Fortschritte in Hiobs Gedanken. Der Gedanke an das Buch Hiob ist typisch orientalisch. Anstatt direkt von den Prämissen zur Schlussfolgerung überzugehen, greift es immer wieder auf dieselben Themen zurück, schreitet jedoch entlang unabhängiger, paralleler Linien voran. Sein Verlauf ist nicht objektiv, wie es normalerweise in einem Drama der Fall ist, sondern fast ausschließlich subjektiv. Diese parallelen Fortschrittslinien sind: (1) die allmählich zur Gewissheit kristallisierende Überzeugung, dass die aktuellen Erklärungen des Leidens in bestimmten Fällen unzureichend und falsch sind. Obwohl diese Schlussfolgerung aus gewisser Sicht lediglich negativ ist, öffnete sie Hiob und seiner Generation dennoch die Augen für eine umfassendere Vorstellung von Jehova und eine weitaus umfassendere Interpretation des Universums und der Gesetze, die es regeln. Das zweite ist, dass er sich keines Verbrechens schuldig gemacht hat, das dem Unglück, das ihn getroffen hat, angemessen wäre. Überwältigt vom Unglück und den wiederholten Anschuldigungen seiner Freunde erlangte Hiob schließlich nur durch einen übermenschlichen Kampf die unerschütterliche Überzeugung, dass er in den Augen Gottes und der Menschen tatsächlich unschuldig war. Die dritte Linie des Fortschritts besteht darin, dass, wenn nicht im gegenwärtigen Leben, sein Ruf über das Grab hinaus nicht nur gerechtfertigt wäre, sondern dass er selbst sich dieser Rechtfertigung voll bewusst sein würde.

Wie aus dem dritten Kapitel hervorgeht, teilte Hiob mit seiner Rasse noch immer den Glauben, dass das Leben jenseits des Grabes für den gewöhnlichen Menschen ein Schattendasein sei, weit entfernt von der Gegenwart Jehovas. Diese Vorstellung vom Leben nach dem Tod wurde von den Israeliten von ihren semitischen Vorfahren geerbt und wurde von den meisten alten Völkern im Osten und Westen gemeinsam. Die Babylonier glaubten jedoch, dass bestimmte bevorzugte Sterbliche, wie zum Beispiel der Held der Sintflut, in die Wohnstätte der Götter versetzt wurden, um dort die gesegnete individuelle Unsterblichkeit zu genießen. Derselbe Glaube ist die Grundlage der hebräischen Geschichten über Henoch und Elia. Dieser Glaube war offenbar der Keim, der sich mit der Zeit, wie im zwölften Kapitel von Daniel, zu der weit verbreiteten Überzeugung entwickelte, dass das Grab diejenigen nicht beherbergen würde, die Jehova treu geblieben waren, sondern dass er sie mit Sicherheit wieder zu einem herrlichen Leben erwecken würde. Im Buch Hiob lassen sich die Geburtswehen dieser umfassenderen Hoffnung nachzeichnen. Hiob ist sich seiner Unschuld bewusst und wird mit dem Grab konfrontiert. Er bringt immer wieder die tiefe Überzeugung zum Ausdruck, dass Gott, weil er gerecht ist, seinen leidenden Diener aus dem Grab erwecken und ihm die Gerechtigkeit gewähren wird, die in seinem gegenwärtigen Leben ausgeschlossen zu sein scheint. Diese Lösung des Problems des unschuldigen Leidens wird vom Autor des Buches Hiob nicht in den Mittelpunkt gestellt. Man kann jedoch mit Sicherheit vermuten, dass die Rechtfertigung nach dem Tod die angebotene Lösung gewesen wäre, wenn das Erscheinen Jehovas für den Autor nicht zu einer zufriedenstellenderen Schlussfolgerung geführt hätte. In mehreren Punkten kommt Hiob dem Glauben an die Unsterblichkeit des Einzelnen sehr nahe, der in den schwierigen Tagen des Makkabäerkampfes zu einem allgemein akzeptierten Grundsatz wurde.

Die vierte Linie des Fortschritts besteht darin, dass Jehova schließlich gerecht sein muss und dass er das scheinbare Unrecht des Lebens wiedergutmachen wird. In seinen Eröffnungsreden lässt Hiob der Angst und Ungeduld freien Lauf, die seinen gequälten Geist erfüllt. Mit einer Kühnheit, die dem hebräischen Denken seltsam fremd ist, beschuldigt er Jehova der Ungerechtigkeit und spricht von ihm als einem grausamen Monster, das den Menschen, seine hilflose Beute, beobachtet und grausame Freude an dem Schmerz hat, den er zufügt. Je weiter die Diskussion voranschreitet, desto ruhiger wird Hiobs Geist und die Überzeugung, dass Gott doch gerecht ist, kommt deutlicher zum Ausdruck. Seine starken Äußerungen weichen allmählich dieser ruhigeren Stimmung. Noch bevor er die Stimme Jehovas hört, hat Hiob eine Haltung des Vertrauens erlangt, obwohl er immer noch in der Dunkelheit tappt. Somit hätte der Autor des Buches Hiob mit wunderbarer Treue zur menschlichen Natur und Erfahrung einen großen Beitrag zur Lösung des Problems geleistet, mit dem er sich befasste, selbst wenn er nicht die Schlussreden Jehovas hinzugefügt hätte.

VI. Bedeutung der Reden Jehovas. Für viele westliche Leser sind die abschließenden Reden Jehovas unbefriedigend. Es mangelt ihnen an der Betonung der Liebe Jehovas und der göttlichen Zärtlichkeit im Umgang mit dem heldenhaften Leidenden, was für uns ein zufriedenstellender Abschluss des großen Dramas gewesen wäre. Dieses Element wird in charakteristisch konkreter Form durch den Epilog des Buches vermittelt, in dem Hiobs Wohlstand in doppeltem Maße wiederhergestellt wird und ihm persönlich die Gunst Jehovas zugesichert wird. Der strenge und realistische Autor des großen Gedichts wusste jedoch, dass solche Lösungen im gewöhnlichen Leben selten sind. In den Reden Jehovas führt er kein völlig neues Element ein, sondern betont Motive, die bereits in den früheren Dialogen entwickelt wurden. Die Wirkung dieser Reden auf Hiob ist dreifach: (1) Sie tadeln seinen überbetonten Individualismus. (2) Sie offenbaren den grundlegenden Kontrast zwischen dem unendlichen Gott und dem endlichen Menschen. Im Lichte dieser Offenbarung erkennt Hiob deutlich seine Anmaßung und

Torheit an, als er mit seiner begrenzten Sichtweise versuchte, den mächtigen Herrscher des gesamten Universums zu verstehen, geschweige denn zu kritisieren . (3) Nachdem Hiob auf diese Weise aus sich selbst heraus in die persönliche Gemeinschaft mit Gott geführt worden war, war er damit zufrieden, seinem allweisen Führer zu vertrauen, auch wenn er erkannte, dass er selbst nicht in der Lage war, die Geheimnisse des Universums zu ergründen oder das Problem des unschuldigen Leidens zu lösen . Daher sind die großen Beiträge des Buches Hiob zum Problem des Leidens: (1) eine klare und wissenschaftliche Darstellung des Problems; (2) eine mutige Beiseitefegung der unzureichenden aktuellen theologischen Erklärungen; (3) eine erheblich erweiterte Vorstellung vom Charakter und der Herrschaft Jehovas; und (4) diese Glaubenshaltung, die aus einer persönlichen Erfahrung mit Gott kommt und vorbehaltlos vertraut, auch wenn sie den Grund dafür nicht sehen oder erraten kann, und in diesem Vertrauen Frieden und Freude findet.

Obwohl der Gedanke des Buches Hiob tiefgreifend ist und sich auf meisterhafte Weise mit einem grundlegenden menschlichen Problem befasst, ist es mehr als eine bloße philosophische Diskussion. Sein Hauptziel besteht darin, die entscheidende Wahrheit darzulegen, dass Gott nicht durch aktuelle theologische Dogmen oder intellektuelle Diskussionen gefunden werden kann, sondern durch persönliche Erfahrung. Dies ist die dominierende Note im gesamten Buch. Das größte Unglück, das Hiob in seiner Stunde tiefster Not ereilt, ist das Gefühl, von der Gegenwart Gottes ausgeschlossen zu sein.

Oh! dass ich wüsste, wo ich ihn finden könnte,
dass ich sogar zu seinem Thron gelangen könnte!

Wenn er liebevoll auf die glücklichen alten Tage zurückblickt, ist dies die Tatsache, die über allen anderen hervorsticht

Der Allmächtige war noch bei mir.

Im Hinblick auf eine mögliche Wiedergutmachung nach dem Tod konzentriert sich seine Hoffnung auf den Glauben daran

Du würdest rufen und ich selbst würde dir antworten;
Du würdest dich nach der Arbeit deiner Hände sehnen.

Als Jehova Hiob schließlich aus dem Sturm heraus antwortete, war es nicht so sehr der geäußerte Gedanke, sondern vielmehr die Tatsache, dass Gott direkt zu ihm gesprochen hatte, der Buße und Frieden brachte:

Ich habe mit dem Hören von dir gehört,
aber jetzt sieht dich mein Auge. Deshalb
verabscheue ich meine Worte
und bereue in Staub und Asche.

Abschnitt XCIX. DIE AUSBILDUNG UND MISSION DES WAHREN DIENERS JEHOVAS

[Randbemerkung: Isa. 49:1-3]
Höret auf mich, ihr Küstenländer, und hört, ihr fernen Völker: Er hat mich vom Mutterleib an gerufen, Vom Schoß meiner Mutter aus erwähnte er meinen Namen. Er hat meinen Mund wie ein scharfes Schwert gemacht Im Schatten seiner Hand verbarg er mich, er machte mir einen polierten Pfeil, in seinem Köcher verbarg er mich, und er sprach zu mir: Du bist mein Diener,
Israel, in dem ich mich verherrlichen werde.

[Randbemerkung: Isa. 49:4]
Ich aber sagte: Ich habe umsonst gearbeitet, ich habe meine Kraft für Nichts und Eitelkeit verschwendet, doch mein Recht ist bei Jehova und mein Lohn bei meinem Gott.

[Randbemerkung: Isa. 49:5, 6]
Und nun, so spricht der HERR: Er, der sich von Geburt an zu seinem Diener gemacht hat, um Jakob zu ihm zurückzubringen und
Israel zu ihm zu sammeln;
denn ich wurde geehrt vor den Augen des HERRN, Und mein Gott wurde zu meiner Stärke): Es ist zu wenig, mein Diener zu sein, um die Stämme Jakobs aufzurichten und die Überlebenden Israels wiederherzustellen. Darum werde ich dich zum Licht der Nationen machen, damit dein Heil möge bis ans Ende der Welt reichen.

[Randbemerkung: Isa. 49:7]
So spricht Jehova, der Erlöser Israels, sein Heiliger, zu dem, der von Herzen verachtet wird, zu dem, der vom Volk verabscheut wird, einem Diener der Herrscher: Könige werden es sehen und sich erheben, Fürsten, und sie werden huldigen, Wegen Jehovas, der treu ist, des Heiligen Israels, der dich erwählt hat.

[Randbemerkung: Isa. 49:3-9b]
So spricht Jehova: „In einer Zeit der Gunst antworte ich dir, und in einem Tag der Erlösung helfe ich dir, und ich gebe dir ein Pfand für das Volk, um das [verwüstete] Land wieder aufzurichten, um es neu zu verteilen." das trostlose Erbe, indem er zu den Gefesselten sagt: „Geht hinaus", zu denen in der Finsternis: „Zeigt euch!"

[Randbemerkung: Isa. 49:9c-11]
Sie werden auf allen Wegen weiden, ja, alle kahlen Hügel werden sie weiden. Sie werden weder hungrig noch durstig sein, weder die glühende Hitze noch die Sonne wird sie schlagen, denn wer Mitleid mit ihnen hat, wird es tun Führe sie, und zu sprudelnden Quellen wird er sie führen. Und

ich werde alle Berge zu einer Straße machen, und Landstraßen werden gebaut werden.

[Randbemerkung: Isa. 49:12,18]
Siehe, diese kommen aus der Ferne, und diese aus dem Norden und Westen, und diese aus dem Land der Syeniter! Jubelt, o Himmel, und jubelt, o Erde! Lasst die Berge in Jubel ausbrechen vor Freude!
Denn Jehova hat Mitleid mit seinem Volk
und wird seinen Bedrängten Barmherzigkeit erweisen.

[Randbemerkung: Isa. 50:4-6]
Der Herr, Jehova, hat mir die Zunge eines geschulten Jüngers gegeben? Um dem Ohnmächtigen ein helfendes Wort zu geben, weckt er mich früh, früh weckt er mich, damit ich als Jünger zuhören kann.
Der Herr, Jehova, hat mir das Ohr geöffnet, und ich bin weder eigensinnig gewesen , noch bin ich rebellisch abgewichen.

[Randbemerkung: Isa. 50:6, 7]
Meinen Rücken gab ich den Schlagern und meine Wange denen, die den Bart ausrissen, und
mein Angesicht verbarg ich nicht vor Schmach und Spucke, denn mein Herr, der HERR, ist mein Helfer; damit ich nicht zuschande werde. Darum habe ich mein Angesicht wie Stein gemacht, und ich weiß, dass ich nicht beschämt werden werde.

[Randbemerkung: Isa. 50:5, 9]
Er ist nahe, wer rechtfertigt mich, wer wird mit mir streiten? Lasst uns gemeinsam aufstehen
! Wer ist der Gegner, der sich meiner Sache widersetzt? Er soll zu mir kommen! Siehe, der Herr, Jehova, ist mein Helfer; Wer ist es , der mir Schaden zufügen kann?
Siehe, sie werden alle zerfallen wie ein Kleid, die Motte wird sie verzehren.

[Randbemerkung: Isa. 50:10]
Wer von euch fürchtet den HERRN, der solle auf die Stimme seines Dieners hören? Wer wandelte in der Finsternis und hatte kein Licht, der solle auf den Namen des HERRN vertrauen und sich auf seinen Gott verlassen?

[Randbemerkung: Isa. 52:13-18]
Siehe, meinem Diener wird es gelingen, er wird erhöht und hoch erhöht werden. So wie viele über ihn entsetzt waren, so werden viele Nationen zittern, Könige werden ihren Mund vor ihm verschließen, wenn nicht gesagt wurde, was geschehen ist sie sehen sie, und was sie nicht gehört haben, nehmen sie wahr.

[Randbemerkung: Isa. 53:1-2b]
Wer glaubte, was uns berichtet wurde, und wem wurde die Macht Jehovas offenbart ?
Denn er wuchs vor uns auf wie ein junger Spross und wie eine Wurzel aus dürrem Boden.

[Randbemerkung: Isa. 53:2c-f]
Er hatte keine Gestalt, die wir ihn wertschätzen würden, und auch kein Aussehen, das uns gefallen hätte. Sein Aussehen war entstellter als das eines Menschen, und seine Gestalt war größer als die eines Menschen.

[Randbemerkung: Isa. 53:3]
Er wurde von den Menschen verachtet und verlassen, ein Mann des Leidens und mit Krankheiten vertraut; wie einer, vor dem die Menschen ihr Angesicht verbergen, wurde er so verachtet, dass wir ihn nicht schätzten.

[Randbemerkung: Isa. 53:4]
Wahrlich, unsere Krankheit trug er selbst und unsere Leiden – er trug sie, doch wir selbst hielten ihn für geschlagen, von Gott geschlagen und betrübt.

[Randbemerkung: Isa. 53:5]
Aber er wurde wegen unserer Übertretungen verwundet, zerschmettert wegen unserer Missetaten; die Strafe für unser Wohlergehen lag auf ihm, und durch seine Wunden kam Heilung zu uns.

[Randbemerkung: Isa. 53:6]
Wir alle waren wie Schafe in die Irre gegangen, wir hatten uns jeder auf seinen eigenen Weg begeben, während der HERR unser aller Schuld an ihm ans Licht brachte.

[Randbemerkung: Isa. 53:7]
Doch als er bedrängt war, tat er seinen Mund nicht auf; wie ein Lamm, das zur Schlachtbank geführt wird, und wie ein Schaf, das stumm vor seinen Scherern ist, so tat er seinen Mund nicht auf.

[Randbemerkung: Isa. 53:8]
Durch ein bedrückendes Gericht wurde er weggebracht, doch wer von seiner Generation hätte gedacht, dass er aus dem Land der Lebenden abgeschnitten worden sei; denn unsere Übertretungen waren zu Tode gequält worden?

[Randbemerkung: Isa. 53:9]
Und sein Grab wurde bei den Gottlosen gemacht, und unter den Übeltätern sein Grabhügel, obwohl er keine Gewalttat begangen hatte, und kein Betrug in seinem Mund war.

[Randbemerkung: Isa. 53:10-11b]
Und doch gefiel es Jehova, ihn zu vernichten; indem er sich selbst als Opfer für seine Schuld hingab, wird er die Nachkommenschaft und die Länge der Tage sehen, und das Wohlgefallen Jehovas wird in seinen Händen verwirklicht werden; aus seinem eigenen Leiden wird er wird Licht sehen, er wird mit seinem Wissen zufrieden sein.

[Randbemerkung: Isa. 53:11c-12]
Mein gerechter Diener wird viele gerecht machen, und er selbst wird die Last ihrer Missetaten tragen. Darum werde ich ihm einen Teil unter den Großen geben, und er wird die Beute mit den Starken teilen, weil er sein Leben hingegeben hat -Blut und wurde zu den Übertretern gezählt, und er selbst trug die Sünden vieler und trat für die Übertreter ein.

I. Die verschiedenen Porträts des Dieners Jehovas. Jesaja 49-54 enthält drei unterschiedliche Porträts des idealen Dieners Jehovas. Jeder entwickelt nacheinander die im Vorstehenden vorgeschlagenen Merkmale. Diese Beschreibungen sind durchsetzt mit Ermahnungen an Jehovas Diener Israel und Zusicherungen, dass Gott Jerusalem vollständig wiederherstellen und seine zerstreuten Kinder zurückbringen wird. Diese drei Porträts der Art von Diener, die Jehova zur Verwirklichung seines Vorhabens in der Menschheitsgeschichte benötigte, ergänzen einander zusammen mit dem früheren Porträt in 42:1-7. Im ersten dieser vier Texte (42:1-7) werden die prophetischen Eigenschaften des Dieners besonders hervorgehoben. Wie die früheren Propheten wird er weder versagen noch sich entmutigen lassen, bis er Gerechtigkeit auf der Erde geschaffen hat. Seine Aufgabe ist es, blinde Augen zu öffnen und Gefangene aus der Dunkelheit der Unwissenheit und Sünde zu befreien, in der sie saßen. Im zweiten Bild (49:1-9a) wird die weltweite Mission des Dieners hervorgehoben. Er ist nicht nur berufen, die Ausgestoßenen Israels zu sammeln, sondern auch als Apostel allen Nationen der Erde Licht zu bringen. In dieser Passage erscheint zum ersten Mal der Ton des Leidens und der Schande, der das Los des wahren Dieners Jehovas ist. Im dritten Porträt (50:4-10) wird der Diener als Jünger dargestellt, der aufmerksam den göttlichen Lehren zuhört und die Lektionen lernt, die ihn wiederum dazu befähigen, ein Lehrer der Menschen zu werden. Das letzte und umfassendste Bild (52:13-53:12) beschreibt ausführlich sein Leiden. Es besteht ein starker Kontrast zwischen seiner gegenwärtigen Schande und Schmach und dem zukünftigen Ruhm und Sieg, den er durch seine freiwillige und völlige Selbstaufopferung erreichen wird. Diese Bilder verkörpern das Ideal des Propheten und können nur vor dem Hintergrund ihres historischen Hintergrunds vollständig verstanden werden.

II. Die Absicht des Propheten. In seinen früheren Gedichten beschäftigte sich dieser große unbekannte Prophet hauptsächlich mit der Interpretation der vergangenen Geschichte Israels und der Verkündigung der bevorstehenden Befreiung (40-48). Seine Hauptziele in den Kapiteln 49–55 lassen sich kurz wie folgt zusammenfassen: (1) die innere Bedeutung der Zeit der Widrigkeiten zu interpretieren, die die jüdische Rasse damals durchlebte; (2) den Charakter und die Qualität des Dienstes, den Jehova von seinem auserwählten Volk verlangte, wenn es sein Ziel in der Geschichte der Menschheit verwirklichen sollte, absolut deutlich zu machen; (3) sie alle zu inspirieren, die notwendigen Opfer zu bringen und sich so als wahre Diener Jehovas zu erweisen; (4) vor allem, um den unschuldigen und gläubigen Leidenden in der judäischen Gemeinschaft die wahre Bedeutung und den Wert ihrer gegenwärtigen Schande und ihres Leidens deutlich zu machen, wenn sie mutig und freiwillig ertragen werden.

III, Charakter und Zustand derer, an die sich der Prophet wandte. Aus den Anspielungen in den Prophezeiungen selbst lässt sich ableiten, welche Klassen der Prophet im Sinn hatte. In 49:2 wendet er sich an die Küstenländer und die fernen Völker, die am äußersten Horizont Israels lebten. Es ist jedoch unwahrscheinlich, dass er damit gerechnet hat, dass seine Botschaft in ihrer jetzigen Form alle Rassen und Nationen erreichen würde; vielmehr war seine Aufmerksamkeit auf die verstreuten Angehörigen seiner eigenen Rasse gerichtet, die im Norden und Westen und in der fernen Stadt Syene , weit oben am Nil, lebten (49:12). In 49:3 identifiziert er die Nation Israel eindeutig als den Diener Jehovas, den er verkünden lässt:

Der HERR sprach zu mir: Du bist mein Diener,
Israel, in dem ich mich verherrlichen werde.

Es ist jedoch offensichtlich, dass der Prophet insbesondere die judäische Gemeinde im Sinn hatte, in deren Mitte er lebte und für die er arbeitete. In 54, wie auch anderswo, fordert er diese Gruppe entmutigter Juden auf, ihr Zelt zu vergrößern, denn ihre Zeit der Bestrafung ist vorbei und ihre Fundamente und Mauern stehen kurz vor dem Wiederaufbau. Endlich werden sie aufhören , vor der Wut des Unterdrückers zu zittern. In 51:18-20 spricht er Jerusalem direkt an und gibt ein anschauliches Bild seines Zustands vor dem Erscheinen Nehemias:

Erwecke dich! Erwecke dich! Steh auf, o Jerusalem,
der du aus der Hand des HERRN den Kelch seines Zorns getrunken hast!
Der Kelch des Taumelns, den du getrunken hast, ist ausgetrunken! Es gibt niemanden, der dich leitet von allen Söhnen, die du geboren hast, und niemanden, der dich führt die Hand aller Söhne, die du großgezogen hast. Diese beiden Dinge sind dir widerfahren – wer kann mit dir Mitleid haben? Verwüstung und Zerstörung, Hungersnot und das Schwert – wer kann dich trösten?

IV. Die Aufgabe und Ausbildung des Dieners Jehovas. Der Begriff Diener bedeutet wörtlich Sklave, nicht im westlichen Sinne, sondern im alten Osten, wo ein Sklave oft ein privilegiertes Mitglied der Gesellschaft war. In vielen hebräischen Haushalten genossen die Sklaven neben den Kindern den Schutz und die Rücksichtnahme des Hausherrn. Er war verpflichtet, ihr Wohlergehen und ihre Interessen zu wahren. Andererseits kümmerten sich Sklaven wie Eleasar in der Geschichte Abrahams (Gen. 26) treu um die Interessen ihres Herrn und scheuten keine Mühen, um seine Befehle auszuführen. Auch der semitische Sprachgebrauch hatte dem Begriff Sklave eine bedeutende Bedeutung verliehen. Die treuen Beamten aller orientalischen Könige nannten sich seine Diener oder Sklaven. Es war der gebräuchliche Begriff, der einerseits Vertrauen und Schutz und andererseits Hingabe, Loyalität und Dienstbereitschaft ausdrückte. Die meisten Patriarchen, Könige und Propheten Israels werden als Diener oder Sklaven Jehovas bezeichnet. Haggai nannte ihn in seiner Ansprache an Serubbabel den Diener Jehovas. In Deuteronomium 32:36 wird das Volk Israel als Diener Jehovas bezeichnet, und wie bereits erwähnt, wird es in den Prophezeiungen des 2. Jesaja häufig als Diener Jehovas bezeichnet. Der Begriff war daher gut gewählt, um die völlige Hingabe und Loyalität gegenüber Jehova auszudrücken, die der Prophet bei seinen Landsleuten hervorrufen wollte. Es war auch frei von königlichen Assoziationen und materiellen Interpretationen, die mit dem Wort Messias verbunden waren.

Das Ziel des Propheten bestand darin, die Aufgabe und Methoden des wahren Dieners Jehovas so anschaulich darzustellen, dass jeder eine persönliche Berufung zur Pflicht erkennen würde. Er betont drei unterschiedliche, aber dennoch miteinander verbundene Elemente in der Mission des Dieners. Sie waren: (1) Die Gefangenen aus ihrer Gefangenschaft zu befreien, egal ob sie hinter Mauern aus Stein oder Ziegeln gefangen waren oder unter der Tyrannei von Ängsten und falschen Vorstellungen standen. (2) Die zerstreuten Stämme Israels wiederherzustellen und so den Grundstein für ein erneuertes nationales Leben zu legen, das der ganzen Welt einen konkreten Beweis für die erlösende Macht Jehovas liefern würde. (3) Über die engen Grenzen ihrer Rasse hinauszugehen und den Nationen, die in der Dunkelheit des Heidentums tappten, das Wissen und die Wahrheit zu bringen, die Israel vermittelt worden waren. So legte der unbekannte Prophet den Grundstein für das Reich Gottes, diese Herrschaft Gottes in der Natur und in den Köpfen der Menschen, die der Leitfaden und die Inspiration aller späteren Propheten und das Ziel war, für deren Verwirklichung der große Lehrer und Prophet von Nazareth arbeitete und gestorben.

Der Prophet legt großen Wert auf die Ausbildung des Dieners Jehovas. Er erklärt, dass Jehova ihn von Geburt an zu seinem Diener gemacht habe. In [50:4-7] wird von ihm als einem geschulten Schüler gesprochen, der den Worten seines göttlichen Lehrers aufmerksam zuhört und sich nie gegen die

Bitterkeit der notwendigen Disziplin auflehnt, sondern stets versucht, sich darauf vorzubereiten, den Ohnmächtigen ein Wort davon zu geben helfen. Die Standhaftigkeit, mit der er Scham und bitteres Unrecht erträgt, ist der Beweis seiner Fähigkeit als Jünger und ein wesentlicher Bestandteil seiner Vorbereitung auf seine erhabene Mission.

V. Methoden des Dieners Jehovas. Bei der Erfüllung seiner Aufgabe muss der Diener eindeutige Anweisungen befolgen, seine Lehren müssen jedoch durch seinen eigenen Charakter und seine eigene Einstellung veranschaulicht werden. Durch das freiwillige, klaglose Ertragen von Schmach und Leid soll er das Werk Jehovas tun und die dankbare Anerkennung nicht nur seines göttlichen Meisters, sondern aller nachfolgenden Generationen gewinnen. Durch eine scharfsinnige Analyse des Lebens gelangte der Prophet zu einer klaren Erkenntnis über den unschätzbaren Wert der freiwilligen Selbstaufopferung. Er erkannte, dass es das wirksamste Mittel war, die Rasse zu erheben und die Menschheit dazu zu bringen, Gottes Herrschaft über ihren Geist und ihr Leben zu akzeptieren. Die hier dargelegte Wahrheit wird in der menschlichen Erfahrung heute ebenso deutlich veranschaulicht wie in der Vergangenheit. Der selbstlose Dienst der Eltern ist absolut notwendig, wenn ihre Kinder die edelste Männlichkeit und Weiblichkeit erreichen sollen. Nur durch die aufopfernde Arbeit derer, die ihre Mitmenschen lieben, können soziale Übel beseitigt werden und die Gesellschaft ihre höchste Entwicklung erreichen. Die niedrigen Standards in der Geschäfts- und Berufswelt können nur erhöht werden, wenn bestimmte Männer mit dem Geist und Mut der alten Propheten ihre eigenen persönlichen Interessen und ihre Popularität den strengen Anforderungen der Gerechtigkeit unterordnen. Es ist das Gesetz des Lebens, dass derjenige, der die Standards seiner Mitarbeiter erhöhen und so die Menschen zur vollen Verwirklichung der göttlichen Ideale führen möchte, dies normalerweise angesichts von Widerstand, Schande und scheinbarem Scheitern tun muss. Es ist diese stille, heroische Selbstaufopferung – der Heldentum des Alltäglichen – den der große Prophet als das absolut wesentliche Merkmal des Dieners Jehovas verkündet. Von seinen Zeitgenossen verachtet, Opfer von Verfolgung und Unglück, muss er seine Aufgabe erfüllen und den Lohn und die Wertschätzung Jehova und dem aufgeklärten Sinn späterer Generationen überlassen.

VI. Verwirklichung des Ideals des Dienstes. Das Porträt ist so konkret, dass sich natürlich die Frage stellt: Wer war der Diener, von dem der Prophet sprach? Zweifellos deuteten die tragischen Erfahrungen von Propheten wie Jeremia auf viele Elemente des Bildes hin. Ein halbes Jahrhundert lang erlitt dieser treue Diener Jehovas, oft schüchtern, aber freiwillig, ein beständiges Märtyrertod. Auf ihn fielen die Verfolgungen seiner Landsleute. Doch im Leben des späteren Judentums fanden die Grundsätze, für die er lebte und starb, Akzeptanz und Anwendung. Von ihm kann man mit Fug und Recht sagen:

den Übertretern gezählt ,
und er selbst trug die Sünden vieler und trat für die Übertreter ein.

Der unbekannte Autor dieser unsterblichen Gedichte sprach aus der Tiefe seiner eigenen schmerzhaften Erfahrung und verwirklichte zweifellos weitgehend die Ideale des Dienens, die er damit wirkungsvoll darlegte. Diejenigen seiner Zeitgenossen, die inmitten von Verfolgung und Beleidigungen in ihrem Leben die Ideale der früheren Propheten verkörperten, wurden wie Jeremia wegen der Missetaten anderer niedergeschlagen; Aber indem sie so ihr Lebensblut vergossen, brachten sie Heilung für ihr Geschlecht. Nehemia erwies sich als treuer Diener Jehovas, indem er dem Ruf zum Dienst folgte und sich von den Verlockungen des persischen Hofes abwandte, um die Stadt seiner Väter wieder aufzubauen. Mit wahrer Einsicht hat die christliche Kirche immer erkannt, dass im Charakter und im Leben Jesu die einzige vollständige Verwirklichung dieses alten Ideals des Dienens zu finden ist. Mit den unsterblichen Kapiteln des 2. Jesaja war er offensichtlich vertraut, und von ihnen erhielt er zweifellos viele Anregungen zu seiner göttlichen Mission und den Methoden, mit denen sie erfüllt werden sollte. Ihr Autor sprach eindeutig zu seinen Zeitgenossen; Aber indem er die Art und Weise darstellte, wie Jehovas Absicht in der Menschheitsgeschichte allein verwirklicht werden konnte, präsentierte er ein Ideal, das eine bleibende Bedeutung im Denken der Menschheit hat. Paulus erkannte zu Recht, dass die gleiche Verantwortung, dieses Ideal Wirklichkeit werden zu lassen, auf ihm ruhte. und alle, die Gott dienen wollten, als er die Worte aus 49:6 zitierte (vgl. Apostelgeschichte 13:47):

„Ich habe dich zum Licht der Heiden gemacht
, damit du bis an die Enden der Erde zum Heil seist. "

Abschnitt C. NEHEMIAS ARBEIT BEIM WIEDERAUFBAU DER MAUERN JERUSALEMS

[Nebenbemerkung: Neh. 1:1-3] Nun, im Monat Chislev [November-Dezember 446 v. Chr.], war ich in Susan, dem königlichen Palast, als Hanani, einer meiner Verwandten, zusammen mit einigen Männern aus Juda kam, und ich fragte sie darüber die Juden, die entkommen waren, die aus der Gefangenschaft übriggeblieben waren, und was Jerusalem betrifft. Und sie sagten zu mir: Die Übriggebliebenen aus der Gefangenschaft dort in den Provinzen sind in großem Unglück und in großer Schande, und die Mauer Jerusalems ist niedergerissen und seine Tore sind durch Feuer zerstört worden.

[Nebenbemerkung: Neh. 1:4-11b] Als ich nun diese Aussagen hörte, setzte ich mich hin und weinte und trauerte um bestimmte Tage; und ich fastete und flehte vor dem Gott des Himmels und sagte: „Ich flehe dich an, o Jehova, Gott des Himmels, großer und schrecklicher Gott, der den Bund hält und denen Barmherzigkeit erweist, die seine Gebote lieben und befolgen . “ ; Lass deine Ohren nun aufmerksam und deine Augen offen sein, um das Flehen deines Knechtes zu hören, das ich nun Tag und Nacht vor dir spreche für die Israeliten, deine Knechte, während ich die Sünden der Israeliten bekenne, die wir begangen haben gegen dich, wie auch ich und das Haus meines Vaters gesündigt haben. Wir haben sehr böse gegen dich gehandelt und die Gebote, die Satzungen und die Rechte nicht gehalten, die du deinem Knecht Mose geboten hast. Erinnere dich, ich flehe dich, an das Wort, das du deinem Knecht Mose geboten hast, als du sagtest: „Wenn ihr fehlgeht, werde ich euch unter die Völker zerstreuen; wenn ihr aber zu mir umkehrt und meine Gebote beachtet und sie tut, dann, obwohl ihr ... Ausgestoßene waren am Ende der Erde, doch ich werde sie von dort sammeln und an den Ort bringen, den ich erwählt habe, um dort meinen Namen wohnen zu lassen. Das sind nun deine Diener und dein Volk, die du durch deine große Macht und deine starke Hand erlöst hast. O Herr, ich flehe dich an, lass dein Ohr aufmerksam sein auf das Flehen deines Dieners und auf das Flehen deiner Diener, die Freude daran haben, deinen Namen zu fürchten; und schenke deinem Knecht heute Erfolg und schenke ihm Barmherzigkeit vor diesem Mann.

[Nebenbemerkung: Neh. 1:11c-2:8] Nun war ich Mundschenk des Königs. Und es geschah im Monat Nisan, im zwanzigsten Jahr des Königs Artaxerxes, als ich für den Wein verantwortlich war, da nahm ich den Wein und gab ihn dem König, und ich war vorher nicht traurig gewesen. Und der König sagte zu mir: „Warum ist dein Gesicht traurig, wenn du doch nicht krank bist?“ Das ist nichts anderes als Herzensschmerz.‘ Da hatte ich große Angst und sagte zum König: „Der König lebe ewig! Warum sollte mein Gesicht nicht traurig sein, wenn die Stadt, der Ort der Gräber meiner Väter, in Trümmern liegt und ihre Tore zerstört sind ? “ durch Feuer?' Und dann sagte der König zu mir: „Worum bittest du?“ Also betete ich zum Gott des Himmels. Und ich sagte zum König: „Wenn es dem König gefällt und dein Diener Gnade gefunden hat in deinen Augen, dann sende mich nach Juda, in die Stadt der Gräber meiner Väter, damit ich sie wieder aufbauen kann . “ Und der König sagte zu mir (und die Königin saß auch bei ihm): Wie lange wird deine Reise dauern? Und wann kommst du zurück?' Dann gefiel es dem König, mich zu schicken; denn ich habe ihm eine Zeit gesetzt. Und ich sagte zum König: „Wenn es dem König gefällt, lass mir offizielle Briefe an die Statthalter der Provinz jenseits des Flusses geben, damit sie mich durchlassen, bis ich nach Juda komme, und einen Brief an Asaph, den Hüter.“ vom Park des Königs, damit er mir das Holz gebe, um Balken für die Tore der Burg zu machen, die zum Tempel gehören, und für die Mauer der Stadt und für das Haus, in das ich eintreten werde. Und der König gewährte mir dies durch die Hand meines Gottes, der sich gütig um mich gekümmert hatte.

[Nebenbemerkung: Neh. 2:9-16] Dann kam ich zu den Statthaltern der Provinz jenseits des Flusses und übergab ihnen die offiziellen Briefe des Königs. Nun hatte der König Militäroffiziere und Reiter mit mir geschickt. Und als Sanballat, der Horoniter , und Tobia , der ammonitische Sklave, davon hörten, beunruhigte es sie sehr, dass jemand gekommen war, um das Wohlergehen der Israeliten zu suchen. Also kam ich nach Jerusalem und blieb dort drei Tage. Und ich stand in der Nacht auf, zusammen mit einigen meiner Anhänger, und sagte niemandem, was mein Gott mir ins Herz gelegt hatte, um es für Jerusalem zu tun, und es war kein Tier bei mir außer dem Tier, auf dem ich ritt. Und ich ging bei Nacht durch das Taltor zum Drachenbrunnen und zum Misttor und untersuchte sorgfältig die Mauern Jerusalems, die niedergerissen waren und wo ihre Tore durch Feuer zerstört worden waren. Dann ging ich weiter zum Brunnentor und zum Königsteich, aber es gab keinen Platz für das Tier, das unter mir war, vorbeizukommen. Dann ging ich in der Nacht zum Bach Kidron hinauf und untersuchte sorgfältig die Mauer; dann kehrte ich um, trat durch das Taltor ein und kehrte so zurück. Und die Obersten wussten nicht, wohin ich ging oder was ich tat, noch hatte ich es den Juden, den Priestern, den Adligen, den Obersten und den übrigen, die die Arbeit verrichteten, noch nicht erzählt.

[Nebenbemerkung: Neh. 2:17-20] Da sagte ich zu ihnen: „Seht ihr, in welch schlechtem Zustand wir sind, wie Jerusalem in Trümmern liegt und seine Tore durch Feuer zerstört sind." Kommt und lasst uns die Mauer Jerusalems wieder aufbauen, damit wir nicht länger zum Gegenstand des Vorwurfs werden.' Und ich erzählte ihnen von der Hand meines Gottes, der sich gütig um mich gekümmert hatte, und auch von den Worten des Königs, die er zu mir gesprochen hatte. Und sie sagten: „Lasst uns aufstehen und bauen." So stärkten sie ihre Hände für das gute Werk. Als aber Sanballat, der Horoniter , und Tobija , der ammonitische Sklave, und Geschem, der Araber, das hörten, verspotteten sie uns und verachteten uns und sagten: „Was tut ihr denn?" Wirst du gegen den König rebellieren?' Dann antwortete ich und sagte zu ihnen: „Der Gott des Himmels, er wird uns Erfolg verschaffen, denn wir, seine Diener, werden mit dem Bauen beginnen; aber ihr sollt weder Anteil noch Recht noch Denkmal in Jerusalem haben.'

[Nebenbemerkung: Neh. 3:1, 2] Da machte sich Eljaschib, der Hohepriester, mit seinen Verwandten, den Priestern, auf und baute das Schafstor; Sie legten seine Balken und errichteten die Türen, sogar zum Turm der Hundert und zum Turm Hananel . Und neben ihm bauten die Männer von Jericho. Und neben ihnen baute Sakkur, der Sohn Imris .

[Nebenbemerkung: Neh. 3:3-5] Und das Fischtor bauten die Söhne Hassenaahs ; Sie legten seine Balken und setzten seine Türen, seine Riegel und seine Riegel ein. Und neben ihnen bauten Meremoth und Meschullam und Zadok und die Tekoiter die Mauer aus; aber ihre Adligen beugten sich nicht im Dienste ihres Herrn.

[Nebenbemerkung: Neh. 3:6-12] Und das Alte Tor Joida reparierte; Sie legten seine Balken und setzten seine Türen, seine Riegel und seine Riegel ein. Und neben ihnen bauten Melatja , der Gibeoniter, und Jadon, der Meronothiter , die Männer von Gibeon und Mizpa, das zur Gerichtsbarkeit des Statthalters der Provinz jenseits des Flusses gehört , aus. Neben ihm reparierte Uzziel , einer der Goldschmiede. Und neben ihm reparierte Hananja, einer von denen, die süße Salben zubereiten. Und sie befestigten Jerusalem bis zur breiten Mauer. Und neben ihnen reparierte Repaja , der Fürst über den halben Bezirk Jerusalems. Und neben ihnen baute Jedaja gegenüber sein Haus. Und neben ihm reparierten Hattush und Malchijah und Hashub einen weiteren Abschnitt, sogar bis zum Turm der Öfen. Und neben ihm reparierte Schallum, der Herrscher über den halben Bezirk Jerusalems und seine Nebengebiete.

[Nebenbemerkung: Neh. 3:13, 14] Das Taltor reparierten Hanun und die Bewohner von Sanoah ; Sie bauten es und setzten seine Türen, seine Riegel und seine Riegel ein und bauten auch tausend Ellen der Mauer bis zum Misttor. Und Malchija , der Fürst des Bezirks Bet- Ha-Kerem , und seine Söhne reparierten das Misttor.

[Nebenbemerkung: Neh. 3:15-27] Und das Brunnentor reparierte Sallun , der Fürst des Bezirks Mizpa; Und er baute es und bedeckte es und setzte seine Türen, seine Riegel und seine Riegel ein, und er baute auch die Mauer des Teiches Siloah beim Garten des Königs, bis an die Treppe, die von der Stadt Davids herabführt . Nach ihm begab sich Nehemia, der Herrscher über den halben Bezirk Beth-Zur , an den Ort gegenüber den Gräbern Davids, bis zum Teich, der angelegt worden war, und zum Haus der Krieger. Nach ihm baute Rehum, der Sohn Banis. Neben ihm reparierte Haschabja , der Vorsteher des halben Kreises Kehila , seinen Bezirk. Nach ihm reparierten ihre Verwandten Bennui , der Herrscher über den halben Bezirk Kehila . Und neben ihm reparierte Eser , der Herrscher von Mizpa, einen weiteren Abschnitt gegenüber dem Aufstieg zur Waffenkammer an der Mauerbiegung. Nach ihm reparierte Baruch von der Mauerbiegung bis zur Tür des Hauses Eljaschibs , des Hohenpriesters. Nach ihm reparierte Meremoth einen weiteren Abschnitt, vom Eingang des Hauses Eljaschibs bis zum Ende des Hauses Eljaschibs . Und nach ihm bauten die Priester, die Männer der Jordanebene, auf. Nach ihnen reparierten Benjamin und Hasschub gegenüber ihrem Haus. Nach ihnen reparierte Asarja neben seinem eigenen Haus. Nach ihm reparierte Binnui einen weiteren Abschnitt, vom Haus

Asarjas bis zur Biegung der Mauer und bis zur Ecke. Nach ihm reparierte Palal gegenüber der Biegung und am oberen Turm, der vom königlichen Palast des Königs absteht und zum Wachhof hin liegt. Nach ihm baute Pedaja die Stelle gegenüber dem Wassertor im Osten und dem Turm, der hervorragt. Nach ihm reparierten die Tekoiten einen weiteren Abschnitt, gegenüber dem großen Turm, der hervorsteht, und an der Mauer von Ophel . Und die Tempeldiener wohnten in Ophel .

[Nebenbemerkung: Neh. 3:28-32]

Über dem Pferdetor reparierten die Priester, jeder gegenüber seinem eigenen Haus. Nach ihnen baute Zadok, der Sohn Immers, gegenüber seinem Haus. Nach ihm baute Schemaja, der Sohn Schechanjas , der Hüter des Osttors. Nach ihm bauten Hananja, der Sohn Schelemjas , und Hanum, der sechste Sohn Zalaphs , einen weiteren Abschnitt aus. Nach ihm baute Meschullam, der Sohn Berschijas, gegenüber seine Kammer. Nach ihm reparierte Malchijah , einer der Goldschmiede, bis zum Haus der Tempeldiener und der Kaufleute, gegenüber dem Tor des Wachturms und bis zur Ecke. Und zwischen dem Anstieg der Ecke und dem Schafstor reparierten Goldschmiede und Kaufleute.

[Nebenbemerkung: Neh. 4:1-5] Als Sanballat nun hörte, dass wir die Mauer wieder aufbauen würden, geriet er in Zorn, und er war sehr empört und verspottete die Juden. Und er redete vor seinen Verwandten und dem Heer von Samaria und sagte: „Was machen diese schwachen Juden?" Werden sie es Gott überlassen? Werden sie Opfer bringen? Werden sie es in einem Tag fertigstellen? Werden sie die Steine aus den Müllbergen wieder zum Leben erwecken, obwohl sie verbrannt sind? Nun war Tobia, der Ammoniter, bei ihm und sagte: „Sogar das, was sie bauen, wenn ein Fuchs darauf steigen würde, würde er ihre Steinmauer niederreißen!" Höre, o unser Gott – denn wir werden verachtet – und wende ihre Schmach auf ihr eigenes Haupt zurück und gib sie als Gegenstand der Beute in einem Land der Gefangenschaft aus, und verdecke ihre Missetat nicht und lass ihre Sünde nicht von dir ausgelöscht werden denn sie haben dich vor den Bauleuten erzürnt.

[Nebenbemerkung: Neh. 4:6-8] Also bauten wir die Mauer; und die ganze Mauer war bis zur Hälfte ihrer Höhe zusammengefügt, denn die Leute waren eifrig bei der Arbeit. Als aber Sanballat und Tobija und die Araber und die Ammoniter und die Aschdoditer hörten, dass der Wiederaufbau der Mauern Jerusalems Fortschritte machte und die Brüche aufhörten, wurden sie sehr wütend. Und sie alle schlossen sich zusammen, um gegen Jerusalem zu kämpfen und dort Panik zu verbreiten.

[Nebenbemerkung: Neh. 4:9-14] Aber wir flehten zu unserem Gott und stellten Tag und Nacht Wache zum Schutz vor ihnen. Da sagte die judäische

Gemeinde: „Die Kraft der Träger ist gebrochen, denn es gibt viel Müll; damit wir die Mauer nicht wieder aufbauen können. Und unsere Widersacher haben gesagt: „Sie werden es weder wissen noch sehen, bis wir in ihre Mitte kommen und sie töten und das Werk zum Stillstand bringen." Und es begab sich: Als die Juden, die bei ihnen wohnten, kamen, sagten sie zehnmal zu uns: „Von allen Orten, wo sie wohnen, werden sie gegen uns antreten." Deshalb postierte ich in den untersten Teilen des Raumes hinter der Mauer, an geschützten Orten, und stellte dort die Menschen nach ihren Familien mit ihren Schwertern, ihren Speeren und ihren Bögen auf. Und als ich ihre Angst sah, stand ich auf und sagte zu den Edlen und den Obersten und dem übrigen Volk: „Fürchtet euch nicht vor ihnen." Erinnere dich an den Herrn, der groß und schrecklich ist, und kämpfe für deine Verwandten, deine Söhne und deine Töchter, deine Frauen und deine Familien.

[Nebenbemerkung: Neh. 4:15-23] Und als unsere Feinde hörten, dass uns ihr Plan bekannt war und Gott ihn zunichte gemacht hatte , kehrten wir alle zur Mauer zurück, jeder an seine eigene Arbeit. Und von da an, während die Hälfte meiner Diener mit der Arbeit beschäftigt war, hielt die Hälfte von ihnen die Lanzen, die Schilde, die Bögen und die Panzer; und die Obersten standen hinter dem ganzen Haus Juda. Auch diejenigen, die die Mauer bauten, und diejenigen, die Lasten trugen, waren bewaffnet, jeder war mit einer Hand bei der Arbeit beschäftigt und mit der anderen war er bereit, seinen Speer zu ergreifen; Und jeder der Bauleute hatte sein Schwert an seiner Seite umgürtet und baute so . Und der, der die Posaune blies, war bei mir. Und ich sagte zu den Adligen und den Herrschern und dem Rest des Volkes: „Die Arbeit ist groß und umfangreich, und wir sind auf der Mauer weit voneinander entfernt." Wo auch immer ihr den Klang der Posaune hört, versammelt euch dort zu uns. Unser Gott wird für uns kämpfen.' So waren wir aktiv bei der Arbeit, während die Hälfte von ihnen vom Morgengrauen bis zum Auftauchen der Sterne die Lanzen hielt. Ich sagte damals auch zum Volk: Jeder soll mit seinem Diener in Jerusalem wohnen, damit sie uns bei Nacht bewachen und bei Tag arbeiten. Weder ich noch meine Verwandten noch meine Diener noch die Männer der Wache, die mich begleiteten, keiner von uns legte seine Kleider ab, jeder hatte seinen Speer in der Hand.

[Nebenbemerkung: Neh. 6:1-9] Als nun Sanballat und Tobia und Geshem, dem Araber, und den übrigen unserer Feinden berichtet wurde, dass ich die Mauer wieder aufgebaut hatte und dass keine Bresche mehr darin war – wenn auch nicht Als ich die Türen in den Toren noch nicht angebracht hatte, schickten Sanballat und Geshem zu mir und sagten: „Komm, lass uns uns in einem der Dörfer in der Ebene von Ono treffen." Aber sie hatten vor, mich zu verletzen. Da sandte ich Boten zu ihnen und ließ ihnen sagen: „Ich tue ein großes Werk, sodass ich nicht herunterkommen kann; Warum sollte die Arbeit aufhören, während ich sie verlasse und zu dir herunterkomme?' Und sie schickten mir auf diese Weise viermal, und ich gab ihnen die gleiche Antwort. Dann sandte Sanballat seinen Diener zum fünften Mal auf die gleiche Weise zu mir mit einem offenen Brief in der Hand, in dem geschrieben stand: „Es wird unter den Nationen berichtet, und Gashmu bestätigt es, dass Sie und die Juden planen, zu rebellieren, und . " dass du aus diesem Grund die Mauer baust und dass du ihr König sein willst, und dass du auch Propheten eingesetzt hast, die in Jerusalem über dich predigen und sagen: „Es gibt einen König in Juda." Und nun wird dies dem König mitgeteilt. Kommen Sie also jetzt und lassen Sie uns gemeinsam beraten." Dann schickte ich zu ihm und ließ ihm sagen: „Das, was du sagst, ist nicht geschehen, sondern du hast es dir in deinem Kopf ausgedacht." Denn sie alle hätten uns Angst gemacht und gedacht: „Ihre Hände werden von der Arbeit geschwächt, damit sie nicht getan werden kann." Aber nun, o Gott, stärke du meine Hände.

[Nebenbemerkung: Neh. 6:10-14] Und als ich zum Haus Semajas ging, des Sohnes Delajas , des Sohnes Mehetabels , der zu Hause eingesperrt war, sagte er: „Lasst uns im Haus Gottes im Tempel zusammenkommen. und lasst uns die Türen des Tempels verschließen! Denn sie kommen, um euch in der Nacht zu töten; Ja, in der Nacht kommen sie, um dich zu töten!' Und ich sagte: „Sollte ein Mann wie ich fliehen?" Und wie könnte jemand wie ich [ein Laie] den Hauptraum des Tempels betreten und trotzdem leben? Ich werde nicht eintreten.' Dann erkannte ich und es war klar, dass Gott ihn nicht gesandt hatte; aber er verkündete diese Prophezeiung gegen mich, weil Tobiah und Sanballat ihn angeheuert hatten, dass ich beunruhigt sein und entsprechend handeln und sündigen sollte; und es hätte ihnen Anlass zu einem bösen Bericht gegeben, um mir Vorwürfe zu machen. Erinnere dich, o mein Gott, an Tobia und Sanballat gemäß ihren Taten und auch an die Prophetin Noadja und die übrigen Propheten, die mir Angst eingejagt hätten.

[Nebenbemerkung: Neh. 6:15, 16] So wurde die Mauer am fünfundzwanzigsten Tag des Monats Elul, in zweiundfünfzig Tagen, fertiggestellt. Und als alle unsere Feinde es hörten, fürchteten sich alle umliegenden Nationen und sanken vor sich selbst, denn sie erkannten, dass dieses Werk von unserem Gott getan worden war.

[Nebenbemerkung: Neh. 6:17-19] Außerdem sandten die Edlen Judas in jenen Tagen viele Briefe an Tobija , und die Herren Tobijas kamen zu ihnen. Denn viele in Juda hatten auf ihn geschworen, weil er der Schwiegersohn Schechanjas , des Sohnes Arachs , war und sein Sohn Johanan die Tochter Meschullams , des Sohnes Berechjas , zur Frau genommen hatte . Sie lobten auch seine guten Taten vor mir und berichteten ihm von meinen Worten. Dann schickte Tobiah Briefe, um mir Angst zu machen.

[Nebenbemerkung: Neh. 7:1-3] Als nun die Mauer gebaut war und ich die Türen errichtet hatte und die Torhüter, die Sänger und die Leviten bestellt waren, setzte ich meinen Bruder Hanani und Hananja, den Fürsten der Burg, als Oberbefehlshaber Jerusalems ein ; denn er war ein treuer Mann und gottesfürchtiger als viele andere. Und ich sagte zu ihnen: Lasst die Tore Jerusalems nicht geöffnet werden, bis die Sonne heiß ist; und während die Wächter noch auf der Hut sind, sollen sie die Türen schließen und verriegeln. Stelle auch Wachen ein, bestehend aus den Einwohnern Jerusalems, jeder in seiner Wache und jeder gegenüber seinem eigenen Haus.

[Nebenbemerkung: Neh. 7:4, 5a] Nun war die Stadt weit und groß; aber es waren nur wenige Menschen darin und die Haushalte waren nicht groß. Deshalb hat mir mein Gott in den Sinn gebracht, die Adligen, die Herrscher und das Volk zu versammeln.

[Nebenbemerkung: Neh. 12:31, 32, 37-40] Dann ließ ich die Fürsten von Juda ihre Stellung auf der Mauer einnehmen, und ich ernannte zwei große Scharen, die dankten, und die erste ging zur Rechten auf der Mauer in Richtung des Misttors. Und hinter ihnen gingen Hoschaja und die Hälfte der Edlen von Juda. Und am Brunnentor gingen sie geradeaus die Treppen der Stadt Davids hinauf, an der Höhe der Mauer, über dem Haus Davids, bis zum Wassertor im Osten. Und die andere Schar der Dankenden ging nach links, und ich folgte ihnen, mit der Hälfte der Edlen des Volkes, auf der Mauer, über dem Turm der Öfen, bis zur breiten Mauer und über dem Tor von Ephraim und am Alten Tor und am Fischtor und am Turm Hananel und am Turm der Hundert bis an das Schafstor; und sie standen im Tor der Wache. Da nahmen die zwei Scharen derer, die im Hause Gottes dankten, ihren Platz ein, und ich und die Hälfte der Obersten mit mir.

I. Nehemias Memoiren. Glücklicherweise hat der Autor der Bücher Esra und Nehemia in den ersten Kapiteln von Nehemia ausführlich aus den persönlichen Memoiren des edlen Patrioten zitiert, durch dessen Wirken die Mauern Jerusalems wiederhergestellt wurden. Sie sind die besten historischen Aufzeichnungen im Alten Testament und werfen ein klares, zeitgenössisches Licht auf diese wichtigste Periode in der Entwicklung des Judentums. Die Erzählung ist geradlinig und lebendig. Es beleuchtet die ansonsten dunkle Zeit vor Nehemia und ermöglicht es dem Historiker, das Jahrhundert, das dazwischen lag, bevor das apokryphe Buch I. Makkabäer sein Licht auf den Verlauf der unruhigen Geschichte Israels wirft, mit Sicherheit zu überbrücken. Die detaillierte Beschreibung des Wiederaufbaus der Mauern in Nehemia 3 stammt wahrscheinlich aus dem Chronisten, sie offenbart jedoch eine genaue Kenntnis der Topographie und der späteren Geschichte der Hauptstadt Judas.

II. Nehemias Antwort auf den Ruf zum Dienst. Die Anwesenheit einer Abordnung aus Jerusalem (einschließlich Nehemias Verwandtem Hanani) in der fernen persischen Hauptstadt Susa war kein bloßer Zufall. Nehemahs Reaktion auf ihren Appell und die epochale Bewegung, die er ins Leben rief, offenbaren die Anwesenheit einer treibenden Kraft. Hinter all dieser Bewegung stand wahrscheinlich das Werk des großen Propheten, der in Jesaja 40-66 spricht. In allem, was Nehemia tat, ist dieser Einfluss zu erkennen. In dem inbrünstigen und patriotischen Gebet, das er sprach, als er von den Verhältnissen in Jerusalem erfuhr, benutzte er in sechs kurzen Versen achtmal den Begriff „Diener" oder „Diener Jehovas". Es spiegelt auch die Ausdrucksweise und Gedanken des 2. Jesaja wider.

Der König, unter dem Nehemia diente, war offensichtlich Artaxerxes I. In Nehemia 12:10-11 erklärt der Chronist, dass Eljaschib, der Hohepriester in den Tagen Nehemias, der Enkel Josuas war, der sich 520 v. Chr. am Wiederaufbau des Tempels beteiligte Eliashib war auch der Urgroßvater von Jaddua, der 332 v. Chr. Hohepriester in Jerusalem war, als Alexander Palästina eroberte. Hinweise in den kürzlich entdeckten Elephantine-Briefen sowie in der Geschichte von Josephus bestätigen die Schlussfolgerung, dass Nehemia im Frühjahr 445 v. Chr. zu seiner Expedition aufbrach. Wie alle, die den persischen Königen persönlich dienten, war er wahrscheinlich ein Eunuch und immer noch ein junger Mann. Die wahre Frömmigkeit, die sich in seinem Gebet offenbart, der Mut, den er dadurch zeigte, dass er es wagte, mit traurigem Gesicht in der Gegenwart des absoluten Tyrannen zu erscheinen, der die östliche Welt regierte, und sein Taktgefühl, mit dem er die Zustimmung des Königs zu seinem Abgang gewann, zeigen, dass er ein war Mann von seltener Energie und Fähigkeit. Artaxerxes I. war berühmt für seine Empfänglichkeit für den Einfluss höfischer Günstlinge. Die in 1:6 erwähnte Königin war wahrscheinlich die Königinmutter Amestris, die am persischen Hof die Befehlsgewalt ausübte. Ohne die königliche Zustimmung und die ihm gewährten Ressourcen und Autorität hätte Nehemia die große Aufgabe, die er sich vorgenommen hatte, kaum bewältigen können. Die beschwerliche Reise von fünfzehnhundert Meilen über Berge und karge Wüsten war genug, um einen Mann einzuschüchtern, der im Luxus eines orientalischen Hofes aufgewachsen war, aber Nehemia ließ sich von einem Dienstideal inspirieren, das keine Hindernisse kannte.

III. Hindernisse, mit denen er konfrontiert war. Die hohenpriesterlichen Herrscher scheinen Nehemia nicht mit Begeisterung aufgenommen zu haben. Zumindest einige von ihnen versuchten später, sein Werk zu untergraben. Es ist nicht schwer, den Grund für ihre Apathie zu erschließen. Fest verwurzelter Reichtum und Autorität sind in der Regel konservativ, insbesondere wenn sie sich bewusst sind, dass ihre Position leicht angreifbar ist. Wie die Fortsetzung zeigte, waren diese Führer der Gemeinschaft lediglich auf Selbstverherrlichung bedacht, selbst auf Kosten der abhängigen Mitglieder der Gemeinschaft. Ein revolutionäres Werk wie das von Nehemia vorgeschlagene würde mit Sicherheit ihre Interessen beeinträchtigen und ihren grausamen Egoismus offenbaren. Einige ihrer Familien hatten auch mit benachbarten Häuptlingen geheiratet; und sie waren mit den bestehenden Bedingungen durchaus zufrieden. Ein zweites Hindernis war der Widerstand der feindlichen Völker, die die kleine judäische Gemeinde umzingelten. Im Osten waren die Ammoniter offenbar eingedrungen und hatten das alte hebräische Gebiet bis zum Jordan besetzt. Tobia , der Ammoniter, der in Nehemias Erzählung eine herausragende Rolle spielt, war wahrscheinlich einer ihrer örtlichen Häuptlinge. Gashmu , der Araber, repräsentierte die halbzivilisierten Beduinenstämme, die in der Zeit der Schwäche nach der Zerstörung Jerusalems von Süden und Osten in das Gebiet Judäas eingedrungen waren. Möglicherweise gehörte er zu den Edomitern, die damals Hebron und den gesamten südlichen Teil Judäas besaßen. Nehemia bezieht sich auch auf die Nachkommen der alten Feinde Israels, der Philister, die in der Stadt Aschdod lebten. Im Norden hatten sich die überlegenen Ressourcen Samarias durchgesetzt, und diese Überlebenden der alten Israeliten, die in den Hügeln Ephraims lebten, waren zu einer mächtigen Nation herangewachsen, die die kämpfende judäische Gemeinschaft in den Schatten stellte. Diese Nordländer beteten jedoch immer noch in Jerusalem an und waren eng mit den Juden verbündet. An ihrer Spitze stand Sanballat, der Horoniter , der wahrscheinlich aus Bethhoron im Südwesten Samarias stammte. Jedes dieser Völker erbte das Gefühl der Feindseligkeit, mit dem ihre Vorväter das Volk von Juda betrachtet hatten, und blickte mit Argwohn auf jede Bewegung, die darauf abzielte, Jerusalems frühere Stärke und sein früheres Ansehen wiederherzustellen. Darüber hinaus mangelte es den Männern der judäischen Gemeinde selbst an Mut und Ausbildung. Mit ineffizienten Helfern und mit Gegnern innerhalb und außerhalb der Gemeinschaft schien Nehemias Aufgabe nahezu unmöglich. Dass es ihm trotz all dieser Hindernisse gelang, die Mauern in der unglaublich kurzen Zeit von zweiundfünfzig Tagen wieder aufzubauen, lässt sich nur durch sein überragendes Können, seine Hingabe und seine Energie erklären.

IV. Nehemias Arbeitsplan. Glücklicherweise verfügte Nehemia sowohl über Ressourcen als auch über Fingerspitzengefühl. Er entwaffnete schnell die Opposition und gewann zumindest nominell die Unterstützung der Führer, indem er einhundertfünfzig von ihnen als Gäste empfing. Dadurch war er in der Lage, sie ihm persönlich zu verpflichten, sie streng zu überwachen und ihre Zusammenarbeit zu fordern. Zweitens appellierte er mit beredten Ansprachen an sie und das Volk, die seine Begeisterung und Hingabe zum Ausdruck brachten. Darüber hinaus verließ er sich nicht auf die Berichte anderer, sondern untersuchte die Situation persönlich. Sein geheimer Mitternachtsritt durch das Taltor südwestlich von Jerusalem und von dort ostwärts entlang des Hinnom-Tals bis zu der Stelle, an der es in den Kidron mündet, und von dort das Tal hinauf, lieferte ihm genaueste Informationen über die Bedingungen. In den meisten Fällen sind noch die alten Fundamente der Stadtmauern erhalten. Die erste Notwendigkeit bestand darin, den Müll zu entfernen und die heruntergefallenen Steine zu ersetzen. Für die Türme waren bestimmte Hölzer erforderlich, die wahrscheinlich aus den königlichen Besitztümern südlich der Stadt geschlagen wurden. Nehemia rekrutierte alle Mitglieder der Gemeinde sowohl innerhalb als auch außerhalb Jerusalems. Er organisierte sie unter ihren örtlichen Leitern und übertrug ihnen die Aufgabe, an der sie am meisten interessiert waren. So wurden die Oberhäupter der verschiedenen Dörfer, die Ältesten der führenden Familien, die Zünfte der Arbeiter und sogar die Priester alle an die Arbeit geschickt und vom Geist natürlicher Rivalität sowie gemeinsamer Loyalität inspiriert. Nehemia selbst leitete zusammen mit seinen unmittelbaren Anhängern die Arbeit und führte eine strenge Militärherrschaft ein, die sowohl Effizienz als auch Schutz gewährleistete.

V. Die wiederhergestellten Mauern. Im Lichte der jüngsten Ausgrabungen in Jerusalem ist es möglich, Nehemias Werk im Detail zu verfolgen. Bei der Zerstörung der Mauern durch die Chaldäer hatte die Stadt im Norden am meisten gelitten, wo sie nahezu eben war und durch keine absteigenden Täler geschützt war. Etwas nördlich des Tempelgebiets erstreckte sich vom Kidron aus ein kleines Tal, das nur eine schmale Landzunge hinterließ, die direkt mit dem Plateau im Norden verbunden war. Hier wurden zwei große Türme restauriert, die wahrscheinlich an der Stelle des späteren römischen Turms von Antonia standen. Von dort verlief die Mauer nach Westen über das obere Tyropoean- Tal, das hier vergleichsweise eben war. Für diesen Teil der Arbeiten wurden zahlreiche Arbeitertrupps eingesetzt. Das Tor der alten Mauer war vermutlich identisch mit dem Ecktor am nordwestlichen Ende der Stadt. Das etwas weiter südwestlich gelegene Ephraim-Tor entsprach offenbar dem modernen Joppa-Tor. Von diesem Punkt aus verlief eine breite Mauer zur Westseite der Stadt, wo der Hügel schnell in das Tal von Hinnom abfiel, was die Verteidigung erleichterte. Am südwestlichen Ende der Stadt standen der Ofenturm und das Taltor, deren Fundamente kürzlich freigelegt wurden. Das Tor selbst war schmal und nur acht Fuß breit, aber die Mauer war hier neun Fuß dick. Die 1800 bis 2000 Fuß lange Mauer entlang des Hinnom-Tals war offenbar praktisch intakt, denn ihre Reparatur wurde nur einer Gruppe von Arbeitern anvertraut . Am südlichen Ende des Tyropoean-Tals war der Boden fast eben, so dass eine starke Mauer erforderlich war. Ausgrabungen haben gezeigt, dass es an seiner Basis zwanzig Fuß dick war und von sechs starken Strebepfeilern getragen wurde. Das Brunnentor, durch das die Hauptstraße das Tyropöische Tal hinunter in das Tal des Kidron verlief, war das wichtigste Südtor der Stadt. Es war neun Fuß breit und wurde von einem Turm von etwa fünfundvierzig Fuß im Quadrat verteidigt. Teile dieser alten Durchgangsstraße mit ihren von den Füßen der Bewohner der antiken Stadt glattgeschliffenen Steinen wurden hier freigelegt. Direkt über dem Teich Siloah, der sich innerhalb der Stadtmauern befand, befand sich der Königsgarten.

Von dort stieg der Hügel des Ophel schnell an, was die in Nehemia 3 erwähnte Treppe erforderlich machte. Die Mauer im Südosten konnte leicht repariert werden, da sie entlang der abfallenden Westseite des Kidron-Tals verlief. Das Wassertor führte wahrscheinlich hinunter zur Jungfrauenquelle, und das Pferdetor weiter nördlich führte direkt vom Kidrontal zu den öffentlichen Gebäuden, die sich an der Stelle von Salomos Palast unmittelbar südlich des Tempels befanden. Es ist der Raum, der heute das südliche Ende des Tempelbereichs einnimmt, der in den Tagen des Herodes auf diese Weise erweitert wurde. Gegenüber dem nordöstlichen Ende des Tempelbereichs bog die Mauer nach Westen ab, bis sie die großen Türme erreichte, die das nördliche Ende der Stadt schützten.

VI. Fertigstellung und Einweihung der Mauern. Unter der Inspiration von Nehemias Führung und aufgrund der ständigen Angst vor Angriffen ging der Bau der Mauern rasch und ohne Unterbrechung voran. Den Drohungen feindlicher Feinde schenkte Nehemia wenig Beachtung. Er war am persischen Hof ausgebildet und erkannte sofort ihre mörderische Absicht, als sie eine Konferenz im Südwesten Samarias an der Grenze der Ono-Ebene forderten. Durch die verräterischen Propheten in der judäischen Gemeinde versuchten sie, seine Ängste auszunutzen und ihn dazu zu bringen, sich selbst zu kompromittieren, indem sie Zuflucht in den heiligen Bereichen des Tempels suchten, aber sein Mut und sein hoher Respekt vor dem Heiligtum befreiten ihn davon die Handlung. Der Ruf, dass er selbst das Königtum anstrebe und dass seine Taten Verrat an Persien seien, ließ ihn nicht einschüchtern, und als als Reaktion auf ihre böswilligen Berichte schließlich vom persischen König der Befehl kam, die Arbeit einzustellen, waren die Mauern bereits wieder aufgebaut .

Anscheinend war Nehemias ursprünglicher Urlaub nur von kurzer Dauer. Sein Verwandter Hanani , der die ursprüngliche Delegation nach Susa angeführt hatte, und ein gewisser Hananiah wurden von ihm mit der Leitung der Stadt beauftragt. Um es vor plötzlichen Angriffen zu schützen, wurden die Tore nachts geschlossen und erst in der Mitte des folgenden Vormittags geöffnet. Es wurden auch wirksame Maßnahmen zur Bevölkerungsvergrößerung ergriffen. Als die Arbeiten zum Wiederaufbau der Mauern abgeschlossen waren, veranlasste Nehemia die öffentliche Einweihung der Mauern. Ausgehend vom Taltor im Südwesten der Stadt marschierte eine Hälfte der Adligen und des Volkes entlang der Süd- und Ostmauer, während Nehemia mit der anderen Hälfte des Volkes die West- und Nordmauer entlang marschierte. Als sich die beiden Gruppen schließlich auf der Nordseite des Tempelgeländes trafen, stimmten sie lautstark zum Dank an Jehova, der es ihnen endlich ermöglicht hatte, ihn in seinem vor Angriffen geschützten Heiligtum anzubeten.

Nehemia hatte die judäische Gemeinde neu organisiert, ihre Mauern wieder aufgebaut und ihnen ein neues Gefühl der Selbstachtung eingeflößt; Auf diese Weise ermöglichte er die echte Wiederbelebung des judäischen Staates, die in den folgenden Jahrhunderten stattfand. Er war, wie Hesekiel, Haggai, Sacharja und der zweite Jesaja, tatsächlich einer der Gründer des Judentums. Ben Sira erklärte mit wahrer Einsicht (49:13):

Das Gedenken an Nehemia ist groß,
der für uns die eingestürzten Mauern wieder aufrichtete und die Tore und Riegel errichtete und unsere Häuser wieder aufrichtete.

Abschnitt CI. NEHEMIAS SOZIALE UND RELIGIÖSE REFORMEN

[Randbemerkung: Isa. 56:1, 2]
So spricht Jehova: Hütet das Recht und übt Gerechtigkeit. Denn meine Befreiung ist nahe, und meine Gerechtigkeit wird bald offenbar werden. Glücklich der Mann, der es praktiziert, der Sterbliche, der daran festhält, der
den Sabbat hält, um ihn nicht zu entweihen, und seine Hand vor dem Bösen bewahrt.

[Randbemerkung: Isa. 56:3-5]
Der Ausländer, der sich dem HERRN angeschlossen hat, soll nicht sagen: „Jehova wird mich gewiss von seinem Volk trennen." Und der Eunuch soll nicht sagen: „Siehe, ich bin ein dürrer Baum." Denn so spricht der HERR die Eunuchen: „Diejenigen, die meine Sabbate halten und das wählen, woran ich Gefallen habe, und an meinem Bund festhalten, denen werde ich in meinem Haus und meinen Mauern ein Denkmal geben und einen Namen, der besser ist als Söhne und Töchter, einen ewigen Namen." Ich gebe ihnen, was nicht abgeschnitten werden kann.

[Randbemerkung: Isa. 56:6-8]
Und die Fremden, die sich dem HERRN anschließen, um ihm zu dienen und den Namen des HERRN zu lieben und seine Diener zu sein, jeder , der den Sabbath hält, um ihn nicht zu verunreinigen, und treulich an meinem Bund festhält „Ich werde sie auf meinen heiligen Berg bringen und in meinem Gebetshaus Freude bereiten. Ihre Brandopfer und Schlachtopfer werden auf meinem Altar angenommen. Denn mein Haus soll ein Gebetshaus für alle Völker genannt werden. Es ist das Orakel von Jehova, der die Ausgestoßenen Israels

versammelt : „Ich werde zusätzlich zu den bereits Versammelten noch andere zu ihm versammeln."

[Randbemerkung: Isa. 56:9-12]
O ihr alle wilden Tiere des Feldes, kommt zum Fressen, alle ihr wilden Tiere des Waldes! Meine Wächter sind alle blind, sie wissen nicht, wie sie aufpassen sollen, sie sind alle stumme Hunde, die nicht bellen können und träumen Sie legen sich hin und lieben es zu schlafen. Und die Hunde sind gierig, sie wissen nicht, wie sie satt werden sollen. Sie gehen alle ihren eigenen Weg, jeder für seinen eigenen Nutzen, und sagen: Komm, ich werde Wein holen, und wir werden trinken Wir sind satt an starkem Getränk, und morgen wird wie heute ein überaus großer Tag sein!

[Randbemerkung: Isa. 58:2-4]
Schreie mit voller Kehle, sei nicht still! Erhebe deine Stimme wie eine Posaune, mache meinem Volk ihre Übertretung kund und dem Haus Jakob ihre Sünde. Sie befragen mich tatsächlich täglich, um meine zu erkennen Wege sind ihre Freude. Als eine Nation, die Gerechtigkeit getan hat und das Gesetz ihres Gottes nicht verlassen hat!
Sie fragen mich nach gerechten Urteilen: „Ihre Freude ist es, sich Gott zu nähern!" „Warum haben wir gefastet, und du siehst es nicht ,
haben uns gedemütigt, und du merkst es nicht?" Siehe, an deinem Fastentag folgst du deinem eigenen Vergnügen, und du stellst es genau alles geliehene Geld als Pfand. Seht, ihr fastet für Streit und Streit und um die Armen mit der Faust zu schlagen. Euer heutiges Fasten ist nicht so, dass eure Stimme in der Höhe gehört wird.

[Randbemerkung: Cor. Ist ein. 58:5-7]
Kann so das Fasten sein, das ich wähle, ein Tag, an dem sich ein Mann abtötet? Den Kopf wie eine Binse senken und sich in Sack und Asche legen? Willst du das ein Fasten und einen Tag nennen? angenehm für Jehova? Ist das nicht das Fasten, das ich wähle: um die Fesseln der Ungerechtigkeit
zu lösen , um die Bande der Gewalt zu lösen, um die Zerschlagenen freizulassen, um jedes Joch zu zerreißen?

[Randbemerkung: Cor. Ist ein. 58:8-12]
Ist es nicht, dein Brot mit den Hungrigen zu teilen und die Wanderer zu dir nach Hause zu bringen? Wenn du den Nackten
siehst , um ihn zu bedecken und dich nicht vor deinem eigenen Fleisch zu verbergen? Dann wird dein Licht brechen hervor wie die Morgenröte, deine Wiederherstellung wird schnell hervorbrechen, und deine Gerechtigkeit wird vor dir hergehen, die Herrlichkeit des HERRN wird dein Lohn sein; und wenn du dann rufst, wird der HERR antworten: Wenn du schreist, wird er sagen: Hier bin

ich . Wenn

von Du nimmst aus deiner Mitte das Joch ab, den Finger des Spottes und der schelmischen Rede, und gibst dein Brot den Hungrigen und sättige die Seele, die betrübt ist; dann wird dein Licht in der Finsternis leuchten, und deine Finsternis wird sein wie der Mittag, Jehova Er wird dich fortwährend führen und deine Seele in ausgedörrten Ländern sättigen.

Und deine Stärke wird er erneuern.

Du sollst sein wie ein bewässerter Garten, wie eine Quelle, deren Wasser nicht versiegt. Deine Söhne werden die alten Ruinen wieder aufbauen, du sollst sie wieder aufrichten Fundamente alter Tage; Und die Menschen werden dich nennen: Reparateur der Ruinen, Wiederhersteller zerstörter Orte zum Wohnen.

[Nebenbemerkung: Neh. 5:1-5] Da erhob sich eine laute Klage des einfachen Volkes und seiner Frauen gegen ihre Landsleute, die Juden. Denn es gab diejenigen, die sagten: „Wir müssen unsere Söhne und unsere Töchter als Pfand geben, um Getreide zu sichern, damit wir essen und leben können." Es gab auch einige, die sagten: „Wir müssen unsere Felder, unsere Weinberge und unsere Häuser verpfänden, damit wir wegen der Knappheit Getreide bekommen." Es gab auch diejenigen, die sagten: „Wir haben Geld für den Tribut des Königs geliehen." Doch jetzt ist unser Fleisch wie das Fleisch unserer Brüder, unsere Kinder wie ihre Kinder; Aber jetzt müssen wir unsere Söhne und Töchter in die Sklaverei bringen, und einige unserer Töchter wurden bereits auf diese Weise in die Knechtschaft gebracht, und es liegt auch nicht in unserer Macht, dies zu verhindern, denn unsere Felder und unsere Weinberge gehören den Adligen.

[Nebenbemerkung: Neh. 5:6-11] Dann war ich sehr wütend, als ich ihre Beschwerde und diese Aussagen hörte. Und ich beriet mich und stritt mit den Edlen und Obersten und sprach zu ihnen: Ihr verlangt Zinsen von jedem seiner Brüder. Und ich hielt eine große Versammlung gegen sie ab. Und ich sagte zu ihnen: „Wir selbst haben nach unserem Vermögen unsere Landsleute, die Juden, erlöst, die an die Heiden verkauft wurden; Und würden Sie selbst Ihre Landsleute verkaufen, und sollten sie sich an uns verkaufen? Dann schwiegen sie und konnten kein Wort finden, das sie sagen konnten. Deshalb sagte ich: „Das, was du tust, ist nicht gut." Solltet ihr nicht in der Furcht unseres Gottes wandeln wegen der Schmach der Heiden, unserer Feinde? Denn auch ich, meine Verwandten und meine Diener, leihe ihnen Geld und Getreide. Lassen wir daher diesen Wucher aufhören. Gib ihnen heute ihre Felder, ihre Weinberge, ihre Olivengärten und ihre Häuser zurück, auch den Wucher des Geldes und des Getreides, des Mostes und des Öls, den du von ihnen erhebst.

[Nebenbemerkung: Neh. 5:12, 13] Dann sagten sie: „Wir werden sie wiederherstellen und nichts von ihnen verlangen; Wir werden genau das tun, was Sie sagen.' Dann rief ich die Priester und schwor ihnen, dass sie dieses Versprechen einhalten würden. Auch schüttelte ich die Falte meines Gewandes aus und sagte: Möge Gott jeden aus seinem Haus und aus der Frucht seiner Arbeit vertreiben, der dieses Versprechen nicht erfüllt; Auch so möge er ausgeschüttelt und entleert werden.' Und die ganze Versammlung sagte: „So mag es sein." Und sie priesen Jehova. Und das Volk tat dieses Versprechen.

[Nebenbemerkung: Neh. 5:14-19] Darüber hinaus von der Zeit an, als ich zu ihrem Statthalter im Land Juda ernannt wurde , vom zwanzigsten Jahr (445 v. Chr.) bis zum zweiunddreißigsten Jahr (432) des Königs Artaxerxes, d. h Zwölf Jahre lang hatten ich und meine Verwandten nicht das Brot gegessen, das mir als Gouverneur zusteht. Aber die früheren Statthalter, die vor mir waren, belasteten das Volk und nahmen ihnen Brot und Wein sowie vierzig Schekel Silber jeden Tag ab; und außerdem unterdrückten ihre Diener das Volk. Aber ich habe es aus Gottesfurcht nicht getan. Ich habe mich auch dieser Arbeit an der Mauer gewidmet, und wir haben kein Land gekauft; und alle meine Diener versammelten sich dort zur Arbeit. Auch die Juden und die Obersten, hundertfünfzig Männer, außer denen, die aus den umliegenden Nationen zu uns kamen, saßen an meinem Tisch. Nun war für jeden Tag ein Ochse und sechs erlesene Schafe und Hühner vorbereitet. Diese wurden auf meine Kosten zubereitet und alle zehn Tage Wein in Hülle und Fülle für das ganze Volk. Dennoch forderte ich nicht das Brot, das mir als Statthalter gebührte, denn der öffentliche Dienst lastete schwer auf diesem Volk. Erinnere dich zu meiner Ehre, o mein Gott, an alles, was ich für dieses Volk getan habe.

[Nebenbemerkung: Neh. 13:1-9] Doch bevor ich vom König zurückkehrte, hatte Eljaschib , der Priester, der über die Gemächer des Hauses unseres Gottes ernannt worden war und mit Tobija verwandt war , für ihn eine große Kammer bereitet, in der man früher das Zeug aufbewahrt hatte die Getreideopfer, das Räucherwerk, die Gefäße und den Zehnten des Getreides, den Most und das Öl. Aber während dieser Zeit war ich nicht in Jerusalem gewesen; denn im zweiunddreißigsten Jahr von Artaxerxes, dem König von Babylon, ging ich zum König. Dann bat ich nach einiger Zeit den König um Erlaubnis, kam nach Jerusalem und entdeckte das Verbrechen, das Eljaschib um Tobias willen begangen hatte , indem er ihm eine Kammer im Hof des Hauses Gottes bereitete. Und es missfiel mir sehr; Deshalb warf ich den ganzen Besitz Tobijas aus der Kammer hinaus. Dann befahl ich, die Kammern zu reinigen, und brachte die Gefäße des Hauses Gottes wieder dorthin, samt den Speisopfern und dem Räucherwerk.

[Nebenbemerkung: Neh. 13:10-14] Und ich sah, dass ihnen die Teile der Leviten nicht gegeben worden waren; So flohen die Leviten und die Sänger, die den Gottesdienst verrichteten, jeder auf sein Feld. Dann stritt ich mit den

Herrschern und sagte: „Warum ist das Haus Gottes verlassen?" Und ich versammelte sie und stellte sie auf ihre Posten. Und ganz Juda brachte den Zehnten des Getreides, des Mostes und des Öls in die Vorratskammern. Und ich ernannte zum Aufseher der Vorratskammern: Schelemja, den Priester, und Zadok, den Schreiber, und Pedaja , den Leviten; denn sie galten als treu, und ihre Aufgabe bestand darin, an ihre Verwandten zu verteilen. Denk an mich, o mein Gott, und vergiss nicht alle meine guten Taten, die ich für das Haus meines Gottes und seine Dienste getan habe.

[Nebenbemerkung: Neh. 13:15-22] Damals sah ich in Juda einige Männer, die am Sabbath Weinkeltern traten und Getreidehaufen hereinbrachten und Esel luden, außerdem Wein, Weintrauben, Feigen und allerlei Lasten, und das taten sie auch sie am Sabbat nach Jerusalem bringen; und ich habe sie gewarnt, als sie Proviant verkauften. Dort wohnten auch Tyrer, die Fische und allerlei Waren hereinbrachten und sie am Sabbath an die Bewohner von Juda und Jerusalem verkauften. Da stritt ich mit den Edlen von Juda und sagte zu ihnen: Was ist das für ein Schlimmes, was ihr tut und damit den Sabbath entweiht? Haben eure Väter das nicht getan und hat unser Gott nicht all dieses Unglück über sie und über uns und über diese Stadt gebracht? Doch du bringst noch mehr Zorn über Israel, indem du den Sabbath entweihst.' Als es also dunkel wurde, wurden die Tore Jerusalems vor dem Sabbat geschlossen; und ich gab Befehl, dass sie erst nach dem Sabbath geöffnet werden sollten. Und ich bestellte einige meiner Diener als Hüter der Tore und befahl, dass am Sabbat keine Last hereingebracht werden dürfe. So verbrachten die Kaufleute und Verkäufer aller Arten von Waren ein- oder zweimal die Nacht außerhalb Jerusalems. Dann warnte ich sie und sagte zu ihnen: „Warum verbringst du die Nacht vor der Mauer?" Wenn du das noch einmal tust, werde ich dir die Hände auflegen.' Von da an kamen sie am Sabbat nicht mehr. Denke daran, o mein Gott, auch dies zu meiner Ehre und erweist mir Barmherzigkeit entsprechend der Größe deiner Güte.

[Nebenbemerkung: Neh. 13:23-27] Zu dieser Zeit sah ich auch die Juden, die Frauen aus Aschdod, Ammon und Moab geheiratet hatten. Und ihre Kinder sprachen zur Hälfte die Sprache von Aschdod, aber keiner von ihnen konnte die Sprache der Juden sprechen, sondern die Sprache jedes Volkes. Und ich stritt mit ihnen und verfluchte sie und schlug einige von ihnen und riss ihnen die Haare aus und ließ sie bei Gott schwören und sprach: Ihr sollt eure Töchter nicht ihren Söhnen geben und ihre Töchter weder euren Söhnen noch euch selbst zur Frau nehmen. Hat nicht Salomo, der König von Israel, durch diese Taten gesündigt? Doch unter vielen Nationen gab es keinen König wie ihn, und er war von seinem Gott geliebt, und Gott machte ihn zum König über ganz Israel; dennoch verleiteten ihn fremde Frauen zur Sünde. Soll auch von dir berichtet werden, dass du all dieses große Übel tust, indem du gegen unseren Gott verstößt, indem du fremde Frauen heiratest?

[Nebenbemerkung: Neh. 13:28, 29]
Und einer der Söhne Jojadas , der Sohn Eljaschibs , des Hohenpriesters, war
der Schwiegersohn Sanballats, des Horoniters ; deshalb verjagte ich ihn von mir.
Gedenke ihrer, o mein Gott, denn sie haben den Bund des Priestertums und der Leviten verunreinigt.

[Nebenbemerkung: Neh. 13:30, 31] So reinigte ich sie von allem Fremden und legte die Pflichten für die Priester und die Leviten fest, jeder für seine bestimmte Aufgabe, und das Herbeibringen von Holz für den Gottesdienst zu bestimmten Zeiten und der Erstlinge. Erinnere dich daran, o mein Gott, es ist mir eine Ehre.

I. Grausamkeit und Heuchelei der jüdischen Führer. Das sechsundfünfzigste Kapitel von Jesaja stellt einen scharfen Kontrast dar: auf der einen Seite ein hohes Ideal der Gerechtigkeit gegenüber den Unterdrückten und Toleranz gegenüber allen Ausländern, die aufrichtig den Wunsch hatten, sich in der Anbetung Jehovas zu vereinen; auf der anderen Seite der schmutzige Egoismus der jüdischen Führer, die ihre Verantwortung missachteten und Religion nur als eine Reihe zeremonieller Bräuche betrachteten. Die Situation ist der im Norden Israels zur Zeit des Amos sehr ähnlich. Der II. Jesaja steht auf derselben Plattform wie seine Vorgänger aus der assyrischen Zeit. Er entledigt sich furchtlos den Herrschern der Gemeinschaft des Mantels der Heuchelei, mit dem sie ihre Schande zu verbergen suchten. In deutlichsten Worten erklärt er, dass ihre erste Pflicht gegenüber Gott darin besteht, die Fesseln der Ungerechtigkeit zu lösen und ihr Brot mit den Hungrigen zu teilen. Diese mitreißende prophetische Botschaft ist der natürliche Einstieg in das reformatorische Werk Nehemias.

II. Nehemias Methode zur Korrektur der sozialen Übel in der Gemeinschaft. Nehemias Ansprache im fünften Kapitel seiner Memoiren vervollständigt das in Jesaja 56 und 58 vorgeschlagene Bild. Die Armen waren aufgrund ihrer Armut gezwungen, ihre Kinder in die Sklaverei an die Reichen und die herrschende Klasse zu verkaufen. Um ihre persönlichen Steuern zu bezahlen , hatten sie auch ihre geerbten Felder, Weinberge und Häuser verpfändet. Zweifellos floss ein Großteil der so erhobenen Steuer in die Taschen ihrer Herrscher, die gnadenlos die Hilflosen und Bedürftigen ausbeuteten. Diese Verbrechen verstießen direkt gegen die Gesetze des Deuteronomiums (vgl. Deut. 23:9, 20) sowie gegen die im älteren Buch des Bundes (Ex. 21-23). Als Nehemia die Beseitigung dieser Übel forderte, war er daher unangreifbar. Im Geiste und mit den Methoden der früheren Propheten versammelte er das Volk, wahrscheinlich im Bereich des Tempelhofs, und verurteilte ihre Taten klar und schonungslos. Es gibt viele Gemeinsamkeiten zwischen diesem späteren jüdischen Laien und dem Hirten Amos. Jeder sprach auf der

Grundlage genauer persönlicher Beobachtungen und Erfahrungen; aber Nehemia besaß viele Vorteile gegenüber den Propheten, die ihm vorausgegangen waren. Sein persönliches Beispiel verlieh seinen Worten Kraft. Obwohl es sein Recht als Gouverneur war, hatte er von der judäischen Gemeinde keinen Tribut verlangt. Obwohl sich die Gelegenheit wahrscheinlich geboten hatte, weigerte er sich standhaft, den Armen, die bei ihm Geld- oder Getreidedarlehen beantragten, ihr Erbland wegzunehmen. Anstatt seine Landsleute zu versklaven, hatte er keine Gelegenheit ausgelassen, diejenigen zu befreien, die durch Unglück oder Armut in die Sklaverei gezwungen worden waren. Er hatte auch Reiche und Arme großzügig bewirtet und so allen ein Beispiel praktischer Nächstenliebe gegeben. Seine Autorität als persischer Gouverneur hatte zweifellos großes Gewicht bei den schüchternen, gierigen Führern in Jerusalem. Vor allem die Kraft seiner Persönlichkeit war unwiderstehlich. Es ist leicht, sich den starken Eindruck vorzustellen, den seine Worte auf sie machten. Die Wiederherstellung ihres Landes und die Befreiung ihrer Kinder waren zweifellos wichtige Faktoren, die die Männer Jerusalems zu jenen herkulischen Anstrengungen motivierten, die allein den Wiederaufbau der Mauern in der kurzen Zeitspanne von zweiundfünfzig Tagen ermöglichten.

III. Der historische Wert von Nehemia 13. In seiner *Komposition von Esra-Nehemia* (S. 44-49) behauptet Professor Torrey aus Yale, dass dieses Kapitel eine reine Schöpfung des Chronisten ist. Sicherlich sind seine Ausdrucksweise und die darin behandelten Themen charakteristisch für den Chronisten, aber im Großen und Ganzen ist es wahrscheinlich, dass er hier lediglich einen Auszug aus den Memoiren Nehemias umformuliert hat. Einige der dem Chronisten eigentümlichen Ausdrücke sind nur lose mit dem Kontext verknüpft. Der verbleibende Kern weist den kraftvollen Stil Nehemias und viele seiner eigenartigen Redewendungen auf. Sein mutiger, durchsetzungsfähiger Geist unterscheidet sich stark von dem der anderen Schriften des Chronisten. Es ist auch zweifelhaft, ob dieser spätere Schriftsteller mit seinen starken, priesterlichen Interessen Nehemia, den Laien, zu einem religiösen Reformator und damit in gewissem Sinne zum Rivalen Esras gemacht hätte. Vor allem die Arbeit, die Nehemia in diesem Kapitel zugeschrieben wird, steht im Einklang mit seinem Geist und seiner Einstellung, wie in den unbestrittenen Auszügen aus seinen Memoiren zum Ausdruck kommt. Wie es in 1:20 heißt, hatte er Sanballat und Tobija bereits mitgeteilt , dass sie in Jerusalem weder Anteil noch Denkmal haben sollten. Er hatte bereits gezeigt, dass er daran interessiert war, Unrecht innerhalb der Gemeinschaft wiedergutzumachen. Der Eifer bei der Wahrung der Heiligkeit des Sabbats und bei der Ablehnung heidnischer Ehen war eher für die Juden der Zerstreuung als für die Juden Palästinas charakteristisch. Daher ist es wahrscheinlich, dass dieses Kapitel Nehemias Arbeit aufzeichnet, als er Jerusalem einige Zeit nach 432 v. Chr. erneut besuchte, obwohl man offen zugeben muss, dass die historischen Beweise alles andere als schlüssig sind und dass der gesamte Bericht über diesen zweiten Besuch, einschließlich der chronologischen Daten, nicht vollständig ist in 5:14 und der Hinweis auf die Vertreibung von Sanballat in 1:20, könnten möglicherweise auf den Wunsch des Chronisten zurückzuführen sein, die Samariter zu diskreditieren und die Autorität Nehemias zur Unterstützung der späteren Priestergesetze und -bräuche zu gewinnen.

IV. Vorschriften zum Tempeldienst. Die Vertreibung Tobias , des Ammoniters, aus dem Raum, der ihm von Eliashib , dem Hohepriester, im Tempel zugewiesen worden war , hatte offenbar zwei Gründe: erstens, weil Tobia für Nehemia *eine unerwünschte Person* war und sich bereits als gefährlicher Feind für Nehemia erwiesen hatte Juden. Der zweite und wichtigste Grund war, dass der Raum zur Aufbewahrung der Opfergaben benötigt wurde, die zur Unterstützung der Tempelbeamten gebracht wurden. Diese Opfergaben wurden in Übereinstimmung mit den Anforderungen der Deuteronomischen Verordnung dargebracht, die zu dieser Zeit der von der judäischen Gemeinde anerkannte Kodex war (5. Mose 18:4. 14:23, 27, 28). Die Erzählung fügt hinzu, dass Nehemia aufgrund seines praktischen Sachverstands ein repräsentatives Komitee bestehend aus einem Priester, einem Schriftgelehrten und einem Leviten ernannte und ihnen die Aufgabe anvertraute, den Zehnten des Tempels entgegenzunehmen und an ihre Verwandten zu verteilen .

V. Bestimmungen zur Sabbatfeier und zur Eheschließung im Ausland. Weit entfernt vom Tempel und daher nicht in der Lage, an den besonderen Festen und Zeremonien teilzunehmen, die das religiöse Leben ihrer Rasse auszeichneten, und mit der ständigen Gefahr konfrontiert, von den Heiden, unter denen sie sich befanden, absorbiert zu werden, wurden die Juden der Zerstreuung untergebracht starke Betonung zweier Institutionen. Das eine war die Einhaltung des Sabbats und das andere die Bewahrung der Reinheit ihres Blutes durch den Verzicht auf jegliche Ehebündnisse mit ihren nichtjüdischen Nachbarn. In Palästina, wo es ihnen gelang, die alten Feste im Zusammenhang mit dem Tempel wiederzubeleben, und wo die Gefahr einer Übernahme nicht so groß war, scheinen ihre Praktiken in dieser Hinsicht viel laxer gewesen zu sein . Nicht nur, dass die Priester mit dem Abschluss ausländischer Ehen ein Beispiel gegeben hatten, sondern offenbar brachte der Autor der schönen Geschichte von Ruth etwa zu dieser Zeit mit der Berufung auf die Überlieferung über die moabitische Abstammung ihres berühmten Königs David den Glauben vieler in der Gemeinde zum Ausdruck, dass dies der Fall sei solche Ehen waren zulässig. Nehemia widersetzte sich dieser Tendenz jedoch energisch. Er erkannte auch die Gefahr für die Würde und den Charakter des Tempeldienstes, wenn die kommerziellen Aktivitäten des Alltags auf den Sabbat übertragen würden.

Seine Maßnahme, die Tore zu schließen und damit alle Händler auszuschließen, war daher sowohl vernünftig als auch wirksam. Indem er sich entschieden gegen ausländische Ehen aussprach, setzte er lediglich die Gesetze in Deuteronomium 7:1, 3 und 33:3 durch, die den Hebräern verbot, mit dem Volk des Landes Mischehen einzugehen.

VI. Bedeutung von Nehemias Werk. Mit dem Wiederaufbau der Mauern Jerusalems bereitete Nehemia den Weg für die Wiederbelebung des jüdischen Staates, die die letzten Jahre der persischen Periode kennzeichnete. Noch wichtiger war seine Arbeit bei der Wiederherstellung einer engen Beziehung zwischen den Juden der Zerstreuung und denen Palästinas. Er selbst war das Bindeglied zwischen ihnen, und seine Tätigkeit bereitete den Geist der palästinensischen Juden auf die Akzeptanz dieser neuen Prinzipien vor, die von Führern wie ihm stark vertreten wurden. Er setzte auch die ethischen und sozialen Ideale der früheren Propheten durch und vertrat geschickt die Grundsätze, die in den späten Priestergesetzen grundlegend waren. Vor allem in seiner eigenen Persönlichkeit als prophetischer Laie stellte er seiner Rasse ein Beispiel an Patriotismus, Selbstaufopferung, Effizienz und Hingabe an den Dienst für Jehova dar, das bei seiner eigenen Generation und späteren Generationen einen tiefen und bleibenden Eindruck hinterließ.

Abschnitt CII. Der traditionelle Bericht über die Annahme des Priestergesetzes

[Nebenbemerkung: Esra 7:1, 6-10] Unter der Herrschaft von Artaxerxes, dem König von Persien, zog Esra, ein Nachkomme Aarons, aus Babylon hinauf; und er war ein Schriftgelehrter, der sich mit dem Gesetz Moses auskannte, das Jehova, der Gott Israels, gegeben hatte. Und der König gewährte ihm alles, was er verlangte, denn die Hand des HERRN, seines Gottes, war auf ihm. Und einige von den Israeliten und von den Priestern, den Leviten, den Sängern, den Trägern und den Tempeldienern zogen [mit ihm] hinauf nach Jerusalem. Und er kam im fünften Monat nach Jerusalem, das war im siebten Regierungsjahr des Königs. Denn am ersten Tag des ersten Monats begann er die Reise von Babylon und am ersten Tag des fünften Monats kam er nach Jerusalem, denn die gute Hand Gottes war mit ihm. Denn Esra hatte sein Herz darauf gerichtet, das Gesetz des HERRN zu suchen und es zu befolgen und in Israel Gesetze und Verordnungen zu lehren.

[Nebenbemerkung: Neh. 7:73b, 8:4-6] Und als der siebte Monat heranrückte, versammelte sich das ganze Volk wie ein Mann auf dem weiten Platz, der vor dem Wassertor war. Und sie redeten mit Esra, dem Priester und Schriftgelehrten, er solle das Buch des Gesetzes Moses bringen, das der HERR Israel geboten hatte. Und Esra, der Priester, brachte das Gesetz am ersten Tag des siebten Monats vor die Versammlung der Männer und Frauen und alle, die es verstehen konnten. Und er las daraus vor dem offenen Platz, der vor dem Wassertor war, vom frühen Morgen bis zum Mittag, vor den Augen der Männer und Frauen und derer, die es verstehen konnten; und das ganze Volk achtete auf das Buch des Gesetzes. Und Esra, der Priester und Schriftgelehrte, stand auf einer hölzernen Kanzel, die sie zu diesem Zweck gemacht hatten, und öffnete das Buch vor den Augen des ganzen Volkes – denn er war über allem Volk – und als er es öffnete, stand das ganze Volk auf. Und Esra pries den HERRN, den großen Gott. Und das ganze Volk antwortete: „Amen, Amen", während sie ihre Hände hoben und ihre Häupter neigten und mit ihren Angesichtern zur Erde den HERRN anbeteten.

[Nebenbemerkung: Neh. 8:9-12] Da sprachen Esra, der Priester, und der Schriftgelehrte und die Leviten, die das Volk lehrten, zum ganzen Volk: Dieser Tag ist dem HERRN, eurem Gott, heilig; trauere nicht und weine nicht; für das ganze Volk, als sie die Worte des Gesetzes hörten. Da sagte er zu ihnen: Geht hin, isst das Fett und trinkt das Süße und schickt dem, für den nichts vorbereitet ist, Portionen; denn dieser Tag ist unserem Herrn heilig; und sei nicht beunruhigt, denn die Freude am HERRN ist dein Bollwerk. Da beruhigten die Leviten das ganze Volk und sprachen: Sei still, denn der Tag ist heilig, und beunruhige dich nicht. Und das ganze Volk ging hin, um zu essen und zu trinken und Portionen zu schicken und große Freude zu veranstalten, denn sie hatten die Worte verstanden, die ihnen kundgetan worden waren.

[Nebenbemerkung: Neh. 8:13-19] Und am zweiten Tag versammelten sich die Häupter der Vaterhäuser des ganzen Volkes, die Priester und die Leviten, zu Esra, dem Schriftgelehrten, um Einsicht in die Worte des Gesetzes zu gewinnen. Und sie fanden im Gesetz geschrieben, wie der HERR durch Mose geboten hatte, dass die Israeliten beim Fest im siebten Monat in Laubhütten wohnen sollten; und dass sie in allen ihren Städten und in Jerusalem laut ausrufen sollten: Geht hinaus auf den Berg und bringt Olivenzweige und Zweige wilder Ölbäume und Myrten und Palmzweige und Zweige dicker Bäume, um Hütten zu bauen, wie es vorgeschrieben ist. Da ging das Volk hinaus und holte es und machte sich Hütten, ein jeder auf dem Dach seines Hauses und in seinen Vorhöfen und in den Vorhöfen des Hauses Gottes und auf dem freien Platz am Wassertor und auf dem freien Platz das Ephraim-Tor. Und die ganze Gemeinde derer, die aus der Gefangenschaft zurückgekehrt waren, baute Hütten und wohnte in den Hütten; denn seit den Tagen Josuas, des Sohnes Nuns, bis zu diesem Tag hatten die Israeliten das nicht getan. Und die Freude war sehr groß. Und Tag für Tag, vom ersten bis zum letzten Tag, las er im Buch des Gesetzes Gottes. Und sie feierten das Fest sieben Tage lang, und am achten Tag fand, wie es Brauch war, eine feierliche Abschlussversammlung statt.

[Nebenbemerkung: Neh. 9:1-3] Am vierundzwanzigsten Tag dieses Monats versammelten sich die Israeliten unter Fasten und mit Sacktuch und Erde auf ihren Häuptern. Und die Kinder Israel hatten sich von allen Fremden abgesondert und standen da und bekannten ihre Sünden und die Missetaten ihrer Väter. Und sie standen an ihrem Platz auf und lasen einen vierten Teil des Tages im Buch des Gesetzes des HERRN, ihres Gottes; und zu einem weiteren vierten Teil bekannten sie sich und beteten Jehova, ihren Gott, an.

[Nebenbemerkung: Neh. 9:6-8] Und Esra sprach: Du bist der HERR, du allein; Du hast den Himmel und den Himmel der Himmel mit all ihrem Heer gemacht, die Erde und alles, was darauf ist, die Meere und alles, was darin ist, und du bewahrst sie alle, und das Heer des Himmels betet dich an . Du bist Jehova, der Gott, der Abraham erwählt und aus Ur in Chaldäa herausgeführt hat und ihm den Namen Abraham gegeben hat und dessen Herz vor dir treu war und einen Bund mit ihm geschlossen hat, um ihm das Land der Kanaaniter zu geben seine Nachkommen und hast deine Worte erfüllt, denn du bist gerecht.

[Nebenbemerkung: Neh. 9:32-37] Nun nun, unser Gott, der große, der mächtige und der schreckliche Gott, der du den Bund und die Güte hütest , lass nicht all die Trübsal vor dir klein erscheinen, die über uns, über unsere Könige, unsere Könige gekommen ist Edle, unsere Priester, unsere Propheten, unsere Väter und über euer ganzes Volk, seit der Zeit der Könige von Assyrien bis auf diesen Tag. Du bist jedoch gerecht in allem, was uns widerfahren ist; Denn du hast das Richtige getan, wir aber haben Böses getan. Unsere Könige, unsere Edlen, unsere Priester und unsere Väter haben weder dein Gesetz gehalten noch auf deine Gebote und Zeugnisse geachtet, mit denen du gegen sie ausgesagt hast. Denn sie haben dir in der Zeit ihrer königlichen Herrschaft nicht gedient, und trotz deiner großen Güte, die du ihnen gegeben hast , haben sie sich nicht von ihren bösen Taten abgewendet. Siehe, wir sind heute Sklaven, und was das Land betrifft, das du unseren Vätern gegeben hast , um seine Früchte zu essen und seine guten Gaben zu genießen, siehe, wir sind darin nur Sklaven. Und es bringt den Königen, die du wegen unserer Sünde über uns eingesetzt hast, ein großes Einkommen; Sie haben auch Macht über unseren Körper und über unser Vieh, wie es ihnen gefällt, und wir sind in großer Not.

[Nebenbemerkung: Neh. 9:38] Darüber hinaus schlossen wir einen festen Bund und schrieben ihn auf, und unsere Edlen, unsere Leviten und unsere Priester wurden in das versiegelte Dokument eingetragen.

[Nebenbemerkung: Neh. 10:28-31] Und alle, die sich von den Völkern der Länder dem Gesetz Gottes entzogen hatten, ihre Frauen, ihre Söhne und ihre Töchter, alle, die Wissen und Einsicht hatten, unterstützten tatkräftig ihre Verwandten, ihre Adligen und ging eine feierliche Verpflichtung ein und legte einen Eid ab, im Gesetz Gottes zu wandeln, das von Mose, dem Diener Gottes, gegeben wurde, und alle Gebote des HERRN, unseres Herrn, sowie seine Verordnungen und Satzungen zu beachten und zu befolgen; und dass wir unsere Töchter weder den Völkern des Landes geben noch ihre Töchter als Frauen für unsere Söhne nehmen würden; und dass wir, wenn die Völker des Landes am Sabbat Waren oder Getreide zum Verkauf bringen würden, weder am Sabbat noch an einem heiligen Tag davon kaufen würden; und dass wir im siebten Jahr das Land unbebaut lassen und von der Eintreibung jeglicher Schulden Abstand nehmen würden.

[Nebenbemerkung: Neh. 10:32-39] Wir haben uns auch die Verpflichtung auferlegt, jährlich den dritten Teil eines Schekels für den Dienst am Haus unseres Gottes zu geben, für das dargebrachte Brot und für das ständige Brandopfer Sabbate, die Neumonde, die festen Feste und die heiligen Dinge und für die Sündopfer zur Sühne für Israel und für alle Werke des Hauses unseres Gottes. Und wir, die Priester, die Leviten und das Volk, warfen das Los über das Holzopfer, um es Jahr für Jahr zu bestimmten Zeiten in das Haus unseres Gottes zu bringen, nach den Häusern unserer Väter, um es auf dem Altar zu verbrennen Jehova, unser Gott, wie es im Gesetz vorgeschrieben ist; und um Jahr für Jahr die frühesten Produkte unseres Landes und die ersten Früchte aller Baumarten zum Tempel des HERRN zu bringen; auch die Erstgeborenen unserer Söhne und unseres Viehs, wie es im Gesetz vorgeschrieben ist, und die Erstlinge unserer Rinder und Schafe, um sie in das Haus Gottes zu bringen zu den Priestern, die im Haus unseres Gottes dienen; und dass wir das erste aus unserem Teig gebackene Brot, die Früchte aller Arten von Bäumen, den Most und das Öl zu den Priestern in die Kammern des Hauses unseres Gottes bringen sollten; und den Zehnten unseres Landes den Leviten; und dass sie, die Leviten, den Zehnten in allen Städten unserer landwirtschaftlichen Bezirke erhalten sollten. Und dass der Priester, der Sohn Aarons, bei den Leviten sein sollte, wenn die Leviten den Zehnten in das Haus unseres Gottes bringen würden, in die Kammern, in das Vorratshaus. Denn die Israeliten und die Söhne Levis werden die Gaben von Getreide, Most und Öl in die Kammern bringen, wo die Geräte des Heiligtums sind, und die Priester, die dienen, und die Träger und die Sänger, und das sind wir würde das Haus unseres Gottes nicht vernachlässigen.

I. Die Esra-Tradition. Die Überlieferung über Esra und sein Werk wirft viele schwierige Probleme auf. Ein Teil davon findet sich im Kern des Buches Nehemia; während ein anderer Teil jetzt in der zweiten Hälfte des Buches Esra zu finden ist. Es ist nicht ganz klar, ob diese Verschiebung auf den Chronisten zurückzuführen ist, der Esra, dem Priester und Schriftgelehrten, den Vorrang vor Nehemia, dem Laien, einräumen wollte, oder auf den Fehler eines Schriftgelehrten. Ein neuerer Autor (Professor Torrey, in „*Composition of Ezra-Neh* ") hat überzeugend gezeigt, dass die Ezra-Geschichte in ihrer gegenwärtigen Form zumindest aus der Schule stammt, zu der der Chronist gehörte, wenn nicht sogar aus seiner eigenen Feder. Es ist nicht nur reich an den charakteristischen Phrasen dieses umfangreichen Herausgebers, sondern spiegelt an vielen Stellen auch seine eigenartige Auffassung von der Geschichte dieser Zeit wider. Esra wird als Nachkomme Aarons und „ein im Gesetz Moses erfahrener Schriftgelehrter" beschrieben. Seine Arbeit als Ausleger des Gesetzes, das er selbst in die Hand nimmt, ist typisch für die Schriftgelehrten, die in den Tagen des Chronisten (der griechischen Zeit) zu den Hauptlehrern des Judentums wurden. Der Erlass des Artaxerxes im siebten Kapitel von Esra lässt an jeder Stelle auf seinen späten jüdischen Ursprung schließen. Es verleiht Esra, dem Schreiber, königliche Autorität, die weit über die hinausgeht, die Artaxerxes seinem Günstling Nehemia verlieh. Ezra wird eine Summe im Wert von mehr als drei Millionen Dollar zur Verfügung gestellt. Auf seine Aufforderung hin versammelten sich siebzehnhundert Priester, Leviten, Sänger und Diener des Tempels um die Standarte des treuen Schriftgelehrten. Es wird dargestellt, dass er unter königlichem Schutz nach Palästina ging, um die judäische Gemeinde zu unterweisen, ihre Missbräuche zu reformieren und die Herrschaft des Gesetzes Mose einzuführen, das er in seiner Hand trug.

Er hält zunächst einen großen Gottesdienst in der Synagoge, bei dem dem Volk das Gesetz vorgelesen und ausgelegt wird. Anschließend wird ihnen geboten, das Laubhütten- oder Laubhüttenfest gemäß seinen Vorschriften zu begehen. Als er später herausfindet, dass die Menschen des Landes ausländische Ehen eingegangen sind, zerreißt er seine Kleidung und Haare und sitzt stundenlang da, überwältigt von dem großen Verbrechen, das auf der Gemeinschaft lastet. Als sich das Volk um ihn versammelt, tadelt er es für seine Nachlässigkeit und sorgt dafür, dass eine Kommission mit ihm selbst an der Spitze eingesetzt wird, um diese bösen Praktiken zu untersuchen und ihnen ein Ende zu setzen. Wenn die Gemeinde nach drei Monaten von diesem fremden Element gereinigt ist, versammelt sich das Volk erneut, um der Lesung des Gesetzes zuzuhören. Dann spricht Esra ein inbrünstiges Gebet, in dem er die Führung seines Volkes durch Jehova in der Vergangenheit und die Katastrophen darlegt, die als Folge ihrer Sünden entstanden sind. Nach dieser öffentlichen Bitte um Jehovas Vergebung unterzeichnete das Volk durch seine Adligen, Leviten und Priester schriftlich die Vorschriften, die in dem Gesetzbuch auferlegt wurden, das Esra mitgebracht hatte. Auch die wichtigsten Regelungen werden noch einmal zusammengefasst. Sie müssen von ausländischen Ehen Abstand nehmen, die Sabbatgesetze und auch die Anforderungen des siebten Jahres der Freilassung strikt einhalten, die jährliche Steuer von einem Zehntel Schekel und die anderen für seinen Unterhalt erforderlichen Abgaben in den Tempel einbringen und für den Unterhalt der Priester und Leviten.

II. Der historische Wert der Ezra-Tradition. Da einige Gelehrte des Alten Testaments erkennen, dass die Esra-Überlieferung aus der Hand des Chronisten stammt, neigen sie dazu, sie als völlig unhistorisch zu betrachten. Es kann nicht länger als rein historische Aufzeichnung betrachtet werden. Wie II. Chronik 31 ist es durchdrungen von den Ideen, die während der griechischen Zeit aktuell waren. Ohne den Wunsch zu täuschen, aber ohne den modernen historischen Geist, projiziert der Chronist die Institutionen, Ideen und Traditionen seiner Zeit frei in diese früheren Perioden. Das Ergebnis ist, dass er keine genaue oder verlässliche historische Aufzeichnung vorgelegt hat, sondern seine eigene Vorstellung davon, wie sich der Lauf der Geschichte hätte entwickeln sollen. Der Esra-Tradition fehlt auch die Unterstützung nicht nur zeitgenössischer Zeugnisse, sondern auch aller Juden, die in den nächsten Jahrhunderten schrieben. Ben Sira spricht in seiner Rezension der Helden Israels in den höchsten Tönen von Nehemia, weiß aber nichts von Esras Werk. Sogar die vergleichsweise späte jüdische Tradition, die sich in den ersten Kapiteln des 2. Makkabäerbriefs widerspiegelt, schreibt Nehemia die Wiederherstellung des Tempeldienstes und die Sammlung der heiligen Schriften seiner Rasse zu. An vielen Stellen steht die Esra-Überlieferung auch im Widerspruch zu den einfachen zeitgenössischen Aufzeichnungen, die in Nehemias Memoiren enthalten sind. Die eigentliche Frage ist, ob es einen historischen Kern in der Esra-Geschichte gibt oder nicht, und wenn ja, welche Fakten spiegelt sie wider.

III. Die Fakten, die der Esra-Tradition zugrunde liegen. Die späteren Aufzeichnungen machen deutlich, dass die Haltung der Juden in Palästina gegenüber ihren Nachbarn in der zweiten Hälfte der persischen Zeit immer exklusiver wurde. Nehemia scheint der Bewegung einen großen Anstoß gegeben zu haben, der schließlich zum Schisma der Samariter und der hohen Mauer führte, die fortan Juden und Heiden trennte. Die Betonung der strikten Einhaltung des Sabbats wurde immer stärker, bis zu Beginn der griechischen Zeit die Juden Jerusalems es vorzogen, vor dem Schwert ihrer Feinde zu fallen, anstatt am Sabbat zu kämpfen (vgl. Abschnitt CIII). Das Ritual des Tempels wurde noch ausgefeilter und seine Einnahmen stiegen in der zweiten Hälfte der persischen Zeit erheblich. Die Ausweitung des Territoriums der judäischen Gemeinde bedeutete, dass ihre Zahl durch die Rückkehr loyaler Juden zunahm, die von der Sicherheit, die ihre Mauern boten, und dem neuen Geist, der die Juden Palästinas belebte, angezogen wurden. Die Priestergesetze, die formuliert wurden, um den neuen Bedürfnissen der judäischen Gemeinschaft gerecht zu werden, scheinen in Palästina und von denen geschrieben worden zu sein, die eng mit dem Tempeldienst verbunden sind, aber durch die Betonung des Sabbats und ihr Bestreben, die Ehe mit Ausländern zu verhindern, legen sie nahe die Anwesenheit und der Einfluss von Juden, die aus dem Land der Zerstreuung zurückgekehrt waren. Es ist möglich, dass unter denen, die auf diese Weise zurückkehrten, auch der Priester Esra war, und er könnte an der Spitze einer dieser Gruppen zurückkehrender Verbannter gestanden haben. In den Tagen Josias wurde der im neu entdeckten Buch des Bundes enthaltene Kodex dem Volk in einer öffentlichen Versammlung vorgestellt und vom König, der als Vertreter des Volkes fungierte, angenommen und durchgesetzt (Abschnitt LXXXIII:iii) . Es ist wahrscheinlich, dass sich in der kleinen judäischen Gemeinde neue Vorschriften auf die gleiche Weise durchsetzten, nur dass das Volk nicht durch einen König, sondern durch seine Adligen und Priester vertreten wurde. Die Tradition Esras ist daher typisch für die große Bewegung, die das Leben des Judentums im Jahrhundert unmittelbar nach dem Werk Nehemias prägte.

IV. Ursprung und Ziele der Priestergesetze. Die späten Priestergesetze, die das Leben des Judentums prägten , finden sich in den Büchern Exodus, Levitikus und Numeri. Sie stellen keinen einheitlichen Kodex dar, sondern bestehen vielmehr aus einer Reihe kleinerer Gruppen von Gesetzen, wobei der ältere Kern der Heiligkeitskodex in den Kapiteln 17–26 des Levitikus ist (vgl. Abschnitt XCIII:iii) . In einigen Fällen finden sich Varianten desselben Gesetzes in verschiedenen Gruppen. Bestimmte dieser Gesetze wiederholen einfach in etwas anderer Form diejenigen, die bereits in den primitiven und deuteronomischen Codes zu finden sind; aber im Allgemeinen ergänzen sie diese früheren Codes. Die Formulierung, Sammlung und Kodifizierung dieser späteren Gesetze wurde offenbar bis in die zweite Hälfte der persischen Zeit fortgesetzt, als das Samariter-Schisma (Abschnitt CIII) sie in ihrer gegenwärtigen Form festlegte.

Diesen Gesetzen wurde als Einleitung die Priestergeschichte vorangestellt, die mit dem Schöpfungsbericht im ersten Kapitel der Genesis beginnt und kurz die Geschichte Israels bis zur Besiedlung Kanaans nachzeichnet. Das Interesse dieser späten Priesterhistoriker gilt wie das des Chronisten der Entstehung von Institutionen. Ziel des ersten Kapitels der Genesis ist es daher , den traditionellen Ursprung und die Autorität des Sabbats darzulegen. Der Bericht über die Sintflut gipfelt in einem Bund, der das Gebot verkörpert, dass der Mensch nicht vom Blut von Opfertieren essen soll; Die Priestergeschichten über Abraham zielen darauf ab, den Ursprung des Beschneidungsritus aufzuzeigen. Israels frühe Erfahrungen in der Wildnis bilden den Rahmen für die Verkündung des Gesetzes am Sinai. Auf diese Weise verbinden die verstorbenen Herausgeber dieser ersten Bücher des Alten Testaments die gesamte Gesetzgebung Israels mit Moses und zielen darauf ab, ihre göttliche Autorität zu begründen.

V. Ihre wichtigen Regelungen. Das zentrale Ziel all dieser späten Priestergesetze ähnelte dem von Hesekiel: Es bestand darin, Israel zu einem heiligen Volk zu machen und zu verhindern, dass es erneut in die Sünden verfiel, denen die überwältigenden Katastrophen zugeschrieben wurden, die es überfallen hatten. Dieses Ziel versuchten sie zu erreichen: (1) indem sie den Tempel und seine Gottesdienste zum Mittelpunkt des Lebens der Menschen machten und ihn durch zeremonielle Barrieren und Vorschriften vor allem schützten, was ihn verunreinigen könnte; (2) indem wir den Tempeldienst attraktiv gestalten; (3) indem es durch strenge zeremonielle Gesetze die Reinheit seines Priestertums sicherstellt; (4) durch die Wahrung der zeremoniellen Reinheit der Menschen durch strenge Gesetze bezüglich der von ihnen verzehrten Nahrung und die Ausarbeitung von Bestimmungen zu ihrer Reinigung für den Fall, dass sie durch den Kontakt mit dem, was als unrein galt, kontaminiert wurden; (5) durch das absolute Verbot aller Ehen mit Heiden; und (6) durch die Betonung der strengen Einhaltung des Sabbats und anderer besonderer Institutionen. Im Allgemeinen stellten diese späten Priestergesetze eine Rückkehr zur älteren und primitiveren Religionsauffassung dar und definierten die Pflicht eher als zeremonielle als als moralische Handlungen.

VI. Ihre praktischen Auswirkungen. Das spätere Judentum ist zu einem großen Teil das Ergebnis der strengen Durchsetzung dieser Vorschriften. Sein Leben konzentrierte sich immer mehr auf den Tempel. In seinen Diensten fanden die Menschen ihr größtes Interesse und ihre größte Freude. Auch die Zahl der Priester und Leviten nahm stark zu. Zu den älteren Tempelgebühren kamen viele neue hinzu. So brachte jeder die Erstgeborenen seiner Herde zum Tempel. Sogar sein ältester Sohn muss innerhalb eines Monats nach seiner Geburt durch eine Schenkung von fünf Schekel (was in der modernen Währung zwischen drei und vier Dollar entspricht) erlöst werden. Von jedem getöteten Tier gingen die Schulter, zwei Gelenke und der Magen an die Priester. Von der Ernte, dem Öl und dem Getreide erhielten sie etwa ein Fünfzigstel. Außerdem wurde den Leviten ein Zehnter überwiesen. Ein Teil der Wolle jeder Schafschur sowie ein Teil des Brotes, das sie backten, gelangten in den Tempel. Darüber hinaus kam ein großes Einkommen durch die Gelübde des Volkes oder durch Gewissensgelder zustande, die entweder in bar oder durch Geschenke ausgezahlt wurden. Obwohl die Priester keine weltliche Autorität hatten, um diese Gesetze durchzusetzen, ist es offensichtlich, dass das Volk seine schweren Lasten gerne trug und bereitwillig seine Opfergaben brachte, um dadurch eine eindeutige Gewissheit der Gunst Jehovas zu erlangen. Das Gesetz war für sie eher eine Quelle der Freude als eine Last. Ihre Liebe dazu wuchs stetig, bis es zwei Jahrhunderte später während der Makkabäerverfolgungen viele gab, die bereit waren, ihr Leben dafür zu geben.

Abschnitt CIII. DER JÜDISCHE STAAT WÄHREND DES LETZTEN JAHRHUNDERTS DER PERSISCHEN HERRSCHAFT

[Randbemerkung: Ps. 36:5-10]
Deine Güte, o Jehova, ist in den Himmeln, Deine Treue reicht bis zum Himmel,
Deine Gerechtigkeit ist wie die mächtigen Berge, Deine Gerichte sind wie die große Tiefe; Du bewahrst Mensch und Vieh.
Wie kostbar ist deine Güte, o Gott! Und die Menschensöhne vertrauen auf den Schatten deiner Flügel. Sie sind völlig zufrieden mit den Reichtümern deines Hauses, und du lässt sie aus deinem Strom der Freuden trinken .
Denn bei dir ist die Quelle des Lebens, und in deinem Licht werden wir das Licht sehen. O verbringe weiterhin deine Güte denen, die dich kennen , und
deine Gerechtigkeit denen, die aufrichtigen Herzens sind.

[Nebenbemerkung: Joel 2:1, 2b]
Das Wort Jehovas, das zu Joel, dem Sohn Pethuels , geschah :
Blasen Sie ein Horn in Zion,
ertönen Sie Alarm auf meinem heiligen Berg, alle Bewohner des Landes sollen zittern, denn die Der Tag Jehovas kommt, denn nahe ist der Tag der Dunkelheit und Finsternis, der Tag der Wolken und der dichten Dunkelheit!

[Nebenbemerkung: Joel 2:2c-6]
Wie das Licht der Morgendämmerung über die Berge verstreut, ein großes und mächtiges Volk;
So etwas hat es seit jeher nicht gegeben und
wird es auch nach ihm nicht mehr geben, auch nicht in den kommenden Zeitaltern. Vor ihnen verzehrt das Feuer, und hinter ihnen brennt eine Flamme; wie der Garten Eden ist das Land vor ihnen, und Nach ihnen ist es eine öde Wüste, ja, nichts entgeht ihnen. Ihr Aussehen ist wie das Aussehen von Pferden, und wie Reiter rennen sie. Wie das Geräusch von Streitwagen auf den Gipfeln der Berge springen sie, wie das Knistern von Flammen, die Stoppeln verschlingen ,Wie ein mächtiges Volk, das sich auf den Kampf vorbereitet. Die Menschen sind in Angst vor ihnen, Alle Gesichter strahlen vor Aufregung.

[Nebenbemerkung: Joel 2:7-9]
Wie mächtige Männer rennen sie, wie Krieger erklimmen sie eine Mauer, sie marschieren, jeder für sich, sie brechen ihre Reihen nicht, keiner drängt den anderen, sie marschieren, jeder auf seinem Weg, sie fallen Auf die Waffen, ohne sie zu zerbrechen, Sie durchstreifen die Stadt, sie rennen auf der Mauer, Sie klettern in die Häuser hinauf, Wie ein Dieb dringen sie durch die Fenster ein.

[Nebenbemerkung: Joel 2:10-11]
Die Erde bebt vor ihnen, der Himmel bebt, die Sonne und der Mond

werden dunkel, und die Sterne nehmen ihren Schein zurück; und Jehova
lässt diese Stimme vor seinem Heer erschallen,
denn sein Heer ist überaus groß,
ja Mächtig ist der, der sein Wort ausführt.
Denn groß ist der Tag des HERRN. Er ist sehr schrecklich, wer kann ihn
ertragen?

[Nebenbemerkung: Joel 2:12-14]
Aber nun ist dies das Wort Jehovas: Wendet euch mir zu mit eurem ganzen
Herzen und mit Fasten und Weinen und Trauer. Zerreißt eure Herzen und
nicht eure Kleider, und wendet euch an Jehova, euren Gott ;Denn er ist
tatsächlich gnädig und barmherzig, langsam zum Zorn und reich an Liebe
und erbarmt sich des Bösen.
Wer weiß, ob er sich nicht umdreht und nachgibt und einen Segen hinter
sich lässt, ein Speis- und Trankopfer für Jehova, deinen Gott?

[Nebenbemerkung: Joel 2:16-17]
Blasen Sie ein Horn in Zion, heiligen Sie ein Fasten, rufen Sie eine
Versammlung zusammen, versammeln Sie das Volk, heiligen Sie die
Gemeinde, versammeln Sie die alten Männer, sammeln Sie die Kinder und
die Säuglinge an der Brust, lassen Sie Der Bräutigam kommt aus seinem
Gemach und die Braut aus ihrem Brautzelt. Zwischen der Vorhalle und
dem Altar sollen die Priester, die Diener Jehovas, laut weinen und sagen:
Verschone, o Jehova, dein Volk, und mache es nicht! Dein Erbe ist ein
Gegenstand des Spotts, damit die Heiden sie verspotten. Warum sollte man
unter den Nationen sagen: Wo ist ihr Gott?

[Nebenbemerkung: Joel 2:18-20]
Da wurde Jehova eifersüchtig auf sein Land und hatte Mitleid mit seinem
Volk. Und Jehova antwortete und sprach zu seinem Volk: Siehe, ich werde
euch Getreide, Wein und Öl senden, und ihr Damit werde ich zufrieden
sein. Ich werde dich nicht wieder zum Gegenstand des Spottes unter den
Nationen machen, ich werde den nördlichen Feind weit von dir entfernen,
und ich werde ihn in ein unfruchtbares und trostloses Land treiben, seine
Vorhut zum östlichen Meer und sein zurück zum westlichen Meer, und ein
Gestank wird von ihm aufsteigen.

[Nebenbemerkung: Joel 2:21-24]
Fürchte dich nicht, o Land, jubele und freue dich, denn Jehova hat Großes
getan. Fürchte dich nicht, oh Tiere des Feldes, denn die Weiden der Wildnis
bringen neues Gras hervor, für die Bäume tragen ihre Früchte,
Feigenbäume und Weinstöcke geben ihre Kraft. Seid denn froh, ihr Söhne
Zions, und freuet euch in Jehova, eurem Gott, denn er hat euch den
Frühregen in gerechtem Maß gegeben und den Winterregen über euch
herabgeschüttet Und er ließ den Spätregen wie zuvor kommen. Die Tennen

werden voll Getreide sein, und die Bottiche werden mit neuem Wein und
Öl überlaufen.

[Nebenbemerkung: Joel 2:25-27]
Ich werde euch die Jahre zurückgeben, die der Schwärmer gefressen hat,
der Verschlinger, der Zerstörer und der Scherer, meine große Armee, die
ich unter euch gesandt habe, und ihr sollt eure Nahrung essen und sei
zufrieden und preise den Namen des HERRN, deines Gottes, der so
wunderbar durch dich gehandelt hat, und ihr werdet erkennen, dass ich
mitten in Israel bin, dass ich der HERR, euer Gott, bin und niemand sonst,
und mein Volk wird nie mehr sein beschämt.

[Nebenbemerkung: Joel 2:28, 29]
Und es wird danach geschehen, dass ich meinen Geist auf alles Fleisch
ausgießen werde, und eure Söhne und eure Töchter werden prophezeien,
eure alten Männer werden Träume träumen, eure jungen Männer werden
sehen Visionen, und sogar über deine Sklaven und Sklavinnen werde ich in
jenen Tagen meinen Geist ausgießen.

[Nebenbemerkung: (Jos. Ant. XI, 7:1)] Als Eljaschib, der Hohepriester, starb,
wurde sein Sohn Judas sein Nachfolger im Hohepriesteramt. Als er dann
starb, übernahm sein Sohn Johanan diese Würde. Seinetwegen entweihte
Bagoses , der Feldherr des Artaxerxes [Mnemon], den Tempel und erlegte
den Juden einen Tribut auf, so dass sie auf öffentliche Kosten für jedes
Lamm fünfzig Schekel zahlen sollten. Der Grund dafür war folgender:
Jeschua war der Bruder Johanans . Bagoses , der Freund Jeschuas , versprach,
ihm das Hohepriestertum zu sichern. Deshalb vertraue ich auf diese
Unterstützung, Jeshua stritt sich mit Johanan im Tempel und provozierte
seinen Bruder so sehr, dass Johanan ihn in seinem Zorn tötete. Aus diesem
Grund wurde das Volk von den Persern versklavt und der Tempel entweiht.
Denn als Bagoses , der Feldherr des Artaxerxes, erfuhr, dass Johanan , der
Hohepriester der Juden, seinen eigenen Bruder Jeschua im Tempel getötet
hatte, ging er sofort gegen die Juden vor und begann voller Zorn zu ihnen zu
sagen: Habt ihr es gewagt, einen Mord zu begehen? in deinem Tempel! Und
als er versuchte, in den Tempel zu gehen, versuchten sie, ihn daran zu
hindern; Er aber sprach zu ihnen: Bin ich nicht reiner als der, der im Tempel
getötet wurde? Und als er diese Worte gesagt hatte, ging er in den Tempel.
Daher Bagoses nutzte diesen Vorwand und bestrafte die Juden wegen der
Ermordung Jeschuas mit sieben Jahren .

[Nebenbemerkung: (Jos. Ant. XI, 7:2)] Als nun Johanan dieses Leben
verlassen hatte, übernahm sein Sohn Jaddua die Hohepriesterschaft. Er hatte
einen Bruder, dessen Name Manasse war. Und es gab einen gewissen
Sanballat, der von Darius, dem letzten König von Persien, nach Samaria
geschickt wurde. Dieser Mann, der wusste, dass Jerusalem eine berühmte

Stadt war und dass seine Könige den Assyrern und dem Volk von Coele - Syrien große Schwierigkeiten bereitet hatten, gab seine Tochter, deren Name Nicaso war , bereitwillig mit Manasse zur Frau, in der Annahme, dass dieses Ehebündnis dazu führen würde sei ein Versprechen dafür, dass die Nation der Juden ihr Wohlwollen ihm gegenüber aufrechterhalten würde.

[Nebenbemerkung: (Jos. Ant. XI, 8:2a-c)] Die Ältesten von Jerusalem beklagten sich lautstark darüber, dass der Bruder von Jaddua , dem Hohepriester, obwohl er mit einem Ausländer verheiratet war, mit ihm das Hohepriestertum teilte, und ergriffen Partei gegen Jaddua ; denn sie betrachteten die Heirat dieses Mannes als eine Ermutigung für diejenigen, die bestrebt waren, Übertretungen zu begehen, indem sie ausländische Frauen heirateten, und dass dies der Beginn einer engeren Verbindung mit Ausländern sein würde. Deshalb befahlen sie Manasse, sich von seiner Frau scheiden zu lassen oder sich nicht dem Altar zu nähern. Der Hohepriester selbst schloss sich der Empörung des Volkes an und vertrieb seinen Bruder vom Altar.

[Nebenbemerkung: (Jos. Ant. XI, 8:2d-g)] Dann ging Manasse zu seinem Schwiegervater Sanballat und sagte ihm, dass er, obwohl er seine Tochter Nicaso liebte, nicht bereit war, sich diese entziehen zu lassen ihr wegen seiner Priesterwürde, da diese die höchste Würde ihres Volkes war und immer in derselben Familie fortgeführt worden war. Daraufhin versprach ihm Sanballat, ihm nicht nur die Ehre seines Priestertums zu bewahren, sondern ihm auch die Macht und Würde eines Hohepriesters zu verschaffen und ihn zum Gouverneur aller Orte zu machen, die er selbst regierte, wenn er seine Tochter als solche behalten würde seine Frau. Er sagte ihm auch, dass er ihm einen Tempel wie den in Jerusalem auf dem Berg Garizim bauen würde, dem höchsten aller Berge in Samaria. Darüber hinaus versprach er, dass er dies mit Zustimmung des Königs Darius tun würde. Manasse, der von diesen Versprechungen begeistert war, blieb bei Sanballat und glaubte, dass er als Geschenk von Darius die Hohepriesterschaft erhalten würde, da Sanballat damals schon weit fortgeschritten war. Nun herrschte große Unruhe unter dem Volk von Jerusalem, weil viele der Priester und Leviten in solche Ehen verwickelt waren, denn sie alle empörten sich gegen Manasse, und Sanballat bot ihnen Geld und verteilte unter ihnen Land zum Anbau und auch Wohnplätze. Er tat dies alles, um seinen Schwiegersohn in jeder Hinsicht zufrieden zu stellen.

I. Wohlstand der judäischen Gemeinschaft. Hinter ihren wiederhergestellten Mauern genossen die Juden Jerusalems ein Gefühl der Sicherheit und des Friedens, das sie seit den Tagen Josias nicht mehr gehabt hatten. Endlich hatten sie die Freiheit, die begrenzten Ressourcen des kleinen Juda zu erschließen und ihr Territorium nach und nach nordwestlich über die fruchtbare Ebene von Scharon auszudehnen. Höchstens waren ihre Anzahl und ihr Territorium gering. Die Erinnerungen an ihre glorreiche Vergangenheit und ihre Hoffnungen für die Zukunft waren ihre wichtigste Inspiration. Der Glaube, dass sie durch die treue Unterstützung des Tempeldienstes und die Einhaltung der bestimmten Anforderungen des Rituals die Gunst Jehovas gewannen, war für sie eine unerschöpfliche Quelle des Trostes und der Dankbarkeit. In den reichhaltigen Gottesdiensten im Tempel und in der Betrachtung des Charakters und der Taten Jehovas fanden sie wahre Freude. Diese Gefühle kommen in einigen Psalmen zum Ausdruck, beispielsweise im Psalm 36, der wahrscheinlich aus dieser Zeit stammt. In ihrer Schwäche blickten sie voller Zuversicht und Dankbarkeit zu Jehova auf, der im Himmel herrschte und der fähig und eifrig war, diejenigen zu beschützen, die „auf den Schatten seiner Flügel vertrauten". Ihr einziges Gebet war, dass seine liebevolle Güte sie weiterhin beschützen würde.

II. Das Wachstum des Psalters. Nehemias Werk gab offenbar nicht nur Impulse für die Entwicklung des Gesetzes und des Tempelrituals, sondern inspirierte auch Dichter dazu, in bestimmten Psalmen, die heute im Psalter zu finden sind, ihre eigenen Gefühle und die der Gemeinschaft zum Ausdruck zu bringen. Es ermutigte sie auch, die früheren religiösen Lieder ihrer Rasse zu sammeln. Das Ergebnis ihrer Arbeit ist die Erstausgabe des hebräischen Psalters. In seiner jetzigen Form ist der Psalter wie der Pentateuch in fünf Bücher unterteilt, mit einer allgemeinen Einleitung bestehend aus den Psalmen 1 und 2 und einer abschließenden Doxologie (Ps. 150). Am Ende jedes dieser Abschnitte stehen kürzere Doxologien oder kurze Epiloge (z. B. 41:13 72:19 89:52 106:48). Der Psalter selbst ist eine Bibliothek, die eine große Vielfalt an Gedichten enthält, die zu verschiedenen Zeiten, aus vielen verschiedenen Blickwinkeln und von vielen verschiedenen Dichtern geschrieben wurden. Es besteht wie der Priesterkodex und das Buch der Sprüche aus einer Sammlung kleinerer Sammlungen. So werden viele Psalmen in der ersten Hälfte des Psalters in späteren Psalmen ganz oder teilweise wiederholt. Psalm 14 zum Beispiel ist identisch mit Psalm 73, außer dass in 14 Jehova als Bezeichnung für die Gottheit und in 73 Elohim (oder Gott) verwendet wird.

Das Problem, das Datum der einzelnen Psalmen und der verschiedenen Sammlungen zu bestimmen, ist außerordentlich schwierig, sowohl weil die Überschriften eindeutig von späteren Herausgebern hinzugefügt wurden, die dachten, sie würden damit den Psalm mit einem früheren Autor oder einem früheren historischen Ereignis in Verbindung bringen, und weil die Psalmen selbst Folgendes enthalten wenige historische Anspielungen. Die große Mehrheit von ihnen spiegelt die Lehren der Propheten vor dem Exil wider oder stammt, wie das Buch der Sprüche, aus dem Mund der Weisen und befasst sich mit universellen menschlichen Problemen. Einige wurden von Priestern oder Leviten für den Gebrauch im Zusammenhang mit dem

Gesangsgottesdienst im Tempel geschrieben. Aufgrund dieser zeitlosen Qualität hängt ihre Wertschätzung jedoch nicht von einer genauen Kenntnis ihrer Urheberschaft oder ihres historischen Hintergrunds ab. Es ist möglich, dass einige der Psalmen im ersten Teil des Psalters aus der Zeit vor dem Exil stammen, aber die große Mehrheit spiegelt die Probleme, Hoffnungen, Ängste und Prüfungen der Gläubigen wider, die im Schatten lebten der zweite Tempel. Auch wenn die Überschriften eindeutig nicht von den ursprünglichen Psalmisten selbst stammen, geben sie doch die Schlussfolgerungen der Herausgeber wieder, die die ersten Sammlungen erstellt haben. Der oft wiederkehrende Titel „Psalm an David" bedeutet entweder, dass er vom Herausgeber David als Autor zugeschrieben wurde, oder ist eine allgemeine Bezeichnung für Psalmen, die als vergleichsweise früh erkannt wurden. Die beiden großen davidischen Sammlungen, 3-41 und 51-72, wurden offenbar nicht lange nach dem Wiederaufbau der Mauern Jerusalems gesammelt. Sie sind stark von den inspirierenden Lehren des 2. Jesaja beeinflusst. Sie sind bemerkenswert frei von jenem Zeremoniellismus, der im letzten Jahrhundert der persischen Herrschaft zu einer mächtigen Kraft im Judentum wurde. Psalm 51:16, 17 zum Beispiel spiegelt die edlen ethischen Lehren der großen Propheten wider:

Du willst kein Opfer, sonst würde ich es geben,
Du hast keine Freude an Brandopfern,
Das Opfer Gottes ist ein gebrochenes Herz,Ein gebrochenes und
zerknirschtes Herz, o Gott, wirst du nicht verachten.

Sie stellen daher die älteste Ausgabe des Psalters und der Lieder dar, die wahrscheinlich von den Tempelsängern und dem Volk gesungen wurden, als sie an den großen Festtagen in den letzten Jahren der persischen Zeit zum Tempel hinaufgingen.

III. Die Prophezeiung von Joel. Für einen kurzen Moment wird das klare Licht der zeitgenössischen Prophezeiung durch das kleine Buch Joel auf die judäische Gemeinde geworfen. Der unmittelbare Anlass war die Invasion eines großen Heuschreckenschwarms, der entweder aus der Wüste oder aus den Bergen im Norden nach Judäa fegte. Es enthält in 3,6 den ersten alttestamentlichen Hinweis auf die Griechen. Aus 3,2 geht hervor, dass die jüdische Rasse bereits weit zerstreut war. In 3,2 wird die Hoffnung zum Ausdruck gebracht, dass bald die Zeit kommen wird, in der keine Fremden mehr durch Jerusalem ziehen werden. Der Tempel und die Stadtmauern (2:9) wurden jedoch bereits wieder aufgebaut, was darauf hindeutet, dass die Prophezeiung auf das Werk Nehemias folgte. Die Priester nehmen im Leben der Gemeinde eine herausragende Stellung ein, und Joel, obwohl er ein Prophet ist, legt großen Wert auf die Bedeutung des Rituals. Als die Gemeinde von Heuschreckenschwärmen bedroht wird, deren Vormarsch er mit dramatischen Bildern beschreibt, ruft er das Volk auf, ein Fasten zu heiligen und eine Versammlung einzuberufen, und befiehlt den Priestern, laut zu Jehova um Befreiung zu rufen.

IV. Hoffnungen der Juden. In seiner Prophezeiung hat Joel die Hoffnungen, die das Volk hinsichtlich des kommenden Tages Jehovas hegte, sehr ausführlich beschrieben. Es ist derselbe Tag Jehovas, den Zefanja beschrieb (Abschnitt LXXXI:v), und doch ist das Porträt ganz anders. Ein göttliches Gericht soll nicht über das Volk Jehovas, sondern über seine Feinde verkündet werden. Hier offenbart Joel den Einfluss von Hesekiels anschaulichen Beschreibungen im achtunddreißigsten und neununddreißigsten Kapitel seiner Prophezeiung. Anschaulich beschreibt er den Vormarsch der Erbfeinde Israels. Mit voller Kriegsausrüstung werden sie dargestellt, wie sie in das Tal Josaphat vorrücken, das Tal des Gerichts (im Volksmund mit dem Kidron gleichgesetzt), wo Jehova das Urteil über sie fällen wird . Dann plötzlich, wenn der Erntemann die Sichel in das Korn sticht, werden sie abgeholzt und völlig vernichtet. Auch in der Vorstellung des Propheten erhebt sich über diesem Blutbad Jerusalem, eine uneinnehmbare Festung für das Volk Israel, heilig und nicht mehr durch die Anwesenheit heidnischer Eindringlinge verunreinigt. Frieden und Wohlstand werden dann das Los des Volkes Jehovas sein. Vor allem wird er seinen reinigenden, erleuchtenden Geist über alle Klassen ausgießen, so dass Jung und Alt, Sklave und Freie vom Bewusstsein seiner Botschaft und der Präsenz in ihren Herzen inspiriert werden.

V. Herrschaft der Hohepriester. Die wenigen erhaltenen Fakten über die äußere Geschichte der judäischen Gemeinde während des letzten Jahrhunderts der persischen Herrschaft stehen in auffälligem Kontrast zum Innenleben und den Hoffnungen des Volkes. An ihrer Spitze standen die Hohepriester, deren Namen wir kennen: Eliashib , Johanan und Jaddua . Sie stellten eine im Tempel verankerte erbliche Aristokratie dar, die nicht nur das religiöse, sondern auch das bürgerliche Leben der Juden kontrollierte. Wie allen Hierarchien fehlte ihr der korrigierende Einfluss einer übergeordneten zivilen Autorität. Der einzige Schutz der Volksfreiheiten war jedoch das geschriebene Gesetz, das schnell zur absoluten Autorität im Leben der Gemeinschaft wurde. Hierauf konnte das Volk sogar gegen die Entscheidungen der Priester Berufung einlegen. Es hielt daher den ererbten demokratischen Geist am Leben, der während seiner gesamten Geschichte der unschätzbare Besitz Israels gewesen war.

Es gibt allen Grund, den detaillierten Bericht zu akzeptieren, den Josephus über den Streit zwischen dem Hohepriester Johanan und seinem Bruder Josua gegeben hat, der zur Ermordung des letzteren im heiligen Tempelbezirk führte. Eine solche Gelegenheit würde natürlich dadurch verbessert, dass der gierige persische Beamte den Juden eine hohe Steuer auferlegte. Der Elephantine-Brief belegt die Tatsache, dass Johanan im Jahr

411 v. Chr. Hohepriester war und dass Baghohi (dessen jüdisches Äquivalent Bagoses ist) der persische Satrap war. Es bestätigt somit direkt die Aussage von Josephus. Hinweise in spätgriechischen Schriften (Solinus XXXV, 6; Syncellus I, 486) deuten darauf hin, dass die Juden um 350 v. Chr. zusammen mit den Phöniziern an der Rebellion gegen Persien beteiligt waren. Diese Historiker geben an, dass zu dieser Zeit Jericho erobert und zerstört wurde und dass ein Teil des jüdischen Volkes in die Provinz Hyrcania südlich des Kaspischen Meeres transportiert wurde . Der Aufstand wurde von Tachos , dem Herrscher Ägyptens, angezettelt, der um 362 nicht nur die Herrschaft Persiens abschüttelte, sondern auch in Syrien einmarschierte und die Phönizier dazu aufrief, sich dem persischen König zu widersetzen. Artaxerxes III., im Volksmund Ochus genannt , erwies sich jedoch als der letzte Herrscher, der die schwindende Macht des Persischen Reiches wiederbeleben konnte. Bei seiner Thronbesteigung erschlug er alle Mitglieder der königlichen Familie, und während seiner gesamten Herrschaft (358–337 v. Chr.) vertraute er hauptsächlich auf das gezogene Schwert, um seine Autorität aufrechtzuerhalten. Im Jahr 346 v. Chr. gelang es ihm schließlich, ein riesiges Heer zusammenzustellen, mit dem er in Syrien einmarschierte und Sidon belagerte. Sein König verriet seine Stadt in die Hände der Perser, wurde jedoch von dem verräterischen Ochus ermordet . Die Bürger von Sidon erkannten, dass sie von den Händen ihres Eroberers keine Gnade erfahren würden, schlossen sich in ihren Häusern ein und verbrannten sie dann über ihren Köpfen. Den griechischen Historikern zufolge kamen bei diesem Aufstand 40.000 Phönizier ums Leben.

VI. Das Datum des Samariterschismas. Josephus hat einen ungewöhnlich umfassenden und detaillierten Bericht über die endgültige Spaltung zwischen Juden und Samaritern gegeben. Er datiert es in die Zeit des Hohepriestertums von Jaddua , der kurz nach dem Ende der Perserzeit starb. Er impliziert daher, dass das Schisma nicht lange vor 332 v. Chr. stattfand, als Alexander der Große Palästina eroberte. Dies steht auch im Einklang mit der Tatsache, dass der Elephantine-Brief aus dem Jahr 411 v. Chr. nichts von einer Trennung zwischen Juden und Nichtjuden kennt. Die Tatsache, dass die abtrünnigen Priester zum Zeitpunkt der Teilung den Pentateuch in seiner endgültigen Form aus Jerusalem mitnahmen, bestätigt nachdrücklich die Schlussfolgerung (wie Professor Torrey in seinen *Ezra Studies* , S. 324-330 dargelegt hat), dass der Sanballat, der über die Stadt herrschte Die samaritanische Gemeinschaft war nicht der Zeitgenosse Nehemias, sondern sein Enkel, der als alter Mann in Samaria herrschte, als Alexander den Osten eroberte.

VII. Die Natur und Folgen des Schismas. Die Spaltung zwischen Juden und Samaritern war lediglich eine Wiederbelebung der alten Rivalität, die aus der Zeit stammte, als die Israeliten sich erstmals in Kanaan niedergelassen hatten.

Die Zerstörung Samarias im Jahr 722 und die starke Politik Josias hatten offenbar dazu geführt, dass die Samariter den Tempel in Jerusalem als das Hauptheiligtum des Landes betrachteten. Doch Sichem und der Berg Gerizim, der sich im Süden abrupt erhebt, genossen Traditionen, die bis in die frühesten Tage der Geschichte Israels zurückreichten. Die heilige Eiche und der Altar in Sichem spielten bereits in der patriarchalischen Zeit eine Rolle. Im Baal- Berith- Tempel in Sichem beteten offenbar sowohl Kanaaniter als auch Israeliten in den Tagen der Besiedlung. Nach der samaritanischen Version von Deuteronomium 24:4 war der Berg Gerizim, nicht Ebal oder Jerusalem, der Ort, an dem den Israeliten nach dem Einzug in Kanaan erstmals befohlen wurde, einen Altar für Jehova zu errichten und darauf die dem Mose gegebenen Gesetze einzuschreiben . Sogar in der jüdischen Version von Deuteronomium 11:29 und 27:12 ist der Berg Garizim der Berg des Segens. Im Lichte dieser Passagen würden solche Gebote wie zum Beispiel die in Deuteronomium 12:4, 5 von den Samaritern natürlich als Hinweis auf Garizim und nicht auf Jerusalem interpretiert werden. Die Zerstörung der judäischen Hauptstadt und des Tempels gab einen großen Anstoß für die Wiederbelebung dieser alten Traditionen und gab dem nördlichen Heiligtum neues Ansehen. Bis zum Ende der persischen Zeit betrachteten die Samariter Jerusalem jedoch offenbar als wichtiges Heiligtum und beteten dort gemeinsam mit den Juden. Die endgültige Spaltung scheint eine Folge der wachsenden Eifersucht zu sein, mit der einige Juden ausländische Ehen betrachteten. Die Heirat von Manasse, dem Bruder des Hohepriesters Jaddua , mit Nicaso , der Tochter von Sanballat II., und seine endgültige Vertreibung durch die Juden entfachten die schwelende Eifersucht und Opposition, die seit langem zwischen den beiden Gemeinschaften bestand. Wie Josephus erzählt, überließ Sanballat, um seinen Schwiegersohn zufrieden zu stellen, Ländereien und Sonderrechte an ihn und die anderen Jerusalemer Priester, die von diesen Angeboten angezogen wurden, und baute schließlich den berühmten Tempel auf dem Berg Garizim, über dem Manasse stand und seine Nachkommen führten den Vorsitz. In vielerlei Hinsicht scheinen der Tempel und der Gottesdienst auf dem Berg Garizim Duplikate derjenigen in Jerusalem gewesen zu sein. Das gleiche Gesetz wurde von beiden Gemeinden anerkannt; sie teilten dieselben Traditionen und dieselben Ideale; Und doch veranschaulicht ihre weitere Geschichte die psychologische Wahrheit, dass von allen Formen des Hasses die zwischen Brüdern die giftigste und nachhaltigste ist. Die erbitterte Rivalität und der wachsende Hass, die aus dieser Tat resultierten, spiegeln sich sogar in den Weisheitslehren von Ben Sira wider (B. Sir. 47:21, 24, 25). Sie prägen auch grundlegend die Schriften des Chronisten. Die energischen Bemühungen, die er unternahm, um die Ansprüche der Samariter zurückzuweisen, offenbaren die Intensität der Fehde bereits in der griechischen Zeit (vgl. 2. Chronik 11,13-16). Sein Eifer bei dem Versuch zu beweisen, dass die Erbauer des Jerusalemer Tempels jüdischer Abstammung waren, war zweifellos von der samaritanischen Anschuldigung inspiriert, sie hätten während der babylonischen und persischen Zeit ungehindert mit der heidnischen Bevölkerung des Landes geheiratet. Er musste zugeben, dass sich sogar die Hohepriesterfamilien dieser Sünde schuldig gemacht hatten, behauptete jedoch, dass die ausländischen Frauen später geschieden wurden oder die Täter aus Jerusalem vertrieben wurden. Im Lichte der ältesten Aufzeichnungen scheint es, dass die Samariter in der Lage waren, eine fast ebenso reine Abstammungslinie wie die Juden zu etablieren. Natürlich weitete sich der alte Riss in den folgenden Jahren immer weiter aus, bis er nicht mehr heilbar war.

* * * * *

Das griechische und makkabäische Zeitalter

Abschnitt CIV. DIE JUDEN UNTER IHREN GRIECHISCHEN HERRSCHERN

[Randbemerkung: 1 Mac. 1:1-4] Nachdem Alexander der Mazedonier, der Sohn Philipps, der aus dem Land der Griechen stammte, Darius, den König der Perser und Meder, geschlagen hatte, regierte er an seiner Stelle als erster Herrscher des syrischen Königreichs.

Er schlug viele Schlachten
und gewann viele Festungen und tötete die Könige der Erde; und sein Herz erhob sich; er sammelte ein überaus großes Heer und herrschte über Länder, Völker und Fürstentümer; und sie wurden ihm tributpflichtig.

[Randbemerkung: Jos. Ant. XI, 8:7a, c]
Als Alexander starb, wurde die Regierung unter seinen Nachfolgern aufgeteilt. Ungefähr zu dieser Zeit starb Jaddua , der Hohepriester, und Onias , sein Sohn, übernahm das Hohepriesteramt.

[Randbemerkung: Jos. Ant. XII, 1:1b-d] Alexanders Reich wurde unter vielen aufgeteilt: Antigonus erlangte den Besitz der Provinz Asien; Seleukus von Babylon und den umliegenden Nationen; Lysimachos regierte den Hellespont und Kassander hielt Mazedonien; Ptolemaios, der Sohn des Lagus , erlangte Ägypten. Während diese Fürsten ehrgeizig miteinander kämpften, jeder um sein eigenes Königreich, kam es zu ständigen und langwierigen Kriegen. Und die Städte litten und verloren viele ihrer Bewohner in diesen Tagen der Not, so dass ganz Syrien durch die Hand von Ptolemaios, dem Sohn des Lagus , das Gegenteil von dem erlebte, was sein Titel als Retter impliziert . Er eroberte auch Jerusalem durch Betrug und Verrat; Denn als er an einem Sabbattag in die Stadt kam, als ob er Opfer darbringen wollte, erlangte er ohne Schwierigkeiten Besitz von der Stadt, da die Juden sich ihm nicht widersetzten, weil sie ihn nicht als ihren Feind verdächtigten, und an diesem Tag sie immer in Ruhe und Stille verbringen. Und als er es in Besitz genommen hatte, herrschte er grausam darüber.

[Randbemerkung: Jos. Ant. XII, 1:1g-j] Und als Ptolemaios viele Gefangene sowohl aus den Bergregionen Judäas als auch aus den Gegenden um Jerusalem und Samaria und dem Berg Garizim geführt hatte, führte er sie alle nach Ägypten und ließ sie dort nieder. Und da er wusste, dass die Menschen in Jerusalem ihre Eide und Bündnisse am treuesten hielten, verteilte er viele davon auf die Garnisonen. In Alexandria gewährte er ihnen die gleichen Privilegien als Bürger wie die Mazedonier. Er verlangte auch von ihnen einen Eid, dass sie seinen Nachkommen treu bleiben würden. Und nicht wenige andere Juden gingen aus eigenem Antrieb nach Ägypten, angezogen sowohl von der Güte des Bodens als auch von der Großzügigkeit des Ptolemäus. Es kam jedoch zu Unstimmigkeiten zwischen ihren Nachkommen und den Samaritern, weil sie entschlossen waren, die Lebensweise, die ihnen von ihren Vorfahren vermittelt worden war, beizubehalten. Dementsprechend stritten sie miteinander; Diejenigen aus Jerusalem sagten, ihr Tempel sei heilig und beschlossen, ihre Opfer dorthin zu schicken, aber die Samariter waren entschlossen, sie zum Berg Garizim zu schicken.

[Randbemerkung: Jos. Ant. XII, 2:1a] Als Alexander zwölf Jahre und nach ihm Ptolemaios Soter vierzig Jahre regiert hatte , hatte Ptolemaios Philadelphos als nächstes das Königreich Ägypten und hielt es neununddreißig Jahre lang.

[Randbemerkung: Jos. Ant. XII, 2:5d, e, 4:1d-f] Als nun Onias I., der Hohepriester, starb, wurde sein Sohn Simon sein Nachfolger. Als er starb und nur einen kleinen Sohn namens Onias hinterließ , übernahm Simons Bruder Eleazer das Hohepriesteramt. Nach Eleazars Tod übernahm sein Onkel Manasse die Priesterschaft und nach seinem Tod Onias II. erhielt diese Ehre. Dieser Onia fehlte es an Verstand und sie war eine große Geldliebhaberin; Aus diesem Grund zahlte er für das Volk nicht die Steuer von zwanzig Talenten Silber, die seine Vorfahren den Königen von Ägypten aus ihren eigenen Gütern gezahlt hatten. Damit erregte er den Zorn von König Ptolemaios Euergetes , dem Vater Philopators . Euergetes schickte einen Gesandten nach Jerusalem und beklagte sich darüber, dass Onias die Steuern nicht bezahlte, und drohte, dass er ihr Land aufteilen und Soldaten schicken würde, um darauf zu leben, wenn er sie nicht erhalten würde. Als die Juden diese Botschaft des Königs hörten, waren sie voller Bestürzung, aber Onias war so geizig, dass ihn nichts dergleichen beschämte.

[Nebenbemerkung Jos. Ant. XII, 4:2a-f] Es gab einen gewissen Joseph, der jung an Jahren war, aber unter den Menschen Jerusalems wegen seiner Würde und genauen Weitsicht großen Ruf genoss. Der Name seines Vaters war Tobias und seine Mutter war die Schwester des Hohepriesters Onias . Sie informierte ihn über die Ankunft des Gesandten des Ptolemäus. Daraufhin kam Joseph nach Jerusalem und tadelte Onias , weil er sich nicht um die Sicherheit seiner Landsleute gekümmert und die Nation in Gefahr gebracht habe, indem er dieses Geld nicht gezahlt habe. Onias antwortete, dass ihm seine Autorität egal sei, dass er, wenn es möglich wäre, bereit sei, sein Hohepriestertum aufzugeben, und dass er nicht zum König gehen würde, da ihn diese Angelegenheiten überhaupt nicht interessierten. Joseph fragte ihn dann, ob er ihm die Erlaubnis geben würde, im Namen der Nation als Botschafter zu gehen. Er antwortete, dass er es tun würde. Also verließ Joseph den Tempel und behandelte den Gesandten des Ptolemäus gastfreundlich. Er beschenkte ihn auch mit reichen Geschenken und bewirtete ihn viele Tage lang prächtig und schickte ihn dann vor ihm zum König und sagte ihm, dass er ihm bald folgen würde.

[Randbemerkung: Jos. Ant. XII, 4:3b, 4a-c] Nun geschah es, dass zu dieser Zeit alle führenden Männer und Herrscher der Städte Syriens und Phöniziens hinaufzogen, um für die Steuern zu bieten; denn jedes Jahr verkaufte der König sie an die mächtigsten Männer jeder Stadt. Und als der Tag kam, an dem der König die Bewirtschaftung der Steuern der Städte gestatten sollte, beliefen sich die Steuern von Coele , Syrien, Phönizien, Judäa und Samaria insgesamt auf achttausend Talente. Daraufhin warf Joseph den Bietern vor, sie hätten sich darauf geeinigt, den Wert der Steuern zu niedrig anzusetzen, und er versprach, dass er für sie das Doppelte geben würde, und denen, die nicht zahlten, würde er dem König ihre gesamten Besitztümer schicken. denn dieses Privileg wurde zusammen mit den Steuern verkauft. Der König war erfreut über dieses Angebot und da es seine Einnahmen steigerte , sagte er, dass er ihm den Verkauf der Steuern bestätigen würde.

[Randbemerkung: Jos. Ant. XII, 4:5a-c, 3, 6a] Und Joseph nahm zweitausend Soldaten des Königs mit sich, denn er wollte Hilfe haben, um diejenigen, die sich in der Stadt weigerten, zur Zahlung zu zwingen. Und als die Leute von Askelon sich weigerten, etwas zu zahlen, ergriff er etwa zwanzig ihrer führenden Männer und tötete sie und sammelte, was sie hatten, und schickte alles zum König und teilte ihm mit, was er getan hatte. Ptolemaios bewunderte den Geist des Mannes, lobte ihn für seine Taten und gab ihm die Erlaubnis, zu tun, was er wollte. Auf diese Weise häufte er großen Reichtum an und machte durch die Steuerwirtschaft enorme Gewinne. Und er nutzte den so erworbenen Reichtum, um seine Autorität zu stützen. Dieses Glück genoss er zweiundzwanzig Jahre lang; und er wurde Vater von sieben Söhnen von einer Frau. Er hatte auch einen weiteren Sohn, der Hyrkanus hieß.

[Randbemerkung: Jos. Ant. XII, 3:3a, b] Während der Herrschaft von Antiochus dem Großen, der über ganz Asien herrschte, litten sowohl die Juden als auch die Einwohner von Coele -Syrien sehr, und ihr Land wurde schwer bedrängt, während Antiochus dort herrschte Im Krieg mit Ptolemaios Philopator und seinem Sohn Ptolemaios, der Epiphanes genannt wurde, erlitten diese Nationen sowohl bei seiner Niederlage als auch bei seinem Sieg gleichermaßen Leid. Sie waren also wie ein Schiff im Sturm, das von den Wellen auf beiden Seiten hin und her geworfen wird.

[Randbemerkung: Jos. Ant. XII, 3:3c-e] Aber schließlich, als Antiochus Ptolemaios besiegt hatte , eroberte er Judäa. Und als Philopator tot war, sandte sein Sohn eine große Armee unter Skopas, dem Feldherrn seiner Streitkräfte, gegen die Einwohner von Coele in Syrien aus und nahm viele ihrer Städte ein, besonders unser Volk, das, als er sie angriff, zu ihm überlief . Doch bald darauf besiegte Antiochus Scopas in einer Schlacht an den

Quellen des Jordan und vernichtete einen großen Teil seiner Armee. Und als Antiochus danach die Städte Coele -Syriens, die Scopas erobert hatte, und darunter auch Samaria, unterwarf, gingen die Juden aus eigenem Antrieb zu ihm über und nahmen ihn in Jerusalem auf, gaben seiner gesamten Armee reichlich Proviant und unterstützten ihn bereitwillig Er belagerte die Garnison, die sich in der Zitadelle von Jerusalem befand.

I. Josephus' Geschichten. Die griechische Periode begann mit der Eroberung Palästinas durch Alexander im Jahr 332 und reichte bis zum Aufstand der Makkabäer im Jahr 168 v. Chr. Für die äußere Geschichte dieser Zeit sind die Schriften des Historikers Josephus die Hauptquellen. Dieser berühmte jüdische Schriftsteller wurde im Jahr 37 n. Chr. geboren und lebte offenbar bis etwa zum Ende der Herrschaft Domitians im Jahr 96. Nach seiner eigenen Aussage war er der Sohn eines Priesters namens Mattathiah . Bis zu seinem sechzehnten Lebensjahr studierte er bei jüdischen Rabbinern. Anschließend verbrachte er drei Jahre bei der jüdischen Sekte der Essener. Im Alter von neunzehn Jahren schloss er sich der Partei der Pharisäer an. Sein Standpunkt im Allgemeinen ist der dieser dominanten Volkspartei. Er konnte Latein lesen, verfasste seine Geschichten jedoch auf Griechisch. Im Alter von 26 Jahren ging er nach Rom, wo er drei Jahre verbrachte. Als er zu Beginn des großen Aufstands gegen Rom nach Palästina zurückkehrte, wurde er zum Revolutionsgouverneur der wichtigen Provinz Galiläa ernannt. Die Ernennung war unglücklich, denn er erwies sich als inkompetent und unzuverlässig. Im Jahr 67 n. Chr. wurden er und seine Anhänger von Vespasian in der galiläischen Stadt Jotapata eingesperrt . Während der Belagerung versuchte er vergeblich, zum Feind zu überlaufen. Beim Fall der Stadt wurde er gefangen genommen, aber sein Leben wurde von Vespasian verschont. Mit der Zeit machte er sich bei Titus beliebt und zog sich auch die Feindseligkeit seiner Landsleute zu, indem er sie überreden wollte, ihre Waffen niederzulegen. Den letzten Teil seines Lebens verbrachte er in Rom, wo er sich dem Studium und dem Schreiben widmete. Aufgrund seines langen Aufenthalts in Rom unter der Schirmherrschaft der römischen Kaiser wurde er stark von den griechischen und römischen Philosophieschulen beeinflusst.

Josephus war der große Apologet seiner Rasse. Seine Hauptziele beim Schreiben seiner Geschichten waren: (1) seine eigenen Taten im Zusammenhang mit der großen Rebellion zu entschuldigen; (2) um zu zeigen, warum das überwältigende Unglück seine Rasse erfasst hatte; und (3) um auf den Angriff ihrer nichtjüdischen Feinde zu reagieren, indem er die bemerkenswerte Geschichte seines Volkes nachzeichnet und seine Überzeugungen, Institutionen und Gesetze in attraktiver Form darstellt. Von seinen beiden großen historischen Werken erschien das Werk mit dem Titel „Der Jüdische Krieg“ wahrscheinlich zwischen 75 und 79 n. Chr. Es beginnt mit den Anfängen des Makkabäerkampfes und zeichnet die Geschichte mit zunehmender Detailliertheit bis zur Zerstörung Jerusalems und der Unterdrückung der Juden *nach* Aufstand in Gyrene , zwei oder drei Jahre bevor das Buch geschrieben wurde. Sein zweites großes Werk erschien 93 n. Chr. unter dem Titel „ *Die Altertümer der Juden* ". In zwanzig Büchern zeichnet es die Geschichte Israels von den frühesten Anfängen bis zu den ersten Jahren des jüdischen Krieges (68 n. Chr.) nach. Die erste Hälfte dieser umfangreichen Geschichte basiert auf der freien Paraphrase des Autors der griechischen Version des Alten Testaments. Für die zweite Hälfte stützt er sich größtenteils auf das apokryphe Buch der Makkabäer und auf die Schriften zeitgenössischer griechischer und jüdischer Historiker. Zu ihnen zählen vor allem Polybius, Nikolaus von Damaskus und Strabo. An bestimmten Stellen, an denen ihm frühere Quellen versagen, bedient er sich populärer Liebesromane und späterer Überlieferungen. Das Ergebnis ist, dass die verschiedenen Teile seiner Geschichte von sehr unterschiedlichem Wert sind. Alles muss sorgfältig anhand der Kanons der historischen Kritik geprüft werden. Nachdem seine apologetischen Absichten und seine wohlbekannten Tendenzen gebührend berücksichtigt wurden, verbleibt ein großer und wertvoller Bestand an historischen Fakten, anhand derer es an vielen ansonsten unklaren Stellen möglich ist, den Verlauf der Geschichte Israels zu rekonstruieren.

II. Alexanders Eroberungen. In vielerlei Hinsicht war Alexanders Eroberung das bedeutendste und weitreichendste Ereignis in der Geschichte Asiens. Die Ursachen dieser großen Bewegung waren erstens die Tatsache, dass das begrenzte Territorium Griechenlands und Mazedoniens der mächtigen hellenischen Zivilisation kaum Möglichkeiten für eine lokale Expansion bot. Da es daher gezwungen war, diese engen Bindungen zu durchbrechen, breitete es sich natürlicherweise in die Richtung des geringsten Widerstands aus. Zweitens war das dekadente Persische Reich mit seinen sagenhaften Reichtümern und nahezu grenzenlosen Ebenen ein Anker, der griechische Abenteurer zu scheinbar unglaublichen Taten verlockte. Der dritte Grund war Alexanders angeborene Eroberungslust. Sein Vater, Philipp von Mazedonien, hatte schon lange die Ressourcen angehäuft, die es seinem Sohn ermöglichten, seine ehrgeizigen Träume zu verwirklichen. Der vierte Grund war Alexanders Wunsch, die Welt durch die Verbreitung der hellenischen Kultur, Ideen und Institutionen und durch die Vereinigung aller Rassen zu einer großen, harmonischen Familie noch ruhmreicher zu machen. Seine brillanten Eroberungen sind ein bekanntes Kapitel der Weltgeschichte. Bei Issus, am nordöstlichen Ende des Mittelmeers, gewann er 333 v. Chr. die entscheidende Schlacht, die ihm den Besitz des westlichen Teils des riesigen Persischen Reiches verschaffte. Im Jahr 332 war er Herr über Palästina. Allein Tyrus , die Handelsherrin des östlichen Mittelmeerraums, und Gaza, der Schlüssel zu Ägypten, leisteten Widerstand. Die persischen Könige hatten durch ihre hohen Steuern und ihre grausame Politik die Loyalität ihrer westlichen Untertanen völlig zerstört. In den symbolischen Bildern des Buches Daniel wird Alexander als das „vierte Tier angesehen, schrecklich und furchtbar und überaus stark. Und es hatte große eiserne Zähne. Es fraß und zerbrach und zertrat den Rest mit seinen Füßen" (7: 17,23, 8:5-8). Josephus hat eine volkstümliche Überlieferung über das Treffen zwischen Alexander und den weißgekleideten Jerusalemer Priestern und die Huldigung des Eroberers an den Gott der Juden bewahrt. Es trägt auf den ersten Blick den Beweis seines unhistorischen Charakters. Tatsächlich war das erste Ziel von Alexanders Eroberung das reiche Land Ägypten. Da er nicht über eine Marine verfügte, betrat er sie über deren einzige verwundbare Stelle, den Wady Tumilat , das von der Landenge von Suez bis zum Nildelta verlief. Im Jahr 331 v. Chr. war er Herr über das Niltal und wandte sich von dort nach Osten, wobei er nacheinander die verschiedenen Provinzen des großen Reiches eroberte, bis sich sein Reich vor seinem Tod im Jahr 323 v. Chr. vom Mittelmeer bis zum Indus und im Nordosten bis weit hinauf erstreckte Richtung Zentralasien.

Alexanders Eroberungen waren bedeutsam, weil sie den Sieg der griechischen Ideen und Kultur sowie der Waffen darstellten. In jedem eroberten Land gelang es ihm normalerweise, die Ureinwohner zu hellenisieren. An strategischen Punkten im gesamten riesigen Reich wurden griechische Städte gegründet, die von seinen Veteranen und der Horde griechischer Einwanderer, die ihm folgten, besiedelt wurden . Wie jüngste Ausgrabungen gezeigt haben, breiteten sich griechische Kunst und Ideen auch nach dem Tod Alexanders weiterhin ostwärts über Asien aus, bis sie die Kultur und Ideen in so weit entfernten Ländern wie China und Japan tiefgreifend beeinflussten.

III. Die Juden in Ägypten und Alexandria. Die Krönung von Alexanders Bauwerk war der Bau von Alexandria in Ägypten. Er wählte einen schmalen Küstenstreifen, der im Süden durch den tiefliegenden See Mareotis und im Norden durch das Mittelmeer geschützt war, und baute dort eine prächtige griechische Stadt. Im Süden war es durch einen Kanal mit dem Kanopischen Nilarm verbunden. Alexander leitete so den reichen Handel des Roten Meeres und des Nils in diese neue Metropole um. Eine Meile entfernt lag die Insel Pharos, die durch eine große Mol mit dem Festland verbunden war. Auf beiden Seiten befanden sich, vor den Stürmen geschützt, die östlichen und westlichen Häfen, die groß genug waren, um die Handelsschiffe und Marinen der Antike aufzunehmen. Im Westen befand sich das einheimische ägyptische Viertel. Im Zentrum , gegenüber der Insel Pharos, befand sich das griechische und offizielle Viertel. Im nordöstlichen Teil der Stadt befand sich das jüdische Viertel. Hier lebten die Juden unter der Herrschaft ihres Gesetzes zusammen; Sie waren auch im Bürgerrat durch ihre eigenen Führer vertreten. Als Ptolemaios, der Sohn des Lagus , Gouverneur von Ägypten wurde und nach dem Tod Alexanders Palästina unterwarf, brachte er viele jüdische Gefangene nach Alexandria zurück und lockte andere durch die besonderen Privilegien an, die er ihnen gewährte. In ihnen erkannte er wertvolle Verbündete bei der Entwicklung der Handelsressourcen Alexandrias und bei der Aufrechterhaltung seiner Herrschaft über die einheimischen Ägypter. Hier wurden die Juden mit der Zeit reich und mächtig und entwickelten eine einzigartige Zivilisation. Vom Beginn der griechischen Zeit an war die Zahl der Juden in Ägypten gleich groß wie die der Juden in Palästina, wenn nicht sogar größer. Während sie eine enge Verbindung zu den Juden in Palästina pflegten und ihren Heiligen Schriften treu blieben, wurden sie von ihrem engen Kontakt mit der Zivilisation und den Ideen der griechischen Welt tiefgreifend beeinflusst.

IV. Die Herrschaft der Ptolemäer. Die lange Herrschaft der Ptolemäer in Ägypten ist eines der erstaunlichsten Phänomene in dieser bemerkenswerten Periode der Menschheitsgeschichte. Sie waren der einheimischen Bevölkerung zahlenmäßig weit überlegen und befanden sich fast ständig im Krieg mit ihren griechischen Landsleuten. Durch pure Kühnheit und Wachsamkeit gelang es ihnen, ihre Autorität während der vielen Krisen, die sie durchmachten, aufrechtzuerhalten. Die natürlichen Verteidigungsanlagen Ägyptens machten die Eroberung durch fremde Mächte zudem äußerst schwierig. Alexandria beherrschte mit seiner Flotte den einzigen Meereseingang Ägyptens. Um sein östliches Tor, die Landenge von Suez, zu schützen, war es unerlässlich, dass die Ptolemäer Palästina kontrollieren. Südpalästina verfügte auch über die große Handelsstraße, die nach Süden und Osten nach Arabien und Babylonien führte. Alexandrias alte Rivalen, Tyrus und Sidon, lagen ebenfalls an den Grenzen Palästinas, und es war wichtig, dass sie unter der Kontrolle Ägyptens standen, wenn Alexandria die Herrschaft über das östliche Mittelmeer behalten wollte. Darüber hinaus verfügten Palästina und der Libanon (bei Josephus als Coele -Syrien bekannt, das heißt Hohlsyrien) als einzige der an Ägypten angrenzenden Länder über das Holz, das für den Bau der Flotten und Handelsschiffe Alexandrias erforderlich war. Daher scheuten Ptolemaios, der Sohn des Lagus , und seine Nachfolger keine Mühen, um ihre Kontrolle über die Länder am östlichen Mittelmeer aufrechtzuerhalten.

Bei der Teilung des Reiches, die auf den Tod Alexanders folgte, kämpften drei Rivalen abwechselnd um dieses begehrte Gebiet: Ptolemaios im Süden; Antigonos, der bald Herr über Kleinasien und Nordsyrien wurde; und Seleukus , dem das Tigris-Euphrat-Tal und die weiter entfernten östlichen Provinzen zufielen. In der entscheidenden Schlacht von Ipsos im Jahr 301 v. Chr. wurde die Übermacht des Antigonos gebrochen und die Herrschaft über Südwestasien zwischen Seleukus und Ptolemaios aufgeteilt. Durch den nach der Schlacht geschlossenen Vertrag wurde Coele -Syrien Ptolemaios übergeben; aber Seleukus und seine Nachkommen, die als Seleukiden oder Seleukiden bekannt waren , versuchten bald, es Ägypten zu entreißen, und wiederholten den Versuch im folgenden Jahrhundert häufig, mit wechselndem Erfolg. Im Jahr 295 und erneut im Jahr 219 waren sie für kurze Zeit Herren über Palästina, doch während des größten Teils dieser Zeit befanden sich die Ptolemäer in der Hand der Ptolemäer.

V. Schicksale der Juden Palästinas. Josephus' Figur eines Schiffes im Sturm, das auf beiden Seiten von den Wellen heimgesucht wird, beschreibt gut das Schicksal der Juden Palästinas während der griechischen Zeit. Sie wurden wiederum von den rivalisierenden Königen Ägyptens und Syriens schikaniert und umworben. Die Juden befürworteten im Großen und Ganzen die Herrschaft der Ptolemäer, die ihren Verwandten in Ägypten viele Zugeständnisse gemacht hatten. Die Anwesenheit vieler Juden in Ägypten machte diesen Zusammenhang auch natürlicher. In der Regel überließen die Ptolemäer während der Friedenszeiten die Juden Palästinas weitgehend sich selbst, solange sie den geforderten hohen Tribut zahlten. Es war jedoch eine der korruptesten Perioden der Menschheitsgeschichte. Der ptolemäische Hof war reich, verschwenderisch und verfiel ständig. Die populäre Geschichte von Joseph, dem Zöllner (die Josephus ausführlich erzählt), ist zwar größtenteils phantasievoll, spiegelt aber anschaulich die Verhältnisse und den Zeitgeist wider. Joseph, der offensichtlich zu einer der führenden Familien Jerusalems gehörte, sicherte sich durch seine Energie und Unverschämtheit das wertvolle Recht, die Steuern Palästinas zu bewirtschaften. Durch die damals üblichen ungerechten Methoden gelang es ihm, ein großes Vermögen anzuhäufen. Die prächtigen Ruinen von Arak el - Emir auf den Höhen des südlichen Gileads, östlich des Jordans, stellen die riesige Burg und Stadt dar, die sein Sohn Hyrkanos erbaut hatte, und zeugen vom Reichtum dieses jüdischen Abenteurers. Die Geschichten, die Josephus über Joseph erzählt, weisen darauf hin, dass der in Alexandria vorherrschende Materialismus und die Sinnlichkeit sogar in die Provinz Judäa eingedrungen waren.

Der einzige Lichtblick in der politischen Geschichte dieser Zeit ist die Herrschaft des Hohepriesters Simon, bekannt als der Gerechte. Es scheint, dass er sich im Rahmen seiner Macht dafür eingesetzt hat, die Interessen und Ressourcen der palästinensischen Juden weiterzuentwickeln und den Tempeldienst auf einen Zustand der Großartigkeit zu heben, der die uneingeschränkte Belobigung Jesu, des Sohnes Sirachs, erhielt.

VI. Eroberung Palästinas durch die Seleukiden im Jahr 311 v. Chr. Seleukus Nikanor verlegte die westliche Hauptstadt seines Reiches, bekannt als Syrien (eine Kurzform des antiken Namens Assyrien), nach Antiochia, nahe dem nordöstlichen Ende des Mittelmeers. Diese Stadt lag an der Stelle, an der der

Orontes den Libanon durchbricht und an der die großen Straßen vom Euphrat und Coele nach Syrien zusammenlaufen und nach Westen zu ihrem Seehafen Seleukia führen. Es wurde inmitten eines fruchtbaren Tals erbaut, teils auf einer Insel im Fluss, teils an dessen Nordufer. Da es keine natürlichen Verteidigungsanlagen gab , war die Stadt zum Schutz auf ihre breiten, umfassenden Mauern angewiesen. In diese neue Hauptstadt zog eine vielfältige einheimische, griechische und jüdische Bevölkerung. Aufgrund seiner strategischen Lage und seiner kommerziellen und politischen Bedeutung wurde es bald zu einer der großen Städte des östlichen Mittelmeerraums. Es besetzte den Naturstandort an der östlichen Mittelmeerküste als Hauptstadt eines großen Reiches. Im Westen vom Meer und im Osten von der Wüste eingeschlossen, verlief die natürliche Expansionslinie Syriens nach Norden und Süden. Allerdings sicherte es sich erst 198 v. Chr. unter der Herrschaft von Antiochos dem Großen die dauerhafte Kontrolle über Palästina. Das degenerierte Haus der Ptolemäer unternahm mehrere vergebliche Versuche, seine verlorene Provinz zurückzugewinnen, doch fortan blieb Palästina unter der Herrschaft Syriens. Die persönliche Anziehungskraft von Antiochus dem Großen, die fadenscheinigen Versprechungen, die er machte, und der Ekel vor der korrupten Herrschaft Ägyptens veranlassten die Juden Palästinas, diesen Herrscherwechsel zu begrüßen. Der Hof in Antiochia wurde jedoch bald fast so korrupt wie der in Ägypten, und die Juden wurden Opfer der Gier und Launen der syrischen Despoten. In der Zwischenzeit beeinflussten die heimtückische griechische Kultur und ihre Laster den Charakter der jüdischen Herrscher und untergruben ihn weitgehend. Das Judentum befand sich unbewusst in einer größten Krise seiner Geschichte.

Abschnitt Lebenslauf. Die Weisen und ihre Lehren

[Randbemerkung: Pr. 1:2-6]
Damit die Menschen Weisheit und Unterweisung lernen, intelligente Reden verstehen, Unterweisung in klugem Verhalten erhalten, in Gerechtigkeit, Urteilsvermögen und Gleichheit; damit den Unerfahrenen
Entscheidungsfreiheit gegeben wird, der Jugend Wissen und ein Ziel gegeben werden; Damit der weise Mann hört und an Wissen gewinnt, und der kluge Mann Rat erhält,
damit er Sprichwörter und Gleichnisse versteht,
die Worte der Weisen und ihre Rätsel.

[Randbemerkung: Pr. 8:1-6]
Ruft nicht die Weisheit? Und die Einsicht erhebt nicht ihre Stimme? Tore schreit sie laut: Zu euch, oh Männer, ich rufe, und mein Appell gilt den Söhnen der Menschen. O Unerfahrene, erlangt Diskretion, und ihr Dummen, erlangt Verständnis. Hört, denn ich spreche wahre Dinge, und die Äußerung meiner Lippen sind richtig.

[Randbemerkung: Pr. 8:13]
Stolz und Arroganz und böses Verhalten und falsche Rede hasse ich.

[Randbemerkung: Pr. 8:14-16]
Bei mir ist Rat und praktisches Wissen; bei mir sind Verstand und Macht.
Durch mich regieren Könige, und Herrscher bestimmen Gerechtigkeit.
Durch mich herrschen Fürsten ,
und Adlige richten das Land.

[Randbemerkung: Pr. 8:17]
Ich liebe diejenigen, die mich lieben. Wer mich eifrig sucht, wird mich
finden.

[Randbemerkung: Pr. 8:18-21]
Reichtum und Ehre sind bei mir, Herrlicher Reichtum und Wohlstand.
Meine Frucht ist besser als Gold, ja, als feines Gold, und mein Ertrag als
erlesenes Silber. Ich wandle auf dem Weg der Gerechtigkeit, inmitten von
die Wege der Gerechtigkeit, damit ich diejenigen, die mich lieben, mit
Reichtum ausstatte und ihre Schätze fülle.

[Randbemerkung: Pr. 8:22-26]
Der HERR formte mich als den Anfang seiner Schöpfung, als das erste
seiner alten Werke.
In der Urvergangenheit wurde ich geformt,
im Anfang, bevor die Erde war, als es keine Tiefen gab, wurde ich gebracht
hervor, als es noch keine Quellen voller Wasser gab, bevor die Berge
besiedelt waren, bevor die Hügel entstanden waren, als er die Erde noch
nicht erschaffen hatte und auch nicht den ersten Staub der Welt.

[Randbemerkung: Pr. 8:27, 29, 30]
Als er die Himmel errichtete, war ich dabei, als er das Gewölbe an der
Oberfläche der Tiefe abgrenzte, die Quellen der Tiefe festmachte, als er
zum Meer seine Grenze setzte, als er legte die Grundfesten der Erde fest,
dann war ich als Pflegekind an seiner Seite, und ich war täglich voller
Freude, tummelte mich beständig in seiner Gegenwart, tummelte sich auf
seiner bewohnbaren Erde.

[Randbemerkung: Pr. 8:31-35]
Und meine Freude gilt den Menschensöhnen. Nun aber, meine Söhne, hört
auf mich, hört die Weisung, damit ihr weise seid, und lehnt sie nicht ab.
Glücklich ist der Mann, der auf mich hört, glücklich seid ihr die auf meinen
Wegen wandeln und täglich an meinen Toren wachen und an den Pfosten
meiner Türen warten. Denn wer mich findet, findet Leben und erlangt
Gnade von Jehova.

[Randbemerkung: Pr. 13:14-20, 24:5]
Die Lehre der Weisen ist eine Quelle des Lebens, damit der Mensch die

Wege des Todes meiden kann. Wandle mit den Weisen, und du wirst weise werden, aber wer mit Narren Umgang hat, wird dafür klug sein. A Ein weiser Mann ist besser als ein starker Mann, und ein Mann, der Wissen hat, ist besser als einer, der Stärke hat.

[Randbemerkung: Pr. 12:10]
Ein weiser Mann kümmert sich um das Wohlergehen seines Tieres,aber das Herz der Gottlosen ist grausam.

[Randbemerkung: Pr. 20:13]
Liebet nicht, schlaft nicht, damit ihr nicht in die Armut kommt. Öffnet eure Augen, und ihr werdet Überfluss haben.

[Randbemerkung: Pr. 25:16]
Wenn du Honig findest, so iss, was dir genügt, damit du nicht davon überdrüssig wirst und ihn erbrichst.

[Randbemerkung: Pr. 23:9-35]
Wer schreit: Wehe? Wer, leider? Wer hat Einwände? Wer klagt? Wer hat trübe Augen? Die lange beim Wein verweilen, die umhergehen und gemischten Wein probieren. Schauen Sie nicht auf den Wein, wenn er rot ist, wenn er im Kelch glänzt. Am Ende beißt er wie eine Schlange, Und sticht wie eine Natter .
Deine Augen werden seltsame Dinge sehen, und dein Verstand wird seltsame Dinge vorschlagen. Du wirst sein wie einer, der auf dem Meer schläft, wie einer, der in einem großen Sturm schläft. Sie haben mich geschlagen, aber ich fühle keinen Schmerz; sie haben mich geschlagen, aber Ich fühle es nicht; ich werde es noch einmal suchen. Wann werde ich aus meinem Wein erwachen?"

[Randbemerkung: Pr. 29:20, 15:23]
Siehst du einen Mann, der in seinen Worten voreilig ist? Für einen Narren gibt es mehr Hoffnung als für ihn. Ein Mann hat Freude an der Äußerung seines Mundes, und ein Wort zur rechten Zeit, wie gut ist es Ist!

[Randbemerkung: Pr. 19:11, 16:32]
Die Weisheit eines Menschen macht ihn langsam zum Zorn, und es ist seine Ehre, über Übertretungen hinwegzugehen. Wer langsam zum Zorn ist, ist besser als die Mächtigen, und wer seinen Geist beherrscht, als wer a Stadt.

[Randbemerkung: Pr. 23:26-28]
Mein Sohn, schenke mir deine Aufmerksamkeit, und lass deine Augen aufmerksam auf meine Wege achten. Denn eine Hure ist ein tiefer Brunnen, und eine Ehebrecherin ist eine enge Grube.
Ja, sie lauert wie ein Räuber und vermehrt die Ungläubigen unter den Menschen.

[Randbemerkung: Pr. 4:25-27]
Lass deine Augen geradeaus schauen, und dein Blick sei gerade vor dir. Der Weg deiner Füße sei eben, und alle deine Wege seien fest. Wende dich weder zur Rechten noch zur Linken ,Halte deinen Fuß vom Bösen fern.

[Randbemerkung: Pr. 14:15]
Der Einfaltspinsel glaubt alles, aber der kluge Mann schaut gut darauf, wohin er geht.

[Randbemerkung: Pr. 26:12, 27:2]
Siehst du einen Mann, der in seiner eigenen Einbildung weise ist? Für einen Narren gibt es mehr Hoffnung als für ihn. Lass dich von einem anderen Mann loben und nicht von deinem eigenen Mund; von einem anderen und nicht von deinen eigenen Lippen.

[Randbemerkung: Pr. 4:23, 11:6]
Behalte dein Herz über allem, was du behütest, denn von ihm gehen die Angelegenheiten des Lebens aus. Die Gerechtigkeit der Aufrichtigen wird sie retten, aber die Verräter werden von ihrer eigenen Begierde gefangen.

[Randbemerkung: Pr. 21:3]
Das zu tun, was gerecht und richtig ist, ist für Jehova annehmbarer als Opfer.

[Randbemerkung: Pr. 15:1]
Eine sanfte Antwort wendet den Zorn ab; aber ein hartes Wort erregt Zorn.

[Randbemerkung: Pr. 3:27]
Enthalte deinem Nächsten nicht das Gute vor, wenn es in deiner Macht steht, es zu tun. Sage nicht zu deinem Nächsten: „Geh und komm wieder, und morgen werde ich geben", wenn du es bei dir hast.

[Randbemerkung: Pr. 14:21, 19:17]
Wer seinen Nächsten verachtet, sündigt, wer aber Mitleid mit den Armen hat, der ist glücklich. Wer Mitleid mit den Armen hat, leiht dem HERRN, und seine gute Tat wird ihn noch belohnen.

[Randbemerkung: Pr. 25:21-22]
Wenn dein Feind hungrig ist, gib ihm Brot zu essen, und wenn er durstig ist, gib ihm Wasser zu trinken;
Denn du wirst feurige Kohlen auf sein Haupt
häufen , und der HERR wird es dir vergelten.

[Randbemerkung: Pr. 3:11-12]
Mein Sohn, lehne die Weisungen des HERRN nicht ab und werde seiner Zurechtweisung nicht müde, denn wen der HERR liebt, den tadelt er , wie ein Vater den Sohn, an dem er Wohlgefallen hat.

[Randbemerkung: Pr. 3:5-6]
Vertraue auf Jehova mit deinem ganzen Herzen und verlasse dich nicht auf
deinen eigenen Verstand. Erkenne ihn auf all deinen Wegen gut, und er
wird dir den Weg weisen.

I. Struktur und Autorschaft des Buches der Sprichwörter. Das Buch der
Sprichwörter ist in Wirklichkeit eine Sammlung ursprünglich unabhängiger
Sprichwortgruppen. In seiner gegenwärtigen Form besteht es aus neun
allgemeinen Abschnitten: (1) Das Vorwort, das die Ziele des Buches
definiert, 1:1-6. (2) Eine allgemeine Einführung, die die Merkmale und den
Wert der Weisheitslehre beschreibt, 1:7-9:18. (3) Eine große Sammlung, die
als Sprüche Salomos bezeichnet wird, 10:1-22:16. Die Tatsache, dass zehn
Sprichwörter in praktisch denselben Worten wiederholt werden, weist darauf
hin, dass es, wie das Buch der Sprichwörter insgesamt, aus kleineren
Sammlungen besteht. In den Kapiteln 10–15 ist der vorherrschende Typ des
poetischen Parallelismus antithetisch oder kontrastierend, während im Rest
des Buches der synonyme oder sich wiederholende Parallelismus
vorherrscht. (4) Eine ergänzende Sammlung, 22:17-24:22. Dies wird durch
die suggestive Überschrift eingeleitet: „Neige dein Ohr und höre die Worte
der Weisen." (5) Ein kürzerer Anhang, 24:23-34, mit der Überschrift: „Diese
sind auch von den Weisen." (6) Die zweite große Sprichwortsammlung, 25-
29. Darauf steht die Überschrift: „Dies sind auch die Sprüche Salomos, die
die Männer Hiskias, des Königs von Juda, niedergeschrieben haben." Es
enthält mehrere Sprichwörter aus der ersten großen Sammlung und stellt
offensichtlich spätere Nachforschungen aus demselben Bereich dar. (7) Die
Worte von Agur , 30. Über Agur ist außer seinem Namen nichts bekannt,
was möglicherweise einfach typisch ist. Der letzte Teil des Kapitels enthält
eine Sammlung numerischer Rätsel, die zunächst möglicherweise mit dem
Eröffnungsabschnitt in Verbindung gebracht wurden oder auch nicht. (8)
Die Worte von König Lemuel, 31:1-9. (9) Eine Beschreibung der idealen
hebräischen Hausfrau, 31:10-31. Der Inhalt dieser Sammlungen sowie ihre
Überschriften zeigen deutlich, dass diese Sprichwörter das Werk vieler
verschiedener Weiser darstellen, die zu unterschiedlichen Zeiten lebten und
aus unterschiedlichen Blickwinkeln schrieben. Nur wenige, wenn überhaupt
welche, können mit Sicherheit Salomo zugeschrieben werden. Sogar die
Sprichwörter in der großen Sammlung 10:1-22:16, die eindeutig als die
Sprüche Salomos bezeichnet werden, betonen die Monogamie und
verurteilen Herrscher, die ihre Untertanen unterdrücken. Viele der
Sprichwörter in diesen größeren salomonischen Sammlungen geben
praktische Ratschläge zum Verhalten eines Untertanen in der Gegenwart des
Königs, und nur wenige von ihnen passen in den Mund des prunkliebenden
Monarchen, der durch seine ausländischen Ehen und seine hohen Steuern
eine große Belastung darstellte unheilvollen Einfluss auf das politische und
religiöse Leben Israels. Die große Mehrheit der Sprichwörter spiegelt die

edlen ethischen Lehren der Propheten wider. Offensichtlich ist der Begriff „Sprüche Salomos" einfach eine späte Bezeichnung früher Sprichwörter, deren Urheberschaft, wie die der meisten populären Maximen, längst vergessen war.

II. Datum der verschiedenen Sammlungen. Das Vorwort und die allgemeine Einleitung zum Buch der Sprüche spiegeln die Unmoral und das Böse wider, die sowohl die persische als auch die griechische Zeit kennzeichneten. Ihr Hintergrund ist das korrupte Leben der Stadt. Die Tendenz, Weisheit zu personifizieren, ist auch eines der Merkmale des späteren jüdischen Denkens. Es ist daher wahrscheinlich, dass dieser Teil des Buches der Sprüche von einem verstorbenen Herausgeber hinzugefügt wurde, der in der griechischen Zeit lebte. Die älteste Sammlung im Buch findet sich eindeutig in 10:1-22:10. Die darin beschriebenen Übel, die Unterdrückung der Armen und Abhängigen durch die Reichen und Mächtigen, existierten während des größten Teils der Geschichte Israels, traten jedoch besonders deutlich in den Tagen des geteilten Königreichs unmittelbar vor der Zerstörung Jerusalems hervor. Die Hinweise auf den König deuten darauf hin, dass die Sprichwortschreiber hebräische Herrscher im Sinn hatten. Ihre Herrschaft ist im Allgemeinen gerecht und sie genießen den Respekt ihrer Untertanen. Die vorherrschende Beschäftigung der Menschen ist die Landwirtschaft. Der Handel fängt gerade erst an, sich zu entwickeln. Das Exil hat noch keinen Schatten auf das hebräische Leben und Denken geworfen. Die meisten dieser Sprichwörter stellen eindeutig die Frucht der Lehren der Propheten vor dem Exil dar, und viele von ihnen stammen aus der Zeit unmittelbar vor der endgültigen Zerstörung Jerusalems. Aus den gelegentlichen Hinweisen auf die Spötter, dem Fehlen von Anspielungen auf Götzendienst und der Tatsache, dass hier von Monogamie ausgegangen wird, können wir schließen, dass einige von ihnen zumindest aus der persischen oder sogar griechischen Zeit stammen. Es ist wahrscheinlich, dass diese große Sammlung erst in der zweiten Hälfte der persischen oder frühen griechischen Periode angelegt wurde.

Die Anhänge in 22:17-24:34 enthalten viele Wiederholungen von Sprichwörtern, die in der größeren Sammlung zu finden sind. Die vorherrschende Unmäßigkeit, die Existenz einer Kaufmannsklasse und die Anspielungen auf exilierte Juden (z. B. 24:11) deuten ziemlich deutlich auf die ausschweifende griechische Zeit als das Zeitalter hin, in dem diese kleinen Sammlungen angelegt wurden. Das Wort „transkribieren", das in der Überschrift der zweiten großen Sammlung (25-29) zu finden ist, ist dem Späthebräischen eigen und deutet darauf hin, dass diese Überschrift, wie auch die der Psalmen, von einem späten jüdischen Schreiber hinzugefügt wurde . Die literarische Form dieser Sprichwörter ist komplexer als die der anderen großen Sammlung. Die Könige werden von ihren Untertanen gefürchtet, treten aber nun eher als Unterdrücker denn als Verfechter des Volkes auf. Während diese Sammlung möglicherweise einige Sprichwörter aus der Zeit vor der endgültigen Zerstörung Jerusalems enthält, ist es wahrscheinlich, dass sie, ebenso wie die kleineren Anhänge der ersten großen Sammlung, erst zu Beginn der griechischen Zeit gesammelt wurden . Die langen Anhänge in den Kapiteln 30-31 sind eindeutig spät. Der zweifelhafte Ton im ersten Abschnitt von 30 ähnelt stark dem, der im Buch Prediger wiederkehrt. Es basiert auch auf Jesaja 44:5 und 45:4. Aramäismen und die Akrostichonform in 31:10-31 deuten darauf hin, dass der Hintergrund in der spätpersischen oder frühen griechischen Zeit liegt.

Die Geschichte des Buches der Sprüche ist daher einigermaßen klar. Sein ursprünglicher Kern war wahrscheinlich eine kleine Gruppe populärer Sprichwörter, die aus der Zeit vor der endgültigen Zerstörung Jerusalems mündlich überliefert worden waren. Diese wurden zusammen mit Sprichwörtern, die erstmals während der persischen Zeit in Umlauf kamen, irgendwann in den Tagen nach dem Werk Nehemias gesammelt . Dazu kamen in griechischer Zeit die kleineren Anhänge in 22:17-24:34. Möglicherweise hat derselbe Herausgeber ihnen die große Sammlung aus den Jahren 25–29 hinzugefügt. Er oder ein weiser Mann der griechischen Zeit hat die ausführliche Einleitung in den Kapiteln 1–9 vorangestellt. Dem Ganzen wurden die Anhänge in den Kapiteln 30 und 31 hinzugefügt. Es ist wahrscheinlich, dass das Buch der Sprüche in der Mitte der griechischen Zeit, oder zumindest vor 200 v. Chr., in seiner heutigen Form vollständig war.

III. Die Weisen in der frühen Geschichte Israels. Lange vor 2000 v. Chr. waren die Schriftgelehrten des alten Ägypten damit beschäftigt, „die Ratschläge der Menschen der alten Zeit" zu sammeln. Viele dieser alten Maximen sind noch erhalten. Am bekanntesten ist das Buch mit dem Titel „Die Weisheit des Ptahhotep " . Der Wunsch, die Ergebnisse praktischer Erfahrung zu bewahren und weiterzugeben, ist das gemeinsame Motiv, das der Arbeit der Weisen zugrunde liegt. Es ist das, was Lehrer jeden Alters inspiriert. Die Menschen der Antike waren sich der Bedeutung von Unterweisung und Ausbildung bewusst. Alles, was in den Zivilisationen der Vergangenheit von Bedeutung ist, ist gewissermaßen das Ergebnis dieses Lehrmotivs.

Im frühen Israel gab es viele Männer und Frauen, die für ihre Fähigkeit bekannt waren, weise Ratschläge zu geben. In seiner stürmischen Karriere profitierte Joab, Davids tapferer Feldherr, häufig vom Rat bestimmter kluger Frauen (Abschnitte LIII:8-11 LIX:35). Davids Freund Huschai rettete durch seinen listigen Rat zur Zeit von Absaloms Rebellion das Leben des Königs. Die Erzählung in 2 Samuel erklärt, dass der Rat Ahitophels fast genauso hoch geschätzt wurde wie das göttliche Orakel. Durch seine scharfsinnige Einsicht und seine scharfsinnigen Entscheidungen sowie durch seine geistreichen

Äußerungen erlangte Salomo einen Ruf, der ihn im Denken späterer Generationen zum Vater aller Weisheitsliteratur machte. In einer bedeutenden Passage in Jeremia 18,18 werden die drei Klassen der Lehrer Israels in scharfem Kontrast dargestellt. Als seine Feinde darauf drängten, den Propheten zu töten, erklärten sie: „Die Lehre wird nicht vom Priester verschwinden, noch der Rat vom Weisen, noch das Wort vom Propheten." Aus Verweisen in Jesaja und Jeremia geht hervor, dass der Rat der Weisen vor der endgültigen Zerstörung des hebräischen Staates hauptsächlich politischer und weltlicher Natur war und oft nicht mit den höheren Idealen der großen Propheten vor dem Exil übereinstimmte.

IV. Ihre Bedeutung in der griechischen Zeit. Die Umwandlung der Weisen in religiöse und weltliche Lehrer erfolgte offenbar nach der Zerstörung Jerusalems. Es war das Ergebnis einer Vielzahl von Kräften, die bereits untersucht wurden. Die Zerstörung des hebräischen Staates und die daraus resultierende Bedeutung des Einzelnen führten dazu, dass die Weisen ihre Aufmerksamkeit von politischen Fragen auf Fragen von persönlicher Bedeutung richteten. Das Ergebnis ist, dass das Wort „Israel" nirgends im Buch der Sprüche vorkommt. Die dort gefundenen Lehren sind sowohl individuell als auch universell und gelten sowohl für Nichtjuden als auch für Juden, für die Gegenwart wie für die Vergangenheit. Das allmähliche Verschwinden der Propheten in der zweiten Hälfte der persischen Zeit und die Tatsache, dass sich die Priester immer mehr dem Ritual und weniger der Lehre widmeten, hinterließen im Leben des Judentums ein großes Bedürfnis, das die Religion in den Vordergrund rückte weise. Gleichzeitig wurden die Probleme des Einzelnen immer komplexer und drängender. Dies galt insbesondere während der griechischen Zeit, als die hellenische Zivilisation mit ihren verderblichen Einflüssen über Palästina und die Länder der Zerstreuung hinwegfegte. Es war eine Zeit, in der die Prinzipien der früheren Propheten im Allgemeinen von der jüdischen Rasse übernommen wurden. Die Aufgabe jedoch, diese Prinzipien einfach und praktisch in den Alltag der Menschen zu übertragen, wurde diesen Menschenliebhabern und Lehrern, den Weisen, überlassen. Die Beweise der umfangreichen Schriften von Ben Sira sowie der Bücher der Sprüche und des Predigers machen deutlich, dass die Weisen ihre Ziele während der griechischen Zeit und möglicherweise teilweise unter dem intellektuellen Anreiz des griechischen Denkens erreichten größte Bedeutung und Einfluss.

V. Die Ziele der Weisen. Die Ziele der Weisen werden teilweise im bemerkenswerten Vorwort zum Buch der Sprüche definiert, das in erster Linie den Zweck der Sprichwortsammlung beschreiben sollte, die ihre Lehren verkörpert. Vier verschiedene Klassen erregten ihre Aufmerksamkeit: (1) Die Unwissenden, diejenigen, die mit dem moralischen, religiösen und praktischen Erbe früherer Generationen nicht vertraut waren. (2) Die

Unerfahrenen, diejenigen, die in der Schule des Lebens noch nicht die Kunst gelernt haben, sich erfolgreich an ihre Umgebung anzupassen. (3) Die Spötter, die den Rat der Weisen offen ablehnten. Und (4) die Jünger, die begierig darauf waren, von den Lehren der Weisen zu lernen und davon zu profitieren.

Die eindeutigen Ziele der Weisen müssen aus ihren Lehren abgeleitet werden. Es ging ihnen um die Entwicklung des Einzelnen, nicht der Nation. Ihr erstes Ziel bestand darin, die Unwissenden in den grundlegenden moralischen und religiösen Prinzipien zu unterrichten, die bereits von früheren Priestern und Propheten festgelegt wurden. Mit den Worten des Vorworts zum Buch der Sprüche lehrten sie:

Damit die Menschen Weisheit und Unterweisung lernen,
intelligente Reden verstehen, Unterweisung in klugem Handeln erhalten, in Gerechtigkeit, Urteilsvermögen und Billigkeit.

Ihr zweites Ziel bestand darin, die Fallstricke aufzuzeigen, die auf dem Weg der Unerfahrenen lagen, und sie vor dem moralischen Untergang zu bewahren, indem sie in ihnen richtige Ideale und Ambitionen weckten. Dieses Ziel wird auch im Vorwort zum Buch der Sprüche gut dargelegt:

Dieser Ermessensspielraum kann dem Unerfahrenen eingeräumt werden,
um der Jugend Wissen und einen Zweck zu geben.

Das dritte Ziel der Weisen bestand darin, die Empfänglichen und alle, die zu ihnen kamen, in der Haltung von Jüngern zu erziehen. Dieses Ziel entsprach sehr genau dem des modernen Pädagogen. Auch das Vorwort zum Buch der Sprüche bringt dieses Bildungsideal deutlich zum Ausdruck:

Damit der weise Mann hört und in der Gelehrsamkeit wächst
und der intelligente Mann Rat erhält. Damit er ein Sprichwort und ein Gleichnis versteht, die Worte der Weisen und ihre Rätsel.

Die Weisen versuchten daher nicht nur zu belehren, sondern auch zu erziehen; das heißt, gesunde, glückliche und leistungsfähige Männer und Frauen heranzubilden. Sie wollten diejenigen ausbilden, die nicht nur über Wissen und Erfahrung verfügen, sondern auch über die Fähigkeit verfügen, diese in den vielfältigen Lebensbereichen erfolgreich anzuwenden. Vor allem strebten sie danach, nicht Teile eines Menschen, sondern den ganzen Menschen zu erziehen. Daher sind ihr Interesse und die Themen, die sie behandeln, so umfassend wie die menschliche Erfahrung.

Die Weisen waren sich der Bedeutung der Jugenderziehung sehr bewusst. Das Sprichwort:

Erziehe ein Kind auf dem Weg, den es gehen soll,
und selbst wenn es alt ist , wird es nicht davon abweichen,

bringt das Grundprinzip zum Ausdruck, auf dem jede wirksame Bildung basiert. Sie erkannten, dass in den plastischen Tagen der Kindheit und Jugend Ideale, Charakter und Leistungsfähigkeit am besten entwickelt werden konnten und dass Bildung kein Werk eines Augenblicks, sondern eine schrittweise, fortschreitende Entwicklung war.

vertrauten jedoch die Grundschulbildung den Eltern an und betonten in vielen Sprichwörtern die Verantwortung, die jeder Elternteil seinem Kind schuldig sei. Sie berieten auch Eltern hinsichtlich der Ausbildung ihrer Kinder. Die Maximen:

Die Rute der Zurechtweisung gibt Weisheit,
aber ein sich selbst überlassenes Kind bringt Schande über seine Mutter.
Züchtige deinen Sohn, solange noch Hoffnung besteht, und setze dein
Herz nicht auf seinen Untergang. Wer seine Rute verschont, hasst seinen
Sohn, wer aber liebt er züchtigt ihn,

drücken Sie ihre Wertschätzung für die Bedeutung von Disziplin in der frühen Erziehung des Kindes aus. Es ist nicht klar, in welchem Alter die Weisen mit der Unterweisung der Jugend begannen. Möglicherweise war es etwa im Alter von zwölf Jahren, als der Mensch von der Kindheit in die Jugend überging, mit ihren zunehmenden Gefahren und Möglichkeiten. Viele ihrer Lehren sind besonders auf die Probleme dieser turbulenten Zeit abgestimmt.

VI. Die Methoden der Weisen. Um ihre Ziele zu erreichen, wandten die Weisen   Israels
verschiedene Methoden an. Sprichwörter wie:

Jeder Zweck wird durch Rat festgelegt,
und durch weise Führung führe Krieg,

deuten darauf hin, dass sie wie in den Tagen vor dem Exil immer noch im Zusammenhang mit dem bürgerlichen, sozialen und nationalen Leben des Volkes aktiv waren und dass sie durch die Beeinflussung der öffentlichen Politik das moralische Wohlergehen des Einzelnen und des Staates bewahrten. Viele Verweise auf „die laut schreiende Stimme der Weisheit an öffentlichen Orten" deuten darauf hin, dass die Weisen wie die früheren Propheten zeitweise öffentlich, auf Marktplätzen, auf offenen Plätzen innerhalb der Stadttore oder überall dort lehrten, wo Menschen versammelt waren zusammen. Sie scheinen auch privat gelehrt zu haben, indem sie durch weise Ratschläge den einzelnen Schüler, der sich an sie wandte, vor den Gefahren bewahrten, die seinen Weg bedrohten, oder ihm durch umsichtige Ratschläge dabei halfen, seine individuellen Probleme erfolgreich zu lösen.

In 6:32-37 hat Ben Sira einen anschaulichen Überblick über die Schulen der Weisen gegeben, die eindeutig die Vorläufer der späteren rabbinischen Schulen sind:

Mein Sohn, wenn du willst, wirst du belehrt werden,
und wenn du aufmerksam bist, wirst du besonnen werden. Wenn du bereit bist zu hören, wirst du empfangen, und wenn du aufmerksam zuhörst, wirst du weise sein. Stell dich in die Versammlung von die Ältesten, und wer weise ist, bleib bei ihm. Sei bereit, jeder Rede zuzuhören, und lass dir keine erhellenden Sprichwörter entgehen. Wenn du einen Mann mit viel Einsicht siehst , eile zu ihm
und lass deinen Fuß seine Schwelle zermürben. Lass deinen Geist beim Gesetz des Allerhöchsten verweilen und meditiere ständig über seine Gebote. So wird er deinen Geist erleuchten und dich die Weisheit lehren, die du dir wünschst.

Es erfordert wenig Fantasie, sich diese alten Prototypen unserer modernen Universitäten vorzustellen. Wie alle orientalischen Lehrer saßen die Weisen zweifellos im Schneidersitz und ihre Schüler im Kreis um sie herum. Sie vertrauten weitgehend darauf, zu fragen und zu antworten, und schöpften aus ihrer eigenen und ihrer ererbten Erfahrung weise Maximen aus, die den einfachen und unerfahrenen Menschen als Leitfaden dienten und eine leistungsfähige Männlichkeit entwickeln würden.

VIII. Ihre wichtigen Lehren. In den ersten Kapiteln der Sprüche beschreiben die Weisen den Charakter und Wert der Weisheit, die ihre Lehre als Ganzes repräsentiert. In den Kapiteln 8 und 9 wird „Weisheit" personifiziert. Da das hebräische Wort für „Weisheit" weiblich ist, wird von einer Frau gesprochen. Kapitel 9 beschreibt in einer Form, die die Aufmerksamkeit der Unaufmerksamsten fesseln soll, das Fest, das die Weisheit ihren Gästen bietet. Dies steht im Gegensatz zu Follys Bankett, und die Konsequenzen für diejenigen, die an diesen rivalisierenden Banketten teilgenommen haben, werden deutlich dargestellt.

In den praktischen Lehren der Weisen wurde keine Frage, die den einzelnen Menschen lebenswichtig betraf, ihrer Aufmerksamkeit entzogen. Wie der weise moderne Lehrer machten sie keinen Unterschied zwischen dem Religiösen und dem Weltlichen. Alles, was die Handlungen und Ideale der Menschen beeinflusste, hatte für sie eine tiefe religiöse Bedeutung. Während die sprichwörtliche epigrammatische Form ihrer Lehre nicht zu einer logischen oder vollständigen Behandlung ihres Themas beitrug, behandelten sie doch in einer Reihe prägnanter, dramatischer Maximen fast jede Phase des häuslichen, wirtschaftlichen, rechtlichen und sozialen Lebens des Menschen. Sie stellten deutlich die Pflicht des Menschen gegenüber Tieren, sich selbst, seinen Mitmenschen und Gott gegenüber dar. In den allermeisten

Fällen wurden utilitaristische Motive vertreten, weil sie versuchten, ihre Schüler auf ihrem eigenen Niveau zu erreichen. Obwohl ihre Ideale manchmal hinter denen der großen Propheten und insbesondere denen des großen Lehrers von Nazareth zurückblieben, ist die Bedeutung ihrer Arbeit bei der Festlegung individueller Standards für richtig und falsch, bei der Aufrechterhaltung der Prinzipien der früheren Propheten in konkreter Form usw Der Beitrag zur Vorbereitung ihrer Rasse auf die Krisen, die sie bald durchleben musste, kann nicht hoch genug eingeschätzt werden. Als wirksame Lehrer des Einzelnen haben sie eine äußerst praktische und bedeutsame Botschaft für alle Menschen im heutigen und früheren Leben.

Abschnitt CVI. Die verschiedenen Strömungen des Denkens im Judentum während der griechischen Zeit

[Randbemerkung: Ps. 19:7-14]
Das Gesetz Jehovas ist vollkommen und stellt die Seele wieder her. Das Zeugnis Jehovas ist vertrauenswürdig und macht die Einfältigen weise. Die Gebote Jehovas sind richtig und erfreuen das Herz. Das Gebot Jehovas ist rein und erleuchtet die Augen .Die Furcht des HERRN ist rein und währt ewiglich.Die Urteile des HERRN sind wahrhaft und völlig gerecht.Sie sind wertvoller als Gold, ja, als viel feines Gold,Süßer als Honig und der Kot aus der Honigwabe.Durch sie Ist dein Diener gewarnt? Sie zu halten ist eine große Belohnung. Wer kann seine Fehler erkennen? Reinige mich von geheimen Fehlern und
von der Anmaßung, halte deinen Diener zurück. Lass sie nicht
über mich herrschen. Dann werde ich vollkommen und frei von großer Übertretung sein. Lass die Worte meines Mundes angenehm sein und die Betrachtung meines Herzens, vor deinen Augen, o Jehova, mein Fels und mein Erlöser.

[Randbemerkung: Ps. 46:1-3]
Jehova ist unsere Zuflucht und Stärke, ein allgegenwärtiger Helfer in der Not.
Deshalb fürchten wir uns nicht, auch wenn die Erde bewegt wird und die Berge bis ins Herz des Meeres schwanken. Die Meere tosen, ihre Wasser schäumen, und die Berge beben unter dem Anschwellen ihres Stroms. Der HERR der Heerscharen ist mit uns, der Gott Jakobs ist unsere Zuflucht.

[Randbemerkung: Ps. 46:4-7]
Seine Bäche erfreuen die Stadt des HERRN, die heilige Wohnstätte des Höchsten .
Jehova ist in ihrer Mitte, sie kann nicht wanken; Jehova wird ihr bei der Morgenwende helfen. Nationen tobten, Königreiche wankten, als er seine Stimme erklang, schmolz die Erde. Der HERR der Heerscharen ist mit uns, der Gott Jakobs ist unsere Zuflucht.

[Randbemerkung: Ps. 46:8-11] Kommt und seht die Werke des HERRN, welche Verwüstungen er auf der Erde angerichtet hat. Er ist im Begriff , Kriege zu beenden bis ans Ende der Erde .
Er verbrennt die Wagen mit Feuer.
Sei still und erkenne, dass ich der HERR bin. Ich werde unter den Nationen erhöht sein, ich werde erhöht sein auf der Erde. Der HERR der Heerscharen ist mit uns, der Gott Jakobs ist unsere Zuflucht.

[Randbemerkung: Ps. 22:27-30]
Alle Enden der Erde werden daran denken und sich zu Jehova bekehren, und alle Familien der Nationen werden vor ihm anbeten; denn die Herrschaft gehört Jehova, und er herrscht über die Nationen. Wahrlich, er allein Alle Wohlhabenden der Erde werden anbeten. Vor ihm werden sich alle beugen, die in den Staub hinabsteigen werden. Ein Same wird ihm dienen, das wird einer kommenden Generation verkündet;
Und sie werden seine Gerechtigkeit verkünden, die er einem noch zu geborenen Volk vollbracht hat.

[Nebenbemerkung: Jona 1:1-8]
Nun erging dieses Wort Jehovas an Jona, den Sohn Amittais :

Steh auf, geh in die große Stadt Ninive und predige dagegen; denn ihre Bosheit ist vor mir heraufgekommen. Aber Jona machte sich auf, um vor der Gegenwart Jehovas nach Tarschisch zu fliehen. Und er ging hinab nach Joppe und fand ein Schiff, das nach Tarsis fuhr; Also bezahlte er den Fahrpreis und begab sich, um mit ihnen aus der Gegenwart Jehovas nach Tarschisch zu gehen.

[Nebenbemerkung: Jona 1:4-7] Aber Jehova schickte einen wütenden Wind auf das Meer, und es entstand ein gewaltiger Sturm, so dass das Schiff drohte, in Stücke zu brechen. Da fürchteten sich die Seeleute und weinten, jeder zu seinem eigenen Gott; Und sie warfen die Waren, die im Schiff waren, ins Meer, um es leichter zu machen. Aber Jona war auf den Boden des Schiffes hinabgestiegen; und er lag tief und fest im Schlaf. Und der Kapitän des Schiffes kam und sagte zu ihm: Warum schläfst du? Rufe deinen Gott an, vielleicht möge Gott an uns denken, dass wir nicht zugrunde gehen. Und sie sagten zueinander: Kommt, lasst uns das Los werfen, damit wir wissen, um wessen willen dieses Übel über uns gekommen ist. Sie warfen das Los und das Los fiel auf Jona.

[Nebenbemerkung: Jona 1:8-10] Da sagten sie zu ihm: Sage uns, was ist dein Beruf und woher kommst du? Was ist dein Land und aus welchem Volk stammst du? Und er sprach zu ihnen: Ich bin ein Hebräer und ein Anbeter des HERRN, des Gottes des Himmels, der das Meer und das trockene Land geschaffen hat. Da fürchteten sich die Männer sehr und sprachen zu ihm:

Was hast du getan? Denn sie wussten, dass er vor der Gegenwart Jehovas floh, denn er hatte es ihnen gesagt.

[Nebenbemerkung: Jona 1:11-13] Da sagten sie zu ihm: Was sollen wir mit dir tun, damit das Meer für uns ruhig sei? denn das Meer wurde immer stürmischer. Und er sprach zu ihnen: Hebt mich auf und wirft mich ins Meer; So soll das Meer für dich ruhig sein, denn ich weiß, dass dieser große Sturm meinetwegen über dich hereingebrochen ist. Aber die Männer ruderten hart, um an Land zurückzukehren; aber sie konnten es nicht, denn das Meer wurde immer stürmischer gegen sie.

[Nebenbemerkung: Jona 1:14, 15] Darum schrieen sie zu Jehova und sprachen: Wir flehen dich, o Jehova, wir flehen dich an, lass uns nicht umkommen für das Leben dieses Mannes, und bringe auch kein unschuldiges Blut über uns, denn du bist Jehova ; du hast getan, was dir gefällt . Sie nahmen Jona auf und warfen ihn ins Meer. und das Meer hörte auf zu toben. Da fürchteten sich die Männer überaus vor Jehova, und sie brachten Jehova ein Opfer dar und legten Gelübde ab.

[Nebenbemerkung: Jona 1:17-2:1, 10] Dann bereitete Jehova einen großen Fisch vor, um Jona zu verschlingen, und Jona war drei Tage und drei Nächte im Bauch dieses Fisches. Daraufhin betete Jona aus dem Bauch des Fisches zu Jehova, seinem Gott. Und der HERR redete mit dem Fisch, und er warf Jona auf das trockene Land.

[Nebenbemerkung: Jona 3:1-4] Und das Wort Jehovas erging zum zweiten Mal an Jona und lautete: Mache dich auf, geh in die große Stadt Ninive und predige ihr, was ich dir sagen werde . So stand Jona auf und ging nach Ninive, wie Jehova gesagt hatte. Nun war Ninive eine große Stadt vor Gott, eine Reise von drei Tagen. Und Jona begann damit, eine Tagesreise durch die Stadt zu gehen, und er schrie und sprach: Noch vierzig Tage, und Ninive wird zerstört werden.

[Randbemerkung: Jona 3:5-9] Und die Leute von Ninive glaubten Gott; Und sie riefen ein Fasten aus und legten Säcke an, vom Größten bis zum Kleinsten unter ihnen. Und als die Nachricht an den König von Ninive kam, erhob er sich von seinem Thron, legte sein Gewand ab, kleidete sich in Sacktuch und setzte sich in den Staub. Und er verkündete und veröffentlichte in Ninive: „Auf Befehl des Königs und seiner Edlen: Mensch, Vieh, Rinder und Schafe sollen nichts schmecken; sie sollen weder essen noch Wasser trinken; Aber sie sollen sich mit Säcken bekleiden, Mensch und Vieh, und sie sollen laut zu Gott schreien und sich von seinem bösen Weg abwenden und von der Gewalttat, die sie in der Hand haben. Wer weiß, ob Gott nicht nachgibt und sich von seinem grimmigen Zorn abwendet, damit wir nicht zugrunde gehen?

[Nebenbemerkung: Jona 3:10] Und Gott sah ihre Werke, wie sie sich von ihrem bösen Weg abwandten; Und Gott ließ das Böse nach, das er ihnen antun wollte, und tat es nicht.

[Nebenbemerkung: Jona 4:1-5] Aber es missfiel Jona sehr und er wurde wütend. Und er betete zu Jehova und sprach: Ach , Jehova, habe ich das nicht gesagt, als ich noch in meinem eigenen Land war? Deshalb beeilte ich mich, nach Tarschisch zu fliehen; denn ich wusste, dass du ein Gott bist, gnädig und barmherzig, langsam zum Zorn und voller Liebe und nachsichtig gegenüber dem Bösen. Darum, o Jehova, nimm nun, ich flehe dich, mein Leben von mir; denn es ist besser für mich zu sterben als zu leben! Und der HERR sprach: Tust du gut, zornig zu sein? Da ging Jona aus der Stadt und setzte sich vor die Stadt und machte sich dort eine Hütte und setzte sich darunter, bis er sehen konnte, was aus der Stadt werden würde.

[Nebenbemerkung: Jona 4:6-11] Und Jehova Gott bereitete einen Kürbis und ließ ihn über Jona aufsteigen, damit er ein Schatten über seinem Haupt sei. Da freute sich Jona überaus über den Kürbis. Doch als am nächsten Tag die Morgendämmerung erschien, bereitete Gott einen Wurm vor, der den Kürbis verletzte, sodass er verdorrte. Und als die Sonne aufging, bereitete Gott einen schwülen Ostwind vor. Und die Sonne brannte auf Jonas Haupt, so dass er ohnmächtig wurde, und er bat um seinen Tod und sprach: Es ist besser für mich zu sterben als zu leben. Und Gott sprach zu Jona: Ist es gut für dich, über den Kürbis wütend zu sein? Und er sagte: Es ist gut für mich, wütend zu sein, sogar bis zum Tod! Und der HERR sprach: Du Kümmere dich um einen Kürbis, um den du dich nicht gekümmert hast, noch hast du ihn hervorgebracht – etwas, das in einer Nacht kam und in einer Nacht zugrunde ging. Soll ich mich tatsächlich nicht um die große Stadt Ninive kümmern, in der es einhundertzwanzigtausend Menschen gibt, die ihre rechte Hand nicht von ihrer linken unterscheiden können? außer viel Vieh?

[Randbemerkung: Eccles. 1:12-18] Ich, Koheleth, war König über Israel in Jerusalem. Und ich richtete meinen Geist darauf, Weisheit zu erforschen und zu erforschen, alles, was unter dem Himmel getan wird: Es ist eine böse Aufgabe, die Gott den Menschenkindern gegeben hat, damit sie sich abmühen sollen. Ich habe alle Werke gesehen, die unter der Sonne getan werden; Und siehe, das Ganze ist Eitelkeit und Streben nach Wind. Das Krumme kann nicht gerade gemacht werden; und das Wollen kann nicht gezählt werden. Ich kommunizierte mit mir selbst und sagte: Siehe, ich habe mehr zugenommen und Weisheit gesammelt als alle, die vor mir in Jerusalem waren, und mein Geist hat Weisheit und Wissen im Überfluss gesehen. Und ich richtete meinen Verstand darauf, Weisheit und Wissen, Wahnsinn und Torheit zu erkennen: Ich weiß, dass auch dies ein Streben nach Wind ist. Denn in viel Weisheit steckt viel Mühe, und wer das Wissen vermehrt, vermehrt den Schmerz.

[Randbemerkung: Eccles. 2:1-11] Ich sagte in Gedanken: Komm nun, ich werde dich mit Freude auf die Probe stellen; Schauen Sie also auf das, was attraktiv ist. und siehe, auch das ist Eitelkeit. Ich sagte über das Lachen: Es ist verrückt; und aus Vergnügen: Was macht es? Ich suchte in meinem Kopf, wie ich mein Fleisch mit Wein anregen könnte, während mein Geist mit Weisheit geleitet wurde, und wie ich die Torheit in den Griff bekommen konnte, bis ich sehen würde, was für die Menschenkinder unter den Himmeln alle Tage gut zu tun ist ihres Lebens. Ich habe großartige Werke geleistet: Ich habe mir Häuser gebaut; Ich habe für mich Weinberge gepflanzt; Ich habe mir Gärten und Parks angelegt und Bäume aller Art darin gepflanzt. Ich habe mir Wasserbecken angelegt, um einen Hain zu bewässern, in dem Bäume wachsen. Ich kaufte männliche und weibliche Sklaven und ließ in meinem Haus Sklaven zur Welt kommen; Auch hatte ich einen großen Besitz an Rindern und Kleinvieh, mehr als alle, die vor mir in Jerusalem gewesen waren. Ich sammelte auch Silber und Gold und die Schätze der Könige und der Provinzen. Ich sicherte mir männliche und weibliche Sänger und die Freuden der Menschensöhne, Geliebte aller Art. Und ich wurde reicher als alle, die zuvor in Jerusalem waren; auch meine Weisheit blieb bei mir. Und nichts, was meine Augen begehrten, verheimlichte ich ihnen; Ich versagte meinem Herzen keine Freude, denn mein Herz jubelte wegen all meiner Mühe. Dann schaute ich auf all die Werke, die meine Hände vollbracht hatten, und auf die Arbeit, die ich mir vorgenommen hatte; Und siehe, alles war Eitelkeit und ein strebender Wind, und es gab keinen Gewinn unter der Sonne.

[Randbemerkung: Eccles. 2:12-17] Und ich wandte mich um und sah Weisheit und Wahnsinn und Torheit; Denn was kann der Mann tun, der nach dem König kommt? Sogar das, was bereits getan wurde. Dann erkannte ich, dass die Weisheit die Torheit übertrifft, so wie das Licht die Dunkelheit übertrifft. Die Augen des Weisen sind in seinem Kopf, aber der Narr wandelt in der Dunkelheit: doch ich weiß, dass sie alle das gleiche Schicksal ereilt. Dann sagte ich in meinem Herzen: Wie das Schicksal eines Narren ist, so wird auch mein Schicksal sein; Warum war ich dann weiser ? Dann sagte ich in meinem Herzen, dass auch das Eitelkeit sei. Denn weder an den Weisen noch an den Narren gibt es eine ewige Erinnerung , denn in den kommenden Tagen wird alles bereits vergessen sein. Und wie der Weise stirbt, ebenso wie der Narr! Deshalb hasste ich das Leben, denn die Arbeit, die unter der Sonne verrichtet wird, ist mir böse; denn alles ist Eitelkeit und Streben nach Wind.

[Randbemerkung: Eccles. 2:24-26b] Es gibt nichts Besseres für den Menschen, als dass er isst und trinkt und Freude an seiner Arbeit hat. Auch dies habe ich gesehen, dass es aus der Hand Gottes ist. Denn wer kann ohne ihn essen oder genießen? Auch das ist Eitelkeit und Streben nach Wind.

I. Die Ritualisten. Gedanken- und Redefreiheit gehörten zu den ersten Merkmalen des Lebens und Denkens Israels. Es war eines der vielen wertvollen Erbgüter, die die Hebräer aus dem freien Leben in der Wüste mitbrachten. Ihr enger Kontakt mit der Außenwelt und insbesondere mit dem hellenischen Leben und Denken während der griechischen Zeit verstärkte dieses Freiheitsgefühl. Das Ergebnis ist, dass sich in den alttestamentlichen Schriften dieser Zeit viele unterschiedliche Denkströmungen widerspiegeln. Am bekanntesten und am einfachsten zu verstehen ist der rituelle Typ. Sie wird vertreten durch den Chronisten, der zwischen 300 und 250 v. Chr. lebte und schrieb. Für ihn drehte sich alles Leben und Interesse um den Tempel und seine Gottesdienste. Im Allgemeinen war die Vision der Ritualisten eher auf die Vergangenheit als auf die Gegenwart und die Zukunft gerichtet. In den Überlieferungen über den Ursprung des Tempels und seiner Einrichtungen, in der Einhaltung des Zeremoniengesetzes, in der Teilnahme am formellen Ritual und in der Verbindung ihrer Lieder mit denen der Tempelsänger fanden sie einen Ausweg aus der Kleinlichkeit der Zeit und erreichten diesen Frieden und Freude, die in vielen Psalmen des Psalters zum Ausdruck kommen.

II. Die Legalisten. Eng mit den Ritualisten verwandt waren diejenigen, deren Interessen ausschließlich auf dem Studium des Gesetzes und den Lehren der früheren Priester lagen. Sie betrachteten die geschriebenen Gesetze als vollständige Verhaltensanleitung und als Verkörperung der höchsten Botschaft Jehovas an sein Volk. Psalmen wie das Fragment in 19:7-14 bringen ihre Überzeugungen zum Ausdruck:

Das Gesetz des HERRN ist vollkommen und stellt die Seele wieder her. Die Urteile des HERRN sind wahr und völlig gerecht. Durch sie wird dein Diener gewarnt; Sie zu behalten ist eine große Belohnung.

Sie betonten nicht nur äußere Taten und Worte, sondern auch innere Motive. In Charakter und Verhalten waren sie edle Produkte der Religion, die Israel aus der Vergangenheit geerbt hatte. Von ihnen stammen wahrscheinlich wertvolle Geschichten, wie sie in den ersten Kapiteln des Buches Daniel zu finden sind. Die detaillierten Hinweise in Kapitel 2 auf die Hochzeit von Antiochus Theos und der Tochter von Ptolemaios Philadelphus im Jahr 248 v. Chr. und auf die Ermordung von Antiochus durch seine frühere Frau Laodicea sowie das Fehlen von Anspielungen auf spätere Ereignisse deuten darauf hin, dass diese Geschichten wahrscheinlich begangen wurden zum Schreiben irgendwo zwischen 255 und 245 v. Chr. Ihr Ziel bestand eindeutig darin, die höchste Bedeutung der treuer Erfüllung der Forderungen des Gesetzes zu betonen, selbst angesichts erbitterter Opposition und Verfolgung, und die Gewissheit, dass Jehova diejenigen befreien würde, die ihm treu ergeben waren. Ihre Lehren waren besonders dazu geeignet, die geprüften und versuchten Juden der Zerstreuung zu inspirieren, die von den

Heiden, unter denen sie lebten, heftig verfolgt wurden. Das dramatische Bild von Männern, die es wagten, sich dem Feuerofen oder den hungrigen Löwen zu stellen, anstatt von den Anforderungen des Gesetzes abzuweichen, erwies sich zweifellos als große Inspiration für die Juden der griechischen Zeit.

III. Die Jünger der Propheten. In den Jahrhunderten nach der Zerstörung Jerusalems waren die großen ethischen Propheten der Zeit vor dem Exil nie ohne spirituelle Jünger gewesen. Sie studierten gewissenhaft die Grundsätze ihrer früheren Führer und wandten sie in ihrem eigenen Leben an. Obwohl der Einfluss der zeitgenössischen Propheten immer mehr abnahm, lebte der Geist dieser früheren Verfechter des Glaubens in den Herzen ihrer Anhänger weiter. In vielen Psalmen des Psalters sprechen Amos, Jesaja und Jeremia in Begriffen, die an die veränderten Probleme der Juden der griechischen Zeit angepasst sind. In Psalm 46 ist das Vertrauen auf Jehova, das Jesaja befürwortete, zu einer lebendigen Kraft im Leben des Psalmisten und der Klasse geworden, für die er sprach. Im Hintergrund hört man den Marsch der von Alexander zur Welteroberung bewaffneten Menge und den Lärm des Konflikts, als Armee auf Armee traf; aber über allem steht Jehova, der sein Heiligtum und sein Volk beschützt und im Leben der Menschen und Nationen der Oberste ist. Die engstirnigen, nationalistischen, messianischen Hoffnungen wurden längst aufgegeben, und stattdessen wird Jehova als das einzige höchste Wesen anerkannt, dessen Königreich oder Herrschaft alle Nationen der Erde umfasst. In ihrer Vorstellung sahen diese Jünger der Propheten die Zeit, in der Reiche und Arme, Juden und Heiden sich vor Jehova beugen und in Treue zu ihm vereint sein sollten. So entstand jene höchste Vorstellung vom Reich Gottes, die die Grundlage der Lehre Jesu bildet.

IV. Das Datum und der Charakter des Buches Jona. Von denen, die zu Füßen der früheren Propheten saßen, stammte eines der bemerkenswertesten Bücher des Alten Testaments. Literarisch weist das kleine Buch Jona große Ähnlichkeit mit den Geschichten in den ersten Kapiteln der Genesis und der ersten Hälfte des Buches Daniel auf. Seine vielen aramäischen Wörter, seine Zitate aus dem späten Buch Joel, sein Universalismus und sein missionarischer Geist weisen alle darauf hin, dass es entweder aus den letzten Jahren der Perserzeit oder aus dem frühen Teil der griechischen Periode stammt. Die Geschichte von Jona war, wie viele ähnliche Geschichten im Alten Testament, den Semiten wahrscheinlich Jahrhunderte bekannt, bevor sie vom Autor des Buches verwendet wurde, um seine große prophetische Lehre zu verdeutlichen. In der bekannten griechischen Geschichte des Herkules wird Hesione, die Tochter des trojanischen Königs, vom Helden vor einem Seeungeheuer gerettet, das sie drei Tage lang in seinem Magen festhielt. Eine alte ägyptische Sage aus dem dritten Jahrtausend v. Chr. erzählt von einem Ägypter , der Schiffbruch erlitt und nach dreitägiger Fahrt von einem großen Seeungeheuer verschluckt und an Land getragen wurde. Aus Indien stammt die Überlieferung eines Mannes, der entgegen den Befehlen seiner Mutter zur See fuhr. Unterwegs wurde das Schiff von einer unbekannten Macht beschlagnahmt und durfte nicht weiterfahren, bis der Täter dreimal per Los ausgewählt und dann über Bord geworfen wurde.

V. Lehren des Buches Jona. Der Wert und die Botschaft des Buches Jona wurden in der Vergangenheit weitgehend übersehen, weil der wahre literarische Charakter des Buches missverstanden wurde. Es war von seinem Autor nie beabsichtigt, es als historische Erzählung zu betrachten. Sein Held Jona, der Sohn von Amittai , lebte laut 2. Könige 14:25 während der Herrschaft von Jerobeam II. (780–740 v. Chr.) und sagte die weite Ausdehnung des Territoriums Südisraels voraus; aber der Jona der Geschichte ist offensichtlich ein Typus des Juden der persischen und griechischen Zeit. Indem der Autor die Kleinlichkeit seiner Haltung gegenüber den Heiden zum Ausdruck brachte, versuchte er, die Vision zu erweitern und das Gewissen seiner Mitjuden zu stärken. Das Porträt ist bemerkenswert lebendig und suggestiv. Jona floh aus dem Land Jehovas und flüchtete ins Meer, nicht weil er die Niniviten fürchtete, sondern, wie er später deutlich erklärt, weil er fürchtete, dass Jehova Buße tun und sie verschonen würde, wenn er den assyrischen Feinden seiner Rasse predigen würde . In der Szene inmitten des tobenden Sturms stehen die Frömmigkeit der heidnischen Seeleute und ihr Eifer, den schuldigen Israeliten zu verschonen, in günstigem Kontrast zu Jonas Verhalten, als er sich weigerte, Jehovas Befehl auszuführen. Die Niniviten, die in Säcke gekleidet sind, ihre Sünden bereuen und sich nach Jehovas Vergebung sehnen, sind weitaus attraktiver als der mürrische Prophet, der sich darüber beklagt, dass Jehova die heidnischen Feinde seiner Rasse verschont hat, und ihn später wegen der Zerstörung des Kürbisses dafür tadelt Eine Zeit lang hatte er seinen Kopf vor der brennenden Sonne geschützt. Der abschließende Protest Jehovas bringt die Botschaft des Buches zum Ausdruck. Wie das neutestamentliche Gleichnis vom verlorenen Sohn stellt die Geschichte von Jona in anschaulicher Form die grenzenlose Liebe des himmlischen Vaters dar und stellt sie in scharfem Kontrast zu den kleinlichen Eifersüchteleien und dem Hass seines bevorzugten Volkes. Es war ein Aufruf an Israel, hinauszugehen und ein Missionar in die ganze Welt zu werden, und ein Protest gegen das Versagen der Nation, ihre von Gott gegebene Aufgabe zu erfüllen.

VI. Das Buch der Prediger. Ganz anders ist der Geist und Zweck des Buches Prediger. Es stammt offensichtlich von einem der vielen Weisheitslehrer, die während der griechischen Zeit ihre Blütezeit hatten, und es spricht im Namen Salomos. Es ist ein Essay über den Wert des Lebens. In seiner ursprünglichen Form war sein Gedanke so pessimistisch, dass er von späteren Herausgebern an vielen Stellen ergänzt wurde. Zu diesen Einfügungen gehören (1)

Sprichwörter, die Weisheit loben und die aktuellen Weisheitslehren loben, und (2) die Arbeit eines frommen Schreibers, eines Vorläufers der späteren Pharisäer, der versuchte, die Äußerungen des ursprünglichen Schriftstellers (der allgemein als bezeichnet wird) zu korrigieren Koheleth) und sie mit der aktuellen Orthodoxie in Einklang zu bringen. Die Sprache und der Stil des Buches ähneln stark denen des Chronisten und des Autors des Buches Esther. Es enthält auch mehrere persische und möglicherweise ein griechisches Wort. Das Buch in seiner früheren Form war offensichtlich Ben Sira bekannt, dem Autor von Ecclesiasticus, der um 180 v. Chr. lebte. In 4:13-16 und 10:16-17 gibt es offensichtliche Hinweise auf die Herrschaft von Ptolemaios Epiphanes, der nach Rom kam Er bestieg im Alter von fünf Jahren den Thron Ägyptens und dessen Hof war berühmt für seine Ausschweifung und Verschwendung. Das Buch kann daher mit ziemlicher Sicherheit kurz vor 200 v. Chr. datiert werden. Es war eine korrupte, unfruchtbare Zeit. Sowohl im Tempel als auch am Hof von Alexandria herrschte Kriminalität (3,16). Das Volk wurde von den Mächtigen unterdrückt und hatte keine Möglichkeit, Wiedergutmachung zu leisten (4:1). Ein Despot saß auf dem Thron (10:5-7) und überall lauerten Spione (10:20).

VII. Koheleths Lebensphilosophie. Der Autor des ursprünglichen Buches Prediger ist der Sprecher jener Klasse im Judentum, die durch diese trostlose Sichtweise unterdrückt und niedergeschlagen wurde. Er lebte offenbar in Jerusalem und wahrscheinlich in der Nähe des Tempels (5:1 8:10). Aus den Anspielungen in 7:26, 28 geht hervor, dass er unglücklich verheiratet war. Aus der klassischen Beschreibung des Alters in 11:9-12:7 geht hervor, dass er, als er schrieb, schon weit fortgeschritten war und aus den Tiefen seiner eigenen schmerzhaften persönlichen Erfahrung sprach, da er ohne Sohn oder Verwandte zurückgeblieben war Verwandter (4:8). Aus seinen Lehren geht hervor, dass er sich von der orthodoxen Weisheitsschule gelöst hatte. Vor seiner geschwächten Vision tauchten die Schattenseiten des Lebens auf, und doch offenbart sich hinter der Klage dieses alten Pessimisten ein Mann mit hohen Idealen, angetrieben von einem Geist wissenschaftlicher Gründlichkeit. Obwohl er intensiv und eifrig nach wahrem Glück suchte und den Sinn des Lebens analysierte, fand er keine bleibende Freude, denn seine Einstellung war leider eingeschränkt. Das Leben jenseits des Grabes bot ihm weder Hoffnung noch Entschädigung. Er war jedoch keineswegs ein Agnostiker. Er glaubte an Gottes Herrschaft über die Welt; aber der Gott seines Glaubens war unergründlich, weit entfernt vom Leben der Menschen. Daher fand er im Gegensatz zu vielen seiner Zeitgenossen, wie zum Beispiel den Psalmisten, wenig Freude oder Inspiration in seiner Religion. Nach der Schlussfolgerung, die er zu Beginn seines Aufsatzes verkündete und die er durchgehend vertrat, sind alle menschlichen Bestrebungen und Ambitionen, sogar das Leben selbst, nichts als Eitelkeit der Superlative, und der Mensch kann keine dauerhafte oder vollständige Befriedigung erreichen. Die einzige positive Lehre, die Koheleth bekräftigt, ist, dass es das höchste Privileg des Menschen ist, aus vorübergehenden Erfahrungen das kleine Maß an Freude und Glück herauszuholen, das sie bieten, und damit zufrieden zu sein. Im Vergleich zu vielen anderen Büchern des Alten Testaments ist der religiöse Wert des Predigers tatsächlich gering. Sein Hauptwert ist jedoch historischer Natur: Es stellt eine Phase des Denkens im Judentum dieser Zeit dar und zeigt, wie sehr das jüdische Volk den Ansporn einer großen Krise brauchte, um es zu edlem und selbstlosem Handeln zu bewegen. Das Buch Prediger liefert auch den dunkleren Hintergrund, der die inspirierenden Botschaften der großen Propheten vor ihnen und des größeren Propheten, der der Menschheit ein würdiges Ziel und eine frische und wahre Interpretation vorlegen sollte, deutlich hervorhebt der Wert des Lebens.

Abschnitt CVII. DIE LEHREN VON JESUS, DEM SOHN SIRACHS

[Randbemerkung: B. Sir. 1:1-10]
Alle Weisheit kommt vom Herrn und ist für immer bei ihm. Der Sand der Meere und die Regentropfen und die Tage der Ewigkeit – wer soll zählen? Die Höhe des Himmels und die Breite der Erde und der Tiefen des Abgrunds – wer wird sie erforschen? Weisheit ist vor allen Dingen geschaffen worden und scharfe Einsicht von Ewigkeit her ist ein Weiser, sehr zu fürchten, der Herr, der auf seinem Thron sitzt, er hat sie erschaffen und gesehen und gezählt, und hat sie über alle seine Werke ausgegossen. Sie ist mit allem Fleisch nach seiner Gabe, und er gibt sie umsonst an diejenigen, die ihn lieben.

[Randbemerkung: B. Sir. 2:1-5]
Mein Sohn, wenn du dem Herrn dienen würdest, bereite deine Seele auf die Versuchung vor. Richte dein Herz auf und sei standhaft, damit du in der Zeit des Unglücks nicht bestürzt wirst. Halte an ihm fest und weiche nicht ‚Damit du dich am Ende als weise erweisen kannst.Nimm alles an, was zu dir kommt,Und sei geduldig in Krankheit und Bedrängnis,Denn Gold wird im Feuer geprüft und annehmbare Menschen im Ofen der Bedrängnis.

[Randbemerkung: B. Sir. 2:6-9]
Vertraue auf den Herrn, und er wird dir helfen, hoffe auf ihn, und er wird deinen Weg ebnen. Ihr, die ihr den Herrn fürchtet, wartet auf seine Barmherzigkeit und weicht nicht ab, damit ihr nicht fallt. Ihr, die ihr den Herrn fürchtet, vertraut auf ihn, und euer Lohn wird euch nicht fehlen. Ihr, die ihr den Herrn fürchtet, hofft auf Gutes und auf ewige Freude und Erlösung?

[Randbemerkung: B. Sir. 3:17-20]
Mein Sohn, wenn du reich bist, so wandele in Demut,
damit du geliebter wirst als ein großzügiger Mann. Je größer du bist,

demütige dich umso mehr, und du wirst Gnade vor dem Herrn finden.
Denn großartig ist die Macht des Herrn, und er wird von denen
verherrlicht, die sanftmütig sind.

[Randbemerkung: B. Sir. 3:21-25]
Suche nicht nach den Dingen, die zu schwer für dich sind, und suche nicht
nach Dingen, die über dich hinausgehen. Denke darüber nach, worüber dir
Macht gegeben wurde, denn mit den Dingen, die verborgen sind, hast du
nichts zu tun .Mit dem, was außerhalb deines Fachgebiets liegt, hast du
nichts zu tun, denn es werden dir mehr Dinge gezeigt, als du begreifen
kannst. Denn die Menschen haben viele Spekulationen, und böse Theorien
haben sie in die Irre geführt. Wo das Auge keine Pupille hat, ist das Das
Licht versagt, und wo es keinen Verstand gibt, versagt die Weisheit.

[Randbemerkung: B. Sir. 3:26-29]
Einem hartnäckigen Herzen geht es zuletzt schlecht, aber wer das Gute
liebt, findet es. Ein hartnäckiges Herz hat viele Sorgen, und der
Überhebliche häuft Sünde auf Sünde. Für die Wunde des Spötters gibt es
keine Heilung. Denn er ist eine Pflanze böser Art. Ein weiser Geist versteht
die Sprichwörter der Weisen, und ein Ohr, das auf Weisheit achtet, ist eine
Freude.

[Randbemerkung: B. Sir. 3:30-4:2, 9, 10]
Wasser löscht flammendes Feuer, und rechte Taten machen Sühne für
Sünden. Wer einen Gefallen tut, dem begegnet er auf seinem Weg, und
wenn er fällt, wird er Halt finden. Mein Sohn, Berauben Sie den Armen
nicht seines Lebensunterhalts, und lassen Sie die Augen der Bedürftigen
nicht müde werden. Lassen Sie die hungrige Seele nicht stöhnen, und
erregen Sie nicht die Gefühle dessen, der geschlagen wird. Befreien Sie die
Unterdrückten von dem Unterdrücker, und seien Sie nicht schwach -Herzig
im Urteilen.

Sei wie ein Vater für die Vaterlosen
und statt wie ein Ehemann für die Witwe;
So wird Gott dich seinen Sohn nennen
und dir gnädig sein und dich vor dem Untergang bewahren.

[Randbemerkung: B. Sir. 4:20-22]
Erkenne die Gelegenheit und hüte dich vor dem Bösen und schäme dich
nicht. Denn es gibt eine Schande, die Sünde bringt, und eine andere
Schande, Herrlichkeit und Gnade. Sei deiner eigenen Schande gegenüber
nicht unterwürfig, und tue es nicht erniedrige dich selbst, bis es eine Sünde
gegen dich selbst ist.

[Randbemerkung: B. Sir. 4:23-25, 28, 29]
Halte die Rede nicht zur richtigen Zeit zurück und verstecke deine Weisheit

nicht. Denn durch die Rede wird man Weisheit erkennen und durch das
Wort der Zunge Belehrung. Rede nicht gegen die Wahrheit, sondern Seien
Sie demütig wegen Ihrer eigenen Unwissenheit. Streben Sie bis zum Tod
nach dem Recht, und der Herr wird für Sie kämpfen. Seien Sie nicht
prahlerisch mit Ihrer Zunge und nachlässig und nachlässig in Ihrer Arbeit.

[Randbemerkung: B. Sir. 4:30, 31]
Sei nicht wie ein Löwe in deinem Haus, noch arrogant und misstrauisch
unter deinen Dienern. Lass deine Hand nicht ausgestreckt sein, um zu
empfangen, und verschließe dich nicht, wenn du zurückzahlen sollst.

[Randbemerkung: B. Sir. 5:1, 2a]
Konzentriere dich nicht auf deine Besitztümer und sage nicht: Sie genügen
mir.
Folge nicht deinem eigenen Verstand und deiner Kraft, sondern wandele in
den Wünschen deines Herzens.

[Randbemerkung: B. Sir. 6:2, 4]
Gib dich nicht deiner Leidenschaft hin, damit sie nicht wie ein Stier deine
Kraft auffrisst. Denn eine wilde Leidenschaft vernichtet ihren Besitzer und
macht ihn zum Gespött seiner Feinde.

[Randbemerkung: B. Sir. 6:5-8]
Eine wohlgeordnete Rede macht Freunde,
und eine gnädige Zunge gewinnt freundliche Grüße. Möge es viele sein, die
dir gegenüber freundlich sind, aber dein Vertrauter einer unter Tausenden.
Wenn du einen Freund gewinnen möchtest, dann erwirb ihn durch Testen,
und gib ihm nicht zu schnell dein Vertrauen. Denn es gibt so manchen
Freund bei schönem Wetter, aber er bleibt nicht am Tag der Not.

[Randbemerkung: B. Sir. 6:14-16]
Ein treuer Freund ist eine starke Verteidigung ,
und wer ihn findet, findet einen Schatz. Es gibt nichts Vergleichbares zu
einem treuen Freund, und sein Wert ist unbezahlbar. Ein treuer Freund ist
eine Quelle des Lebens, und er Wer den Herrn fürchtet, findet ihn. Wer
den Herrn fürchtet, richtet seine Freundschaft richtig, denn wie er ist, so ist
auch sein Freund.

[Randbemerkung: B. Sir. 7:12, 13]
Erfinde keine Lüge gegen deinen Bruder und tue das Gleiche auch keinem
Freund oder Gefährten.
Habe niemals Freude daran, eine Unwahrheit zu sagen, denn das Ergebnis
ist nicht gut.

[Randbemerkung: B. Sir. 7:20, 21]
Behandle keinen Diener schlecht, der dir treu dient, noch einen Tagelöhner,
der dir sein Bestes gibt.

Liebe einen vernünftigen Diener wie dich selbst, betrüge ihn nicht um die Freiheit.

[Randbemerkung: B. Sir. 7:22, 23]
Ehre deinen Vater von ganzem Herzen und vergiss nicht die Schmerzen deiner Mutter. Denke daran, dass du von ihnen geboren wurdest, und jetzt kannst du ihnen vergelten für das, was sie für dich getan haben.

[Randbemerkung: B. Sir. 7:29, 30]
Fürchte den Herrn mit deiner ganzen Seele und respektiere seine Priester mit Ehrfurcht. Liebe deinen Schöpfer mit all deiner Kraft und vernachlässige seine Diener nicht.

I. Datum und Charakter von Jesus, dem Sohn Sirachs. Aus der großen Zahl anonymer Bücher aus der persischen und griechischen Zeit sticht eines hervor, das einzigartig ist. Es ist die Weisheit von Ben Sira. Mit Ausnahme des Psalters und Jesajas ist es das größte Buch, das uns aus dem alten Israel überliefert ist. Glücklicherweise können Datum und Urheberschaft mit hinreichender Sicherheit bestimmt werden. Im Prolog der griechischen Übersetzung beschreibt sich der Übersetzer selbst als Enkel von Jesus, dem Sohn Sirachs, und gibt an, dass er 132 v. Chr. nach Ägypten ging. Daher ist es wahrscheinlich, dass sein Großvater irgendwann im frühen Teil der zweiten Übersetzung schrieb Jahrhundert v. Chr. Die anerkennende Beschreibung von Simon, dem Hohepriester, im fünfzigsten Kapitel von Ben Sira weist darauf hin, dass der Autor sowohl ein Zeitgenosse als auch ein Bewunderer dieses berühmten Oberhaupts der judäischen Gemeinde war. Aus den Hinweisen in den rabbinischen Schriften sowie aus der eindeutigen Aussage von Eusebius ist es einigermaßen sicher, dass dieser Simon zwischen 200 und 175 v. Chr. lebte. Darüber hinaus deuten die Zitate in den Schriften von Ben Sira aus „Prediger" in ihrer ursprünglichen Form darauf hin, dass er schrieb in der zweiten Hälfte der griechischen Periode. Das völlige Fehlen jeglicher Erwähnung des Kampfes der Makkabäer beweist außerdem zweifelsfrei, dass er vor 168 v. Chr. lebte. Diese Tatsachen deuten darauf hin, dass das Datum seiner Niederschrift irgendwo zwischen 190 und 175 v. Chr. lag

In der hebräischen Version erscheint der Name dieses berühmten Weisen als Jesus, der Sohn von Eleasar, dem Sohn von Sira. In der griechischen Version ist er jedoch einfach als Jesus, der Sohn Sirachs, bekannt. Ben Sira oder Sirach war offenbar sein Familienname, während Jesus das griechische Äquivalent von Jeshua oder Joshua ist. Aus seinen Schriften lässt sich schließen, dass er einer bekannten Jerusalemer Familie angehörte. Es ist auch nicht unwahrscheinlich, dass er mit der Linie des Hohepriesters in Verbindung stand. Seine Hinweise auf Simon, den Hohepriester, offenbaren seine tiefe Sympathie mit den kirchlichen Herrschern Jerusalems. Ebenso bedeutsam sind die Schlussworte in der hebräischen Fassung von 51:12 : „Seid dankt dem, der die Söhne Sadoks zu Priestern erwählt hat." In seinen Lehren ist Ben Sira in mancher Hinsicht ein Vorläufer der späteren Sadduzäer. Offensichtlich war er ein einflussreicher Mann in der judäischen Gemeinde. Sein Ruf als weiser Mann zog zweifellos viele Anhänger an. Er interessierte sich sehr für jede Lebensphase. Obwohl sein Standpunkt dem Koheleths in gewisser Weise ähnelte, war sein Ausblick durchaus optimistisch. Seine Lehren waren eher positiv als negativ. Sein Glaube war der der Väter und sein Vorsatz war konstruktiv. Aus der Fülle an Lehren, die er aus der Vergangenheit übernommen hatte, und auch aus seiner eigenen persönlichen Erfahrung und Beobachtung heraus versuchte er, junge Menschen zu richtigen Idealen zu inspirieren und sie zu glücklichen und effizienten Dienern Gottes und ihrer Mitmenschen zu entwickeln. In dieser Hinsicht war er ein würdiger Vertreter der Weisen, die in dieser Zeit das Leben des Judentums prägten .

II. Seine Schriften. Im Prolog der griechischen Version der Weisheit Sirachs heißt es, dass er ein eifriger Schüler der früheren Schriften seiner Rasse war. In 33:16 erkennt er in aller Bescheidenheit seine Schuld gegenüber der Vergangenheit an:

Zuletzt erwachte ich als einer, der sich hinter den großen Sammlern versammelt. Durch den Segen des Herrn profitierte ich davon und füllte meine Kelter wie einer, der Weintrauben sammelt.

Daher war es selbstverständlich, dass er seine Lehren in der Sprache seiner Väter niederschrieb. Im Gegensatz zu den meisten seiner Zeitgenossen besaß er einen klassischen hebräischen Stil. Wie die weisen Männer, deren Lehren im Buch der Sprüche festgehalten sind, brachte er seine Gedanken in poetische, sprichwörtliche Form. In seinem Buch gibt es eine eindeutige, logische Anordnung der Ideen. Der erste Teil besteht aus einer Reihe von Aufsätzen zu verschiedenen Themen. Das gleiche Thema wird oft in vielen verschiedenen Situationen behandelt (z. B. Wahl der Freunde, 6:5-17, 7:18, 12:8-12, 37:1-5). Diese kurzen Aufsätze werden in Gruppen zusammengefasst, und jede Gruppe erhält eine kurze Einleitung, in der Regel als Anerkennung ihrer Weisheit. Anscheinend besteht die erste Hälfte des Buches aus Notizen, die auf den frühen Lehren Ben Siras basieren. Jede Gruppe von Sprüchen kann durchaus seine Lehren zu einem bestimmten Anlass repräsentieren. In 31:21 bis 50:24 findet sich der Appell der geistlichen Helden Israels, der mit einem Psalm zum Lob der Majestät und Macht Jehovas beginnt und mit der Beschreibung von Simon, dem Hohepriester, endet. Dieser letzte Teil des Buches ist eindeutig eine rein literarische Schöpfung und wurde von ihm wahrscheinlich als Abschluss der Sammlung seiner Weisheitslehren hinzugefügt.

III. Geschichte des Buches. Das Buch mit den Schriften von Ben Sira war unter verschiedenen Titeln bekannt. Die lateinische Kirche folgte der griechischen und nannte sie Ecclesiasticus. Dieser Begriff wurde auf jene Bücher angewendet, die nicht im Kanon standen, aber als erbaulich und für den öffentlichen Gebrauch in den Kirchen geeignet angesehen wurden. Der hebräische Text von Ben Sira erfreute sich großer Beliebtheit, wurde von den späteren Rabbinern häufig zitiert und von späteren jüdischen und christlichen Schriftstellern oft zitiert. Es wurde jedoch im Laufe der Zeit fast vollständig von der griechischen Version verdrängt. Hieronymus war mit der hebräischen Version vertraut, aber die meisten Kirchenväter folgten der griechischen. Ben Sira wurde offenbar von Jesus, von Paulus und von den Autoren des Jakobusbriefs und des Hebräerbriefs zitiert. Zwanzig oder dreißig solcher Hinweise oder Anspielungen finden sich im Neuen Testament. Es erfreute sich auch großer Beliebtheit bei den Kirchenvätern, die daraus noch häufiger zitierten als aus den anderen alttestamentlichen Schriften. Es wurde in den Kanon der griechischen und lateinischen Kirche übernommen; aber wie die anderen apokryphen Bücher wurde es von den protestantischen Reformatoren in den Hintergrund gedrängt. Leider wurde es zu Beginn des letzten Jahrhunderts nicht mehr in den Standardausgaben der Bibel abgedruckt. Die moderne Wiederbelebung des Interesses an den apokryphen Büchern sowohl in Europa als auch in Amerika tendiert dazu, diesem Buch, gemeinsam mit dem 1. Makkabäerbuch, wieder den Platz zu verschaffen, den es im praktischen Arbeitskanon des Alten Testaments sicherlich verdient. Die Entdeckung eines Fragments des ursprünglichen hebräischen Manuskripts von Ben Sira im Jahr 1896 und die anschließende Wiedergewinnung vieler anderer Teile haben ebenfalls großes Interesse an diesem bis dahin stark vernachlässigten Buch geweckt. Bisher wurden hebräische Teile von neununddreißig der einundfünfzig Kapitel entdeckt. Die meisten von ihnen stammen etwa aus dem elften christlichen Jahrhundert und haben sehr unterschiedliche Wertvorstellungen. Mithilfe dieser und der Zitate der jüdischen Rabbiner und christlichen Väter sowie in der griechischen, syrischen und lateinischen Fassung ist es nun jedoch möglich, den größten Teil des ursprünglichen hebräischen Textes wiederherzustellen, und die resultierende Übersetzung ist diesen weit überlegen basierend auf dem griechischen Text.

IV. Sein Bild jüdischen Lebens. Ben Sira hat ein anschauliches Bild des häuslichen, wirtschaftlichen und sozialen Lebens der Juden seiner Zeit vermittelt. Die heruntergekommene orientalische Vorstellung von der Ehe hatte die Atmosphäre im Haus verdorben. Ehefrauen galten als Besitztümer ihrer Ehemänner, und der unmoralische Einfluss des Hellenismus untergrub die Reinheit und Integrität vieler jüdischer Familien noch weiter. Griechische Bräuche und Gebräuche durchdrangen Palästina immer mehr. Ben Sira bezieht sich auf Bankette mit ihrer Begleitung aus Musik und Wein. Auch diese finden seine Zustimmung. Landwirtschaft und Handel sind die Hauptbeschäftigungen des Volkes. Im Allgemeinen bringt Ben Sira die gesunde jüdische Einstellung zur Arbeit zum Ausdruck:

Hasse nicht mühsame Arbeit;
Weder die Landwirtschaft, die der Allerhöchste angeordnet hat.

Besonders hervorzuheben ist sein Lob an die Ärzte:

Sei ein Freund des Arztes, denn man braucht ihn,
denn wahrlich, Gott hat ihn ernannt. Ein Arzt erhält seine Weisheit von Gott, und vom König erhält er Geschenke. Die Erkenntnis eines Arztes veranlasst ihn, sein Haupt zu heben, Und vor den Fürsten möge er eintreten. Gott schuf Medikamente aus der Erde, und ein kluger Mann wird sich nicht vor ihnen ekeln.

Das folgende Sprichwort hat eine universelle Gültigkeit:

Wer vor seinem Schöpfer sündigt,
der falle in die Hände seines Arztes!

V. Aufstieg der Schriftgelehrten. Die Schriften von Ben Sira offenbaren die enge Verbindung zwischen den früheren Weisen und den späteren Schriftgelehrten. Er lebte in der Zeit, als der Weise zum Schreiber wurde. Er selbst hatte großen Respekt vor dem Gesetz:

Ein verständiger Mann wird auf das Gesetz vertrauen.
Das Gesetz ist ihm treu, wie wenn man das Orakel fragt.

Eine seiner grundlegenden Lehren ist im Sprichwort formuliert:

Fürchtet den Herrn und verherrlicht seine Priester
und gebt ihm seinen Teil, wie es geboten ist.

An anderer Stelle erklärt er:

Die Muße des Schriftgelehrten steigert seine Weisheit,
und wer nichts zu suchen hat, wird weise.

In seiner berühmten Beschreibung des typischen Weisen in 39:1-11 lassen sich viele Merkmale der späteren Schriftgelehrten erkennen. Als das Gesetz und das Ritual im Leben des Judentums immer mehr an Bedeutung gewannen, war es unvermeidlich, dass sie die Aufmerksamkeit der praktischen Lehrer des Volkes auf sich zogen. So widmeten sich die Weisen nach und nach dem Studium und der Interpretation des Rituals, wobei sie stets den Schwerpunkt auf Gedanken und Verhalten sowie auf die Einhaltung des Rituals legten. Der Scribismus wurde durch seine lineare Vererbung durch die früheren Weisen erheblich bereichert und behielt lange die sprichwörtliche, epigrammatische Form der Lehre und die persönliche

Einstellung gegenüber dem Einzelnen und seinen Problemen bei, die eine ihrer größten Kraftquellen darstellte. Die Ehre, die die frühen Schriftgelehrten genossen, war wohlverdient. Ihre Methoden waren frei von der Kasuistik, die viele der späteren Schreiber charakterisierte. Sie kopierten und bewachten nicht nur das Gesetz, sondern waren auch dessen Interpreten, indem sie es praktisch auf die alltäglichen Probleme der Menschen sowie auf ihre Pflichten im Zusammenhang mit dem Tempeldienst anwandten. Ihr Einfluss auf die Juden in dieser frühen Zeit war im Großen und Ganzen überaus heilsam, und aus ihren Reihen stiegen die Märtyrer auf, die eine Generation später bereit waren, für das Gesetz zu sterben.

VI. Die Lehren von Ben Sira. Ben Sira war mit der griechischen Kultur vertraut und zeigte an mehreren Stellen Vertrautheit mit griechischen Idealen und Denkweisen, aber sein Standpunkt im Allgemeinen war eindeutig jüdisch. Er sammelte das Beste aus den früheren Lehren seiner Rasse. In vielerlei Hinsicht stellt er einen Fortschritt dar, der über alles Bisherige hinausgeht und eine enge Annäherung an den Geist und die Lehren Jesu von Nazareth darstellt. Der Gott seines Glaubens war allmächtig, majestätisch, allwissend, gerecht und barmherzig. Er war der Gott der gesamten Menschheit, obwohl er sich besonders durch Israel offenbarte. Ben Sira vertrat nicht wie Hesekiel die Auffassung, dass Gott weit vom Leben der Menschen entfernt sei und nur durch Engel mit ihnen kommuniziere, sondern dass Gott direkt und persönlich an den Erfahrungen und dem Leben des Einzelnen interessiert sei. In 23:1, 4 spricht er ihn als Herrn, Vater und Meister meines Lebens an. So verwendet er im persönlichen Sinne den Begriff „Vater", der am häufigsten im Munde des großen Lehrers von Nazareth war. In Ben Siras unerschütterlichem Glauben und schlichtem Vertrauen gibt es auch vieles, das uns an den Größeren als Salomo erinnert. Wie die Lehrer vor ihm hatte er jedoch keinen klaren Glauben an die Unsterblichkeit des Einzelnen (vgl. 41:3-4, 38:16, 23). Die einzige Belohnung nach dem Tod, die er einem guten Mann entgegenhalten konnte, war seine Ruf:

Ein gutes Leben hat seine Anzahl von Tagen,
aber ein guter Name bleibt für immer bestehen.

Im Einklang mit der orthodoxen Weisheitsschule lehrte er, dass es in diesem Leben Belohnungen für ein richtiges Leben gibt:

Erfreue dich nicht an den Freuden der Bösen;
Denken Sie daran, dass sie nicht ungestraft ins Grab gehen werden.

Auch wenn ihm die Inspiration für Zukunftshoffnung fehlte, lehrte Ben Sira Treue zu Gott und Treue zu jeder Pflicht. Gerechtigkeit gegenüber allen, Rücksichtnahme auf die Bedürfnisse der Leidenden und Abhängigen und

Großzügigkeit gegenüber den Armen werden von diesem edelsten Juden seiner Zeit ständig gefordert.

Abschnitt CVIII. DIE URSACHEN DES MACKABÄISCHEN KAMPFES

[Nebenbemerkung: Ich Macc. 1:10-15] Nun ging aus [Alexanders Nachfolgern] eine sündige Wurzel hervor, Antiochus Epiphanes, Sohn des Königs Antiochus, der in Rom als Geisel gewesen war, und er begann im einhundertsiebenunddreißigsten Jahr zu regieren der syrischen Herrschaft (175 v. Chr.). In jenen Tagen erschienen einige gesetzlose Israeliten, die viele überredeten und sagten: Lasst uns gehen und einen Bund mit den Heiden um uns herum schließen; denn seit wir uns von ihnen ferngehalten haben, ist uns viel Böses widerfahren. Und der Vorschlag stieß auf Zustimmung. Und einige aus dem Volk waren bereit, es zu tun, und gingen zum König, der ihnen das Recht gab, es den Heiden gleichzutun. Dann bauten sie in Jerusalem einen Ort für gymnastische Übungen nach den Bräuchen der Heiden. Sie ließen sich auch unbeschnitten, verließen den heiligen Bund, brüderten mit den Heiden und verkauften sich, um Böses zu tun.

[Nebenbemerkung: Ich Macc. 1:16-19] Als Antiochus nun sah, dass seine Autorität fest etabliert war, dachte er daran, über Ägypten zu herrschen, um über die beiden Königreiche zu herrschen. So fiel er mit einer großen Schar, mit Streitwagen, Elefanten und Reitern und mit einer großen Flotte in Ägypten ein. Und er führte Krieg gegen Ptolemaios, den König von Ägypten. Und Ptolemaios wurde von ihm besiegt und floh, und viele fielen tödlich verwundet. Und sie eroberten die starken Städte im Land Ägypten, und er nahm die Beute Ägyptens an sich.

[Nebenbemerkung: Ich Macc. 1:20-22, 24-28] Dann, nachdem Antiochus Ägypten erobert hatte, kehrte er im hundertdreiundvierzigsten Jahr (169 v. Chr.) zurück und zog mit einer großen Menge gegen Israel und Jerusalem. Und er ging frech in das Heiligtum und nahm den goldenen Altar und den Leuchter und alles, was zum Schaubrottisch gehörte, und die Trankopferbecher und die Schalen und die goldenen Räuchergefäße und den Vorhang und die Girlanden ; und die Verzierungen, die sich an der Vorderseite des Tempels befanden – er schnitzte sie alle ab. Und er nahm alles und ging in sein Land, nachdem er eine große Schlacht angerichtet und sehr unverschämt geredet hatte. So überkam die Israeliten, wo immer sie waren, große Trauer.

Und die Obersten und Ältesten seufzten, die Jungfrauen und Jünglinge wurden geschwächt. Und die Schönheit der Frauen wurde verändert.

Jeder Bräutigam begann zu klagen.
Sie, die im Trauzimmer saß, war betrübt.

Und das Land wurde erschüttert wegen seiner Bewohner,
und das ganze Haus Jakob wurde in Schande gekleidet.

[Nebenbemerkung: Ich Macc. 1:29-40] Nach zwei Jahren sandte der König einen obersten Tributeintreiber in die Städte Judas, der mit einer großen Menge nach Jerusalem kam. Und er redete Worte des Friedens, um sie zu verführen, und sie vertrauten ihm. Dann griff er plötzlich die Stadt an, versetzte ihr einen schweren Schlag und tötete viele Israeliten. Und er nahm die Beute der Stadt und steckte sie in Brand und riss ihre Häuser und Mauern auf allen Seiten nieder. Sie nahmen die Frauen und Kinder gefangen und erlangten Besitz an dem Vieh. Dann ummauerten sie die Stadt Davids mit einer großen und starken Mauer und starken Türmen, und sie diente als Festung. Und sie haben dort sündige Menschen, gesetzlose Menschen untergebracht. Und sie befestigten sich darin. Und sie sammelten Waffen und Lebensmittel und sammelten die Beute Jerusalems und verstauten sie dort.

Und die Zitadelle wurde zu einer großen Falle
und diente als Hinterhalt gegen das Heiligtum und war für Israel immer wieder ein böser Feind. Und sie vergossen unschuldiges Blut auf allen Seiten des Heiligtums und verunreinigten das Heiligtum. Da flohen die Bewohner Jerusalems davor dies, und sie wurde zur Behausung der Fremden. Und sie wurde denen, die in ihr geboren waren, fremd, und ihre Kinder verließen sie. Ihr Heiligtum wurde verwüstet wie eine Wüste. Ihre Feste wurden in Trauer verwandelt, ihre Sabbate in eine Schmach, Ihre Ehre verwandelte sich in Verachtung. So groß wie einst ihre Herrlichkeit war, so war jetzt ihre Schande, und ihre Erhöhung verwandelte sich in Trauer.

[Nebenbemerkung: Ich Macc. 1:41-53] Dann schrieb König Antiochus an sein ganzes Königreich und befahl, dass alle ein Volk sein sollten und dass jeder seine eigenen Gesetze aufgeben sollte. Und alle heidnischen Nationen gaben der Forderung des Königs nach. Auch viele Israeliten waren bereit, ihn anzubeten, opferten den Götzen und entweihten den Sabbat. Und der König sandte Briefe durch Boten nach Jerusalem und in die Städte Judas, in denen er ihnen befahl, landesfremden Sitten zu folgen und das Darbringen von Ganzbrandopfern, Schlachtopfern und Trankopfern im Heiligtum zu verhindern und die Sabbate und Feste zu entweihen. und das Heiligtum und die heiligen Dinge verunreinigen, um Altäre, Tempel und Schreine für Götzen zu bauen und Schweinefleisch und unreine Tiere zu opfern; auch ihre Söhne unbeschnitten zu lassen und ihre Seelen mit allerlei Unreinheit und Entweihung zu beflecken, damit sie das Gesetz vergessen und alle Bräuche ändern könnten. Und dass jeder, der nicht tun wollte, was der König befohlen hatte, sterben sollte. So schrieb er an sein ganzes Königreich; und ernannte Aufseher über das ganze Volk, die den Städten Judas befahlen, Stadt für Stadt zu opfern. Da versammelten sich viele Leute um sie, alle , die das

Gesetz verlassen hatten. Und sie taten Böses im Land und zwangen die Israeliten, sich an allen ihren Zufluchtsorten zu verstecken.

[Nebenbemerkung: Ich Macc. 1:54-58] Am fünfundzwanzigsten Tag Chislevs, im einhundertfünfundvierzigsten Jahr, bauten sie einen Gräuel der Verwüstung auf dem Altar; und überall in den Städten Judas bauten sie Götzenaltäre. Und an den Türen der Häuser und auf den Straßen räucherten sie. Und sie zerrissen die Gesetzesbücher, die sie fanden, und zündeten sie an. Und wo immer ein Buch des Bundes bei jemandem gefunden wurde oder jemand dem Gesetz gehorchte, wurde er durch den Erlass des Königs zum Tode verurteilt. So taten sie mit ihrer Macht Monat für Monat den Israeliten, die in den Städten gefunden wurden.

[Nebenbemerkung: Ich Macc. 1:59-63] Und am fünfundzwanzigsten Tag des Monats opferten sie auf dem Götzenaltar, der auf dem Opferaltar des HERRN stand. Und die Frauen, die ihre Kinder beschnitten hatten, töteten sie nach dem Befehl. Und sie hängten ihre Kinder um den Hals und zerstörten ihr Haus mit denen, die sie beschnitten hatten. Aber viele in Israel fassten den festen Vorsatz, keine unreinen Dinge zu essen, und entschieden sich für den Tod, damit sie nicht durch das Fleisch befleckt würden und den heiligen Bund nicht entweihten. Also sind sie gestorben. Und über Israel kam überaus großes Leid.

I. Charakter und Inhalt von I Makkabäer. Das erste Buch der Makkabäer ist in vielerlei Hinsicht die beste Geschichte, die aus dem alten Israel überliefert ist. Luthers Schlussfolgerung, dass es einen Platz im alttestamentlichen Kanon mehr verdient als beispielsweise das Buch Esther, wird heute sowohl in der Theorie als auch in der Praxis weitgehend akzeptiert. Der religiöse Geist, in dem es geschrieben wurde, die Bedeutung der Ereignisse, von denen es handelt, und die Treue, mit der sie aufgezeichnet werden, bestätigen alle diese Schlussfolgerung. Es ist das Werk eines hingebungsvollen Patrioten, der offenbar persönlich mit den Ereignissen vertraut war, die er aufzeichnet. Er war ein glühender Bewunderer von Judas Makkabäus und war möglicherweise einer der vielen tapferen Juden, die sich für diesen starken Verfechter einsetzten. Der Autor war mit der frühen Geschichte seiner Rasse vertraut, denn er hat viele der Ausdrücke übernommen, die den Büchern Samuel und Könige eigen sind. Seine Redewendungen lassen keinen Zweifel daran, dass er auf Hebräisch schrieb, obwohl diese Version verloren gegangen ist.

Das erste Buch der Makkabäer beginnt mit einem kurzen Hinweis auf Alexander den Großen und die griechischen Herrscher, die seine Nachfolge antraten. Die detaillierte Geschichte beginnt jedoch mit Antiochus Epiphanes und reicht bis zum Tod von Simon im Jahr 135 v. Chr. Die Hinweise im Prolog auf den Wiederaufbau der Mauern Jerusalems durch

Simons Sohn Johannes Hyrcanus zwischen 135 und 125 v. Chr. und das Fehlen von Jegliche Anspielungen auf die wichtigeren Ereignisse im späteren Teil seiner Regierungszeit deuten darauf hin, dass seine Geschichte wahrscheinlich um 125 v. Chr. abgeschlossen war. Sie wurde also weniger als ein halbes Jahrhundert nach all den darin aufgezeichneten Ereignissen geschrieben. Obwohl der Autor ein wahrer Patriot ist und sich sehr für die Geschichte seiner Rasse interessiert, lässt er sich von seinem Patriotismus nicht zu Übertreibungen verleiten. Er offenbart den wahren historischen Geist und eine großartige Zurückhaltung in der Darstellung der epochalen Ereignisse, die er aufzeichnet.

II. Charakter und Inhalt von II Makkabäer. In deutlichem Gegensatz zu I Makkabäer steht das zweite Buch, das diesen Namen trägt. Der Autor gibt in 2:19-32 an, dass es auf einer früheren fünfbändigen Geschichte basiert, die von Jason aus Kyrene in Nordafrika geschrieben wurde. Der letzte Inbegriff dieses früheren Werkes lebte wahrscheinlich nicht lange nach 50 v. Chr. Jason selbst scheint irgendwo zwischen 160 und 140 v. Chr. gelebt zu haben und von Nordsyrien aus geschrieben zu haben. Die Sprache des Originals war offenbar Griechisch. Das Ziel des Autors war eher didaktisch als historisch, und er schöpfte frei aus populären Traditionen. Im Allgemeinen entspricht es weitgehend dem Werk des Chronisten, der die alttestamentlichen Bücher „Chroniken" und „Esra-Nehemia" zusammenstellte. Das wundersame Element ist im Vordergrund, die Zahl wird häufig erhöht und die Katastrophen Israels werden minimiert. Ungeachtet all seiner offensichtlichen Mängel hat II. Makkabäer viele wichtige historische Fakten bewahrt. Wo sich seine Aussagen von denen des I. Makkabäers unterscheiden, sollte letzterem im Allgemeinen gefolgt werden, aber sein Bericht über die Ereignisse, die zum Aufstand der Makkabäer führten, ist viel detaillierter als der des I. Makkabäers, den er in vielen wichtigen Punkten ergänzt. Mit Hilfe dieser beiden Geschichten ist es möglich, eine bemerkenswert anschauliche und detaillierte Vorstellung von dem halben Jahrhundert zu gewinnen, das das Wiedererwachen des Judentums und die Geburt eines neuen Nationalgeistes erlebte.

III. Aggressiver Charakter der hellenischen Kultur. Das jüdische Leben und die jüdische Religion wurden durch die babylonischen und persischen Eroberer zeitweise fast ausgerottet, jedoch nie grundlegend verändert. Alexander und seine Nachfolger führten jedoch eine völlig neue und aggressive Kraft in das Leben und Denken Palästinas ein. Die Jahrhunderte, die mit 332 v. Chr. begannen, waren Zeugen des größten Kampfes, den die Welt je gesehen hat. Es wurde nicht auf dem offenen Schlachtfeld ausgetragen, sondern überall dort, wo in Palästina und den Ländern der Zerstreuung die Strömungen dieses alten Lebens und Handels zusammentrafen und sich vermischten. Es war der jahrhundertelange

Konflikt zwischen Hellenismus und Judentum, diesen beiden mächtigen Kräften, die seit langem in den Küstengebieten des nördlichen und östlichen Mittelmeerraums heranreiften. Das Ergebnis dieses Wettbewerbs sollte die Zivilisation und den Glauben der ganzen Welt im Laufe der Jahrhunderte beeinflussen.

Das Judentum repräsentierte das Leben und den Glauben eines Bauernvolkes, während der Hellenismus in der Stadt geboren wurde. Wohin der Hellenismus auch kam, er fand seinen Ausdruck im bürgerlichen Leben. Die heidnischen Völker Palästinas, die Phönizier und Philister an der Küste sowie die Völker Ostjordaniens begrüßten die überlegene Zivilisation der Eroberer bereitwillig. Es appellierte stark an ihren intellektuellen, sozialen und ästhetischen Sinn und, in der entwürdigten Form, die es im Osten annahm, an ihre Leidenschaften. Sogar die Samariter akzeptierten es bereitwillig; und die Stadt Samaria wurde von einer Kolonie mazedonischer Soldaten besiedelt. Die antiken Städte Gaza, Askelon , Accho unter dem Namen Ptolemais, Tyrus , Sidon, Damaskus, Bethshean unter dem neuen Namen Skythopolis , Rabbathammon unter dem Namen Philadelphia und die meisten wichtigen ostjordanischen Städte wurden bald in umgewandelt aktive Zentren der hellenischen Kultur. Bürgerstolz und Patriotismus erfassten ihre Bewohner. Die meisten Städte verfügten über einen Senat und Richter, die jedes Jahr durch Volksabstimmung gewählt wurden. Viele von ihnen wurden von prächtigen öffentlichen Gebäuden geschmückt, darunter ein Forum, ein Theater, ein Stadion, ein Hippodrom und eine Turnhalle. An die Stelle des alten Despotismus und selbstsüchtigen Individualismus trat der bürgerliche Patriotismus. Jede griechische Stadt gab ihren Bürgern neue Ideale und Möglichkeiten. Die Diskussionen im Forum, auf der Agora und im Gymnasium inspirierten sie zu politischen, sozialen und intellektuellen Interessen. Die Theaterstücke in den Theatern, die Rennen im Hippodrom und im Stadion versetzten sie in Erstaunen und faszinierten sie. Viele der Jugendlichen wurden in die im Zusammenhang mit dem Gymnasium gegründeten Vereine aufgenommen und alle Klassen nahmen an den öffentlichen Feierlichkeiten teil.

IV. Kontrast zwischen Hellenismus und Judentum. Aus der breiten Perspektive der Geschichte wird deutlich, dass sowohl der Hellenismus als auch das Judentum für den Aufbau und die Erweiterung des menschlichen Charakters und der Ideale von wesentlicher Bedeutung waren. Der Hellenismus in seiner edleren Form brachte, was dem Judentum fehlte, und das Judentum war geeignet, die Übel und fatalen Schwächen des Hellenismus zu korrigieren. Ben Sira erkannte dies vage und versuchte, diese beiden Zivilisationstypen in Einklang zu bringen. Doch im zweiten Jahrhundert v. Chr. waren sich die Menschen vor allem der eklatanten Kontraste bewusst. Verglichen mit der Pracht des Lebens in den griechischen Städten erschien das der orthodoxen Juden grob und barbarisch. Der große Abscheu, mit dem die Juden jede Form des Götzendienstes betrachteten, führte dazu, dass sie alle Formen der Kunst ablehnten. Ihr Hass auf Sinnlichkeit und Unmoral führte dazu, dass sie die Sportarten und Übungen der Turnhalle und die damit verbundene Zügellosigkeit mit Abscheu betrachteten. Die praktischen Lehrer Israels betrachteten die Feinheiten der verschiedenen griechischen Philosophieschulen mit Argwohn. Andererseits schienen die heimeligen, häuslichen Freuden des Durchschnittsjuden und seine intensive Hingabe an den Dienst im Tempel und an den Glauben seiner Väter für diejenigen, die mit dem glänzenden, üppigen Leben der hellenischen Städte vertraut waren, verächtlich. Der Hellenismus protestierte gegen die Enge, Kargheit und Intoleranz des Judentums; Das Judentum protestierte gegen die Gottlosigkeit und Unmoral des Hellenismus. Beide hatten Recht mit ihren Protesten, und doch brauchte jeder in gewisser Weise den anderen.

V. Der Abfall der Juden und die Treulosigkeit der Hohepriester. Zu Beginn des zweiten Jahrhunderts v. Chr. war der judäische Staat eng von einem Ring hellenischer Städte umgeben und auf allen Seiten den Verführungen der entarteten griechischen Kultur ausgesetzt, die im Boden Palästinas fest verankert war. Wie es fast unvermeidlich war, gaben viele jüdische Jugendliche seinen Reizen nach. Die Abneigung gegen die Engstirnigkeit und die strengen Sitten ihrer Väter löste in ihnen eine wachsende Verachtung für ihre Rasse und ihre Religion aus. Sogar einige der jüngeren Priester verließen den Tempel und zogen in die Turnhalle. Unbewusst, aber sicher, driftete das Judentum von seinen alten Bindungen zum Hellenismus ab, bis ihm die Treulosigkeit seiner Hohepriester und die Verfolgungen von Antiochus Epiphanes seine Gefahr voll bewusst wurden. Die Abtrünnigen in Jerusalem fanden in Jeshua einen Anführer , der den griechischen Namen Jason angenommen hatte. Er war der Bruder von Onias III., dem regierenden Hohepriester, und wurde geschickt, um ihn am syrischen Hof zu vertreten. Dort verbesserte er die Chance, indem er größere Ehrungen versprach, um seine Ernennung zum Hohepriester zu sichern. Er wurde jedoch bald von einem gewissen Abtrünnigen namens Menelaos überboten, der Jason mit Hilfe syrischer Soldaten aus Jerusalem vertrieb und seinen Platz an der Spitze der hellenisierenden Partei einnahm. Der erste Grund für den Kampf der Makkabäer war daher der Abfall einiger Juden selbst. Offenbar gaben sie in großer Zahl die Traditionen ihrer Rasse auf und nahmen griechische Gewänder und Bräuche an, was ihre syrischen Herrscher zu der Annahme verleitete, dass die Hellenisierung der gesamten Rasse vergleichsweise einfach sein würde.

VI. Charakter von Antiochus Epiphanes. Der Herrscher, der durch sein Unrecht und seine Verfolgungen die schwelende Flamme des jüdischen Patriotismus zu einem gewaltigen Flächenbrand entfachte, war Antiochus

Epiphanes. Als Jugendlicher war er in Rom bei den verschwenderischen Söhnen der Herrscher der Kaiserstadt erzogen worden. Die griechischen und römischen Historiker, insbesondere Polybios, zeichnen anschauliche Porträts dieses tyrannischen Königs. In ihm fand die vorherrschende Leidenschaft für den Hellenismus extremen Ausdruck. Sein Hauptziel war es, seine Zeitgenossen durch die Pracht seiner Bauvorhaben und durch seine dramatische Darstellung zu beeindrucken. Indem er seinen selbstsüchtigen Ehrgeiz auf diese Weise befriedigte, erschöpfte er die Ressourcen seines Königreichs und war daher gezwungen, zu extremen Maßnahmen zu greifen, um seine Staatskasse wieder aufzufüllen. Im Jahr 170 v. Chr. unternahm er einen erfolgreichen Feldzug nach Ägypten. Zwei Jahre später fiel er erneut in das reiche Land am Nil ein, wurde jedoch von einem römischen General konfrontiert, der ihm kategorisch den Rückzug befahl. Rom war bereits die Hauptmacht im östlichen Mittelmeerraum, und Antiochus beschloss, obwohl er wütend war, klugerweise, sich zurückzuziehen. In diesem ungünstigen Moment fand er Jerusalem im Aufstand vor, getäuscht durch einen falschen Bericht und durch den abtrünnigen Hohepriester Jason. Antiochus nutzte nicht nur diese Gelegenheit, den Tempel zu plündern und viele der Bewohner zu töten, sondern hegte von diesem Zeitpunkt an auch eine erbitterte Abneigung gegen die jüdische Rasse. Diese Abneigung teilte er mit der gesamten griechischen Welt, denn aufgrund der besonderen Religion und Bräuche der Juden und ihres Erfolgs bei kommerziellen Aktivitäten war das, was heute als antisemitischer Geist bekannt ist, bereits vollständig entwickelt . Eines der Hauptziele von Antiochus bestand auch darin, alle seine Untertanen zu hellenisieren , und nur die Juden leisteten Widerstand gegen die Verwirklichung dieses Ziels. Daher konnten sie von diesem selbstsüchtigen, launischen Despoten keine Gnade erwarten.

VII. Antiochos' Politik gegenüber den Juden. Die Maßnahmen, die Antiochus ergriff, um den Glauben des Judentums zu zerschlagen, waren unerbittlich gründlich. Er begann mit der Einnahme Jerusalems, dem Einriss seiner Mauern, der Befestigung und Besetzung seiner Zitadelle mit syrischen Soldaten und abtrünnigen Juden und der Ermordung aller, die sich weigerten, seinen Forderungen nachzukommen. Nicht nur wurde der Tempeldienst eingestellt, sondern auch der Altar abgerissen und entweiht und an seiner Stelle ein heidnischer Altar für Zeus – die abscheuliche Verwüstung im Buch Daniel – errichtet. Auf diesem wurde Schweinefleisch geopfert, und die Anwesenheit von Huren in den heiligen Bezirken vervollständigte seine zeremonielle und moralische Verunreinigung. Alle überlebenden Einwohner Jerusalems waren gezwungen, den heidnischen Göttern Opfer zu bringen und ihnen zu huldigen. Diejenigen, die Kopien ihrer Gesetze behielten oder darauf bestanden, die Bräuche ihrer Väter aufrechtzuerhalten, wurden getötet. Als viele in die umliegenden Städte flohen, verfolgten sie Abgesandte von Antiochus und forderten von jedem Bürger die öffentliche Anerkennung der griechischen Götter. Ein Großteil der Juden gab offenbar diesen drastischen Maßnahmen nach und schloss sich den Reihen der Abtrünnigen an. Von den vielen Krisen, die Israel durchmachte, war diese in vielerlei Hinsicht die schwerste; aber dann gab es der Welt einige der edelsten Märtyrer. Die frühen Christen, die wegen ihres Glaubens starben, ließen sich vom Beispiel ihres Meisters und von der Hoffnung auf selige, individuelle Unsterblichkeit inspirieren. Für die Juden der griechischen Zeit war das große Unglück, das sie ereilte, jedoch ein plötzlicher und unerwarteter Schlag. Zunächst inspirierte sie keine klare Hoffnung auf Unsterblichkeit, denn wie Ben Sira und die früheren Lehrer der Rasse betrachteten die meisten von ihnen das Leben nach dem Tod wahrscheinlich als eine leidenschaftslose Existenz im Land der Dunkelheit. Sogar die Erwartung einer familiären oder rassischen Unsterblichkeit schien durch die düstere Einstellung zunichte gemacht zu werden. Sie starben ebenso wie Eleasar, der alte Schriftgelehrte, einfach wegen ihrer Hingabe an Gott und die Gesetze ihrer Väter und weil ihnen diese Loyalität mehr bedeutete als das Leben.

Abschnitt CIX. Die Auswirkungen der Verfolgung auf die Juden

[Nebenbemerkung: Ich Macc. 2:1-4] Zu dieser Zeit machte sich Mattathias, der Sohn Johannes, des Sohnes Simeons, ein Priester der Söhne Joaribs , aus Jerusalem auf; und er wohnte in Modein . Und er hatte fünf Söhne: Johannes, der Gaddis hieß, Simon, der Thassi hieß , Judas, der Makkabäus hieß, Eleasar, der Avaran hieß, Jonathan, der Apphus hieß .

[Nebenbemerkung: Ich Macc. 2:5-14] Als er die frevelhaften Taten sah, die in Juda und in Jerusalem begangen wurden, sagte er:

Wehe mir! Warum wurde ich geboren
, um den Untergang meines Volkes und den Untergang der heiligen Stadt
zu sehen und dort zu wohnen, während sie in die Hände des Feindes
gegeben wurde,
das Heiligtum in die Hände von Fremden?
Der Tempel ist geworden, als hätte er keine Herrlichkeit, seine prächtigen
Gefäße wurden in die Gefangenschaft geführt. Ihre Kinder wurden auf der
Straße getötet, ihre jungen Männer durch das Schwert des Feindes. Welches
Volk hat ihren Palast nicht in Besitz genommen, und Sie hat sich ihrer
Beute bemächtigt? All ihr Schmuck wurde weggenommen. Aus der Freiheit
wurde sie in die Sklaverei degradiert. Und nun wurden unsere heiligen
Dinge, unsere Schönheit und unsere Herrlichkeit verwüstet, und die Heiden
haben sie verunreinigt. Warum sollten wir noch leben? ?

Und Mattathias und sein Sohn zerrissen ihre Kleider und zogen Säcke an und
trauerten bitterlich.

[Nebenbemerkung: Ich Macc. 2:15-22] Nun kamen die Beamten des Königs, die den Abfall vom Glauben durchsetzten, in die Stadt Modein , um zu opfern. Und viele von Israel gingen zu ihnen über, aber Mattathias und seine Söhne leisteten Widerstand. Da sagten die Beamten des Königs zu Mattathias: Du bist ein Herrscher und ein Mann, der in dieser Stadt geehrt und durch Söhne und Brüder gestärkt wird. Nun kommt nun zuerst und tut, was der König befiehlt, wie alle Nationen es getan haben, auch die Männer von Juda, mit denen, die in Jerusalem übrig geblieben sind. Dann werdet ihr und euer Haus zu den Freunden des Königs gehören, und ihr und eure Söhne werdet mit Silber und Gold und vielen Geschenken geehrt werden. Aber Mattathias antwortete mit lauter Stimme: Wenn alle Nationen, die im Herrschaftsbereich des Königs enthalten sind, ihm gehorchen, indem jedes dem Kult seiner Väter untreu wird und sich dazu entschließt, seinem Befehl zu folgen, dann werden ich und meine Söhne und meine Brüder in der Herrschaft wandeln Bund mit unseren Vätern geschlossen. Der Himmel bewahre , dass wir das Gesetz und die Verordnungen aufgeben. Wir werden nicht auf die Worte des Königs hören, um von unserer Anbetung abzuweichen, weder zur Rechten noch zur Linken.

[Nebenbemerkung: Ich Macc. 2:23-28] Und als er diese Worte geendet hatte, kam ein Jude in Sichtweite aller, um auf dem Altar zu opfern, der in Modein war , gemäß dem Befehl des Königs. Als Mattathias es sah, wurde sein Eifer entfacht und er zitterte innerlich. Und er ließ seinen Zorn von sich Besitz ergreifen, wie es recht war, und lief und erschlug den Juden auf dem Altar. Außerdem tötete er damals den Beamten des Königs, der die Menschen zum Opfern zwang, und riss den Altar nieder. So zeigte er seinen Eifer für das Gesetz, genau wie Pinehas es im Fall von Simri , dem Sohn Salus, tat . Da schrie Mattathias mit lauter Stimme in der Stadt und sprach: Wer für das Gesetz eifrig ist und den Bund einhält, der folge mir nach. Und er und seine Söhne flohen in die Berge und ließen alles zurück, was sie in der Stadt hatten.

[Nebenbemerkung: Ich Macc. 2:29-38] Da zogen viele, die Gerechtigkeit und Recht suchten, in die Wüste hinab, um dort mit ihren Söhnen, Frauen und Vieh zu wohnen, denn das Böse wurde immer schwerer für sie zu ertragen. Und es wurde den Beamten des Königs und den Truppen, die in Jerusalem, der Stadt Davids, waren, berichtet, dass einige Männer, die den Befehl des Königs gebrochen hatten, in die Verstecke in der Wüste hinabgestiegen waren. So viele jagten ihnen nach, und nachdem sie sie eingeholt hatten, lagerten sie sich gegen sie und stellten am Sabbath die Schlachtlinie gegen sie auf. Und sie sagten zu ihnen: Es ist schon weit genug gekommen, nun kommt heraus und gehorcht dem Befehl des Königs, und ihr werdet leben. Aber sie sagten: Wir werden nicht herauskommen und nicht tun, was der König befiehlt, um den Sabbattag zu entweihen. Dann boten sie ihnen sofort den Kampf an. Aber sie leisteten keinen Widerstand, sie warfen auch keinen Stein nach ihnen, noch verstopften sie die Verstecke, denn sie sagten: „Lasst uns alle in unserer Unschuld sterben ; Himmel und Erde sollen für uns Zeugnis ablegen, dass ihr uns getötet habt." ungerecht. Dann erhoben sie sich am Sabbat zum Kampf gegen sie und starben mit ihren Frauen und Kindern und ihrem Vieh, insgesamt tausend Seelen.

[Nebenbemerkung: Ich Macc. 2:39-48] Als Mattathias und seine Freunde es erfuhren, trauerten sie bitterlich um sie. Und sie sagten zueinander: Wenn wir alle tun, was unsere Brüder getan haben, und nicht gegen die bewaffneten Heiden um unser Leben und unsere Bräuche kämpfen, werden sie uns jetzt schnell von der Erde vernichten. Da berieten sie sich an jenem Tag und sprachen: Wer auch immer am Sabbattag gegen uns zum Kampf antreten wird, den wollen wir bekämpfen, und wir werden auf keinen Fall alle sterben, wie unsere Brüder in den Verstecken gestorben sind. Dann versammelte sich vor ihnen eine Schar von Chasidenern , tapferen Männern Israels, jedermann , der sich bereitwillig für das Gesetz einsetzte. Und alle, die vor dem Bösen flohen, fügten sich ihnen hinzu und stärkten sie. Und sie versammelten ein Heer.

Und schlug die Sünder in ihrem Zorn
und die Gesetzlosen in ihrem Zorn.

Und der Rest floh zu den Heiden, um sich in Sicherheit zu bringen. Auch Mattathias und seine Freunde gingen umher und rissen die Altäre nieder und beschnitten mit Gewalt die Kinder, die unbeschnitten waren, so viele sie im Gebiet Israels fanden. So verfolgten sie die Söhne der Arroganz, und das Werk gedieh in ihrer Hand. Sie entzogen den Heiden und Königen die Führung der Dinge und gaben dem Sünder nicht nach.

[Nebenbemerkung: Ich Macc. 2:49-64] Als die Zeit für Mattathias' Tod nahte , sagte er zu seinen Söhnen: Jetzt sind die Unverschämtheit und die Beleidigung stark geworden, und es ist eine Zeit der Rückschläge gekommen, mit flammendem Zorn.

Nun, meine Söhne, seid eifrig für das Gesetz
und gebt euer Leben für den Bund eurer Väter. Und gedenkt der Taten, die eure Vorfahren in ihren Generationen getan haben;
Und großen Ruhm und ewigen Ruhm erlangen.
Wurde Abraham nicht als treu befunden, als er auf die Probe gestellt wurde? Und es wurde ihm als Gerechtigkeit angerechnet. Joseph hielt das Gebot in der Zeit seiner Not und wurde Herr über Ägypten. Pinehas, unser Vater, empfing den Bund eines ewigen Lebens, weil er so eifrig war Priestertum.Josua, weil er das Wort Gottes ausführte,Wurde ein Herrscher in Israel.Kaleb, weil er in der Gemeinde Zeugnis ablegte,Erhielt ein Erbe im Land.

David, weil er barmherzig war,
erbte einen königlichen Thron für immer und ewig. Elia, weil er so eifrig
für das Gesetz war, wurde in den Himmel aufgenommen. Hananja, Asarja
und Mischael glaubten
und wurden aus der Flamme gerettet. Daniel wegen seiner Unschuld,
Wurde aus dem Rachen der Löwen errettet. Und so bedenke von
Generation zu Generation: Niemandem, der auf ihn vertraut, mangelt es
jemals an Stärke. Dann fürchte dich nicht vor den Worten eines sündigen
Mannes; denn seine Ehre wird sein, Kot und Würmer. Zu- Heute ist er
erhöht, aber morgen ist er nicht mehr zu finden, weil er zu Staub geworden
ist und die Erinnerung an ihn verschwunden ist.

Dann seid stark, meine Söhne, und stellt euch als Männer im Namen des
Gesetzes dar;
Dadurch werdet ihr Ruhm erlangen.

[Nebenbemerkung: Ich Macc. 2:65-68]
Und siehe, Simon, dein Bruder, ich weiß, dass er ein Mann mit Rat ist.
Gehorche ihm immer; Lass ihn dein Ratgeber sein. Auch Judas Makkabäus
war von Jugend an ein Kriegsmann. Er soll dein Anführer sein und die
Schlacht des Volkes schlagen. Und alle gesetzestreuen Männer zu dir
nehmen und das Unrecht rächen Euer Volk. Gebt den Heiden Vergeltung
und achtet auf die Gebote des Gesetzes.

[Nebenbemerkung: Ich Macc. 2:69-70] So segnete er sie und wurde zu seinen
Vätern versammelt. Und er starb im einhundertsechsundvierzigsten Jahr, und
seine Söhne begruben ihn in den Gräbern seiner Väter in Modein , und ganz
Israel wehklagte laut über ihn.

[Randbemerkung: Dan. 7:1-8] Im ersten Jahr von Belsazar, dem König von
Babylon, hatte Daniel einen Traum und Visionen von seinem Kopf auf
seinem Bett. Dann schrieb er den Traum nieder: „Ich sah in meiner Vision
bei Nacht, und siehe, die vier Winde des Himmels brachen über dem großen
Meer hervor." Und vier große Tiere stiegen aus dem Meer herauf, jedes
anders als das andere. Der erste war wie ein Löwe und hatte Adlerflügel. Ich
schaute, bis ihm die Flügel abgenommen wurden und er von der Erde
aufgehoben und wie ein Mensch auf zwei Füße gestellt wurde; und das Herz
eines Mannes wurde ihm gegeben. Und siehe, ein zweites Tier, gleich einem
Bären; und es war auf einer Seite aufgerichtet, und drei Rippen waren in
seinem Maul, zwischen seinen Zähnen; und sie sagten ihm also: Steh auf,
verschlinge viel Fleisch! Danach sah ich, und siehe, ein anderes, gleich einem
Leoparden, das an seinen Seiten vier Flügel eines Vogels hatte; Und das Tier
hatte auch vier Köpfe, und ihm wurde Herrschaft gegeben. Danach sah ich
in den nächtlichen Visionen, und siehe, ein viertes Tier, schrecklich und
furchteinflößend und überaus stark; und es hatte große eiserne Zähne; es

verschlang und zerbrach den Rest und zertrat den Rest mit seinen Füßen; und es unterschied sich von allen Tieren, die vor ihm waren; und es hatte zehn Hörner. Ich richtete meine Aufmerksamkeit auf die Hörner, und siehe, ein weiteres kleines Horn wuchs zwischen ihnen empor, und vor diesem wurden drei der ersten Hörner mit den Wurzeln ausgerissen; Und siehe, in diesem Horn waren Augen wie Menschenaugen und ein Mund, der große Dinge redete.

[Randbemerkung: Dan. 7:9, 10] Ich wartete, bis Throne aufgestellt waren und ein alter Mann seinen Platz einnahm; Seine Kleidung war weiß wie Schnee und sein Haar wie makellose Wolle, sein Thron war wie feurige Flammen, und seine Räder brannten in Flammen. Ein feuriger Strom entströmte und kam vor ihm hervor; Tausende und Abertausende dienten ihm, und zehntausendmal zehntausend standen vor ihm; Das Urteil wurde gefällt und die Bücher wurden geöffnet.

[Randbemerkung: Dan. 7:11, 12] Ich schaute auf diese Zeit wegen des Klangs der großen Worte, die das Horn sprach – ich schaute sogar, bis das Tier getötet und sein Körper zerstört und als Brennstoff für das Feuer gegeben wurde. Auch den übrigen Tieren wurde die Herrschaft entzogen; aber ihr Leben wurde für eine bestimmte Zeit und Jahreszeit verlängert.

[Randbemerkung: Dan. 7:13, 14] Ich sah in den Nachtgesichten, und siehe, da kam mit den Wolken des Himmels einer gleich einem Menschensohn, und er kam sogar zu dem Alten und wurde vor ihn gebracht. Und es wurde ihm Herrschaft und Ruhm und Souveränität gegeben, damit alle Völker, Nationen und Sprachen ihm dienen sollten; Seine Herrschaft ist eine ewige Herrschaft, die nicht vergehen wird, und seine Herrschaft ist eine, die nicht zerstört werden wird.

[Randbemerkung: Dan. 7:15-18] Was mich betrifft, Daniel, mein Geist war deswegen betrübt, und die Visionen meines Kopfes beunruhigten mich. Ich näherte mich einem von denen, die dabeistanden, und fragte ihn, ob das alles wahr sei. Also erzählte er es mir und machte mich mit der Interpretation der Dinge vertraut. Diese vier großen Tiere sind vier Könige, die aus der Erde entstehen werden. Sondern die Heiligen des Allerhöchsten wird die Souveränität empfangen und die Souveränität für immer besitzen, sogar für immer und ewig.

[Randbemerkung: Dan. 7:19-22] Da wollte ich die Wahrheit über das vierte Tier erfahren, das sich von allen unterschied und überaus schrecklich war, dessen Zähne aus Eisen und seine Nägel aus Messing waren; der es verschlang, in Stücke brach und den Rest mit seinen vierten Füßen zertrat; und was die zehn Hörner betrifft, die auf seinem Haupt waren, und das andere Horn, das emporragte und vor dem drei Hörner fielen, das hatte Augen und einen Mund, der große Dinge redete, und es schien größer zu sein als die anderen. Ich schaute, und dasselbe Horn führte Krieg mit den Heiligen und siegte über sie, bis der Älteste kam und den Heiligen des Allerhöchsten das Gericht gegeben wurde und die bestimmte Zeit kam, in der die Heiligen die Herrschaft besaßen.

[Randbemerkung: Dan. 7:23-27] So sagte er: Das vierte Tier wird ein viertes Königreich auf Erden sein, das von allen Königreichen verschieden sein wird; und wird die ganze Erde verschlingen und sie zertreten und in Stücke brechen. Und was die zehn Hörner betrifft, aus diesem Königreich werden zehn Könige hervorgehen; und ein anderer wird nach ihnen aufstehen; und er wird sich von jenem unterscheiden, und er wird drei Könige stürzen. Und er wird Worte gegen den Höchsten reden und die Heiligen des Höchsten ständig belästigen; und er wird daran denken, die festgelegten Zeiten und das Gesetz zu ändern; und sie werden in seine Hand gegeben werden bis zu einer Zeit und Zeiten und einer halben Zeit. Aber das Urteil wird fallen, und sie werden sein Königreich wegnehmen, um es zu verzehren und schließlich zu zerstören. Und die Souveränität und die Herrschaft und die Größe der Königreiche unter dem ganzen Himmel werden gewiss dem Volk der Heiligen des Allerhöchsten gegeben ; Seine Souveränität ist eine ewige Souveränität, und alle Herrschaftsgebiete werden ihm dienen und gehorchen.

[Randbemerkung: Dan. 12:1-3] Und zu jener Zeit wird Michael aufstehen, der große Fürst, der für die Kinder meines Volkes einsteht; und es wird eine Zeit der Bedrängnis geben, wie es sie noch nie gegeben hat, seit es ein Volk gibt, bis dahin; Und zu jener Zeit wird dein Volk befreit werden, jeder , der im Buch geschrieben steht. Und viele von denen, die im Staub der Erde schlafen, werden aufwachen, einige zu ewigem Leben, andere zu Schande und ewiger Verachtung. Und die Weisen werden leuchten wie der Glanz des Firmaments; und diejenigen, die viele zur Gerechtigkeit bekehren wie die Sterne für immer und ewig.

I. Der von Mattathias angeführte Aufstand. Die Verfolgungen des Antiochus

Epiphanes hatte endlich den Punkt erreicht, an dem geduldige Unterwerfung und sogar das Märtyrertum keine Tugend mehr waren. Seine Agenten hatten die gnadenlose Hellenisierungskampagne praktisch im gesamten Gebiet Judäas erfolgreich durchgeführt . Erst als sie die äußerste nordwestliche Grenze erreichten, trafen sie auf den ersten offenen Widerstand. Die kleine Stadt Modein liegt am Rande der großen Ebene, wo die zentralen Hügel Palästinas in niedrige Ausläufer übergehen. Diese werden von rauschenden Bächen und klaren, kristallklaren Bächen durchzogen, die von oben herabfließen. Die Stadt lag auf einem abgerundeten Hügel mit einem Durchmesser von etwa einer Drittelmeile, der in einer Reihe steiler Terrassen abrupt ansteigt. Der Wady Malakeh umgab es im Süden und Westen. Auf der nordöstlichen Seite, wo die moderne Stadt liegt, befand sich ein breiter

Landstreifen, der etwas niedriger und größer als die Akropolis war. In der Antike befand sich hier wahrscheinlich die Unterstadt. Tiefe, umlaufende Täler im Norden und Osten vervollständigten die natürliche Verteidigung dieses Grenzdorfes, das zum Altar der jüdischen Freiheit wurde. Heute sind die verstreuten Ruinen der Akropolis im Frühling mit einem üppigen Bewuchs von Getreide- und Olivenbäumen bedeckt, was sie zu einem der malerischsten Hügel in Palästina macht.

Es ist überraschend, dass der Aufstand gegen die grausame Tyrannei des Antiochus von einem alten Priester angeführt wurde. Wie viele Priester lag sein Zuhause außerhalb Jerusalems. Offensichtlich war er einer der führenden Männer von Modein . Er stammte aus der Familie Hasmon , daher werden seine Nachkommen, die schließlich die unabhängigen Herrscher ihrer Rasse wurden, manchmal die Hasmonier genannt . In Mattathias fand endlich die lange unterdrückte, heiße Empörung der jüdischen Rasse ihren Ausdruck. Indem er den abtrünnigen Juden und syrischen Beamten tötete, beschwor Mattathias jenen kriegerischen Geist herauf, der Israel in früheren Tagen eine Heimat und einen Platz unter den Nationen gegeben hatte. Seine impulsive Tat leitete ein neues Kapitel im Leben und Denken Israels ein. In seinen weitreichenden Folgen war es nur mit der impulsiven Ermordung des ägyptischen Zuchtmeisters durch Moses vergleichbar.

II. Partei der Chasiden oder Frommen. Es war ein Glück, dass Mattathias fünf fähige, reife Söhne hatte, die ihn unterstützen konnten. Simon, der Älteste, war bereits im Rat berühmt. Judas, der den Nachnamen Makkabäus trug (daher das Wort Makkabäer), erwies sich bald als großer Heerführer. Jonathan kombinierte die Qualitäten von Simon und Judas mit einer gewissen List, die ihn von den dreien am wenigsten attraktiv macht. Eleazar bewies später auf dem Schlachtfeld, dass er die Qualitäten besaß, die Helden und Märtyrer ausmachen. In den judäischen Hügeln und vor allem in den kargen, fast unzugänglichen Festungen, die in einer Reihe von Terrassen vom zentralen Plateau bis zum Toten Meer abfallen, fanden Mattathias und seine Anhänger Zuflucht. Hierher waren bereits viele patriotische Juden geflohen. Die syrischen Söldner jedoch, angeführt von den unerbittlichen, abtrünnigen Juden, verfolgten sie und, da sie ihre Skrupel kannten, griffen sie sie am Sabbattag an und töteten sie gnadenlos. Mattathias und seine Söhne lernten aus diesem schrecklichen Beispiel und entschieden weise, dass es wichtiger sei, um ihr Leben zu kämpfen, als für eine bloße Institution zu sterben. Bald zogen sie alle, die dem Gesetz noch treu blieben, für ihre Standarte an. Zu ihnen zählten vor allem diejenigen, die als Chasidener oder Fromme bekannt waren. Sie waren die geistlichen Nachfolger der Frommen oder Bedrängten, deren Leiden in den früheren Psalmen des Psalters zum Ausdruck gebracht werden (Abschnitt XLVII:v). Sie waren auch die Vorläufer der Partei der Pharisäer, die eines der Produkte des Makkabäerkampfes war. In ihnen vermischten sich Glaube und Patriotismus so sehr, dass sie sich wie Cromwells „Ironsides" vor keiner Widrigkeit einschüchtern ließen. Zunächst verließen sie sich auf die Art der Guerillakriegsführung, für die die Hügel von Judäa besonders geeignet waren . Indem sie das Gesetz der Beschneidung durchsetzten, die Abtrünnigen bestraften und verstreute syrische Banden angriffen, ermutigten sie die strauchelnden Juden und schüchterten die Agenten von Antiochus ein. Mattathias starb bald und überließ die Führung seinem dritten Sohn, Judas. Das Gedicht, in dem er seine einstweiligen Verfügungen festhält, bringt die Inspiration zum Ausdruck, die Israels Patrioten zu dieser Zeit aus der Vergangenheit ihrer Nation empfingen, und die höchste Hingabe an das Gesetz und den unerschrockenen Mut, die die Führer dieser großen Bewegung beseelten.

III. Datum der Visionen in Daniel 7-12. Eine parallele, aber andere Art von Charakter und Hoffnung spiegelt sich im letzten Teil des Buches Daniel wider. In Form von Visionen oder Vorhersagen interpretieren diese Kapitel die Bedeutung der großen Weltbewegungen vom Beginn der babylonischen bis zum Ende der griechischen Zeit. Jede Vision gipfelt in einer symbolischen, aber detaillierten Beschreibung der Herrschaft und Verfolgung von Antiochus Epiphanes. Mehrere Passagen beschreiben die zerstörerische Politik dieses syrischen Herrschers fast so anschaulich wie die Bücher der Makkabäer (Dan. 8:11, 12): „Er (Antiochus) erhob sich bis zum Fürsten der Heerscharen (Jehova) und nahm von ihm." ihm das tägliche Opfer und zerstörte den Ort seines Heiligtums und setzte den Sakrileg über das tägliche Opfer und warf die Wahrheit zu Boden und tat es und hatte Erfolg."

Daniel 11:20-44 enthält einen Rückblick auf die wichtigsten Ereignisse der Herrschaft von Antiochus. Diese Beschreibung endet mit der Vorhersage: „Er wird seinen Palast zwischen dem Mittelmeer und dem herrlichen heiligen Berg errichten; so wird er sein Ende finden, und niemand wird ihm helfen." Zeitgenössische Aufzeichnungen weisen jedoch darauf hin, dass Antiochus während eines Feldzugs im fernen Persien starb und nicht im westlichen Palästina, wie der Autor von Daniel erwartet hatte. In den anderen Visionen weichen die Einzelheiten nach der Beschreibung der Verfolgungen des Antiochus plötzlich allgemeinen Vorhersagen, was darauf hindeutet, dass sich der Autor an diesem Punkt von der Betrachtung vergangener und gegenwärtiger Ereignisse abwandte und sich dem zuwandte, was für ihn in der Zukunft lag. Die großen Siege von Judas und seinen Anhängern, die 165 v. Chr. zur Restaurierung des Tempels führten, werden nirgends erwähnt. In 11,34 findet sich eine Anspielung auf den Aufstand der Makkabäer: „Wenn sie nun fallen , wird man ihnen mit ein wenig Hilfe helfen; aber viele werden sich ihnen mit falschen Beteuerungen anschließen." Diese Bewegung wird vom Autor offensichtlich nicht als bedeutsam angesehen. Das Datum dieser

Visionen kann daher mit großer Sicherheit zwischen 168 und 166 v. Chr. festgelegt werden

IV. Ihr wahrer Charakter und ihr Ziel. Bei der Interpretation dieser Visionen ist es wichtig zu beachten, dass sie zum sogenannten apokalyptischen Typus der Literatur gehören. Hesekiel und Sacharja hatten bereits die komplexe Symbolik der Apokalypse genutzt, um die Fantasie ihrer entmutigten Landsleute anzuregen und den Glauben zu stärken. Ziel des Autors der Schlusskapitel von Daniel war vor allem die Darstellung einer religiösen Geschichtsphilosophie. Durch den Aufstieg und Fall der Nationen wurde Jehovas Vorsatz langsam aber sicher verwirklicht. Sie sind Ausdruck des ewigen Optimismus der Propheten. Sie äußern ihre ewige Hoffnung, dass „das Beste noch bevorsteht". Sie sollten Menschen inmitten der Verfolgung mit der Gewissheit ermutigen, dass Gott noch in seinem Himmel sei und dass in seiner Welt noch alles in Ordnung sein würde.

V. Die vier heidnischen Königreiche und das Reich Gottes. In der Symbolik des Propheten repräsentierten die vier Tiere aus Daniel 7 das chaldäische, medäische , persische und griechische Reich. Das vierte Tier mit eisernen Zähnen, das den Rest verschlang und in Stücke brach, war eindeutig das Reich Alexanders, und das kleine Horn, das aufsprang, war das kleine Horn, das das hilflose Volk Jehovas aufspießte und zerfleischte. Im Gegensatz zu den vier Tieren, die die Engel oder Dämonen, die Verfechter jedes der großen heidnischen Königreiche, darstellten, stand Israels Schutzengel Michael. Es ist dieser Engel, der in 7:13 offenbar als vom Himmel kommend erwähnt wird und in seiner Erscheinung einem Menschensohn ähnelt. Auf Anweisung Jehovas sollte er ein herrliches, universelles Königreich errichten, dessen Bürger die Heiligen sein sollten, die treuen Juden, die Jehova während der langen, grausamen Verfolgungen treu blieben. Nicht nur diejenigen, die überlebten, sondern auch die im Staub der Erde schlafenden Märtyrer sollten aufwachen und ihre herrliche Belohnung erhalten. Die Abtrünnigen sollten zu ewiger Schande und Verachtung verurteilt werden. Die weisen Lehrer und Märtyrer, die sich durch Wort und Beispiel darum bemüht hatten, ihre Rasse gegenüber Jehova loyal zu halten, sollten im kommenden messianischen Königreich erhöht werden. So offenbaren diese Visionen die Hoffnungen, die einige Mitglieder der jüdischen Rasse in ihrer Zeit der größten Prüfung erfüllten: den Glauben, dass Jehova durch seinen Engel die Macht des heidnischen Verfolgers schnell stürzen und ein universelles Königreich errichten würde, in dem auch sein eigenes Volk leben sollte den ersten Platz einnehmen, und schließlich, dass nicht einmal die Bande des Todes diejenigen festhalten würden, die für das Gesetz gestorben sind. So ging das Judentum schließlich aus diesem Kampf mit einem neu entdeckten Glauben an die individuelle Unsterblichkeit hervor. Es war immer noch mit dem Glauben an die leibliche Auferstehung verbunden, aber schließlich war die

Unvergänglichkeit des Einzelnen zu einem der Eckpfeiler der israelischen Religion geworden.

Abschnitt CX. Die Siege, die den Juden Religionsfreiheit gaben

[Nebenbemerkung: Ich Macc. 3:1-9] Da erhob sich an seiner Stelle sein Sohn Judas, der Makkabäus hieß. Und alle seine Brüder halfen ihm und alle, die seinem Vater zur Seite gestanden hatten, und sie kämpften voller Freude in der Schlacht gegen Israel.

Er verbreitete den Ruhm seiner Herrlichkeit weit und breit
und legte seinen Brustharnisch an wie ein Riese
und gürtete seine Kriegswaffen um
und stellte Schlachten auf, indem er die Armee mit seinem Schwert
beschützte. Er war wie ein Löwe in seinen Taten und wie ein junger Löwe,
der nach Beute brüllt. Er verfolgte die Gesetzlosen und suchte nach ihnen,
und er verbrannte diejenigen, die sein Volk beunruhigten. Die Gesetzlosen
schreckten vor ihm zurück, und alle, die die Gesetzlosigkeit trieben,
gerieten in große Angst. Und die Erlösung wurde erreicht durch Er
erzürnte viele Könige und erfreute Jakob durch seine Taten; und sein
Andenken ist gesegnet für immer. Er zog umher in den Städten Judas und
vernichtete die Gottlosen aus dem Land und wendete den Zorn Gottes von
Israel ab er war bis an die Enden der Erde bekannt.

[Nebenbemerkung: Ich Macc. 3:10-12] Dann versammelte Apollonius die Heiden und ein großes Heer aus Samaria, um gegen Israel zu kämpfen. Und als Judas davon erfuhr, zog er ihm entgegen und besiegte und tötete ihn; und viele wurden tödlich verwundet, während der Rest floh. Und sie erbeuteten ihre Beute, und Judas nahm das Schwert des Apollonius, mit dem er sein Leben lang kämpfte.

[Nebenbemerkung: Ich Macc. 3:13-15] Als Seron, der Befehlshaber des syrischen Heeres, hörte, dass Judas eine große Streitmacht gläubiger Männer um sich versammelt hatte, die mit ihm in den Krieg zogen, sagte er: „Ich werde mich berühmt machen und Ansehen erlangen." das Königreich; denn ich werde mit Judas und denen, die mit ihm sind, kämpfen, die sich dem Befehl des Königs widersetzen. Und mit ihm zog auch ein mächtiges Heer von Gottlosen herauf, um ihm zu helfen und sich an den Israeliten zu rächen.

[Nebenbemerkung: Ich Macc. 3:16-22] Als er sich dem Aufstieg von Bethhoron näherte , ging Judas ihm mit einer kleinen Gruppe entgegen. Als sie aber das Heer auf sich zukommen sahen, sprachen sie zu Judas: Wie sollen wir, so wenige wir auch sind, imstande sein, gegen eine so große Menge zu kämpfen? und wir sind auch ohnmächtig, da wir heute nichts gegessen haben. Dann sagte Judas: Es ist für viele eine leichte Sache, in den Händen einiger weniger gefangen zu sein; und mit dem Himmel ist es gleichermaßen leicht, durch viele oder durch wenige zu retten; Denn der Sieg im Kampf hängt nicht von der Größe einer Armee ab, sondern vom Himmel kommt die Stärke. Voller Unverschämtheit und Gesetzlosigkeit kommen sie zu uns, um uns mit unseren Frauen und Kindern zu vernichten und auszuplündern; Aber wir selbst kämpfen für unser Leben und unsere Gesetze. Und er selbst wird sie vor unserem Angesicht zermalmen; also habt keine Angst vor ihnen.

[Nebenbemerkung: Ich Macc. 3:23, 24] Als er nun seine Rede beendet hatte, stürzte er sich plötzlich auf sie, und Seron und sein Heer wurden vor ihm in die Flucht geschlagen. Und sie verfolgten sie am Abhang von Bethhoron bis in die Ebene, und es fielen von ihnen etwa achthundert Mann; aber der Rest floh in das Land der Philister.

[Nebenbemerkung: Ich Macc. 3:25-31] Nun begann die Furcht vor Judas und seinen Brüdern und die Furcht vor ihnen die Nationen um sie herum zu befallen. Und sein Ruf erreichte den König, denn jede Nation erzählte von den Schlachten des Judas. Aber als König Antiochus dies hörte, war er voller Empörung und sandte alle Streitkräfte seines Reiches aus und versammelte sie, eine sehr starke Armee. Und er öffnete seine Schatzkammer und gab seinen Truppen ein Jahr lang Lohn und befahl ihnen, für jeden Notfall bereit zu sein. Und da er sah, dass Geld in seiner Schatzkammer knapp war und dass die Abgaben des Landes gering waren, wegen der Zwietracht und des Unglücks, die er über das Land gebracht hatte, mit dem Ziel, die Gesetze aufzuheben, die von Anfang an in Kraft gewesen waren Er befürchtete, dass er wie zu anderen Zeiten nicht genug für die Ausgaben und Geschenke haben würde, die er zuvor mit großzügiger Hand gegeben hatte und in denen er die Könige vor ihm übertroffen hatte. Und er war äußerst verwirrt und beschloss, nach Persien zu gehen, die Tribute der Länder einzunehmen und viel Geld einzusammeln.

[Nebenbemerkung: Ich Macc. 3:32-37] So überließ er Lysias, einem ehrenwerten Mann aus der königlichen Familie, die Verantwortung für die Angelegenheiten des Königs vom Euphrat bis an die Grenzen Ägyptens und die Erziehung seines Sohnes Antiochus, bis er zurückkehrte. Und er übergab ihm die Hälfte seines Heeres und die Elefanten und übertrug ihm alles, was er tun wollte und was die Bewohner von Judäa und Jerusalem betraf, damit er eine Streitmacht gegen sie aussendete, um sie auszurotten die Macht Israels und der Überreste Jerusalems zu vernichten und zu vernichten und ihr Andenken von dem Ort zu entfernen, und dass er Fremde in ihrem ganzen Gebiet wohnen lassen und ihnen ihr Land durch das Los aufteilen sollte. Dann nahm der König die verbleibende Hälfte der Streitkräfte und brach im einhundertsiebenundvierzigsten Jahr von Antiochia, seiner Hauptstadt, auf, überquerte den Euphrat und zog durch die oberen Länder.

[Nebenbemerkung: Ich Macc. 3:38-41] Lysias erwählte nun Ptolemaios, den Sohn des Dorymenes , und Nikanor und Gorgias, einflussreiche Männer unter den Freunden des Königs, und sandte mit ihnen vierzigtausend Fußsoldaten und siebentausend Reiter, um in das Land Juda zu ziehen, um es zu zerstören. wie der König es befohlen hatte. Und sie zogen mit ihrem ganzen Heer aus und schlugen ihr Lager in der Nähe von Emmaus in der Ebene auf. Und die Kaufleute des Landes hörten die Gerüchte über sie, und sie nahmen Silber und Gold in großen Mengen und Ketten und kamen in das Lager, um die Israeliten als Sklaven zu holen. Hinzu kamen die Streitkräfte Syriens und der Philister.

[Nebenbemerkung: Ich Macc. 3:42, 43, 46-54] Dann sahen Judas und seine Brüder, dass das Böse zunahm und dass die Streitkräfte in ihrem Gebiet lagerten, und als sie von den Befehlen erfuhren, die der König gegeben hatte, um das Volk zu vernichten und ihm ein Ende zu bereiten von ihnen sagten sie zueinander:

Lasst uns den Untergang unseres Volkes wieder aufrichten
und für unser Volk und das Heiligtum kämpfen;

versammelten sich und kamen nach Mizpe , gegenüber von Jerusalem. denn in Mizpe gab es eine Gebetsstätte für Israel. Und sie fasteten an diesem Tag und legten Sacktuch und Asche auf ihre Häupter und zerrissen ihre Kleider und breiteten das Buch des Gesetzes aus – eines von denen, in die die Heiden Bilder ihrer Götzen gemalt hatten. Und sie brachten die Priestergewänder mit den Erstlingsfrüchten und den Zehnten und schnitten den Nasiräern, die ihr Leben vollendet hatten, die Haare ab. Und sie schrieen laut zum Himmel und sprachen: Was sollen wir damit machen und wohin sollen wir sie wegtragen? Denn dein Heiligtum ist zertreten und entweiht, und deine Priester sind in Trauer und Demütigung. Und nun haben sich die Heiden gegen uns versammelt, um uns zu vernichten. Du weißt, welche Pläne sie gegen uns schmieden. Wie sollen wir vor ihnen bestehen können, wenn du uns nicht hilfst? Und sie bliesen mit den Posaunen und riefen mit lauter Stimme.

[Nebenbemerkung: Ich Macc. 3:55-60] Und danach ernannte Judas Führer des Volkes, Befehlshaber über Tausende, über Hunderte, über Fünfzig und über Zehner. Und er befahl denen, die Häuser bauten, und denen, die Weinberge pflanzten, und denen, die sich fürchteten, jeder solle in sein Haus zurückkehren, wie es das Gesetz befohlen habe. Dann zog das Heer ab und lagerte auf der Südseite von Emmaus. Und Judas sprach: Gürtet euch und seid tapfere Männer! und seid bereit, am Morgen mit diesen Heiden zu kämpfen , die sich gegen uns versammelt haben, um uns und unser Heiligtum zu zerstören. Denn es ist besser für uns, im Kampf zu sterben, als das

Unglück unserer Nation und des Heiligtums mitanzusehen. Dennoch möge der Himmel tun, was auch immer sein Wille ist.

[Nebenbemerkung: Ich Macc. 4:1-6a] Und Gorgias nahm fünftausend Fußsoldaten und tausend auserlesene Reiter, und das Heer machte sich in der Nacht auf den Weg, um über das Heer der Juden zu fallen und sie plötzlich anzugreifen. Und die Männer der Zitadelle waren seine Führer. Als Judas aber davon hörte, brach er mit seinen tapferen Männern das Lager ab, um das Heer des Königs anzugreifen, das sich bei Emmaus befand, während die Streitkräfte noch aus dem Lager zerstreut waren. Und als Gorgias nachts zum Lager des Judas kam, fand er niemanden. Dann suchte er in den Bergen nach ihnen und dachte, die Männer würden vor ihm fliehen.

[Nebenbemerkung: Ich Macc. 4:6b-11] Aber als es Tag wurde, erschien Judas mit dreitausend Mann in der Ebene; nur hatten sie weder Rüstung noch Schwerter, wie sie es sich gewünscht hatten. Als sie nun das Lager der Heiden sahen, das stark befestigt war und von Kavallerie und erfahrenen Kriegern umgeben war, sagte Judas zu den Männern, die bei ihm waren: Fürchtet euch nicht vor ihrer Menge und fürchtet euch nicht vor ihrem Angriff. Denken Sie daran, wie unsere Väter im Roten Meer gerettet wurden, als der Pharao sie mit einem Heer verfolgte. Und nun lasst uns zum Himmel schreien, wenn er uns Gnade erweist und sich an den Bund erinnert, den wir mit unseren Vätern geschlossen haben, und dieses Heer heute vor unserem Angesicht vernichtet, damit alle Heiden erkennen, dass es einen gibt, der Israel erlöst und rettet .

[Nebenbemerkung: Ich Macc. 4:12-15] Und als die Fremden ihre Augen aufhoben und sie auf sich zukommen sahen, zogen sie von ihrem Lager in den Kampf. Und die mit Judas waren, bliesen ihre Posaunen und stürmten in den Kampf; und die Heiden wurden besiegt und flohen in die Ebene. Aber alle, die in der Nachhut waren, fielen durch das Schwert, und sie verfolgten sie bis nach Gazara und in die Ebenen von Idumäa und Azotus und Jamnia, und es fielen von ihnen etwa dreitausend Mann.

[Nebenbemerkung: Ich Macc. 4:16-25] Als Judas und sein Heer von der Verfolgung zurückkehrten, sagte er zum Volk: Seid nicht gierig nach der Beute, denn vor uns liegt eine Schlacht, und Gorgias und sein Heer sind in unserer Nähe auf dem Berg. Aber stellen Sie sich jetzt unseren Feinden und bekämpfen Sie sie, und danach können Sie offen die Beute an sich nehmen. Während Judas noch redete, erschien ein Teil von ihnen und schaute vom Berg herab; Und diese sahen, dass ihr Heer in die Flucht geschlagen worden war und dass die Juden ihr Lager niederbrannten; denn der Rauch, der sich zeigte, zeigte, was getan worden war. Und als sie diese Dinge sahen, gerieten sie in Panik, und als sie auch das Heer des Judas in der Ebene zum Kampf bereit sahen, zogen sie sich alle in das Land der Philister zurück. Und Judas kehrte zurück, um das Lager zu plündern, und sie erbeuteten viel Gold und Silber und Blau und Purpur und große Reichtümer. Dann kehrten sie nach Hause zurück und sangen ein Danklied und lobten den Himmel, weil er gut ist, weil seine Barmherzigkeit ewig währt . So erlebte Israel an diesem Tag eine große Befreiung.

[Nebenbemerkung: Ich Macc. 4:26, 27] Aber die Fremden, so viele entkommen waren, kamen und erzählten Lysias alles, was geschehen war. Und als er das hörte , war er erstaunt und entmutigt, denn weder hatte Israel so Rückschläge erlebt, wie er es sich gewünscht hatte, noch war das, was der König befohlen hatte, in die Tat umgesetzt worden.

[Fußnote: I Macc. 4:28-34] Im nächsten Jahr versammelte [Lysias] sechzigtausend ausgesuchte Fußsoldaten und fünftausend Reiter, um [die Juden] zu unterwerfen. Als sie nach Idumäa kamen und in Bethsura lagerten , begegnete ihnen Judas mit zehntausend Mann. Als er sah, dass das Heer stark war, betete er und sagte: Gesegnet seist du, o Retter Israels, der du die Angriffskraft des Helden durch die Hand deines Dieners David zerschmettert und das Heer der Heiden in die Flucht geschlagen hast die Hände Jonathans, des Sohnes Sauls, und seines Waffenträgers.

Besiege dieses Heer in der Hand deines Volkes Israel,
und lass sie sich ihres Heeres und ihrer Reiter schämen. Gib ihnen
Mutlosigkeit, und lass ihren kühnen Mut dahinschwinden,
und lass sie vor ihrer Vernichtung zittern.
Zerschmettere sie mit dem Schwert derer, die dich lieben, damit alle deinen
Namen kennen, die dich mit Danksagung preisen.

Dann schlossen sie sich dem Kampf an; Und es fielen vom Heer des Lysias etwa fünftausend Mann, und sie fielen auf der Stelle vor ihnen.

[Nebenbemerkung: Ich Macc. 4:35] Als aber Lysias sah, dass sein Heer sich zurückzog, und sah, wie dreist die Leute von Judas geworden waren und wie bereit sie waren, entweder zu leben oder zu sterben, zog er nach Antiochia und versammelte angeheuerte Soldaten. damit er mit noch größerer Streitmacht erneut nach Judäa käme.

[Nebenbemerkung: Ich Macc. 4:36-51] Da sagten Judas und seine Brüder: Nachdem unsere Feinde besiegt sind, wollen wir hinaufgehen, um das Heiligtum zu reinigen und es erneut zu weihen. Also stiegen sie auf den Berg Zion. Und das ganze Heer versammelte sich und zog auf den Berg Zion. Und als sie sahen, dass das Heiligtum verwüstet, der Altar entweiht, die Tore verbrannt und Sträucher in den Vorhöfen wuchsen, wie in einem Wald oder wie auf einem der Berge, und die Kammern der Priester abgerissen wurden, zerrissen sie ihre Kleider und machten neue Sie klagten laut und streuten Asche auf ihre Häupter. Sie fielen auf den Boden. Dann bliesen sie ein Signal auf den Trompeten und riefen zum Himmel. Und Judas ernannte einige Männer zum Kampf gegen die Bewohner der Zitadelle, bis er das Heiligtum gereinigt hätte. Und er wählte Priester aus, die tadellose Beobachter des Gesetzes waren, die das Heiligtum reinigten und die verunreinigten Steine an einen unreinen Ort trugen. Und sie überlegten, was sie mit dem entweihten Brandopferaltar machen sollten. Sie kamen schließlich zu dieser klugen Entscheidung: es niederzureißen, damit es ihnen nicht zum Vorwurf würde, weil die Heiden es entweiht hatten. Sie rissen den Altar ab und legten die Steine auf dem Tempelberg an einem geeigneten Ort ab, bis ein Prophet käme und ein Orakel über sie sprach. Dann nahmen sie, wie es das Gesetz vorschrieb, ganze Steine und bauten einen neuen Altar nach dem Entwurf des alten. Sie bauten auch das Heiligtum und die inneren Teile des Tempels wieder auf und weihten die Höfe. Sie machten auch die heiligen Gefäße neu und brachten den Leuchter und den Altar für Brandopfer und Räucherwerk sowie den Tisch in den Tempel. Und sie räucherten auf dem Altar und zündeten die Lampen auf dem Leuchter an und spendeten Licht im Tempel. Dann legten sie Brote auf den Tisch und breiteten die Schleier aus. So beendeten sie alle Arbeiten, die sie unternommen hatten.

[Nebenbemerkung: Ich Macc. 4:52-61] Und sie standen früh am Morgen des fünfundzwanzigsten Tages des neunten Monats, das ist der Monat Chislev, im einhundertachtundvierzigsten Jahr (165 v. Chr.) Auf und brachten Opfer gemäß dem Gesetz dar auf dem neuen Brandopferaltar, den sie gemacht hatten. Ungefähr zur gleichen Zeit und am selben Tag, an dem die Heiden es entweiht hatten, wurde es erneut mit Liedern, Harfen, Lauten und Zimbeln geweiht. Und das ganze Volk warf sich nieder und betete an und lobte den Himmel, der ihnen guten Erfolg beschert hatte. Und sie feierten acht Tage lang die Einweihung des Altars und brachten mit Freude Brandopfer dar und opferten ein Opfer der Erlösung und des Lobes. Und sie schmückten die Vorderseite des Tempels mit goldenen Kränzen und kleinen Schildchen und weihten die Tore und die Kammern der Priester neu ein und machten Türen für sie. Und es herrschte große Freude im Volk, weil die Schmach der Heiden beseitigt war. Und Judas und seine Brüder und die ganze Gemeinde Israels beschlossen, dass die Tage der Einweihung des Altars von Jahr zu Jahr zu ihren Zeiten eingehalten werden sollten, für die Dauer von acht Tagen, vom fünfundzwanzigsten Tag des Monats Chislev an, mit Fröhlichkeit und Freude. Zu dieser Zeit befestigten sie auch den Berg Zion mit hohen Mauern und starken Türmen rundherum, damit nicht zufällig die Heiden kämen und ihn zertraten, wie sie es zuvor getan hatten. Und er stationierte dort eine Streitmacht, um es zu bewachen, und sie befestigten Bethsura , damit das Volk eine Festung in Idumäa haben konnte .

I. Der Charakter von Judas. Judas Makkabäus war ein Mann von unbestrittenem Mut. In den vielen Schlachten, die er kämpfte, befand er sich immer an vorderster Front im verzweifeltsten Gefecht. Darüber hinaus gelang es ihm, einem Volk Mut zu machen, das jahrhundertelang gelernt hatte, sich vor seinen Eroberern nur widerstandslos zu beugen. Alle in den beiden Büchern der Makkabäer gefundenen Beweise deuten darauf hin, dass er vom edelsten Patriotismus inspiriert war. Die treibende Kraft seines Patriotismus war die Hingabe an die Gesetze und Bräuche seiner Rasse. In dieser Hinsicht war er ein Anführer, der bei den Chasidenern und Frommen, die sich hinter seinem Standard versammelten , äußerst akzeptabel war . In jedem anderen Zeitalter und in jeder anderen Umgebung wäre seine Hingabe nur als Fanatismus erschienen. Die Situation war jedoch äußerst kritisch. Untreue gegenüber dem Gesetz und den besonderen Riten des Judentums war Verrat. Wenn es jemals in der Weltgeschichte gerechtfertigt war, Gewalt mit Gewalt zu begegnen und im Namen der Religion das Schwert zu zücken , dann war dies sicherlich der Anlass. In seiner militärischen Taktik offenbarte Judas die List, die die Gejagten auszeichnet. Er entwickelte großes Geschick darin, eine strategische Position zu wählen und seine Anhänger gegen einen verwundbaren Punkt in der feindlichen Linie zu schicken. In dieser Hinsicht erwies er sich als Schüler von Davids fähigem Feldherrn Joab. Es handelte sich um dieselben Taktiken, die Napoleon später und auf größeren Schlachtfeldern so effektiv einsetzte. Judas ähnelte in vielerlei Hinsicht dem ersten König Israels, Saul. Er war ungestüm, patriotisch, intensiv und energisch. Er war besonders geschickt darin, einen plötzlichen Angriff zu leiten. Auch seine Aufgabe ähnelte auffallend der des ersten Königs Israels, und wie Saul in seinen späteren Tagen zeigte er die gleiche Unfähigkeit, seine Anhänger in einer Zeit relativen Friedens zu organisieren und zu halten.

II. Hindernisse, gegen die Judas kämpfte. Als Judas berufen wurde, sich für die Sache der Juden einzusetzen, wurden sie vom Rest der Welt gehasst. Es war eine unorganisierte Gruppe von Flüchtlingen, die sich um ihn versammelten, ohne Häuser, Ressourcen oder Waffen. Ihm standen die großen Armeen eines mächtigen Reiches gegenüber. Die griechischen Söldner, die in den syrischen Reihen kämpften, waren mit Kettenhemden und den besten Waffen bewaffnet, die die Antike kannte. Sie wurden außerdem gründlich in der Kriegskunst ausgebildet und standen unter der Leitung erfahrener Generäle. Auf jedem Schlachtfeld waren die Syrer den Juden zahlenmäßig fast sechs zu eins überlegen. Gegen Judas und seine Anhänger standen Abtrünnige seiner eigenen Rasse, die das Land kannten, die Bewegungen der Juden ausspionieren konnten und von bitterstem Hass erfüllt waren. Die wenigen Vorteile auf der Seite von Judas waren: Erstens wurden seine Anhänger durch die Gefahr der Situation zu Heldentaten angespornt. Zweitens waren sie von einem intensiven religiösen Eifer beseelt. Die einzige Kraft in der gesamten semitischen Geschichte, die Stämme und Nationen zusammenhielt und den Semiten zu einer nahezu unbesiegbaren Kampfmacht machte, war die Religion. Die bekannten Beispiele sind die mohammedanischen Eroberungszüge, die siegreich über den Bosporus fegten und Konstantinopel sowie ganz Nordafrika eroberten, über die Straße von Gibraltar nach Südeuropa vordrangen und eine Zeit lang drohten, die westliche Zivilisation völlig zu verschlingen. Bekannte moderne Beispiele sind die mahdistischen Aufstände, die von Zeit zu Zeit die Ressourcen der Engländer in Nordafrika beanspruchten. Drittens ermöglichte das Land Judäa mit seinen engen westlichen Pässen, die schnell in die Höhe anstiegen, Judas, sein Schlachtfeld an einem Punkt zu wählen, an dem nur wenige Feinde zum Einsatz gebracht werden konnten und wo nur eine Handvoll Tapferer stand Männer konnten eine Armee in Schach halten.

III. Niederlage von Apollonius und Seron. Zunächst beschränkte sich Judas klugerweise auf den Guerillakrieg. Dies ermöglichte es ihm, seine Anhänger rechtzeitig mit den vom Feind erbeuteten Kleidungsstücken und Waffen zu bekleiden und zu bewaffnen. Die wichtigsten dieser kleineren Gefechte fanden nördlich von Jerusalem statt. Als Apollonius, der syrische Gouverneur von Samaria, nach Judäa vorrückte, fiel Judas plötzlich über die Syrer her und tötete ihren Anführer. Von nun an wurde das Schwert des syrischen Gouverneurs effektiv von Judas im Namen der Religionsfreiheit geführt.

Die Nachricht vom Sieg brachte Seron, den Gouverneur von Coele -Syrien, bald mit einer großen Armee zusammen. Er rückte von der Küstenebene auf dem direktesten Weg nach Jerusalem über den berühmten Bethhoron-Pass vor . Innerhalb einer Entfernung von zwei Meilen stieg die Straße fast fünfzehnhundert Fuß an. An einigen Stellen handelte es sich lediglich um einen steilen, felsigen Pass, so dass eine Invasionsarmee gezwungen war, im Gänsemarsch zu marschieren und sich über die Felsen zu erklimmen. Hier auf den Höhen, die auf sein Zuhause in Modein blickten, stürzte sich Judas, appellierend an den Glauben und Patriotismus seiner Männer, über den Feind und errang seinen ersten großen Sieg.

IV. Die Schlacht von Emmaus. Der erste große jüdische Sieg war ein schwerer Schlag für die Macht von Antiochus Epiphanes, denn zu dieser Zeit sah er sich mit einer erschöpften Staatskasse konfrontiert. Deshalb verließ er sein Königreich unter der Obhut von Lysias, einem seiner Adligen, und brach zu einem Feldzug nach Persien auf, von dem er nie zurückkehrte. Drei Generäle mit einer großen Armee wurden von Lysias gegen die Juden geschickt. Sie waren von einem syrischen Sieg so überzeugt, dass eine Horde Sklavenhändler die Armee begleitete, um die jüdischen Gefangenen zu kaufen. Diesmal mieden die Syrer den schwierigen Pass von Bethhoron und wählten den Wady Ali, entlang dem sich die moderne Kutschenstraße von der Küste nach Jerusalem hinaufschlängelt. Das Hauptlager wurde in Emmaus an der südöstlichen Seite der Ebene von Ajalon unter den judäischen Hügeln aufgeschlagen. In der Zwischenzeit hatte Judas den hohen

Hügel Mizpa als sein Hauptquartier ausgewählt, der in früheren Überlieferungen mit Samuel in Verbindung gebracht wurde und Schauplatz der kurzlebigen Herrschaft Gedaljas war. Es war gut gewählt, denn es bot einen Ausblick auf das Gebiet im Norden, Süden und Westen. Während die Armee der Syrer, die nachts geschickt wurde, um Judas zu überraschen, das nördliche Tal hinaufmarschierte, wurden die jüdischen Patrioten nach Westen in Richtung der Ebene entlang eines der parallelen Täler geführt, die die judäischen Hügel durchdrangen. Judas appellierte an die patriotischen Erinnerungen und den religiösen Eifer seiner Anhänger und führte sie zu einem plötzlichen Angriff am frühen Morgen gegen die Syrer an, die in der Nähe von Emmaus lagerten. Bald flohen die Syrer wild über die Ebene zu den Städten der Philister, und Judas und seine Anhänger blieben im Besitz des Lagers und seiner reichen Beute zurück. Panik erfasste auch seine Verfolger, als sie sahen, dass ihr Lager vom Feind besetzt war, und Judas blieb vorerst unbestrittener Herr über das Land seiner Väter. Dieser Sieg im Jahr 166 v. Chr. war in vielerlei Hinsicht der umfassendste und bedeutendste in der frühen Geschichte der Makkabäer.

V. Die Schlacht bei Bethsura . Im nächsten Jahr stellte Lysias selbst eine riesige Armee von sechzigtausend Mann zu Fuß und fünftausend Reitern zusammen und führte sie gegen die Juden. Diesmal rückten die Syrer durch das weite Tal Ela vor , wo David gegen den Philisterriesen gekämpft hatte. Von dort folgten sie dem Wady Sur, wandten sich nach Süden und dann nach Osten und drangen bis zur Spitze des judäischen Plateaus etwas nördlich von Hebron vor. Als die Syrer sich von diesem Punkt aus näherten, wurden sie in ihrem Rücken von den Idumäern, den Nachkommen der Edomiter, geschützt. Es gelang ihnen, den Punkt zu erreichen, an dem die Straße aus dem Westen in die Hauptstraße von Hebron nach Jerusalem mündet. Dort konnte Judas auf einem abfallenden Hügel, der von der Grenzstadt Bethsura gekrönt wurde, zehntausend Anhänger versammeln, um der riesigen syrischen Armee entgegenzutreten. Aus dem parallelen Bericht im 2. Buch der Makkabäer geht klar hervor, dass es ihm nicht gelang, einen entscheidenden Sieg zu erringen, aber eine Krise in Antiochia zwang Lysias plötzlich zur Rückkehr und überließ den Juden das Schlachtfeld.

VI. Wiederherstellung des Tempeldienstes. Mit einer Mischung aus Trauer und Freude machte sich Judas sofort auf den Weg nach Jerusalem und nahm mit seinen Anhängern die Aufgabe auf, den entweihten Tempel und seinen Dienst wiederherzustellen. Die Zitadelle von Acra , die sich offenbar auf dem Hügel von Ophel südlich des Tempels befand , war noch immer stark mit abtrünnigen Juden und syrischen Soldaten besetzt. Fast ein Vierteljahrhundert lang, bis zu den Tagen Simons, blieb es weiterhin von syrischen Streitkräften gehalten und stellte eine ständige Bedrohung für den Frieden Jerusalems dar. Der anschauliche Bericht über die Reinigung des

Tempels offenbart die intensive Hingabe der Juden an dieses alte Heiligtum und wirft klares Licht auf die Art seines Dienstes. Dieser epochale Akt wird bis heute von den Juden auf der ganzen Welt gefeiert und ist als Lichterfest bekannt. Es ist ein Denkmal für den erfolgreichen Kampf für Religionsfreiheit, in dem Prinzipien aufgestellt wurden, die das Denken und Handeln aller nachfolgenden Generationen beeinflusst haben. Trotz all ihrer Wechselfälle und unter ihren vielen nichtjüdischen Herrschern genossen die Juden mit wenigen Ausnahmen ununterbrochen das Recht, gemäß den Vorschriften ihres Gesetzes und den Bräuchen ihrer Väter anzubeten.

VII. Der neue Geist im Judentum. Von nun an wurde das Gesetz, für das ihre Väter ihr Herzblut verschwendet hatten und für das die Juden so tapfer gekämpft hatten, mit neuer und tieferer Verehrung betrachtet und seine Gebote erlangten eine neue Autorität. Wieder einmal hatten die Juden einen Vorgeschmack auf die Freiheit genossen und gelernt, dass sie durch gemeinsames und mutiges Handeln das verhasste heidnische Joch abschütteln konnten. Dieser neue kriegerische Ton erklingt in vielen späteren Psalmen des Psalters. Die Kapitel 9–14, die an die älteren Bücher Sacharjas angehängt sind, stammen offenbar aus derselben Zeit und bringen die Gedanken der Eroberer zum Ausdruck. Die Worte des neunten Kapitels drücken ihre Freude und ihren Jubel aus:

Denn ich habe Juda zu mir gebeugt,
wie einen Bogen, den ich mit Ephraim gefüllt habe; ich werde deine Söhne gegen die Söhne Griechenlands anspornen, und ich werde dich wie das Schwert eines Helden machen. Dann wird der HERR über ihnen gesehen werden, und Sein Pfeil wird losfahren wie ein Blitz. Der HERR wird mit der Posaune blasen und auf den Wirbelstürmen des Südens ziehen. Der HERR der Heerscharen wird sie verteidigen. Und sie werden die Schleudersteine verschlingen und zertreten und ihr Blut trinken wie Wein „Sie werden damit gefüllt sein wie die Spalten eines Altars. Und der HERR, ihr Gott, wird ihnen an jenem Tag den Sieg geben. Wie Schafe wird er sie in seinem Land weiden. Ja, wie gut und wie schön wird es sein! Mais wird machen." die jungen Männer gedeihen und der Wein die Jungfrauen.

Die Siege des Judas inspirierten aller Wahrscheinlichkeit nach auch die messianische Hoffnung, die in 9,9-10 zum Ausdruck kommt:

Freue dich sehr, oh Tochter Zion.
Schreie laut, oh Tochter Jerusalem!
Siehe, dein König wird zu dir kommen;
Er ist gerechtfertigt und siegreich, demütig und reitet auf einem Esel. Auf dem Füllen eines Esels. Er wird Streitwagen aus Ephraim und Pferde aus Jerusalem ausrotten; Nationen; Seine Herrschaft wird von Meer zu Meer reichen, vom Fluss bis an die Enden der Erde.

[Nebenbemerkung: Ich Macc. 5:1-5] Als nun die Heiden ringsum hörten, dass der Altar gebaut und das Heiligtum so geweiht worden war, wie es früher war, wurden sie sehr zornig und beschlossen, das Geschlecht Jakobs, das in ihrer Mitte war, und sie zu vernichten begann, das Volk zu töten und zu vernichten. Judas jedoch kämpfte gegen das Volk von Esau in Idumäa bei Akrabattine , weil sie Israel belagerten, und er besiegte sie mit einem großen Gemetzel, demütigte ihren Stolz und nahm ihre Beute an sich. Er erinnerte sich an die Bosheit der Bewohner von Baean , die eine Quelle des Ärgers und der Gefahr darstellten und ihnen entlang der Straßen auflauerten. Und sie wurden von ihm in den Türmen eingeschlossen, und er belagerte sie und vernichtete sie und verbrannte die Türme des Ortes und alle, die darin waren.

[Nebenbemerkung: Ich Macc. 5:6-8] Dann ging er zu den Ammonitern und fand eine starke Streitmacht und viele Menschen, mit Timotheus als ihrem Anführer. Und er kämpfte viele Schlachten mit ihnen, und sie wurden vor ihm besiegt, und er besiegte sie. Als er dann Jaser und seine Dörfer in Besitz genommen hatte , kehrte er wieder nach Judäa zurück.

[Nebenbemerkung: Ich Macc. 5:9-15] Da versammelten sich die Heiden, die in Gilead waren, gegen die Israeliten, die an der Grenze waren, um sie zu vernichten. Und sie flohen zur Festung Dathema und schickten Briefe an Judas und seine Brüder und sagten:

Die Heiden, die um uns herum sind, haben sich gegen uns versammelt, um uns zu vernichten, und sie bereiten sich darauf vor, die Festung in Besitz zu nehmen, zu der wir Zuflucht gesucht haben, und Timotheus ist der Anführer ihrer Streitkräfte. Nun kommt und errettet uns aus ihrer Macht, denn viele unserer Männer sind gefallen; und alle unsere Landsleute, die im Land Tob wohnen, wurden getötet, und sie haben ihre Frauen und Kinder und ihren Besitz in die Gefangenschaft geführt. Und sie vernichteten dort etwa tausend Männer. Während die Briefe gelesen wurden, kamen andere Boten aus Galiläa mit zerrissenen Gewändern und überbrachten eine Botschaft von ähnlicher Bedeutung: Es hätten sich gegen sie Männer aus Ptolemais, aus Tyrus , aus Sidon und aus dem ganzen heidnischen Galiläa versammelt vernichte sie vollständig.

[Nebenbemerkung: Ich Macc. 5:16-20] Als Judas und das Volk dies hörten, kam eine große Versammlung zusammen, um zu beraten, was sie für ihre Verwandten tun sollten, die in Not waren und von den Heiden angegriffen wurden. Und Judas sprach zu seinem Bruder Simon: Such dir Männer aus und geh hin, rette deine Landsleute, die in Galiläa sind; mein Bruder Jonathan aber und ich wollen in das Land Gilead ziehen. Und er ließ Joseph, den Sohn des Zacharias und des Azarias , als Anführer des Volkes mit dem übrigen

Heer in Judäa zurück, um es zu bewachen. Und er befahl ihnen und sprach: Übernehmt die Heiden, bis wir zurückkommen. Und Simon wurden dreitausend Mann zugewiesen, um nach Galiläa zu gehen, und Judas achttausend Mann, um in das Land Gilead zu ziehen.

[Nebenbemerkung: Ich Macc. 5:21-23] Dann zog Simon nach Galiläa und kämpfte viele Schlachten mit den Heiden, und die Heiden wurden von ihm besiegt. Und er verfolgte sie bis zum Tor von Ptolemais. Und es fielen von den Heiden etwa dreitausend Mann, und er nahm ihnen die Beute weg. Sie nahmen die Bewohner von Galiläa und Arbatta samt ihren Frauen und Kindern und allem, was sie hatten, mit und brachten sie mit großer Freude nach Judäa.

[Randbemerkung: Ich Mac. 5:45, 54] Da versammelte Judas alle Israeliten, die im Land Gilead waren, vom Kleinsten bis zum Größten, mit ihren Frauen und Kindern und ihrem Hausrat, ein sehr großes Heer, damit sie in das Land ziehen könnten Juda. Und sie stiegen voller Freude und Freude auf den Berg Zion und brachten ganze Brandopfer dar, denn keiner von ihnen war getötet worden, sondern sie waren gesund und munter zurückgekehrt.

[Nebenbemerkung: Ich Macc. 5:65-68, 63] Dann zogen Judas und seine Brüder aus und kämpften gegen das Volk Esau im Land gegen Süden. Und er schlug Hebron und die dazugehörigen Dörfer, riss seine Burg nieder und brannte die umliegenden Türme nieder. Dann machte er sich auf den Weg, in das Land der Philister zu ziehen; und er ging durch Marissa. An diesem Tag wurden einige Priester, die dort Heldentaten vollbringen wollten, im Kampf getötet, als sie unklugerweise in den Kampf zogen. Dann wandte sich Judas nach Azotus , in das Land der Philister, riss ihre Altäre nieder und verbrannte die geschnitzten Bilder ihrer Götter. Dann nahm er die Beute aus ihren Städten und kehrte in das Land Juda zurück. Und der Held Judas und seine Brüder wurden von ganz Israel und von allen Heiden sehr geehrt, wo immer ihr Name gehört wurde.

[Nebenbemerkung: Ich Macc. 6:18-27] Nun behinderten diejenigen, die in der Zitadelle waren, Israel rund um das Heiligtum und suchten immer danach, ihnen Schaden zuzufügen, und waren eine Stütze für die Heiden. Doch Judas beschloss, sie zu vernichten und rief das ganze Volk zusammen, um sie zu belagern. Und sie versammelten sich und belagerten sie im hundertfünfzigsten Jahr, und er machte Hügel zum Schießen und Kriegsmaschinen. Dann kamen einige der Eingesperrten heraus und einige abtrünnige Israeliten schlossen sich ihnen an. Und sie gingen zum König und sagten: Wann wirst du endlich der Gerechtigkeit Genüge tun und unsere Brüder rächen? Wir waren bereit, deinem Vater zu dienen und zu leben, wie er es uns aufgetragen hatte, und seinen Befehlen zu gehorchen; aber aus diesem Grund belagerten uns unsere eigenen Leute in der Zitadelle und wurden von uns entfremdet; und so viele von uns, wie sie finden konnten, töteten und plünderten sie unser Erbe. Und nicht nur gegen uns haben sie ihre Hand ausgestreckt, sondern auch gegen alles, was an sie grenzte. Und heute lagern sie gegen die Zitadelle in Jerusalem, um sie einzunehmen, und sie haben das Heiligtum und Bethsura befestigt . Und wenn Sie ihnen nicht schnell zuvorkommen, werden sie größere Dinge als diese bewirken, und Sie werden sie nicht aufhalten können.

[Nebenbemerkung: Ich Macc. 6:28-41] Als der König das hörte, wurde er zornig und versammelte alle seine Freunde, die Offiziere seines Heeres und diejenigen, die die Kavallerie befehligten. Auch aus anderen Königreichen und von den Inseln des Meeres kamen Scharen angeheuerter Soldaten zu ihm. Die Zahl seiner Streitkräfte betrug also hunderttausend Fußsoldaten, zwanzigtausend Reiter und zweiunddreißig für den Krieg ausgebildete Elefanten. Dann zogen sie durch Idumäa und lagerten gegen Bethsura und führten die Belagerung lange Zeit fort und bauten Kriegsmaschinen. Die Belagerten machten jedoch einen Ausfall, verbrannten sie und kämpften tapfer. Und Judas verließ die Burg und lagerte sich in Beth- Zacharias , gegenüber dem Lager des Königs. Dann stand der König am frühen Morgen auf und ließ sein Heer in vollem Lauf auf der Straße nach Beth- Zacharias aufbrechen und seine Truppen zum Kampf bereit machen, und die Posaunen wurden erschallen lassen. Und sie zeigten den Elefanten das Blut von Weintrauben und Maulbeeren, um sie für den Kampf zu begeistern. Dann verteilten sie die Tiere auf die Phalanxen und stellten bei jedem Elefanten tausend Männer auf, bewaffnet mit Kettenhemden und Helmen, mit Messing auf den Köpfen; und zu jedem Tier wurden fünfhundert ausgewählte Reiter ernannt. Diese waren bereits da, wo immer das Tier war, und wohin auch immer das Tier ging, sie gingen mit ihm und trennten sich nicht von ihm. Und auf ihnen standen Türme aus Holz, stark, bedeckt, einer umgürtet um jedes Tier. Auf ihnen waren Maschinen und zwei oder drei Männer, die auf ihnen kämpften, außer dem Indianer, der den Elefanten führte. Den Rest der Reiter stationierte er auf beiden Seiten der beiden Flügel der Armee, um Schrecken zu verbreiten und die Phalanxen zu schützen. Und als die Sonne die goldenen und bronzenen Schilde traf, leuchtete der Berg mit ihnen und loderte wie Feuerfackeln. Und ein Teil des Heeres des Königs war auf den Höhen ausgebreitet und ein Teil auf dem Tiefland, und sie marschierten fest und in guter Ordnung. Und alle, die den Lärm ihrer Menge und das Marschieren der großen Schar und das Rasseln der Waffen hörten, zitterten, weil das Heer sehr groß und stark war.

[Nebenbemerkung: Ich Macc. 6:42-47] Da rückte Judas mit seinem Heer zum Kampf heran, und es fielen vom Heer des Königs sechshundert Mann. Als Eleasar, der Avaran genannt wurde , eines der mit königlichen Brustpanzern bewaffneten Tiere sah, das höher war als alle Tiere, und es aussah, als ob der

König darauf wäre, gab er sich hin, um sein Volk zu retten und für sich selbst Gewinn zu machen ein ewiger Ruhm; Und er rannte mutig mitten in der Phalanx auf ihn los und schlug zur Rechten und zur Linken, und sie zerstreuten sich auf beiden Seiten vor ihm. Dann kroch er unter den Elefanten, stieß ihn von unten und tötete ihn. Und der Elefant fiel auf die Erde und starb dort. Doch als sie die Stärke des Königs und den heftigen Angriff der Heere sahen, wandten sie sich von ihm ab.

[Nebenbemerkung: Ich Macc. 6:48-54] Aber diejenigen, die im Heer des Königs waren, zogen ihnen entgegen nach Jerusalem, und der König lagerte zum Kampf gegen Judäa und den Berg Zion. Und er schloss Frieden mit denen in Bethsura ; denn sie übergaben die Stadt, weil sie dort nichts zu essen hatten, um die Belagerung zu ertragen, weil das Land einen Sabbath hatte. So nahm der König Bethsura ein und stationierte dort eine Garnison, um es zu bewachen. Dann lagerte er lange Zeit vor dem Heiligtum; und er errichtete dort Hügel zum Schießen und Kriegsmaschinen und Instrumente zum Werfen von Steinen und Feuer und Stücke zum Werfen von Pfeilen und Schleudern. Und sie stellten auch Maschinen gegen die der Belagerer auf und kämpften lange. Da es aber im Heiligtum keine Nahrung gab, weil es das siebte Jahr war und die, die aus den Heiden nach Judäa geflüchtet waren, den Rest der Vorräte aufgefressen hatten, blieben nur noch wenige im Heiligtum übrig . weil die Hungersnot so schlimm über ihnen wurde und sie sich zerstreuten, jeder in sein eigenes Haus.

[Nebenbemerkung: Ich Macc. 6:55-63] Nun hörte Lysias, dass Philippus, den Antiochus, der König, zu seinen Lebzeiten damit beauftragt hatte, seinen Sohn Antiochus zum König zu erziehen, aus Persien und Medien zurückgekehrt war und mit ihm die Truppen, die mit dem König gezogen waren , und dass er versuchte, die Kontrolle über die Regierung zu erlangen, entschloss er sich hastig zu gehen. Und er sagte zum König und zu den Offizieren des Heeres und zu den Männern: Wir werden von Tag zu Tag schwächer, unsere Vorräte sind dürftig, und der Ort, den wir belagern, ist stark, und das Wohl des Königreichs hängt von uns ab ; Nun lasst uns diesen Männern die rechte Hand geben und mit ihnen und mit ihrer ganzen Nation Frieden schließen und mit ihnen einen Bund schließen, damit sie wie früher nach ihren eigenen Bräuchen leben können; Denn wegen ihrer Gesetze, die wir abgeschafft hatten, gerieten sie in Zorn und taten dies alles. Dieser Rat gefiel dem König und den Fürsten, und er sandte ihnen den Auftrag, Frieden zu schließen. Sie nahmen es an, und als der König und die Fürsten ihnen einen Eid leisteten, verließen sie die Festung. Als aber der König den Berg Zion betrat und die Stärke des Ortes sah, brach er seinen Eid und befahl, die Mauer ringsum niederzureißen. Dann machte er sich eilig auf den Weg, kehrte nach Antiochia zurück und fand Philipp, den Herrn der Stadt; und er kämpfte gegen ihn und eroberte die Stadt mit Gewalt.

[Nebenbemerkung: Ich Macc. 7:1-4] Im einhundertfünfzigsten Jahr floh Demetrius, der Sohn des Seleukus , aus Rom und zog mit einigen Männern in eine Stadt am Meer und erklärte sich dort zum König. Und als er den Palast seiner Väter betrat, ergriff das Heer Antiochus und Lysias, um sie zu ihm zu bringen. Aber als ihm die Tatsache bekannt wurde, sagte er: Zeig mir nicht ihre Gesichter. Und die Armee tötete sie. So saß Demetrius auf dem Thron seines Königreichs.

[Nebenbemerkung: Ich Macc. 7:5-18] Und es kamen zu ihm alle Gesetzlosen und Abtrünnigen Israels und Alkimus , ihr Anführer, und wollten Hoherpriester werden. Und sie verklagten das Volk vor dem König und sprachen: Judas und seine Brüder haben alle deine Freunde vernichtet und uns aus unserem Land vertrieben. Sende nun also einen Mann, dem du vertraust, und lass ihn gehen und sehen, wie viel Schaden er über uns und das Land des Königs angerichtet hat und wie er sie und alle, die ihnen geholfen haben, bestraft hat. Deshalb wählte der König Bacchides , einen der Freunde des Königs, der Herrscher in der Provinz jenseits des Euphrat war und ein großer Mann im Königreich und dem König treu war. Er sandte ihn und auch den gottlosen Alkimus , bestätigte ihn im Hohepriestertum und befahl ihm, sich an den Israeliten zu rächen. Da machten sie sich auf den Weg und kamen mit einem großen Heer in das Land Juda, und er sandte hinterlistige Boten mit Friedensworten zu Judas und seinen Brüdern. Aber sie achteten nicht auf ihre Worte, denn sie sahen, dass diese Männer mit einer großen Armee gekommen waren. Dann versammelte sich bei Alcimus und Bacchides eine Schar von Schriftgelehrten, um Gerechtigkeit zu erwirken. Und die Chassidener waren die ersten unter den Israeliten, die Frieden mit ihnen suchten; denn sie sagten: Einer , ein Nachkomme Aarons, ist mit den Streitkräften gekommen, und er wird uns kein Unrecht tun. Und er redete ihnen Friedensworte zu und schwor ihnen einen Eid und sprach: Wir wollen weder euch noch eure Freunde beleidigen. Und sie vertrauten ihm. Aber er ergriff sechzig von ihnen und tötete sie an einem Tag, wie es in der Schrift geschrieben steht:

Das Fleisch deiner Heiligen ...
und ihr Blut vergossen sie rings um Jerusalem; und es war niemand da, der sie begraben hätte.

Und die Angst und der Hass vor ihnen fielen auf das ganze Volk, denn sie sagten: Es gibt weder Wahrheit noch Gerechtigkeit in ihnen; denn sie haben den Bund und die Eide gebrochen, die sie gemacht haben.

[Nebenbemerkung: Ich Macc. 7:13-26] Und als Judas sah, dass Alkimus und seine Schar unter den Israeliten mehr Unheil angerichtet hatten als unter den Heiden, zog er in das ganze Gebiet von Judäa umher und rächte sich an den Männern, die von ihm abgefallen waren, und Sie wurden daran gehindert, das

Land zu betreten. Doch als Alkimus sah, dass Judas und seine Truppe stärker wurden und wusste, dass er ihnen nicht widerstehen konnte, kehrte er zum König zurück und erhob böse Anklagen gegen sie. Da sandte der König Nikanor, einen seiner angesehenen Fürsten, einen Mann, der Israel hasste und ihr Feind war, und befahl ihm, das Volk zu vernichten.

[Nebenbemerkung: Ich Macc. 7:27-32] Als Nikanor mit einem großen Heer nach Jerusalem kam, sandte er in betrügerischer Absicht eine Botschaft mit friedlichen Worten an Judas und seinen Bruder und sagte: Es soll kein Kampf zwischen uns sein. Ich werde mit ein paar Männern kommen, damit ich in Frieden eure Gesichter sehen kann. Und er kam zu Judas, und sie grüßten einander friedlich. Aber die Feinde waren bereit, Judas mit Gewalt zu vernichten. Und als Judas die Tatsache erkannte, dass er mit Betrug zu ihm gekommen war, fürchtete er sich sehr vor ihm und wollte sein Angesicht nicht mehr sehen. So wusste Nikanor, dass sein Plan entdeckt wurde, und er zog aus, um Judas in der Schlacht in der Nähe von Kapharsalama zu begegnen . Und es fielen von denen, die bei Nikanor waren, etwa fünfhundert Mann. Dann flohen sie in die Stadt Davids.

[Nebenbemerkung: Ich Macc. 7:33-38] Nach diesen Dingen ging Nikanor nach Zion. Und als einige von den Priestern und einige von den Ältesten des Volkes aus dem Heiligtum kamen, um ihn friedlich zu begrüßen und ihm das ganze Brandopfer zu zeigen, das für den König geopfert wurde, verspottete er sie und lachte über sie. und beschimpfte sie und redete unverschämt. Er fluchte auch voller Wut und sagte: Wenn Judas und sein Heer nicht jetzt in meine Hände gegeben werden und ich in Frieden zurückkomme, werde ich diesen Tempel niederbrennen. Er ging in großer Wut hinaus. Dann gingen die Priester hinein und stellten sich vor den Altar und den Tempel; Und sie weinten und sagten: Du hast diesen Tempel erwählt, dass er nach deinem Namen genannt werde, um ein Haus des Gebets und des Flehens für dein Volk zu sein. Rache an diesem Mann und seiner Armee und lass ihn durch das Schwert fallen. Erinnert euch an ihre Gotteslästerungen und lasst sie nicht länger leben.

[Nebenbemerkung: Ich Macc. 7:39-48] Und Nikanor machte sich von Jerusalem auf den Weg und lagerte in Bethhoron , und dort traf ihn das Heer Syriens. Judas aber lagerte mit dreitausend Mann in Adasa . Da betete Judas und sprach: Als die, die vom König kamen, lästerten, ging dein Engel aus und schlug unter ihnen hundertfünfundsechzigtausend. Vernichte also heute dieses Heer vor uns und lass alle anderen wissen, dass er böse gegen dein Heiligtum geredet hat, und verurteile ihn nach seiner Bosheit. Am dreizehnten Tag des Monats Adar marschierten die Heere zum Kampf. und Nikanors Heer wurde besiegt, und er selbst war der Erste, der in der Schlacht fiel. Und als sein Heer sah, dass Nikanor gefallen war, warfen sie ihre Waffen weg und flohen. Und [die Juden] verfolgten sie eine Tagesreise von Adasa bis nach Gazara , als sie das Trompetensignal für die Rückkehr erklangen. Dann rückten sie von allen Seiten aus allen Dörfern Judäas aus und umzingelten sie. und der eine wendete sie gegen das andere Heer, und sie fielen alle durch das Schwert, sodass keiner von ihnen übrig blieb.

[Nebenbemerkung: Ich Macc. 7:47-50] Und sie nahmen die Beute und die Beute und schlugen Nikanor den Kopf und seine rechte Hand ab, die er so hochmütig ausgestreckt hatte, und brachten sie und hängten sie in der Burg von Jerusalem auf. Und die Leute waren sehr froh. Sie erließen auch eine Verordnung zur Feier dieses Tages, des dreizehnten Tages von Adar, Jahr für Jahr. So hatte das Land Juda für kurze Zeit Ruhe.

[Nebenbemerkung: Ich Macc. 9:1-6] Als Demetrius hörte, dass Nikanor mit seinen Truppen im Kampf gefallen war, sandte er erneut Bakchides und Alkimus und den südlichen Flügel seines Heeres mit ihnen in das Land Juda. Und sie gingen auf dem Weg, der nach Gilgal führt, und lagerten sich gegen Masaloth , das in Arbela liegt, und eroberten es und vernichteten viele Menschen. Und im ersten Monat des 152. Jahres lagerten sie gegen Jerusalem. Dann machten sie sich auf den Weg und zogen mit zwanzigtausend Fußsoldaten und zweitausend Reitern nach Beröa. Und Judas lagerte in Elasa und mit ihm dreitausend auserwählte Männer. Und als sie die Menge des Heeres sahen, wie zahlreich sie waren, erschraken sie sehr, und viele wichen dem Heer aus, so dass von ihnen nicht mehr als achthundert Mann übrig blieben.

[Nebenbemerkung: Ich Macc. 9:7-10] Und als Judas sah, dass sein Heer sich zerstreut hatte, war er zutiefst beunruhigt, weil er keine Zeit hatte, sie zu sammeln, und er wurde entmutigt. Und er sagte zu den Übriggebliebenen: Lasst uns aufstehen und gegen unsere Feinde antreten, wenn wir vielleicht mit ihnen kämpfen können. Und sie hätten ihn davon abgehalten und gesagt: Wir werden es nicht können; aber lasst uns jetzt lieber unser Leben retten; lasst uns wieder mit unseren Landsleuten zurückkehren und gegen sie kämpfen, denn wir sind wenige. Aber Judas sagte: Es liegt mir fern , so zu handeln und vor ihnen zu fliehen. Denn wenn unsere Zeit gekommen ist, lasst uns für unsere Landsleute mannhaft sterben und keinen Grund zum Vorwurf unserer Ehre hinterlassen.

[Nebenbemerkung: Ich Macc. 9:11-18] Dann brach das Heer vom Lager auf und rückte ihnen entgegen; Und die Kavallerie marschierte in zwei Kompanien auf, und die Schleuderer und Bogenschützen zogen vor dem Heer mit allen starken, führenden Kriegern. Aber Bacchides war im Heckflügel. Dann rückte die Phalanx auf beiden Seiten vor und ließ ihre Trompeten erklingen. Und auch die Männer des Judas bliesen ihre Posaunen, und die Erde bebte unter dem Jubel der Heere; So begann der Kampf und dauerte vom Morgen bis zum Abend. Und als Judas sah, dass Bacchides und die Stärke seines Heeres auf der rechten Seite waren, zogen alle, die tapferen Herzens waren, mit ihm, und der rechte Flügel wurde von ihnen besiegt, und er verfolgte sie bis zum Abhang der Berge. Und als die auf dem linken Flügel sahen, dass der rechte Flügel besiegt war, kehrten sie um und folgten den Fußstapfen von Judas und denen, die mit ihm waren. Und der Kampf wurde heftiger und viele auf beiden Seiten wurden tödlich verwundet. Dann fiel Judas und die übrigen flohen.

[Nebenbemerkung: Ich Macc. 9:19, 20] Und Jonathan und Simon nahmen ihren Bruder Judas und begruben ihn im Grab seiner Väter in Modein . Und sie beklagten ihn, und ganz Israel wehklagte sehr über ihn und trauerte viele Tage lang und sagte:

Wie ist der Held gefallen,
der Retter Israels!

[Nebenbemerkung: Ich Macc. 9:22] Und der Rest der tapferen Taten des Judas und seine Kriege und die tapferen Taten, die er tat, und seine Größe — sie sind nicht aufgezeichnet worden, denn es waren sehr viele davon.

[Nebenbemerkung: Ich Macc. 9:23-27] Nach dem Tod des Judas zeigten sich die Abtrünnigen im ganzen Gebiet Israels, und alle, die Unrecht übten, blühten auf. Ungefähr zur gleichen Zeit herrschte eine sehr schwere Hungersnot, und das ganze Volk stellte sich auf ihre Seite. Dann wählte Bacchides die gottlosen Männer aus und machte sie zu Herrschern des Landes. Und sie führten eine gründliche Suche nach den Freunden des Judas durch und brachten sie zu Bakchides , und er nahm Rache an ihnen und folterte sie grausam. Dann kam eine große Drangsal über Israel, wie es sie nicht gegeben hatte, seitdem keine Propheten mehr unter ihnen erschienen waren.

[Nebenbemerkung: Ich Macc. 9:28-35] Da versammelten sich alle Freunde des Judas und sprachen zu Jonathan: Da dein Bruder Judas gestorben ist, haben wir niemanden wie ihn, der gegen unsere Feinde und Bakchides und gegen diejenigen unserer eigenen Sippe, die uns hassen, ausziehen könnte. Deshalb haben wir dich heute zu unserem Fürsten und Anführer an seiner Stelle erwählt, damit du unsere Schlachten schlagen kannst. So übernahm Jonathan damals die Führung und trat an die Stelle seines Bruders Judas.

[Nebenbemerkung: Ich Macc. 10:1-6] Im einhundertsechzigsten Jahr zog Alexander, der Sohn des Antiochus Epiphanes, hinauf und nahm Ptolemais in Besitz, und sie nahmen ihn auf, und er regierte dort. Als König Demetrius davon hörte, versammelte er sehr große Truppen und zog ihm in der Schlacht entgegen. Demetrius sandte auch Briefe mit Friedensworten an Jonathan, um ihn sehr zu ehren. Denn er sagte: „ Lasst uns damit beginnen, Frieden mit ihnen zu schließen, bevor er mit Alexander einen Pakt gegen uns schließt." Denn er wird sich an all das Unrecht erinnern, das wir ihm, seinen Brüdern und seinem Volk angetan haben. Und er gab ihm die Befugnis, Kräfte zu sammeln, Waffen bereitzustellen und sein Verbündeter zu sein. Außerdem befahl er, ihm die Geiseln auszuliefern, die sich in der Zitadelle befanden.

[Nebenbemerkung: Ich Macc. 10:7-14] Dann kam Jonathan nach Jerusalem und las die Briefe vor den Ohren des ganzen Volkes und derer, die in der Zitadelle waren. Und sie fürchteten sich sehr, als sie hörten, dass der König ihm die Vollmacht gegeben hatte, ein Heer zusammenzustellen. Und die Garnison übergab die Geiseln Jonathan, und er gab sie ihren Eltern zurück. Und Jonathan ließ sich in Jerusalem nieder und begann, die Stadt wieder aufzubauen und zu erneuern. Und er befahl denen, die am Werk waren, die Mauern und den Berg Zion ringsum mit quadratischen Steinen zur Verteidigung zu bauen ; und sie taten es. Dann flohen die Fremden, die sich in den Festungen befanden, die Bacchides gebaut hatte, und jeder verließ seinen Ort und zog in sein eigenes Land. Nur einige von denen, die das Gesetz und die Gebote verlassen hatten, blieben in Bethsura zurück , weil es für sie eine Zufluchtsstätte war.

[Nebenbemerkung: Ich Macc. 10:15-17] Und als König Alexander alle Versprechen hörte, die Demetrius Jonathan gegeben hatte, und von den Schlachten erzählt wurde, die er und seine Brüder gekämpft hatten, und von den tapferen Taten, die sie getan hatten, und von den Strapazen, die sie ertragen hatten , sagte er: Sollen wir so einen anderen Mann finden? Machen wir ihn nun zu unserem Freund und Verbündeten. Also schrieb er Briefe und schickte sie ihm mit folgendem Inhalt:

König Alexander grüßt seinen Bruder Jonathan: Wir haben von dir gehört, dass du ein tapferer Mann bist und geeignet, unser Freund zu sein. Und nun haben wir dich heute zum Hohepriester deines Volkes ernannt und dich zum Freund des Königs ernannt (und er sandte ihm ein purpurnes Gewand und eine Krone aus Gold), damit du unseren Teil ergreifst und freundschaftlich verbunden bleibst mit uns.

[Nebenbemerkung: Ich Macc. 10:21] Und Jonathan zog die heiligen Kleider an im siebten Monat des 160. Jahres, am Laubhüttenfest, und sammelte Truppen und stellte Waffen in Hülle und Fülle bereit.

[Nebenbemerkung: Ich Macc. 10:67-71] Im einhundertfünfundsechzigsten Jahr kam Demetrius , der Sohn des Demetrius, von Kreta in das Land seiner Väter. Als König Alexander davon hörte, war er äußerst beunruhigt und kehrte nach Antiochia zurück. Und Demetrius ernannte Apollonius, der über Coele in Syrien herrschte, und er sammelte ein großes Heer und lagerte in Jamnia und sandte an Jonathan, den Hohepriester, diese Botschaft:

Du allein bist uns feindlich gesinnt, und ich bin deinetwegen zum Gespött und Spott geworden. Warum stellen Sie nun in den Bergen Ihre Macht gegen uns zur Schau? Wenn du tatsächlich deinen Kräften vertraust, dann komm zu uns in die Ebene, und dort lasst uns gemeinsam die Sache versuchen, denn bei mir ist die Macht der Städte.

[Nebenbemerkung: Ich Macc. 10:74-76] Als nun Jonathan die Worte des Apollonius hörte, geriet er in Zorn, und er wählte zehntausend Mann aus und zog aus Jerusalem, und Simon, sein Bruder, kam ihm entgegen, um ihm zu helfen. Und er lagerte gegen Joppe. Die Stadtbevölkerung schloss ihn jedoch aus, da Apollonius in Joppe eine Garnison hatte. Also haben sie dagegen gekämpft. Da fürchteten sich die Leute der Stadt und öffneten sich ihm, und Jonathan wurde Herr über Joppe.

[Nebenbemerkung: Ich Macc. 11:20-27] Zu dieser Zeit versammelte Jonathan das Volk von Judäa, um die Zitadelle in Jerusalem einzunehmen, und errichtete viele Kriegsmaschinen dagegen. Einige jedoch, die ihre eigene Nation hassten, Abtrünnige, gingen zum König und berichteten ihm, dass Jonathan die Zitadelle belagerte. Und als er es hörte, wurde er zornig, und als er davon hörte, machte er sich sofort auf den Weg und kam nach Ptolemais und schrieb an Jonathan, er solle es nicht belagern, sondern er solle ihn treffen und sich mit allen in Ptolemais mit ihm besprechen Geschwindigkeit. Als Jonathan das hörte, befahl er, mit der Belagerung fortzufahren, während er einige Älteste Israels und Priester auswählte, sich selbst in Gefahr brachte und Silber und Gold und Kleider und allerlei Geschenke nahm, und zog hin zum König nach Ptolemais. Und er wurde positiv aufgenommen; Und obwohl einige Abtrünnige der Nation sich gegen ihn beschwerten, behandelte ihn der König genauso wie seine Vorgänger und erhöhte ihn im Beisein aller seiner Freunde, indem er ihm sowohl das Hohepriestertum als auch alle anderen Ehrungen bestätigte, die er zuvor innehatte und verschaffte ihm Vorrang unter seinen Hauptfreunden.

[Nebenbemerkung: Ich Macc. 11:28, 29] Und Jonathan forderte den König auf, Judäa samt den drei Bezirken Samarias von der Abgabe zu befreien, und er versprach ihm dreihundert Talente. Und der König stimmte zu und schrieb über all diese Dinge Briefe an Jonathan.

I. Die politische Lage. Die Lage der jüdischen Patrioten war sowohl gefährlich als auch tragisch. Ein Ring feindlicher Völker bedrängte sie von allen Seiten. Die Juden waren jahrhundertelang Opfer von Unrecht und Hass. Auch die Bewohner der Nachbarländer litten unter dieser weit verbreiteten und erbitterten Feindseligkeit. Unter allen Völkern Südwestasiens hatten sie keine Verbündeten außer den Nabatäern, einem arabischen Volk, das die Edomiter aus ihrer Heimat auf dem Berg Seir vertrieben hatte. Das einzige Band, das sie mit dieser ehrgeizigen heidnischen

Rasse verband, war der gemeinsame Hass auf die Syrer. Daher war es nur natürlich, dass Judas etwas später eine Gesandtschaft entsandte, mit dem Ziel, die moralische Unterstützung, wenn nicht sogar die direkte Intervention, der fernen römischen Macht zu sichern, deren Einfluss in allen Küstengebieten des Mittelmeerraums spürbar wurde. Gegenwärtig war Judas jedoch zur Verteidigung lediglich auf das Schwert angewiesen. Er hatte auch keine Zeit für dauerhafte Eroberungen, denn er musste sich auf den schwereren Schlag vorbereiten, den der Hof von Antiochien versetzen wollte. Alles, was er tun konnte, war, seine Feinde von allen Seiten plötzlich anzugreifen und die verfolgten Juden zu retten, indem er sie mit nach Judäa zurückbrachte.

II. Die jüdische Haltung gegenüber den Heiden spiegelt sich im Buch Esther wider. Unter diesen gefährlichen Umständen ist es nicht verwunderlich, dass die Juden weit von der Position der breiten Toleranz entfernt waren, die im zweiten Jesaja und den Autoren der Prophezeiung Maleachis sowie in den Geschichten von Ruth und Jona vertreten wurde. Im Stress des Konflikts verloren sie ihre Mission als Zeugen Jehovas für die ganze Welt völlig aus den Augen. Die Vernichtung der Heiden schien ihnen absolut notwendig, wenn die Gerechtigkeit Jehovas gerechtfertigt werden sollte. Der Geist dieses kriegerischen, blutrünstigen Zeitalters wird im Buch Esther am deutlichsten zum Ausdruck gebracht. Das Vorhandensein aramäischer und persischer Wörter zeugt von seiner späten Entstehungszeit. Es ist eng mit den Midraschim oder Lehrgeschichten verbunden, die ein charakteristisches literarisches Produkt des späteren Judentums waren. Wie die Geschichten von Daniel enthält auch das Buch Esther viele historische Ungereimtheiten. Mordechai zum Beispiel wurde 597 v. Chr. als Gefangener nach Babylon verschleppt und 474 v. Chr. zum Premierminister von Seine Grundlage ist offenbar eine alte babylonische Tradition eines großen Sieges der Babylonier über ihre alten Feinde, die Elamiter. Mordechai ist eine Abwandlung des Namens des babylonischen Gottes Marduk . Estra , das im Hebräischen Esther vorkommt, war die spätbabylonische Form des Namens der semitischen Göttin Ishtar. Vashti und Hamman, der biblische Haman, waren Namen elamitischer Gottheiten. Wie die Schöpfungsgeschichte wurde auch diese Geschichte hebraisiert und an die Absichten des Geschichtenerzählers angepasst. Sein Ziel ist offenbar, den Ursprung des späten jüdischen Festes Purim nachzuvollziehen. Es ist wahrscheinlich, dass dieses Fest eine Adaption des babylonischen Neujahrsfestes war, das an den antiken Sieg erinnerte. Die Geschichte ist in ihrer jetzigen Form stark jüdisch. Es hebt die Loyalität gegenüber der Rasse hervor, aber seine Moral ist weit von der von Amos und Jesaja entfernt. Sein Jubel über die Ermordung Tausender Heiden ist selbst in einem Liebesroman unangenehm, obwohl er im Lichte der Makkabäerzeit, in der er geschrieben wurde, leicht zu verstehen ist.

III. Feldzüge gegen die Nachbarvölker. Das erste Buch der Makkabäer berichtet ausführlich über die wiederholten Schläge, die Judas seinen heidnischen Feinden versetzte. Bei Akrabattine , wahrscheinlich identisch mit dem Skorpionpass am südwestlichen Ende des Toten Meeres, kämpfte er und errang einen entscheidenden Sieg über seine Erbfeinde, die Idumäer. Sein Hauptfeind im Osten war Timotheus, der Anführer der Ammoniter, gegen den Judas in den Vorgefechten erfolgreich war. Verärgert über diese Niederlagen griffen die Heiden östlich des Jordans die ansässigen Juden an, die in eine der Städte flohen, wo sie belagert wurden. Judas versammelte sechstausend seiner auserwählten Krieger und unternahm einen schnellen dreitägigen Marsch in die Wildnis. Offenbar hatte er nur wenige Vorräte dabei, sondern war zur Unterstützung eher auf die Beute der eroberten Städte angewiesen. Bosra, weit draußen an den Grenzen der Wüste, wurde beschlagnahmt und geplündert. Von dort kehrte er nach Westen zurück und rettete die Juden aus der Stadt Damethah , oder, wie es im Syrischen heißt, Rametha . Dies ist wahrscheinlich identisch mit der modernen Stadt Remtheh etwas südlich des Yarmuk an der großen Pilgerstraße von Damaskus nach Mekka. Nachdem er einen Umweg nach Süden gemacht hatte, überquerte er den Yarmuk und eroberte eine Reihe von Städten nördlich und nordöstlich dieses Flusses. Als er zurückkehrte, traf er offenbar seinen ammonitischen Feind, dem es gelungen war, eine Armee zu sammeln, an der Stelle, an der die Pilgerstraße das Quellgebiet des Yarmuk kreuzt . Hier errang Judas einen überwältigenden Sieg. Dann sammelte er die vielen Juden der Zerstreuung ein, die sich in der Nähe dieser oberen Gewässer des Yarmuk niedergelassen hatten , und kehrte siegreich nach Jerusalem zurück. Sein Bruder Simon, der auf einer ähnlichen Mission nach Galiläa geschickt worden war , kam ebenfalls mit vielen Glaubensbrüdern und beladen mit Beute zurück.

In Erwartung eines erneuten syrischen Angriffs unternahm Judas als nächstes einen schnellen Feldzug in das Gebiet der Idumäer, eroberte die alte hebräische Hauptstadt Hebron und trug seine Siege bis nach Aschdod an der Westgrenze der Philisterebene vor. Innerhalb weniger Monate hatte er ein Gebiet überrannt und teilweise erobert, das größer war als das Königreich Davids. In unglaublich kurzer Zeit hatte dieser Bauernkrieger trotz größerer Widrigkeiten mehr Siege errungen als jeder andere Anführer in der Geschichte Israels. Die Ergebnisse dieser Siege waren zwangsläufig vergänglich. Sie erreichten jedoch drei Dinge: (1) Judas schüchterte seine Feinde ein und stärkte sein Ansehen; (2) er konnte Tausende von Juden aus den Händen der Heiden retten; und (3) indem er sie nach Judäa zurückbrachte, vergrößerte er dessen Bevölkerung und legte den Grundstein für das Königreich, das als Ergebnis seiner patriotischen Leistungen entstand.

IV. Die Schlacht von Beth- Zacharias . Es gab immer noch einen syrischen Außenposten im Herzen Judäas: Es war die Zitadelle von Jerusalem, die auf den Tempelbereich herabblickte. Judas versuchte diesen gefangen zu nehmen, provozierte damit aber den syrischen König Antiochus Eupator , der nach dem Tod seines Vaters Antiochus Epiphanes den Thron bestiegen hatte. Unter der Leitung seines Premierministers Lysias stellte er eine riesige Armee von einhunderttausend Infanteristen und zwanzigtausend Kavalleristen zusammen . Dazu kamen zweiunddreißig Elefanten mit voller militärischer Ausrüstung – die schwere Waffe, die in der damaligen Kriegsführung eingesetzt wurde. Die Annäherung erfolgte von der Ebene aus entlang des Tals Ela und hinauf an Bethsura vorbei , wie im letzten Syrienfeldzug. Judas, der zu dieser Zeit in der Lage war, eine Armee von zehntausend Mann aufzustellen, traf auf das syrische Heer in der Nähe der Stadt Beth- Zacharias , etwas nördlich von Bethsura an der Hauptstraße von Hebron nach Jerusalem. Diesmal lagen die natürlichen Vorteile bei den Syrern, deren ein Flügel auf einem abfallenden Hügel und der andere auf der ebenen Ebene ruhte. So waren sie in der Lage, ihre gesamte Kampfkraft einzusetzen und ihre Elefanten gegen die tapferen Juden einzusetzen, gegen die der Heldenmut eines Eleasar erfolglos blieb. Zum ersten Mal während dieses Kampfes wurde Judas besiegt und fiel nach Jerusalem zurück, wo er stark belagert wurde. Bald waren die Juden zur Kapitulation gezwungen, und die Sache der Makkabäer wäre verloren gewesen, wenn die Komplikationen in Antiochia die Syrer nicht zum Rückzug gezwungen hätten.

V. Siege über Nicanor. Im Vertrag, der auf die Übergabe Jerusalems folgte, wurde den Juden die Religionsfreiheit zugesichert. Dieses Zugeständnis befriedigte die Mehrheit der Chasidener , so dass Judas fortan von einer großen Schar seiner Anhänger im Stich gelassen wurde. Der abtrünnige Hohepriester, dem die Kontrolle über den Tempel übertragen wurde, wurde von syrischen Soldaten unterstützt und Judas war gezwungen, erneut auf ein Leben als Gesetzloser zurückzugreifen. Es gelang ihm jedoch, zwei bedeutende Siege über den syrischen General Nicanor zu erringen. Der Kampf bei Capharsalama wurde wahrscheinlich in der Nähe der heutigen Stadt Kefr Silwan ausgetragen, auf der anderen Seite des Kidron-Tals von der Davidsstadt am Südhang Jerusalems. Beim letztgenannten Sieg wurde Nikanor getötet und Judas blieb vorerst die Kontrolle über Judäa.

VI. Der Tod des Judas. Bald darauf marschierte eine weitere syrische Armee in das Land ein. Der Vormarsch erfolgte von Nordwesten über den Pass von Bethhoron . Etwas östlich der Straße, die vom unteren zum oberen Bethhoron führt , in der Nähe des Ortes, an dem er seine erste große Schlacht gewann, und in Sichtweite seiner Heimat Modein , kämpfte der unerschrockene jüdische Champion seine letzte Schlacht. Die Angst vor der Annäherung des Feindes hatte seine Reihen ausgedünnt, bis er ihnen mit nur achthundert Mann im Rücken entgegentreten musste. Trotz dieser großen Chancen stand er kurz vor dem Sieg, als er getötet wurde. Beim Anblick ihres gefallenen Anführers flohen seine Anhänger. Dieses katastrophale Ende seiner Karriere als Krieger verschleierte weitgehend den Charakter und die Qualität von Judas' Diensten für sein Volk. Kurz gesagt (1) lehrte er sie, für ihre Rechte zu kämpfen; (2) er half ihnen, ihre Gesetze und Traditionen zu retten; (3) er sicherte ihnen Religionsfreiheit; (4) Er stellte viele der Juden der Zerstreuung wieder her und bereitete so den Weg für das konsolidierte Königreich, das später mit Jerusalem als Zentrum entstand ; (5) er inspirierte seine Landsleute zu Ambitionen nach politischer Unabhängigkeit; und (6) er gab ihnen ein edles Beispiel an Mut, Patriotismus und praktischer Frömmigkeit. Gemessen an den höheren Maßstäben einer späteren Zeit ist Judas zwar nicht ohne Fehler, dennoch ist er zweifellos einer der großen Helden der Geschichte Israels und ein Vorbild für alle selbstlosen und hingebungsvollen Patriotismus.

VII. Die Meinungsverschiedenheiten im syrischen Gericht. Letztlich erlangten die Juden ihre politische Unabhängigkeit nicht in erster Linie aus eigener Kraft, sondern weil ihnen die langwierigen Auseinandersetzungen zwischen den rivalisierenden Anwärtern auf den syrischen Thron Möglichkeiten eröffneten, die sie schnell nutzten. Im Jahr 152 v. Chr. erhob ein Jugendlicher namens Alexander Balas , der behauptete, ein Sohn von Antiochus Epiphanes zu sein, die Fahne des Aufstands gegen den regierenden syrischen König Demetrius I. Die Könige Südwestasiens und Ägyptens unterstützten diesen Betrüger zunächst. Chr. gelang es ihm, Demetrius I. zu besiegen und zu töten. Zwei Jahre später erschien jedoch Demetrius II., der Sohn des abgesetzten Königs, mit einer großen Truppe kretischer Söldner, um den Thron seines Vaters herauszufordern. Viele syrische Städte unterstützten sofort seine Sache. Ptolemaios Philometor aus Ägypten wandte sich schließlich gegen Alexander Balas ; und im Jahr 145 v. Chr. wurde dieser seltsame Abenteurer in der Nähe von Antiochia von seinen eigenen Anhängern getötet. Bald nach seinem Tod erschien jedoch einer seiner Generäle, Tryphon , mit einem kleinen Sohn Alexanders, den er auf den syrischen Thron setzen wollte, und setzte so die Fehde fort, die die Macht des seleukidischen Königreichs ständig untergrub.

VII I. Zugeständnisse an Jonathan. Die Juden profitierten von jeder Wendung dieser verschlungenen Politik. Im Jahr 158 v. Chr., nach einer Zeit der Gesetzlosigkeit in der Wildnis östlich von Judäa, wurde Jonathan und seinen Anhängern von Demetrius I. gestattet, sich wieder innerhalb der Grenzen Judäas niederzulassen. Jonathan richtete sein Hauptquartier in Michmash ein , der Festung, die für die Leistungen von Sauls tapferem Sohn Jonathan berühmt war. Hier herrschte er als Vasall von Demetrius über die Juden, der die unmittelbare Kontrolle über die Zitadelle in Jerusalem und die befestigten Städte behielt, die entlang der Grenzen Judäas errichtet worden waren. Beim Erscheinen von Alexander Balas im Jahr 152 v. Chr. erlaubte Demetrius I. Jonathan, ein kleines stehendes Heer zu unterhalten und die Befestigungsanlagen Jerusalems wieder aufzubauen, um die Loyalität der Juden zu wahren. Um seinen Rivalen zu übertreffen, verlieh der Betrüger Alexander Balas Jonathan die begehrte Ehre des Hohepriestertums und machte ihn damit sowohl zum bürgerlichen als auch zum religiösen Oberhaupt des jüdischen Staates. Jonathan missachtete seine Versprechen gegenüber Demetrius und den verächtlichen Charakter Alexanders und machte sich sofort daran, seine neue Autorität zu etablieren. Er war zweifellos für die Mehrheit der Juden akzeptabler als die abtrünnigen Hohepriester, denen er nachfolgte, aber die strengeren Chasiden betrachteten es natürlich als Sakrileg, dass ein Mann, dessen Hände von Krieg und Blutvergießen befleckt waren, die heiligsten Pflichten im Tempeldienst erfüllen sollte .

Unter Alexander Balas nahm Jonathans Macht rasch zu. Er wurde zum Gouverneur von Judäa ernannt und eroberte unter dem Vorwand , das schwindende Schicksal Alexanders zu unterstützen, nacheinander die Philisterstädte Joppe, Azotus (Aschdod), Askalon und Akron. Als Demetrius II. Herr über Syrien wurde, gelang es Jonathan durch reiche Gaben und Diplomatie, die Unterstützung des neuen Königs so weit zu gewinnen, dass ein Teil des Territoriums von Samaria an Judäa angeschlossen wurde. Als Gegenleistung für dreihundert Talente wurde ihnen außerdem Steuerfreiheit versprochen. Darüber hinaus wurde dem Makkabäerführer die Mitgliedschaft in einem der königlichen Orden verliehen. Durch Glück und durch oft fragwürdige Diplomatie sicherten sich die Juden schließlich in den Tagen Jonathans die Freiheit, für die sie gekämpft und die sie unter dem tapferen Judas teilweise erkämpft hatten.

Abschnitt CXII. FRIEDEN UND WOHLSTAND UNTER SIMON

[Nebenbemerkung: Ich Macc. 11:38-40] Und als König Demetrius sah, dass das Land vor ihm ruhig war und dass ihm kein Widerstand geleistet wurde, schickte er alle seine Truppen, jeder in seine Heimat, mit Ausnahme der fremden Söldner, die er angeworben hatte die Inseln der Heiden. Alle Truppen, die seinem Vater gedient hatten, hassten ihn jedoch. Nun war Tryphon einer von denen, die früher zu Alexanders Partei gehört hatten, und als er sah, dass alle Truppen gegen Demetrius murrten, ging er zu Yamliku , dem Araber, der Antiochus, das kleine Kind Alexanders, großzog, und beharrte ihm darauf er sollte ihn ihm übergeben, damit er an der Stelle seines Vaters regieren möge . Und er erzählte ihm alles, was Demetrius getan hatte, und den Hass, den seine Truppen gegen ihn hegten. Und er blieb lange dort.

[Nebenbemerkung: Ich Macc. 11:54-56] Danach kehrte Tryphon zurück und mit ihm das kleine Kind Antiochus, und er übernahm die Herrschaft und setzte das Diadem auf. Und es versammelten sich zu ihm alle Heere, die Demetrius in Ungnade geschickt hatte, und sie kämpften gegen ihn, und er floh und wurde besiegt. Und Tryphon nahm die Elefanten und wurde Herr von Antiochia.

[Nebenbemerkung: Ich Macc. 12:39-47] Dann versuchte Tryphon , die Herrschaft über Asien zu erlangen, das Diadem aufzusetzen und Feindseligkeiten gegen den König Antiochus zu führen. Aber er fürchtete, Jonathan könnte es ihm nicht erlauben und er könnte gegen ihn kämpfen. Also suchte er nach einem Weg, ihn zu entführen, damit er ihn vernichten konnte. Und er machte sich auf den Weg und kam nach Bethschan. Da zog Jonathan mit vierzigtausend ausgesuchten Soldaten ihm entgegen und kam nach Beth-Schan. Und als Tryphon sah, dass er mit einer großen Armee kam, fürchtete er sich, ihn anzugreifen, und er empfing ihn ehrenhaft und empfahl ihn allen seinen Freunden, gab ihm Geschenke und befahl seinen Truppen, ihm wie sich selbst zu gehorchen. Und er sagte zu Jonathan: Warum hast du dieses ganze Volk in Bedrängnis gebracht, da zwischen uns kein Krieg ist? Nun schicke sie nun in ihre Häuser und behalte nur ein paar Männer für dich, die bei dir sein sollen, und komm mit mir nach Ptolemais, und ich werde es dir geben, zusammen mit den übrigen Festungen und dem Rest der Streitkräfte und allem die Beamten des Königs, und ich werde mich auf den Rückweg machen, denn das ist der Grund meines Kommens. Dann vertraute er ihm und tat, was er gesagt hatte, und schickte seine Truppen weg, damit sie in das Land Juda zogen. Aber er reservierte sich dreitausend Mann, von denen er zweitausend in Galiläa zurückließ, während tausend mit ihm gingen.

[Nebenbemerkung: Ich Macc. 12:48-53] Und als Jonatan in Ptolemais einzog, schlossen die Leute von Ptolemais die Tore und legten Hände an ihn und erschlugen mit dem Schwert alle, die mit ihm hineinkamen. Und Tryphon sandte Truppen und Reiter nach Galiläa und in die große Ebene, um alle Männer Jonathans zu vernichten. Aber sie merkten, dass er gefangen genommen worden war und umgekommen war, und diejenigen, die bei ihm waren, und sie ermutigten einander und marschierten in geschlossenen Reihen, bereit zum Kampf. Und als ihre Verfolger sahen, dass sie bereit waren, um ihr Leben zu kämpfen, kehrten sie wieder um. So kamen sie alle wohlbehalten in das Land Juda und trauerten um Jonathan und die, die bei ihm waren, und fürchteten sich sehr. Und ganz Israel trauerte bitterlich. Da versuchten alle Heiden, die um sie herum waren, sie völlig zu vernichten, denn sie sagten: Sie haben keinen Herrscher und auch keinen, der ihnen hilft. Nun wollen wir gegen sie kämpfen und das Andenken an sie unter den Menschen auslöschen.

[Nebenbemerkung: Ich Macc. 13:1-11] Als Simon nun hörte, dass Tryphon ein riesiges Heer versammelt hatte, um in das Land Juda einzumarschieren, um es völlig zu vernichten, und sah, dass das Volk zitterte und große Angst hatte, ging er hinauf nach Jerusalem und versammelte das Volk und ermutigte sie und sprach zu ihnen: Ihr wisst selbst alles, was ich und meine Brüder und das Haus meines Vaters für die Gesetze und das Heiligtum getan haben, und die Kämpfe und Zeiten der Not, die wir durchgemacht haben. Aus diesem Grund sind alle meine Brüder um Israels willen umgekommen, und ich allein bin übriggeblieben. Und nun sei es mir fern, dass ich in jeder Zeit der Not mein eigenes Leben verschonen sollte; denn ich bin nicht besser als meine Brüder. Vielmehr werde ich Rache für meine Nation und für das Heiligtum und für unsere Frauen und Kinder nehmen, weil alle Heiden sich versammelt haben, um uns aus purem Hass zu vernichten. Und der Mut der Menschen wuchs, als sie diese Worte hörten. Und sie antworteten mit lauter Stimme und sprachen: Du bist unser Anführer und nicht Judas und Jonathan, deine Brüder. Schlagen Sie unsere Schlachten, und wir werden alles tun, was Sie befehlen. Also versammelte er alle Krieger und beeilte sich, die Mauern Jerusalems fertigzustellen und sie auf ihrer gesamten Länge zu befestigen. Und er sandte Jonathan, den Sohn Absaloms, an der Spitze eines großen Heeres nach Joppe und vertrieb die darin und blieb dort drin.

[Nebenbemerkung: Ich Macc. 13:20-22] Und danach kam Tryphon , um in das Land einzudringen und es zu zerstören, und er ging umher auf dem Weg, der nach Adora führt; Und Simon und sein Heer marschierten ihm gegenüber und an seiner Seite an jedem Ort, wohin er auch ging. Und die Leute der Zitadelle schickten Botschafter zu Tryphon und forderten ihn auf, in Gewaltmärschen durch die Wildnis zu ihnen zu kommen und ihnen Vorräte zu schicken. Also machte Tryphon seine gesamte Kavallerie einsatzbereit. Doch in dieser Nacht fiel so viel Schnee, dass er wegen des Schnees nicht kam.

[Nebenbemerkung: Ich Macc. 13:23-30] Dann machte er sich auf den Weg und kam in das Land Gilead, und als er sich Bascama näherte , tötete er Jonathan und wurde dort begraben. Doch als Tryphon in sein eigenes Land zurückkehrte, sandte Simon und holte die Gebeine seines Bruders Jonathan und begrub sie in Modein , der Stadt seiner Vorfahren. Und ganz Israel wehklagte sehr über ihn und trauerte viele Tage lang um ihn. Und Simon baute ein Denkmal auf dem Grab seines Vaters und seiner Brüder und stellte es sichtbar in die Höhe, mit polierten Steinen an der Vorder- und Rückseite. Außerdem errichtete er für seinen Vater, seine Mutter und seine vier Brüder sieben gegenüberliegende Pyramiden. Und für diese machte er künstlerische Entwürfe, indem er große Säulen um sie herum aufstellte und auf den Säulen verschiedene Arten von Waffen als ewiges Denkmal formte und neben den Waffen Schiffe schnitzte, damit sie von allen gesehen werden sollten, die auf dem Meer segeln. Dies ist das Grab , das er in Modein angefertigt hat und das heute dort steht.

[Nebenbemerkung: Ich Macc. 13:33, 43-48] Dann baute Simon die Festungen von Judäa und umzäunte sie mit hohen Türmen und großen Mauern und Toren und Riegeln und legte in den Festungen Vorräte an. In jenen Tagen belagerte er Gazara , umzingelte es mit Armeen, baute eine Belagerungsmaschine und brachte sie zur Stadt hinauf, zerstörte einen Turm und eroberte ihn. Und die in der Maschine waren, sprangen hinaus in die Stadt, und es entstand ein großer Tumult in der Stadt. Und die Leute der Stadt zerrissen ihre Kleider und stiegen mit ihren Frauen und Kindern auf die Mauern und schrieen mit lauter Stimme und baten Simon, Frieden mit ihnen zu schließen. Und sie sagten: Behandle uns nicht nach unserer Bosheit , sondern nach deiner Barmherzigkeit. So versöhnte sich Simon mit ihnen und kämpfte nicht gegen sie. Aber er vertrieb sie aus der Stadt und reinigte die Häuser, in denen die Götzen waren, und zog so mit Gesang und Lobpreis in die Stadt ein. Und als er alle Unreinheit daraus beseitigt hatte, setzte er solche Männer hinein, die das Gesetz hielten, und machte es stärker als zuvor und baute sich darin eine Wohnung.

[Nebenbemerkung: Ich Macc. 13:49-53] Denen aber, die in der Zitadelle zu Jerusalem waren, wurde der Aus- und Eintritt aufs Land sowie der Kauf und Verkauf verwehrt, so dass sie großen Hunger litten und viele von ihnen durch Hungersnot umkamen . Dann riefen sie Simon zu, er möge Frieden mit ihnen schließen. Er tat es, vertrieb sie aber von dort und reinigte die Zitadelle von ihren Verunreinigungen. Und er betrat es am dreiundzwanzigsten Tag des zweiten Monats im einhunderteinundsiebzigsten Jahr mit Lobpreis und Palmzweigen, mit Harfen, mit Zimbeln, mit Gamben, mit Hymnen und mit Liedern, weil er ein großer Feind war wurde aus Israel vernichtet. Und er ordnete an, dass sie diesen Tag jedes Jahr mit Freude feiern sollten. Und den Tempelberg, der neben der Zitadelle war, machte er stärker als zuvor, und dort wohnte er mit seinen Männern. Und Simon sah, dass sein Sohn Johannes erwachsen geworden war, und so ernannte er ihn zum Befehlshaber aller seiner Streitkräfte. Und er lebte in Gazara .

[Nebenbemerkung: Ich Macc. 14:16-18] Als sie nun in Rom und Sparta hörten, dass Jonathan gestorben war, bedauerten sie es sehr. Als sie aber erfuhren, dass sein Bruder Simon an seiner Stelle zum Hohenpriester ernannt worden war und über das Land und seine Städte herrschte, schrieben sie ihm auf Messingtafeln, um mit ihm die Freundschaft und den Vertrag zu erneuern, den sie mit Judas geschlossen hatten Jonathan, seine Brüder.

[Nebenbemerkung: Ich Macc. 14:38-47] Darüber hinaus bestätigte ihm König Demetrius das Hohepriestertum gemäß diesen Dingen und machte ihn zu einem seiner Freunde und erwies ihm große Ehre, denn er hatte gehört, dass die Juden Freunde, Verbündete und Brüder genannt worden waren von den Römern, und dass sie den Gesandten Simons mit Ehre begegnet seien und dass die Juden und die Priester sich sehr darüber gefreut hätten, dass Simon für immer ihr Statthalter und Hohepriester sein würde, bis ein treuer Prophet erstehen würde; und dass er der Befehlshaber über sie sein und die Leitung des Heiligtums übernehmen sollte, um in eigener Verantwortung Männer über ihre Werke und über das Land und über die Waffen und über die Festungen zu ernennen, und dass ihm alle gehorchen sollten, und dass alle im Land erstellten Dokumente auf seinen Namen geschrieben werden sollten und dass er in Purpur gekleidet sein und Gold tragen sollte; und dass es weder dem Volk noch den Priestern erlaubt sein sollte , irgendetwas davon aufzuheben oder sich den von ihm erlassenen Befehlen zu widersetzen oder ohne seine Erlaubnis eine Versammlung im Land einzuberufen oder sich bekleiden zu lassen lila oder eine goldene Schnalle zu tragen. Aber wer etwas anderes tut oder gegen eines dieser Dinge verstößt, sollte bestraft werden. Das ganze Volk stimmte zu, dass Simon nach diesen Vorschriften handeln sollte. Und Simon nahm das Amt des Hohenpriesters an und willigte ein, Feldherr und Statthalter der Juden und Priester zu werden und der Beschützer aller zu sein.

[Nebenbemerkung: Ich Macc. 14:48, 49] Und sie gaben den Befehl, diese Schrift auf Messingtafeln zu schreiben und sie im Bereich des Heiligtums an einer gut sichtbaren Stelle aufzustellen und auch die Kopien davon in die Schatzkammer zu legen, damit Simon und seine Söhne könnten sie haben.

[Nebenbemerkung: Ich Macc. 15:4-8]
So hatte das Land Ruhe, solange Simon lebte, und er suchte das Wohl seines Volkes. Seine Macht und seine Herrlichkeit gefielen ihnen sein ganzes Leben lang. Und inmitten all seiner Herrlichkeit hielt er Joppe für sich zu einem Zufluchtsort und machte es zu einem Weg zu den Inseln des Meeres, und er erweiterte die Grenzen seiner Nation und wurde Herr des Landes. Er führte auch viele Gefangene zusammen und machte sich selbst zum Herrn von Gazara und Bethsura und der Zitadelle .
Außerdem entfernte er seine Unreinheit von ihm ;
Und es gab niemanden, der ihm widerstand. Und sie bestellten ihr Land in Frieden, und die Erde gab ihren Ertrag, und die Bäume der Ebene ihre Früchte.

[Randbemerkung: 15:9-15]
Die alten Männer saßen auf der Straße, sie sprachen miteinander über das Gemeinwohl, und die jungen Männer zogen prächtige, schöne Gewänder an. Er versorgte die Städte mit Lebensmitteln und stattete sie mit Befestigungsmitteln aus ,Bis sein berühmter Name bekannt war bis ans Ende der Erde. Er machte Frieden im Land, und Israel jubelte mit großer Freude, und jeder saß unter seinem eigenen Weinstock und Feigenbaum,

und da war niemand, der ihnen Angst machte, und niemand der gegen sie kämpfte, wurde auf der Erde zurückgelassen, denn die Könige wurden in jenen Tagen völlig vernichtet. Und er stärkte alle Notleidenden seines Volkes, Er war voller Eifer für das Gesetz, und jeden Gesetzlosen und Bösen verbannte er .
Er machte das Heiligtum herrlich und vervielfachte die Geräte des Tempels.

I. Gefangennahme und Tod von Jonathan. In diesem korrupten Zeitalter war es nicht verwunderlich, dass Jonathan, der größtenteils durch Intrigen an die Macht gekommen war, am Ende selbst dem Verrat zum Opfer fiel. Tryphon , der General, der heimlich den syrischen Thron anstrebte, gelang es durch Lügen, selbst den listigen jüdischen Führer in die Irre zu führen. Sein Ziel war es, Südpalästina in Besitz zu nehmen, und er glaubte offenbar, dass er durch die Gefangennahme Jonathans seinen Ehrgeiz leicht verwirklichen würde. Er übersah jedoch die Tatsache, dass Simon, neben Judas der fähigste Sohn des Mattathias, noch übrig blieb, um die jüdischen Patrioten zu sammeln und anzuführen. Die natürlichen Barrieren Judäas erwiesen sich erneut als unüberwindbar, denn als Tryphon wiederholt versuchte, im Westen, Süden und Osten in das zentrale Hochland einzudringen, fand er die Pässe vor, die von Simon und seinen erfahrenen Kriegern bewacht wurden. Derart verwirrt ließ der verräterische Tryphon seine Enttäuschung an Jonathan aus, den er in Gilead tötete. Als der Möchtegern-Usurpator nach Norden vordrang, wo er schließlich das Schicksal ereilte, das er wohlverdient hatte, trugen Simon und seine Anhänger den Leichnam Jonathans zurück nach Modein, und dort errichteten sie darüber das vierte jener Gräber, die den kriegerischen Geist bezeugten und Hingabe der Söhne des Mattathias.

II. Charakter und Politik von Simon. Simon, der in dieser Krise zur Führung der jüdischen Rasse berufen wurde, war von Anfang an für seine Mäßigung und seinen klugen Rat bekannt. In vielen Feldzügen hatte er auch die militärischen Fähigkeiten und den Mut bewiesen, die seine jüngeren Brüder ausgezeichnet hatten. In ihm lebte der edle Geist des Judas wieder auf. Er widmete sich dem Gesetz, war bestrebt, den Staat aufzubauen, und gleichzeitig war er zutiefst und aufrichtig an allen Angehörigen seiner Rasse interessiert, ob in Judäa oder in fernen Nationen. Wie David und Josia war er ein wahrer Vater seines Volkes und gab ein Beispiel, dem seine Nachkommen leider nicht folgten. Er erkannte immer noch die Autorität von Demetrius II. an, aber das syrische Königreich war so schwach, dass es Simon gelang, sich ein klares Versprechen des Erlasses aller Steuern zu sichern und praktisch als unabhängiger Herrscher zu regieren. Um seine Position zu stärken , schickte er eine mit reichen Geschenken beladene Gesandtschaft nach Rom. Während einer späteren Krise seiner Herrschaft erwies sich sein Ansehen als sehr wertvoll, aber Simon folgte dem Beispiel seiner Brüder und übertrug Rom jenen Anspruch auf Judäa, der in weniger als einem Jahrhundert dazu bestimmt war, der jüdischen Unabhängigkeit ein Ende zu setzen. Indem er die Ressourcen seines Volkes noch weiter festigte und entwickelte und sich auf eine zukünftige Expansion vorbereitete, legte Simon den Grundstein für das spätere jüdische Königreich. Seine Politik brachte Palästina auch jenen Frieden und Wohlstand, der seine Herrschaft zu einem der wenigen Lichtblicke in der unruhigen Geschichte Israels machte.

III. Seine Eroberungen. Die wichtigste Eroberung Simons war die Einnahme von Gazara , dem alten Gezer. Diese lag auf der Westseite der Ebene von Ajalon . Es bewachte die Zugänge nach Judäa von Westen her und vor allem die Straße, die von Joppe aus verlief und über die der Mittelmeerhandel verlief. Nach hartnäckigem Widerstand eroberte er die Stadt, deportierte einen Teil ihrer heidnischen Bevölkerung und siedelte an ihrer Stelle jüdische Kolonisten an. Auch Joppa stand unter Simons Kontrolle. Damit bereitete er auch den Weg für die kommerzielle Expansion, die notwendig war, damit der jüdische Staat inmitten seiner vielen mächtigen Feinde überleben konnte. Zu Beginn seiner Herrschaft belagerte Simon die syrische Garnison in Jerusalem und eroberte schließlich unter der Freude des Volkes diese Festung und befreite Judäa von der Gegenwart der verhassten Ausländer. Auch der Tempelbereich wurde befestigt. Simons Siege und insbesondere seine Eroberung der griechischen Städte in der Ebene veranlassten den syrischen König Antiochus Sidetes , den Sohn von Demetrius I., eine hohe Entschädigung zu fordern. Als Simon sich weigerte, den Tribut zu zahlen , wurde eine syrische Armee entsandt, um den Anspruch durchzusetzen, wurde jedoch von einer jüdischen Streitmacht unter Johannes Hyrkanos besiegt. Dieser Sieg machte Simon für den Rest seiner Regierungszeit praktisch unabhängig von externen Autoritäten.

IV. Simons Autorität. Mit lobenswerter Mäßigung verzichtete Simon auf den Versuch, sich den Titel eines Königs zu sichern. Er gab jedoch Münzen in seinem eigenen Namen aus, obwohl dieses Recht normalerweise nur den Königen vorbehalten war. Das dankbare Volk übertrug ihm die Autorität, die Jonathan zuerst von dem schamlosen Alexander Balas erhalten hatte . Als Gegenleistung für Simons viele Dienste und als Anerkennung für die Leistungen seiner Familie wurde er von den Juden nicht nur zum Zivilgouverneur und Heerführer, sondern auch zum Hohepriester ernannt. So wurde er ihr rechtmäßiger Anführer sowohl im Frieden als auch im Krieg und der Vertreter der Nation bei den heiligen Gottesdiensten im Tempel. Mit Ausnahme seines Namens war er König, und die jüdische Geschichte wäre zweifellos in ruhigeren Bahnen verlaufen, wenn seine Nachkommen mit diesen bedeutenden Ehren zufrieden gewesen wären.

V. Fertigstellung des Psalters. In der Regierungszeit Simons wurde der Psalter wahrscheinlich fertiggestellt. Viele der Psalmen, insbesondere die in der zweiten Hälfte des Buches, tragen die unverkennbaren Spuren des Kampfes der Makkabäer. In den Psalmen 74 und 89 finden sich beispielsweise deutliche Hinweise auf die Schändung des Tempels und die bitteren Verfolgungen des Antiochus. Sie äußern das Wehklagen der Verzweiflung, das damals über die Lippen vieler Juden kam. Viele andere Psalmen, wie zum Beispiel der 118., bringen jene intensive Liebe und Hingabe an das Gesetz zum Ausdruck, die von dieser Zeit an in vielerlei Hinsicht das hervorstechendste Merkmal des Judentums war. Das vorherrschende liturgische Element, das die Schlusspsalmen des Psalters charakterisiert, lässt auf ihre ursprüngliche Anpassung an die Gesangsgottesdienste des Tempels schließen. Unter der Herrschaft von Simon wurde der Tempelchor wahrscheinlich erweitert und dieser Form des Tempelgottesdienstes größere Bedeutung beigemessen. Der Frieden und der Wohlstand in den Tagen Simons gaben die Gelegenheit und den Ansporn, die früheren Psalmensammlungen in ihre endgültige Form zu bringen und wahrscheinlich die Einleitung in Psalm 1-2 und die abschließende Doxologie in Psalm 150 hinzuzufügen. Der Psalter scheint dies zu tun waren die letzten, die von allen alttestamentlichen Büchern fertiggestellt wurden, so dass wahrscheinlich vor dem Ende von Simons Herrschaft alle gegenwärtigen alttestamentlichen Bücher geschrieben wurden. Die Diskussionen über den Wert von Büchern wie Prediger, Hohelied Salomos und Esther dauerten bis fast zum Ende des ersten christlichen Jahrhunderts, als der Kanon des Alten Testaments endlich fertiggestellt war.

VI. Das religiöse Leben im Spiegel der späteren Psalmen. Der vorherrschende Ton in den Psalmen im letzten Teil des Psalters ist fröhlich. Ein tiefes Gefühl der Dankbarkeit gegenüber Jehova für die Befreiung durchdringt sie. Die Juden hatten das Gefühl, dass Jehova sie tatsächlich „wie einen Vogel aus der Schlinge des Vogelfängers" befreit hatte (Psalm 124). Im Hintergrund lagen die dunklen Tage der Verfolgung. Feindliche Feinde umzingelten Israel immer noch, aber das Vertrauen auf die Macht und die Bereitschaft Jehovas zur Befreiung siegte über alle Furcht.

Oh, danke dem HERRN, denn er ist gut,
denn seine Barmherzigkeit währt ewiglich.
Er hat uns von unseren Feinden befreit. Danke dem Gott des Himmels,
denn seine Barmherzigkeit währt ewiglich.

war der oft wiederholte Refrain, der im Tempelgottesdienst von den Kriegern gesungen wurde, wenn sie siegreich aus der Schlacht zurückkehrten, und vom Volk, wenn es seinen Aufgaben nachging. Das Gefühl der ständigen Gefahr und der großen Leistung verband die Juden dieser Zeit wie vielleicht nie zuvor seit den Tagen des Exils. Die gleichen Erfahrungen entwickelten ein starkes religiöses Bewusstsein. Jehova hatte wiederholt und deutlich gezeigt, dass er in ihrer Mitte war. Ohne seine starke Hand waren sie ihren Feinden hilflos ausgeliefert. Die Abtrünnigen waren vertrieben worden, und die verbliebenen Klassen waren durch ihren Wunsch, ihre hart erkämpften Freiheiten zu bewahren, durch ihre Hingabe an den Tempel und seine Dienste und durch einen tiefen Respekt vor der Autorität ihrer Schriften eng miteinander verbunden. Die Stimme des lebenden Propheten verstummte. Die Priester hatten aufgehört zu lehren und waren lediglich Diener am Altar, und in den Wirren des Makkabäerkampfes war die Lehre der Weisen praktisch zu Ende gegangen. Stattdessen wurden die Juden in jeder Hinsicht zum Volk des Buches. Zu dieser Zeit und dank der in diesem Zeitalter wirkenden Kräfte erlangten die Schriftgelehrten ihren Platz als Hauptlehrer des Volkes. Es war nur natürlich, dass diejenigen, die das verehrte Gesetz und die Propheten kopierten, redigierten und vor allem interpretierten, das Ohr der Massen fanden und mehr und mehr als die autorisierten Lehrer der jüdischen Rasse angesehen wurden. Das Judentum hatte endlich seine Reife erreicht.

Abschnitt CXIII. DIE REGEL DES JOHANNES HYRCANUS UND ARISTOBULOUS

[Nebenbemerkung: Ich Macc. 16:11-17] Nun war Ptolemaios, der Sohn Abubuss , zum Befehlshaber über die Ebene von Jericho ernannt worden. Er besaß viel Silber und Gold, denn er war der Schwiegersohn des Hohepriesters. Dann wurde er ehrgeizig und entschlossen, das Land zu beherrschen. Also schmiedete er einen heimtückischen Plan gegen Simon und seine Söhne, um ihnen ein Ende zu bereiten. Nun besuchte Simon die Städte im Land und sorgte für deren gute Verwaltung. Und er zog hinab nach Jericho mit seinen Söhnen Mattathias und Judas im einhundertsiebenundsiebzigsten Jahr, im elften Monat, das ist der Monat Sebat. Dann empfing sie der Sohn von Abubus auf verräterische Weise in einer kleinen Festung namens Dok , die er gebaut hatte, und veranstaltete ein großes Bankett für sie, und seine Männer waren dort. Und als Simon und seine Söhne betrunken waren, standen Ptolemaios und seine Männer auf, nahmen ihre Waffen und stürzten sich im Festsaal auf Simon und töteten ihn und seine beiden Söhne und einige seiner Diener. So beging er einen großen Verrat und vergolte Böses mit Gutem.

[Nebenbemerkung: Ich Macc. 16:18-22] Dann schrieb Ptolemaios, was geschehen war, und bat den König, Truppen zu seiner Hilfe zu schicken, und versprach, ihm ihr Land und die Städte zu übergeben. Und er schickte andere nach Gazara , um Johannes zu entkommen. Und er sandte Briefe an die Obersten, die Tausende befehligten, und forderte sie auf, zu ihm zu kommen, damit er ihnen Silber und Gold und Geschenke gebe. Und andere sandte er aus, um Jerusalem und den Tempelberg in Besitz zu nehmen. Aber einige liefen vorher nach Gazara und sagten Johannes, dass sein Vater und seine Brüder umgekommen seien, und sie sagten: Er hat gesandt, um auch dich zu töten. Und als er das hörte, verstummte er vor Staunen, aber er ergriff die Männer, die kamen, um ihn zu vernichten, und tötete sie, denn er sah, dass sie ihn vernichten wollten.

[Nebenbemerkung: Jos. Jude. Krieg, I, 2:3c-4b] Als nun Hyrkanos das Hohepriestertum empfangen hatte, das sein Vater vor ihm innehatte, und Gott Opfer dargebracht hatte, beeilte er sich, Ptolemaios anzugreifen, um seine Mutter und seine Brüder zu entlasten. So belagerte er die Festung und war Ptolemaios auch sonst überlegen; aber er wurde durch seine natürliche Zuneigung besiegt. Denn als Ptolemaios verzweifelt war, brachte er die Mutter des Hyrkanos und seine Brüder, stellte sie auf die Mauer und schlug sie vor den Augen aller mit Ruten. Er drohte, dass er sie kopfüber hinwerfen würde, wenn Hyrkanos nicht sofort wegginge. Bei diesem Anblick überwanden Hyrkanos' Mitleid und Besorgnis seinen Zorn.

[Nebenbemerkung: Jos. Jude. Krieg, I, 2:4d] Und da die Belagerung auf diese Weise verzögert wurde, kam das Jahr der Ruhe, in dem die Juden alle sieben Jahre ruhen, wie sie es an jedem siebten Tag tun. In diesem Jahr wurde Ptolemaios also von der Belagerung befreit. Er tötete auch die Brüder des Hyrkanos und ihre Mutter und floh zu Zeno, dem Tyrannen von Philadelphia.

[Nebenbemerkung: Jos. Jude. Krieg, I, 2:5] Und nun war Antiochus [Sidetes] so wütend über das, was er von Simon erlitten hatte, dass er einen Feldzug nach Judäa unternahm, Jerusalem belagerte und Hyrkanos einsperrte. Doch Hyrkanos öffnete das Grab Davids, des reichsten aller Könige, nahm von dort mehr als dreitausend Talente Geld und überredete Antiochus mit dem Versprechen von dreitausend Talenten, die Belagerung aufzuheben. Außerdem war er der erste Juden, der über viel Geld verfügte und begann, ausländische Söldner anzuheuern.

[Nebenbemerkung: Jos. Jude. Krieg, I, 2:6]
Zu einer anderen Zeit, als Antiochus einen Feldzug gegen die Meder unternommen hatte und Hyrkanus so Gelegenheit gegeben hatte, sich an ihm zu rächen, griff Hyrkanus die Städte Syriens an, weil er glaubte, dass dies der Fall sei , dass er sie ohne gute Truppen vorfinden würde. So nahm er
Medeba und Samaga mit den umliegenden Städten ein; ebenso Sichem und der Berg
Garizim.

[Randbemerkung: Jos. Ant. XIII, 9:1d, e] Hyrkanos nahm auch Dora und Marissa, Städte von Idumäa , ein und unterwarf alle Idumäer. Er erlaubte ihnen, in ihrem Land zu bleiben, wenn sie sich der Beschneidung unterziehen und sich an die jüdischen Gesetze halten würden. Ihr Wunsch, im Land ihrer Väter zu leben, war so groß, dass sie sich der Beschneidung und anderen jüdischen Lebensweisen unterwarfen. Von diesem Zeitpunkt an waren sie also keine anderen als Juden.

[Nebenbemerkung: Jos. Jude. Krieg, I, 2:7a-b] Auch Hyrkanos drang bis nach Samaria vor, umgab es von allen Seiten mit einer Mauer und übertrug seinen Söhnen Aristobulus und Antigonus die Leitung der Belagerung. Sie trieben es mit solchem Nachdruck voran, dass in der Stadt eine Hungersnot herrschte, so dass die Einwohner gezwungen waren, Dinge zu essen, die noch nie zuvor als Lebensmittel angesehen wurden. Sie luden auch Antiochus ein, ihnen zu Hilfe zu kommen, und er folgte ihrer Einladung bereitwillig, wurde jedoch von Aristobulus und Antigonus geschlagen, und er wurde von diesen Brüdern bis nach Skythopolis verfolgt und floh vor ihnen. Sie kehrten also nach Samaria zurück und schlossen die Menge erneut innerhalb der Mauer ein. Als sie die Stadt eingenommen hatten, rissen sie sie nieder und machten ihre Bewohner zu Sklaven.

[Randbemerkung: Jos. Ant. XIII, 10:5] Der Wohlstand von Hyrkanos führte jedoch dazu, dass die Juden ihn beneideten; und diejenigen, die ihm am schlechtesten gesinnt waren, waren die Pharisäer. Nun war Hyrkanos einer ihrer Schüler und von ihnen sehr geliebt worden. Aber als er sie einmal zu einem Fest einlud und sie freundlich bewirtete und sie in guter Laune sah, begann er zu ihnen zu sagen, dass sie wussten, dass er ein gerechter Mann sein und alles tun wollte, um Gott und ihnen zu gefallen, denn die Pharisäer sind Philosophen. Er wünschte jedoch, dass sie ihn zurückrufen und zurechtweisen würden, wenn sie bemerken würden, dass er sich in irgendeiner Hinsicht beleidigt oder vom rechten Weg abweicht. Als sie bezeugten, dass er vollkommen tugendhaft sei, freute er sich sehr über ihre Zustimmung. Aber einer seiner Gäste, Eleasar mit Namen, war ein von Natur aus bösartiger Mann, der sich an Meinungsverschiedenheiten erfreute. Dieser Mann sagte: „Da Sie die Wahrheit wissen möchten und wirklich das Richtige tun möchten, legen Sie das Hohepriestertum nieder und geben Sie sich mit der Zivilregierung des Volkes zufrieden.“ Und als Hyrkanos wissen wollte, aus welchem Grund er das Hohepriestertum niederlegen sollte, antwortete der andere: „Wir haben von alten Männern gehört, dass deine Mutter während der Herrschaft des Antiochus Epiphanes gefangen war.“ Diese Geschichte war falsch und Hyrkanus wurde gegen ihn provoziert. Auch alle Pharisäer waren sehr ungehalten über ihn.

[Randbemerkung: Jos. Ant. XIII, 10:6a-c] Nun gab es einen gewissen Jonathan, einen großen Freund von Hyrkanos, aber aus der Sekte der Sadduzäer, dessen Ideen denen der Pharisäer entgegengesetzt waren. Er erzählte Hyrkanus, dass Eleazar ihn gemäß der allgemeinen Meinung aller Pharisäer so verunglimpft habe und dass dies deutlich werden würde, wenn er ihnen die Frage stellen würde: Welche Strafe hätte dieser Mann ihrer Meinung nach verdient ? Denn auf diese Weise könnte er sicher sein, dass ihm nicht mit ihrer Billigung die Verunglimpfung auferlegt wurde, wenn sie ihm rieten, ihn so zu bestrafen, wie es das Verbrechen verdiente. Als Hyrkanos diese Frage stellte, antworteten die Pharisäer daher, dass der Mann Schläge und Gefängnis verdiente, es aber nicht richtig schien, eine Beleidigung mit dem Tod zu bestrafen. Und tatsächlich neigen die Pharisäer normalerweise nicht dazu, streng zu bestrafen. Über diesen milden Satz wurde Hyrkanus sehr wütend und dachte, dass dieser Mann ihn mit ihrer Zustimmung zurechtwies. Es war dieser Jonathan, der ihn so sehr beeinflusste, dass er ihn dazu brachte, sich den Sadduzäern anzuschließen und die Partei der Pharisäer zu verlassen und die Verordnungen, die sie dem Volk auferlegt hatten, abzuschaffen und diejenigen zu bestrafen, die ihnen gehorchten. Dies war die Quelle des Hasses, mit dem er und seine Söhne von der Menge betrachtet wurden.

[Randbemerkung: Jos. Ant. XIII, 10:7] Doch als Hyrkanos diesem Aufruhr ein Ende gesetzt hatte, lebte er danach glücklich und verwaltete die Regierung einunddreißig Jahre lang auf die beste Weise und starb dann und hinterließ fünf Söhne. Gott schätzte ihn als würdig der drei höchsten Auszeichnungen ein: der Herrschaft über seine Nation, des Hohepriestertums und der Prophezeiung, denn Gott war mit ihm und ermöglichte ihm, die Zukunft vorherzusagen.

[Randbemerkung: Jos. Ant. XIII, 11:1a-c, 8a] Als Hyrkanos nun tot war, setzte sein ältester Sohn Aristobulus , der die Regierung in eine Monarchie umwandeln wollte, als erster ein Diadem auf seinen Kopf. Dieser Aristobulos liebte seinen nächsten Bruder Antigonos und behandelte ihn als gleichberechtigt, die anderen hielt er jedoch in Fesseln. Er warf auch seine Mutter ins Gefängnis, weil sie ihm die Regierung streitig machte, denn Hyrkanus hatte ihr die Kontrolle über alles überlassen. Er ging auch so barbarisch vor, dass er sie im Gefängnis durch Hunger tötete. Außerdem entfremdete er sich durch falsche Anschuldigungen von seinem Bruder Antigonos und tötete ihn ebenfalls, obwohl er offenbar eine große Zuneigung zu ihm hegte und das Königreich mit ihm geteilt hatte. Aber Aristobulus bereute sofort die Ermordung seines Bruders; Aus diesem Grund breitete sich seine Krankheit auf ihm aus.

[Randbemerkung: Jos. Ant. XIII, 11:3e] Dann starb Aristobulos , nachdem er ein Jahr regiert hatte. Er galt als Liebhaber der Griechen und brachte seinem Land viele Vorteile. Er führte auch einen Krieg gegen Ituräa [Galiläa] und fügte einen großen Teil davon zu Judäa hinzu und zwang die Einwohner, wenn sie in diesem Land bleiben wollten, sich beschneiden zu lassen und nach den jüdischen Gesetzen zu leben.

I. Mord an Simon. Selbst seine Mäßigung und seine gütige Herrschaft bewahrten Simon nicht vor dem gewaltsamen Tod, der alle Söhne des Mattathias ereilte.

Sein Mörder war sein Schwiegersohn, ein gewisser Ptolemaios, der Gouverneur des Jordantals war, dessen Ressourcen unter Simon erschlossen worden waren. Ptolemaios vertraute auf die Unterstützung des syrischen Hofes, rechnete jedoch nicht mit zwei Dingen: (1) der Loyalität des Volkes gegenüber seinen makkabäischen Anführern; und (2) die Fähigkeit von Simons Sohn John Hyrcanus. Anstatt Ptolemäus' Verschwörung zum Opfer zu fallen, ging Johannes sofort nach Jerusalem, wo ihn das Volk zum Hohenpriester und Statthalter ernannte. Ptolemaios, der auf der Burg von Dok belagert wurde , rettete sein elendes Leben nur durch schamlose Treulosigkeit.

II. Die syrische Invasion. Antiochus Sidetes erwies sich als der fähigste syrische König dieser Zeit. Obwohl sein erster Angriff von Simon abgewehrt worden war, versuchte er nach der Thronbesteigung von Hyrkanos erneut, seine Autorität in Palästina wiederherzustellen. Josephus verschleiert in seinem Bericht dieses demütigende Kapitel der jüdischen Geschichte. Die Aussage, Hyrkanos habe aus dem Grab Davids enorme Reichtümer mitgenommen und sich so Immunität vor syrischen Angriffen erkauft, weist alle Merkmale einer orientalischen Erzählung auf. Stattdessen belagerte Antiochus Sidetes Jerusalem nicht nur, sondern eroberte es auch und zwang die Juden zweifellos zu hohen Tributzahlungen. Da er es jedoch vorzog, ihre Loyalität zu bewahren, anstatt sie zu vernichten, überließ er Johannes Hyrkanos die Kontrolle über Judäa, und Jerusalem entging der Zerstörung. Auf dem katastrophalen Feldzug gegen die Parther, bei dem Antiochus sein Leben verlor, begleitete ihn Johannes Hyrkanos mit einer Gefolgschaft jüdischer Soldaten. Der Tod von Antiochus Sidetes im Jahr 129 v. Chr. gab den Juden endlich die Freiheit, ihr Königreich zu entwickeln, ohne weitere Angst vor einer syrischen Einmischung zu haben. Dieses Ereignis markiert für die Juden die Erlangung absoluter politischer Freiheit – ein Privileg, das sie noch etwas mehr als ein halbes Jahrhundert lang genossen.

III. Johns Militärpolitik und Eroberungen. John besaß den charakteristischen Ehrgeiz und die Energie seiner Familie. In seiner Politik scheint er auch stark von den Errungenschaften des frühen israelischen Eroberungskönigs David beeinflusst worden zu sein. Sein Ziel war es, ein kleines Reich aufzubauen und durch die Vernichtung der alten Feinde Israels Immunität vor weiteren Angriffen zu sichern. Auch bei der Beschäftigung ausländischer Söldner folgte er dem Beispiel König Davids. Zweifellos wurde er dabei von seinen Erfahrungen im Partherfeldzug beeinflusst. Diese Politik war jedoch weit entfernt vom Geist der frühen makkabäischen Führer, die zugunsten ihrer Prinzipien das Schwert gezückt hatten. Johannes' erster Feldzug richtete sich gegen die Städte östlich des Jordan und führte zur Eroberung der Städte Medeba und Samaga sowie des ihnen unterworfenen Gebiets. Die Eroberung Sichems und Südsamarias war zweifellos sowohl auf den ererbten Hass gegenüber den Samaritern als auch auf den Wunsch zurückzuführen, der wachsenden jüdischen Bevölkerung ein Ventil zu bieten. Nachdem der Samariter-Tempel auf dem Berg Garizim zwei Jahrhunderte lang gestanden hatte, wurde er von den Juden zerstört. Dieser sakrilegische Akt verschärfte natürlich den Hass zwischen Juden und Samaritern, der zu Beginn des ersten christlichen Jahrhunderts so heftig brannte. Als nächstes wurden Marissa und Dora, die Hauptstädte der Idumäer, erobert. Mit seltsamer Widersprüchlichkeit zwang Johannes Hyrkanos, dessen Vorfahren als Erste zum Schwert zur Verteidigung der Religionsfreiheit gegriffen hatten, die Nachkommen ihrer alten Feinde, der Edomiter, ihre Nationalreligion aufzugeben oder ins Exil zu gehen. Diese Politik war mit weitreichenden Konsequenzen verbunden, denn unter denen, die zur Herrschaft über die eroberten Edomiter ernannt wurden, war Antipater, der Vorfahre des Herodes, der dazu bestimmt war, die Juden zu regieren und die lange Reihe von Katastrophen einzuleiten, die in der Zerstörung der Edomiter gipfelten Jüdischer Staat. Zuletzt rückte Johannes Hyrkanos zur Eroberung der griechischen Stadt Samaria vor. Aufgrund seiner natürlichen Stärke und seiner beeindruckenden Verteidigungsanlagen dauerte die Belagerung ein Jahr und konnte letztendlich nur durch eine Hungersnot eingenommen werden. Den Söhnen des Johannes Hyrkanos gelang es, die syrischen Heere, die zur Entlastung der Belagerten ausgesandt wurden, in Schach zu halten. Die eroberten Einwohner wurden als Sklaven verkauft und die Stadt lag eine Zeit lang in völligen Ruinen. Die Eroberung von Skythopolis , dem alten Bethshean , erweiterte die Grenzen des Königreichs des Johannes auf die südlichen Hügel Galiläas. So wurde er Herr über ein kleines Reich, das sich im Osten bis zur Wüste, im Süden bis zum Südland erstreckte, bei Joppe an das Meer grenzte und im Norden das gesamte Gebiet des alten Samaria umfasste. Obwohl es nicht so groß war wie das Königreich Davids, war es eine vollkommenere politische Einheit und bot hervorragende Möglichkeiten für Handel und interne Entwicklung.

IV. Der Bruch mit den Pharisäern. Die Erfolge von John Hyrcanus machten die Mehrheit der Nation blind für die wirklichen Probleme, um die es ging. Aber eine mächtige Gruppe, die während der Makkabäerzeit zum ersten Mal unter dem Namen Pharisäer auftrat, begann, ihre Loyalität zu widerrufen und zumindest stillschweigend gegen einen Hohepriester zu protestieren, dessen Hauptziel die Eroberung war. Die Geschichte, die Josephus erzählt, um den Abfall der Pharisäer zu erklären, mag einfach eine populäre Überlieferung sein, aber sie ist ein Hinweis auf die Spaltung innerhalb des Judentums, die letztendlich den Makkabäerstaat zerstörte. Seit den Tagen des Johannes Hyrkanos waren die makkabäischen Herrscher, mit nur einer Ausnahme, gezwungen, auf den stillen, aber starken Widerstand der Pharisäer zu stoßen. Sie wandten sich daraufhin der aufstrebenden Partei der Sadduzäer zu, die sich fortan mit den Interessen der Herrscherfamilie identifizierte. So wurde der jüdische Staat im Jahr seines größten Triumphs zu einem in sich selbst gespaltenen Haus. Johannes Hyrkanos und seine Nachfolger waren den besser gesinnten religiösen Führern der Nation entfremdet und verfolgten eine zunehmend säkulare, selbstsüchtige Politik, bis sie die edlen Ideale, nach denen ihre Väter gestrebt hatten, völlig vergaßen.

V. Die Herrschaft des Aristobulos . Die Thronbesteigung von Aristobulos markiert einen Triumph jenes Hellenismus, gegen den Judas und Simon das Schwert gezogen hatten. Wie viele orientalische Monarchen etablierte er seine Position auf dem Thron durch die Ermordung aller Mitglieder seiner Familie, die seine Macht in Frage stellen könnten. Seine unmenschliche Grausamkeit gegenüber seiner Mutter und die Verdächtigungen, die ihn dazu veranlassten, seinen Bruder zu ermorden, offenbaren einen barbarischen Geist, der nur mit den falschen Ambitionen erklärt werden kann, die bereits von den Herrschern Israels Besitz ergriffen hatten. Die kurze einjährige Regierungszeit von Aristobulos ist von zwei bedeutenden Taten geprägt. Das erste ist die Annahme des Königstitels. Aus eigener Initiative und offenbar ohne Zustimmung des Volkes setzte er sich das Diadem auf den Kopf. Der andere wichtige Akt war die Eroberung eines Teils des Territoriums von Ituräa , das später als Galiläa bekannt wurde. Er fand, dass es von einer gemischten syrischen und griechischen Bevölkerung bewohnt war, unter der sich wahrscheinlich auch einige Nachkommen der alten Israeliten befanden. Er folgte der Politik seiner Familie und leitete zweifellos sofort ein Kolonisierungssystem ein, das eine starke jüdische Bevölkerung nach Galiläa brachte. Von nun an war Galiläa aufgrund seiner Rasse, Sprache und Religion eng an Judäa gebunden.

Abschnitt CXIV. Die Pharisäer, Sadduzäer und Essener

[Randbemerkung: Jos. Ant. XVIII, 1:2, 3a-c] Die Juden haben drei Sekten der Philosophie: die Essener, die Sadduzäer und die sogenannten Pharisäer. Die Pharisäer geben sich nicht dem Luxus hin, sondern verachten diese Art von Leben; und sie folgen der Führung der Vernunft, und was diese ihnen als gut vorschreibt, das tun sie. Sie erweisen auch den Älteren Respekt und sind auch nicht so mutig, ihnen in irgendetwas zu widersprechen, was sie eingeführt haben. Obwohl sie glauben, dass alle Dinge durch Vorherbestimmung geschehen, nehmen sie einem Menschen nicht die Wahl, so zu handeln, wie er es für richtig hält, denn sie glauben, dass es Gottes Wille ist, dass ein Ereignis durch den göttlichen Rat sowohl zum Guten als auch zum Bösen entschieden wird und von dem Mann, der bereit ist, dem zuzustimmen. Sie glauben auch, dass Seelen unsterbliche Macht besitzen und dass es unter der Erde Belohnungen oder Strafen geben wird, je nachdem, wie die Menschen in diesem Leben tugendhaft oder bösartig gelebt haben, und dass die Bösartigen in einem ewigen Gefängnis festgehalten werden sollen und dass die Tugendhaften diese erhalten sollen Kraft, wieder zu leben.

[Randbemerkung: Jos. Ant. XVIII, 1:3d] Aufgrund dieser Lehre haben sie großen Einfluss auf das Volk, und alles, was sie im Zusammenhang mit der göttlichen Anbetung, den Gebeten und Opfern tun, tun sie in Übereinstimmung mit den Anweisungen der Pharisäer.

[Randbemerkung: Jos. Ant. XVIII, 1:4a, Jos. Jude. Krieg, II, 8:14c] Aber die Lehre der Sadduzäer ist, dass die Seelen mit den Körpern sterben, und sie achten nicht auf etwas anderes als die Dinge, die das Gesetz vorschreibt. Sie leugnen die Prädestination gänzlich und behaupten, dass Gott keine Kontrolle über böse Taten ausübt, und sagen, dass der Mensch die Wahl zwischen Gut und Böse habe und je nach Neigung eines jeden Menschen das eine oder das andere wähle.

[Randbemerkung: Jos. Ant. XVIII, 1:4b] Sie halten es auch für tugendhaft, mit den Philosophielehrern zu streiten, denen sie folgen. Diese Lehre wird jedoch nur von wenigen akzeptiert, aber diese sind von höchstem Rang. Sie können fast nichts aus eigener Kraft erreichen; Denn wenn sie unfreiwillig, aber gezwungenermaßen an die Macht kommen, stimmen sie der pharisäischen Lehre zu, denn sonst würden sie von der Menge nicht geduldet werden.

[Randbemerkung: Jos. Ant. XVIII, 1:5a, b] Die Lehre der Essener ist, dass alle Dinge am besten Gott überlassen werden. Sie lehren die Unsterblichkeit der Seelen und denken, dass der Lohn der Gerechtigkeit ernsthaft angestrebt werden müsse; und wenn sie das, was sie Gott geweiht haben, in den Tempel schicken, bringen sie ihre Opfer gemäß dem besonderen Gesetz der Reinheit dar, das sie befolgen. Aus diesem Grund sind sie vom gemeinsamen Vorhof des Tempels ausgeschlossen, bringen aber selbst ihre Opfer dar. Doch ihr Lebensweg ist weitaus besser als der anderer Männer und sie widmen sich ausschließlich der Landwirtschaft.

[Nebenbemerkung: Jos. Jude. Krieg, II, 8:2, 13a] Die Essener scheinen eine größere Zuneigung zueinander zu haben als die anderen Sekten. Sie lehnen Vergnügen als Übel ab, betrachten Selbstbeherrschung und die Überwindung von Leidenschaften jedoch als Tugend. Sie verachten die Ehe und wählen die Kinder anderer Leute aus, während sie beeindruckbar und lehrreich sind, und sie betrachten sie als ihre eigenen Verwandten und passen sie ihren eigenen Bräuchen an. Sie lehnen die Ehe nicht grundsätzlich ab. Es gibt auch einen anderen Orden der Essener, der mit den anderen in Bezug auf seine Lebensweise, Bräuche und Gesetze übereinstimmt, sich jedoch in Bezug auf die Ehe von ihnen unterscheidet, da er glaubt, dass er durch die

Nichtverheiratung das wichtigste Element abschneiden würde menschliches Leben, das die Nachfolge der Menschheit ist.

[Nebenbemerkung: Jos. Jude. Krieg, II, 8:3, 4] Diese Männer verachten Reichtümer und sind untereinander wunderbar kommunistisch. Unter ihnen gibt es niemanden, der mehr hat als die anderen, denn es ist ein Gesetz unter ihnen, dass diejenigen, die sich ihrer Sekte anschließen, mit ihnen teilen müssen, was sie haben, damit es bei ihnen allen keine Anzeichen von Armut oder Übermaß gibt Reichtümer, aber jedermanns Besitz wird gemeinsam geteilt, so dass es sozusagen nur ein Eigentum unter allen Brüdern gibt. Sie haben auch durch Abstimmung ernannte Direktoren, die ihre gemeinsamen Angelegenheiten verwalten. Diese haben keine anderen Interessen, sondern jeder widmet sich den Bedürfnissen aller. Sie besitzen keine einzige Stadt, sondern viele von ihnen wohnen in jeder Stadt , und wenn jemand aus ihrer Sekte von anderen Orten kommt, liegt ihnen offen, was sie haben, als ob es ihr eigenes wäre. Sie wechseln ihre Kleidungsstücke oder Sandalen erst, wenn sie vollständig in Stücke gerissen oder durch die Zeit abgenutzt sind. Sie kaufen oder verkaufen auch nichts untereinander, sondern jeder von ihnen gibt dem, der es will, und erhält dafür von ihm wiederum, was er will; und auch wenn es keine Gegenleistung gibt, steht es ihnen frei, sich zu nehmen, was sie wollen, von wem sie wollen.

[Nebenbemerkung: Jos. Jude. Krieg, II, 8:5] Und ihre Frömmigkeit gegenüber Gott ist sehr außergewöhnlich; denn vor Sonnenaufgang reden sie kein Wort über profane Dinge, sondern sprechen bestimmte überlieferte Gebete, als ob sie ihn um seine Auferstehung bitten würden. Danach wird jeder von seinen Direktoren weggeschickt, um sich mit einigen der Künste zu beschäftigen, in denen er bewandert ist und an denen er bis zur fünften Stunde mit großem Fleiß arbeitet; Danach versammeln sie sich wieder an einem Ort. Und wenn sie sich in leinene Decken gehüllt haben, baden sie ihre Körper in kaltem Wasser. Nachdem diese Reinigung vorüber ist , treffen sie sich in einer eigenen Wohnung, die keiner anderen Sekte betreten darf. Dann gehen sie zeremoniell rein in den Speisesaal, als ob in einen Tempel. Und wenn sie sich ruhig hingesetzt haben, legt der Bäcker Brote für sie auf, und ein Koch bringt auch einen einzelnen Teller mit einer Art Essen und stellt ihn jedem von ihnen vor. Und ein Priester spricht vor dem Essen ein Gebet. Es ist niemandem gestattet, das Essen vor dem Gebet zu probieren. Nachdem er gegessen hat , betet er erneut. Wenn sie beginnen und wenn sie enden , preisen sie Gott als den Geber der lebensnotwendigen Dinge. Danach legen sie ihre Gewänder ab, als wären sie heilig, und widmen sich wieder ihrer Arbeit bis zum Abend. Dann kehren sie nach Hause zurück, um auf die gleiche Weise zu essen, und wenn Fremde da sind , setzen sie sich zu ihnen. Es gibt nie Lärm oder Unruhe, die ihren Haushalt verunreinigen könnte, aber sie geben jedem die Erlaubnis, der Reihe nach zu sprechen. Das

Schweigen der Insassen erscheint Außenstehenden wie ein schreckliches Geheimnis.

[Nebenbemerkung: Jos. Jude. Krieg, II, 8:6] Sie tun nichts, außer in Übereinstimmung mit den Anweisungen ihrer Direktoren. Nur diese beiden Dinge werden unter ihnen getan, wie jeder es wünscht , nämlich den Bedürftigen zu helfen und Barmherzigkeit zu zeigen; aber sie können ihren Verwandten nicht ohne die Erlaubnis ihrer Direktoren helfen. Sie verteilen ihre Wut gerecht und zügeln ihre Leidenschaft. Sie zeichnen sich durch Treue aus und sind Verfechter des Friedens. Auch was sie sagen, ist mächtiger als ein Eid, aber das Schwören meiden sie, und sie halten es für schlimmer als einen Meineid, denn sie sagen, dass derjenige, dem nicht geglaubt werden kann, ohne bei Gott zu schwören, bereits verurteilt ist. Sie widmen auch dem Studium der Werke der Alten große Aufmerksamkeit und wählen daraus diejenigen Dinge aus, die für Seele und Körper nützlich sind. Außerdem suchen sie nach Wurzeln, die zur Heilung ihrer Krankheiten wirksam sein könnten, und erforschen die Eigenschaften von Steinen.

[Si bezeichnen: Jos. Jude. Krieg, II, 8:7] Einem, der ihrer Sekte beitreten möchte, wird die Aufnahme nicht sofort gewährt; aber ihm wird die gleiche Lebensweise vorgeschrieben, die sie ein Jahr lang anwenden, während er noch ausgeschlossen ist, und sie geben ihm ein kleines Beil, einen Gürtel und das weiße Gewand. Und wenn er in dieser Zeit den Beweis der Selbstbeherrschung erbracht hat, kommt er ihrer Lebensweise näher und darf das Wasser der Reinigung mit ihnen teilen. Allerdings darf er auch jetzt noch nicht bei ihnen leben, denn nach dieser Demonstration seiner Standhaftigkeit wird sein Charakter noch zwei Jahre lang auf die Probe gestellt, und wenn er sich als würdig erweist, nehmen sie ihn dann in die Gesellschaft auf. Aber bevor er ihr gemeinsames Essen anfassen darf, muss er ihnen schreckliche Eide schwören, dass er zuerst Frömmigkeit gegenüber Gott zeigen und dann Gerechtigkeit gegenüber den Menschen wahren und niemandem Schaden zufügen wird entweder freiwillig oder auf Befehl anderer, und dass er immer die Bösen hassen und den Gerechten helfen wird, und dass er allen Menschen Treue zeigen wird, besonders denen, die Autorität haben, dass er ein Liebhaber der Wahrheit sein und denunzieren wird denen, die lügen, und dass er seine Hände vor Diebstahl und seine Seele vor unrechtmäßigem Gewinn bewahren wird. Darüber hinaus schwört er, ihre Lehren niemand anderem mitzuteilen, als er sie selbst empfangen hat, und dass er sich des Raubes enthalten wird und dass er die Bücher ihrer Sekte und die Namen der Engel treu bewahren wird.

[Nebenbemerkung: Jos. Jude. Krieg, II, 8:8a, 9a-c] Diejenigen, die in abscheulichen Sünden gefangen sind, verstoßen sie aus ihrer Gesellschaft; und wer auf diese Weise vertrieben wird, stirbt oft elend. Und in den Urteilen , die sie fällen, sind sie äußerst anspruchsvoll und gerecht, und sie fällen ihre

Urteile auch nicht mit den Stimmen eines Gerichts mit weniger als hundert Mitgliedern, und was von ihnen entschieden wird, ist unabänderlich. Was sie nach Gott selbst am meisten ehren, ist der Name ihres Gesetzgebers [Moses], den, wenn jemand lästert, mit dem Tod bestraft wird. Sie halten es auch für eine gute Sache, den Älteren und der Mehrheit zu gehorchen. Sie sind strenger als alle anderen Juden, wenn es darum geht, sich am siebten Tag von ihrer Arbeit auszuruhen, denn sie bereiten ihr Essen nicht nur am Vortag zu, damit sie an diesem Tag nicht gezwungen sind, ein Feuer anzuzünden, sondern sie werden es auch nicht wagen Bewegen Sie ein Schiff von seinem Platz.

[Nebenbemerkung: Jos. Jude. War, II, 8:10b, c, 11b] Sie sind auch langlebig, so dass die meisten von ihnen aufgrund der Einfachheit ihrer Ernährung und aufgrund ihres regelmäßigen Lebenswandels über hundert Jahre alt werden. Sie verachten das Elend des Lebens und stehen aufgrund ihrer edlen Gedanken über dem Schmerz. Und was den Tod betrifft, wenn er mit Herrlichkeit einhergeht, halten sie ihn für besser als Unsterblichkeit. Sie glauben auch, wie die Griechen, dass die Guten ihren Wohnsitz jenseits des Ozeans haben, in einer Region, die nie von Regen-, Schnee- oder Hitzestürmen heimgesucht wird und dass dieser Ort durch den sanften Atem des Westwinds erfrischt wird das ständig vom Meer her weht; während sie den Bösen eine dunkle und kalte Höhle zuweisen, die niemals frei von unaufhörlicher Strafe ist.

[Si bezeichnen: Jos. Jude. Krieg, II, 8:12] Es gibt auch diejenigen unter ihnen, die es unternehmen, zukünftige Dinge vorherzusagen, indem sie die heiligen Bücher lesen, verschiedene Formen der Reinigung anwenden und sich ständig mit den Reden der Propheten vertraut machen; und es kommt nur selten vor, dass sie mit ihren Vorhersagen scheitern.

I. Einflüsse, die zur Entstehung der jüdischen Parteien führten. Die Makkabäerzeit war Zeuge der Geburt der großen Parteien, die fortan das Judentum auszeichneten. Sie stellten die Kristallisation der verschiedenen Denkströmungen dar, die in der griechischen Zeit und noch früher erkennbar waren. Diese unterschiedlichen Standpunkte waren zum Teil das Ergebnis des demokratischen Geistes, der das Leben Israels schon immer geprägt hat. Im auffallenden Gegensatz zwischen den Idealisten und den Legalisten und den Praktikern lässt sich auch der starke Einfluss erkennen, den die Propheten auf das Denken ihrer Nation ausgeübt hatten. In der griechischen Zeit waren der Chronist und einige Psalmisten mit ihrer intensiven Hingabe an den Tempel und seine Dienste unter praktischer Ausgrenzung aller anderen Interessen die Vorläufer der späteren Pharisäer. Ben Sira war mit seiner herzlichen Wertschätzung der guten Dinge des Lebens, mit seiner Hingabe an die Schriften seiner Rasse, mit seinem offensichtlichen Scheitern, die neue Doktrin der individuellen

Unsterblichkeit zu akzeptieren, und mit seiner großen Bewunderung für die Hohepriester ein früherer Art der besseren Klasse der Sadduzäer. Die Verfolgungen des Antiochus Epiphanes entwickelten diese Parteien. Wie bereits erwähnt, waren die Chassidener , die Judas im Kampf um die Wiederherstellung des Gesetzes und des Tempeldienstes folgten, die unmittelbaren Vorgänger der frühen Pharisäer. Das Wort „Pharisäer" bedeutet Separatisten und wird erstmals in den Tagen Jonathans verwendet (Jos. *Ant*. III 5:9). Im gleichen Zusammenhang bezieht sich Josephus auf die Sadduzäer. Der Name dieser zweiten Partei leitet sich wahrscheinlich nicht vom hebräischen Wort sadik ab , was „gerecht" bedeutet, sondern von Zadok (später geschrieben „Sadok " oder „Sadduk"), der von Salomo mit der Leitung des Jerusalemer Tempels beauftragt wurde. Es handelte sich also um die Bezeichnung der aristokratischen, hochpriesterlichen Partei. In der persischen und griechischen Zeit hatten die Hohepriester den judäischen Staat ohne Widerstand regiert. Es war der Aufstieg der Partei der Pharisäer, der offenbar die Partei der Sadduzäer entwickelte. Zu dieser Partei gehörten die erblichen Adligen, die die makkabäischen Führer unterstützten und mit ihnen sympathisierten. Die Essener stellen offenbar eine Reaktion gegen die vorherrschende moralische Korruption dar. In vielerlei Hinsicht waren sie einfach extreme Pharisäer. Sie waren Eiferer in der Religion, genauso wie die spätere Partei der Zeloten Extremisten in ihrem Hass auf Rom und in den Methoden war, die sie zur Erreichung ihrer Ziele anzuwenden bereit war.

II. Charakter und Glauben der Pharisäer. Ursprünglich waren die Pharisäer keine politische, sondern eine religiöse Partei. Der Widerstand der Sadduzäer führte mit der Zeit dazu, dass sie in das öffentliche Leben eintraten. In der Politik waren sie Konservative. Sie hatten wenig Verständnis für das Streben der Bevölkerung nach politischer Unabhängigkeit und betrachteten wahrscheinlich die Tendenz zur nationalen Expansion mit Besorgnis. Bündnisse mit den heidnischen Nationen schienen ihnen eine Illoyalität gegenüber Jehova zu sein. Im Glauben waren sie fortschrittlich. Sie standen zwar klar auf dem alten Gesetz, erkannten jedoch die Bedeutung seiner Auslegung, um den vielen Fragen gerecht zu werden, die im öffentlichen und privaten Leben aufkamen. Dieser großen und praktisch endlosen Aufgabe widmeten sie einen Großteil ihrer Zeit. Sie erkannten damit die Tatsache, dass sich das israelische Recht noch in der Entwicklung befand. Ihren späteren Gesetzesauslegungen maßen sie große Autorität zu. Eine ihrer Maximen lautete: „Es ist ein schlimmeres Vergehen, Dinge zu lehren, die im Widerspruch zu den Geboten der Schriftgelehrten stehen, als Dinge zu lehren, die im Widerspruch zum geschriebenen Gesetz stehen." Natürlich führte ihr Versuch, jedes einzelne Problem durch eindeutige Vorschriften vorwegzunehmen, zu absurden Extremen und verdunkelte mit der Zeit die wahre Absicht der älteren Gesetze, aber der Geist, der sie in Gang setzte, war fortschrittlich. Sie zögerten auch nicht, den wachsenden Volksglauben an

Engel und Geister zu akzeptieren. Wie die früheren Propheten erkannten sie die Gegenwart Jehovas, der das Leben der Nation und des Einzelnen lenkte. Sie akzeptierten den neugeborenen Glauben an die Unsterblichkeit des Einzelnen, klammerten sich jedoch an die Hoffnung auf eine körperliche Auferstehung. Sie hielten auch an den populären messianischen Hoffnungen fest, die während der Makkabäer- und Römerzeit immer stärker in den Vordergrund traten.

Die Pharisäer waren die demokratischste Partei im Judentum. Während sie für ihre eigenen Mitglieder auf einem äußerst strengen zeremoniellen Regime bestanden, erlaubten sie dem einfachen Volk, sich als Partner mit ihnen zu verbünden. Indem sie die Hoffnungen des Volkes akzeptierten und sich bemühten, das israelische Gesetz an das Leben der Nation anzupassen und so eine Grundlage für die Verwirklichung der Hoffnungen Israels zu schaffen, appellierten sie an die Massen und übten auf sie einen mächtigen Einfluss aus. Josephus behauptet, dass der Einfluss der Pharisäer auf das Volk so groß war, dass die Sadduzäer, um ihre Politik durchzusetzen, zumindest nominell gezwungen waren, die Plattform ihrer Rivalen zu übernehmen. Die Pharisäer waren auch eifrig in der Belehrung des Volkes und hielten so engen Kontakt zu den Massen. Sie galten daher als die wahren Vertreter des Judentums. Ihre Prinzipien haben überlebt und sind immer noch die Grundlagen des orthodoxen Judentums.

III. Charakter und Glauben der Sadduzäer. Im Vergleich zu den Pharisäern gab es nur wenige Sadduzäer. Sie repräsentierten einerseits die alte Priesteraristokratie und andererseits den neuen Adel, der sich um die makkabäischen Führer scharte. Ihre Autorität war von ihrem Reichtum, ihrem ererbten Ansehen und der Unterstützung des Throns abhängig. Sie waren in Wirklichkeit eher eine politische als eine religiöse Partei. In der Politik waren sie Progressive und Opportunisten. Jede Politik, die versprach, ihre individuellen oder Klasseninteressen zu fördern, war für sie akzeptabel. Wie es bei Parteien üblich ist, die Reichtum und erbliche Macht repräsentieren, waren sie ihrer Überzeugung nach konservativ. Sie standen voll und ganz auf den früheren Schriften ihrer Rasse und hatten kein Verständnis für die späteren pharisäischen Interpretationen und Lehren. Ob sie, wie Josephus behauptet, das Schicksal, also die Vorsehung der menschlichen Angelegenheiten, völlig ablehnten, ist nicht klar. Wahrscheinlich wichen sie in diesem Glauben nicht von den früheren Lehren der Priester und Propheten ab. Ihre selbstsüchtigen und oft skrupellosen Handlungen legen eine Grundlage für Josephus' Anspruch nahe, auch wenn seine feindselige Haltung ihnen gegenüber berücksichtigt werden muss. Obwohl sie theoretisch konservativ waren, gehörten die Sadduzäer zu allen Schichten des Judentums, die am offensten für griechischen und heidnischen

Einfluss waren, denn ausländische Bündnisse und die hellenische Kultur boten Möglichkeiten für Aufstieg und Macht.

IV. Charakter und Überzeugungen der Essener. Weniger wichtig, aber umso interessanter sind die Essener. Sie waren eher eine Sekte oder ein Mönchsorden als eine politische oder religiöse Partei. Josephus, der behauptet, eine Zeit lang mit ihnen verbunden gewesen zu sein, hat einen ausführlichen Bericht über ihre besonderen Bräuche gegeben. Sie stellten offenbar eine starke Reaktion gegen die vorherrschende Korruption und eine Rückkehr zum einfachen Leben dar. Ihr Geist der Demut, Brüderlichkeit und praktischen Nächstenliebe steht in deutlichem Gegensatz zu den Zielen der Sadduzäer und der späteren makkabäischen Herrscher. In ihrem Glauben waren sie Idealisten. Ihre Anrufung der Sonne, ihre extreme Betonung der zeremoniellen Reinheit, ihre Tendenz zum Zölibat und ihre Unterscheidung zwischen Seele und Körper deuten alle auf den indirekten, wenn nicht direkten Einfluss der pythagoräischen Philosophie hin. Wenn die Essener lediglich eine extreme Form des Pharisäertums darstellten , war die besondere Form seiner Entwicklung zweifellos auf die griechische Atmosphäre zurückzuführen, in der es blühte. Die Essener scheinen keinen direkten Einfluss auf die Politik ihrer Zeit gehabt zu haben. Sie stellten eine Strömung abseits der Hauptströmung des Judentums dar und konnten dennoch nicht umhin, einen indirekten Einfluss auszuüben. Viele ihrer Ideale und Lehren waren den Lehren von Johannes dem Täufer und Jesus sehr ähnlich. Dennoch besteht ein grundlegender Unterschied zwischen dem Essenismus und dem Urchristentum, denn der eine strebte nach Vollkommenheit abseits des Lebens, der andere in engstem Kontakt mit den Strömungen des menschlichen Denkens und Handelns. Laut Josephus zählte die Gruppe der Essener einst viertausend Menschen, doch wie alle asketischen Bewegungen verschwand sie bald oder wurde in den größeren Strom des Mönchtums abgelenkt, der in den frühen christlichen Jahrhunderten aufkam.

Abschnitt CXV. DAS LEBEN UND DER GLAUBE DER JUDEN DER DISPERSION

[Randbemerkung: Jos. Ant. XII, 3:1a] Die Juden erlangten Ehre von den Königen Asiens, als sie ihre Hilfstruppen wurden; Denn Seleukus Nikator machte sie zu Bürgern der Städte, die er in Asien und in Untersyrien und in Antiochia, der Metropole, errichtete, und gewährte ihnen Privilegien, die denen der Mazedonier und Griechen, die dort lebten, gleichkamen.

[Si bezeichnen: Jos. Jude. Krieg, VII, 3:3a] Denn die jüdische Rasse ist unter den Bewohnern der ganzen Welt weit verstreut; und vor allem war es wegen der Nähe dieses Landes mit der Bevölkerung Syriens vermischt. Vor allem in Antiochia gab es aufgrund der Größe der Stadt eine große Anzahl. Dort gaben die Könige, die Antiochus folgten, den Juden einen Ort, an dem sie in ungestörter Sicherheit leben konnten; Denn obwohl Antiochus, der Epiphanes genannt wurde, Jerusalem verwüstete und den Tempel plünderte, gaben die Könige, die ihm folgten, alle Messinggeschenke zurück, die den Juden von Antiochia gemacht worden waren, und weihten sie ihrer Synagoge.

[Nebenbemerkung: Jos. Jude. Krieg, VII, 3:3b] Auch die nachfolgenden Könige behandelten sie auf die gleiche Weise, so dass sie sehr zahlreich wurden und ihren Tempel mit Schmuck und unter großem Aufwand mit den Dingen schmückten, die ihnen gegeben worden waren. Sie zogen auch weiterhin viele Griechen für ihre Dienste an und machten sie gewissermaßen zu einem Teil ihrer selbst.

[Nebenbemerkung: Jos. Jude. Krieg, VII, 10:2d-3e] Nun floh Onias , der Sohn von Simon, einem der jüdischen Hohepriester, vor Antiochus [Epiphanes], dem König von Syrien, als dieser Krieg mit den Juden führte, und kam nach Alexandria. Und nachdem Ptolemaios [Philometor] ihn wegen seines Hasses auf Antiochus sehr freundlich aufgenommen hatte, versicherte ihm Onias , dass er alle Juden zu seiner Hilfe heranziehen würde, wenn er seinem Vorschlag nachkommen würde. Als der König nun bereit war, alles zu tun, was er konnte, bat Onias ihn, ihm die Erlaubnis zu geben, irgendwo in Ägypten einen Tempel zu bauen und Gott gemäß den Bräuchen seines eigenen Volkes anzubeten. Also kam Ptolemaios seinen Vorschlägen nach und gab ihnen einen Ort etwa zwanzig Meilen von Memphis entfernt. Diese Provinz wurde Provinz Heliopolis genannt. Dort baute Onias eine Festung und einen Tempel wie in Jerusalem, nur dass er einem Turm ähnelte. Er baute ihn aus großen Steinen mit einer Höhe von sechzig Ellen, aber die Struktur des Altars ahmte er die Struktur seines eigenen Landes nach. Ebenso schmückte er es mit Geschenken, machte aber keinen Leuchter, sondern ließ eine einzelne Lampe aus einem geschlagenen Stück Gold hämmern, die den Ort mit ihren Strahlen erhellte und die er an einer goldenen Kette aufhängte. Der gesamte Tempel war von einer Mauer aus gebrannten Ziegeln umgeben, obwohl er über ein Tor aus Stein verfügte. Der König gab ihm auch ein großes Gebiet gegen eine Geldeinnahme, damit sowohl die Priester reichlich für sich selbst sorgen könnten als auch Gott im Überfluss an den Dingen hätte, die er für seinen Gottesdienst brauchte.

[Randbemerkung: Jos. Ant. XIII, 10:4] Nun, in den Tagen des Johannes Hyrkanos erfreuten sich nicht nur die Juden in Jerusalem und Judäa Wohlstand, sondern auch diejenigen, die in Alexandria in Ägypten und Zypern lebten. Denn die Königin Kleopatra war mit ihrem Sohn Ptolemaios, der Lathyrus genannt wird, uneinig und ernannte zu ihren Feldherren Chelcias und Ananias, den Sohn des Onias , der in der Provinz Heliopolis einen Tempel ähnlich dem in Jerusalem baute. Kleopatra vertraute diesen Männern ihre Armee an und tat nichts ohne ihren Rat. Strabo von Cap

Padocia bezeugt auch, dass nur diejenigen, die Onias' Partei genannt wurden und Juden waren, Kleopatra weiterhin treu blieben, weil ihre Landsleute, Chelcias und Ananias, bei der Königin in höchster Gunst standen.

[Randbemerkung: Wisd . von Sol. 6:12-16]
Die Weisheit ist strahlend und vergeht nicht, und sie ist leicht zu sehen von denen, die sie lieben, und wird von denen gefunden, die sie suchen. Sie kommt denen voraus, die sie begehren, und macht sich zuerst zu erkennen. Wer sie eifrig sucht wird keine Mühe haben, denn er wird sie vor seinen Toren sitzend finden. Denn an sie zu denken bringt vollkommene Weisheit, und wer um ihretwillen wach liegt, wird schnell frei von Sorgen sein. Denn sie selbst geht umher und sucht diejenigen, die ihrer würdig sind Und auf ihren Wegen erscheint sie ihnen gnädig, und in jedem Anliegen begegnet sie ihnen.

[Randbemerkung: Wisd . von Sol. 7:25-8:1, 7]
Denn sie ist der Hauch der Kraft Gottes und ein klarer Ausfluss der Herrlichkeit des Allmächtigen. Darum kann nichts Beflecktes in sie eindringen. Denn sie ist ein Abglanz des ewigen Lichts ein makelloser Spiegel des Wirkens Gottes und ein Abbild seiner Güte. Und obwohl sie nur eine ist, hat sie die Macht, alles zu tun; und wenn sie dieselbe bleibt, erneuert sie alles, und von Generation zu Generation geht sie in heilige Seelen über macht sie zu Freunden Gottes und Propheten. Denn Gott liebt nichts außer dem, der in Weisheit wohnt. Denn sie ist schöner als die Sonne und übertrifft alle Ordnung der Sterne. Im Vergleich zum Licht ist sie diesem überlegen. Denn Die Nacht folgt auf das Licht des Tages, aber das Böse siegt nicht über die Weisheit. Aber sie reicht von einem Ende der Welt bis zum anderen, und sie lenkt alle Dinge gnädig. Die Früchte ihrer Arbeit sind Tugenden; denn sie lehrt Mäßigung und gesunden Menschenverstand ,Gerechtigkeit und Standhaftigkeit,Und nichts im Leben ist für die Menschen gewinnbringender als diese.

[Randbemerkung: Wisd . von Sol. 1:1-8]
Liebt die Gerechtigkeit, ihr Herrscher der Erde, denkt aufrichtig an den Herrn und sucht ihn mit reinem Herzen. Denn er wird von denen gefunden, die ihn nicht versuchen,
und offenbart sich denen, die es nicht tun misstraue ihm. Denn perverse Gedanken, die von Gott getrennt sind, und seine Macht, wenn sie auf die Probe gestellt wird, überführt die Narren; denn Weisheit wird nicht in eine Seele eindringen, die Böses ersinnt, noch in einem Körper wohnen, der der Sünde verpflichtet ist. Für einen heiligen Geist welche Disziplinen vor Täuschung fliehen und vor sinnlosen Gedanken aufschrecken und sich abschrecken, wenn Ungerechtigkeit hereinbricht. Denn Weisheit ist ein Geist, der den Menschen liebt, und sie wird einen Lästerer nicht für seine Worte freisprechen, denn Gott ist der Zeuge davon seine innersten Gefühle

und ein wahrer Aufseher seines Herzens und ein Hörer seiner Zunge. Denn der Geist des Herrn hat die Welt erfüllt, und das, was alle Dinge zusammenhält, kennt jede Stimme.
Darum kann niemand verborgen bleiben, der Unrecht redet, und die Gerechtigkeit, wenn sie verurteilt, wird an ihm nicht vorbeigehen.

[Randbemerkung: Wisd . von Sol. 1:12-15]
Sucht nicht den Tod, indem ihr ein irrendes Leben führt, und stürzt euch nicht durch die Taten eurer Hände ins Verderben. Denn Gott hat den Tod nicht geschaffen, und er hat kein Gefallen daran, wenn die Lebenden umkommen; denn er hat erschaffen alle Dinge, damit sie existieren könnten, und die geschaffenen Dinge der Welt sind nicht verderblich. Und es ist kein zerstörerisches Gift in ihnen, noch hat der Hades Herrschaft über die Erde,
denn Gerechtigkeit ist unsterblich.

[Randbemerkung: Wisd . von Sol. 2:23-3:1]
Denn Gott schuf den Menschen zur Unverweslichkeit und machte ihn zum Abbild seiner eigenen Natur; aber durch den Neid des Teufels kam der Tod in die Welt, und diejenigen, die zu ihm gehören, erleben ihn. Aber die Die Seelen der Gerechten sind in der Hand Gottes, und keine Qual kann sie berühren.

[Randbemerkung: Wisd . von Sol. 5:15, 16]
Die Gerechten aber leben in Ewigkeit, und im Herrn ist ihr Lohn und die Fürsorge für sie beim Höchsten .
Deshalb werden sie das herrliche Königreich und das Diadem der Schönheit aus der Hand des Herrn empfangen; denn er wird sie mit seiner rechten Hand bedecken
und mit seinem Arm wird er sie beschützen.

[Randbemerkung: Wisd . von Sol. 11:21-12:2]
Denn du, o Herr, liebst alles, was ist,
und du verabscheust nichts von dem, was du gemacht hast, denn du hättest nie etwas geformt, was du hasst.
Und wie hätte etwas Bestand haben können, wenn du es nicht gewollt hättest? Oder wie hätte das, was nicht von dir ins Leben gerufen wurde, erhalten bleiben können? Aber du verschonst alle Dinge, weil sie dir gehören, o souveräner Herr, du Liebhaber des menschlichen Lebens Denn dein unvergänglicher Geist ist in allen Dingen. Deshalb überführst du die Gefallenen nach und nach,
und indem du sie an die Dinge erinnerst, in denen sie sündigen, warnst du sie, damit sie, befreit von der Bosheit, an dich, o Herr, glauben können.

[Randbemerkung: Wisd . von Sol. 15:1-3]
Aber du, unser Gott, bist gnädig und wahrhaftig, du bist langmütig und

lenkst in Barmherzigkeit alles. Denn selbst wenn wir sündigen, sind wir dein, denn wir kennen deine Macht. Aber wir werden nicht sündigen, indem wir wissen dass wir zu den Deinen gezählt wurden; denn dich zu kennen ist vollkommene Gerechtigkeit,
und deine Macht zu kennen ist die Wurzel der Unsterblichkeit.

I. Lebensbedingungen der Juden in Antiochia und Kleinasien. Seleukus Nikanor, der 311 v. Chr. wie Alexander die Stadt Antiochia gründete, gewährte den jüdischen Kolonien, die er auf diese Weise hierher locken wollte, viele Privilegien. Sie besaßen nicht nur das Bürgerrecht, sondern lebten auch in einem eigenen Viertel. Ihre Synagoge war einer der architektonischen Glanzstücke der Stadt. Dort betrieben sie Handel und wurden zweifellos reich, wobei sie weitgehend das Aussehen dieser opulenten hellenischen Stadt annahmen. Später wurde die jüdische Kolonie durch die Abtrünnigen vergrößert, die aus Judäa flohen, als die makkabäischen Herrscher die Vorherrschaft erlangten. Die korrupte und materialistische Atmosphäre Antiochias erklärt zweifellos, warum seine jüdischen Bürger offenbar wenig zur Entwicklung des Denkens und Glaubens des späteren Judentums beigetragen haben. Ähnliche Kolonien wurden überall in den großen Handelsstädten Kleinasiens gefunden. In vielen dieser Städte – zum Beispiel in Tarsus – genossen sie offenbar die gleichen Privilegien wie diejenigen in Antiochia.

II. Die Juden in Ägypten. Das wichtigste intellektuelle und religiöse Zentrum der Juden der Zerstreuung befand sich jedoch in Alexandria. Es ist wahrscheinlich, dass in der zweiten Hälfte der Makkabäerzeit in Ägypten eine Million Juden lebten. Industrie und Handel hatten viele von ihnen zu großem Reichtum gemacht und ihnen die Muße gegeben, nicht nur ihre eigenen Schriften, sondern auch die Literatur der Griechen zu studieren. Der überwiegend freundliche Umgang der ptolemäischen Herrscher mit den Juden führte natürlich dazu, dass sie eine positivere Haltung gegenüber der griechischen Kultur einnahmen. Alexandria selbst war Schauplatz einer intensiven intellektuellen Aktivität. Angezogen von der Großzügigkeit der Ptolemäer und den Möglichkeiten, die ihre große Bibliothek bot, fanden viele der berühmtesten griechischen Philosophen und Rhetoriker ihrer Zeit in der ägyptischen Hauptstadt ihr Zuhause. Öffentliche Vorträge, offene Diskussionen und umfangreiche Literatur waren nur einige der vielen Ausdrucksformen dieses Geisteslebens. Daher trafen hebräisches und griechisches Denken in Alexandria auf höchster Ebene aufeinander und vermischten sich am engsten.

III. Der jüdische Tempel in Leontopolis . Nach der Ermordung seines Vaters Onias III. in der Nähe von Antiochia, wohin er vor den Verfolgungen des Antiochos Epiphanes geflohen war, suchte Onias IV. Zuflucht in Ägypten. Hier wurde er als rechtmäßiges Oberhaupt des jüdischen Hohepriestertums von Ptolemaios positiv aufgenommen und erhielt Gebiete im Nildelta nördlich von Memphis, um dort einen Tempel für Jehova zu errichten. Angesichts der jüngsten Entdeckungen in Elephantine ist es offensichtlich, dass dieser Schritt nicht ohne Präzedenzfall war (Abschnitt XCI:vii). Das Ziel von Ptolemäus bestand darin, seinen jüdischen Untertanen zu gefallen und andere in das Land am Nil zu locken. Josephus' Aussage in *Der Jüdische Krieg* , VII, 10:4 lässt den Schluss zu, dass der Tempel zweihundertdreiundvierzig Jahre (nicht 343) vor seiner endgültigen Zerstörung im Jahr 73 n. Chr., also im Jahr 170 v. Chr., erbaut wurde. Auf jeden Fall war dies der Fall vermutlich zwischen 170 und 160 v. Chr. erbaut, zu einer Zeit, als die Verfolgungen des Antiochus Epiphanes Pilgerfahrten zum Jerusalemer Tempel unmöglich machten und dessen Fortbestand bedrohten. Aus dem Plan des Leontopolis- Tempels geht hervor, dass er nicht als Rivale zum Jerusalemer Heiligtum gedacht war, sondern vielmehr als gemeinsamer Treffpunkt für die ägyptischen Juden und als Verteidigungsort im Falle eines Angriffs. Es konkurrierte nie ernsthaft mit dem Jerusalemer Heiligtum, obwohl es später von den Juden Palästinas mit Eifersucht betrachtet wurde.

IV. Übersetzung der Hebräischen Schriften ins Griechische. Weitaus bedeutender als der Bau des Leontopolis- Tempels war die Übersetzung der Hebräischen Schriften ins Griechische. Die von Josephus bewahrte Überlieferung, dass die Übersetzung in zweiundsiebzig Tagen von zweiundsiebzig Gelehrten angefertigt wurde, die von Eleasar, dem Hohepriester, auf Wunsch von Ptolemaios aus Jerusalem geschickt worden waren, ist eindeutig unhistorisch. Die Unmöglichkeit, eine so große Aufgabe in dieser begrenzten Zeit zu bewältigen, liegt auf der Hand. Darüber hinaus deutet der Charakter der Übersetzung darauf hin, dass es sich nicht um das Werk palästinensischer, sondern um alexandrinische Juden handelte, die mit dem besonderen Griechisch Ägyptens und der Länder der Zerstreuung vertraut waren. Es war auch nicht die Arbeit einer, sondern vieler verschiedener Gruppen von Übersetzern, wie die unterschiedlichen Synonyme zeigen, die in verschiedenen Büchern verwendet wurden, um dieselben hebräischen Wörter und Redewendungen zu übersetzen. Bei mehreren Büchern ist die Arbeit von zwei oder mehr verschiedenen Übersetzern leicht zu erkennen. Auch die Qualität der Übersetzung variiert je nach Buch stark. Es ist wahrscheinlich, dass die einzige historische Tatsache, die der Überlieferung zugrunde liegt, darin besteht, dass die Übersetzungsarbeit in den Tagen von Ptolemaios Philadelphos begonnen wurde, der möglicherweise seine jüdischen Untertanen in ihrem Unterfangen ermutigte. Aufgrund der Art der Übersetzungen und der Art der Situation ist es wahrscheinlich, dass die ersten Bücher, die übersetzt wurden, bestimmte historische Schriften waren, wie die Samuel-Könige und die Gesetzesbücher. Die restlichen Bücher wurden wahrscheinlich bis zum Ende des folgenden

Jahrhunderts (zwischen 250 und 150 v. Chr.) übersetzt, denn der Enkel von Ben Sira deutet in seinem Prolog an, dass er mit dem Gesetz, den Propheten und den anderen Schriften in ihrer griechischen Fassung vertraut war .

Das Hauptziel dieser griechischen Übersetzung bestand darin, die hebräischen Schriften selbst in die Hände ihrer griechischen Verfolger zu legen, als bestmögliche Antwort auf ihre falschen und böswilligen Anschuldigungen. Ein Beweis für diese apologetische Absicht ist die Tatsache, dass eklatante Widersprüche und Ausdrücke, in denen Jehova in der Gestalt eines Menschen beschrieben wird, meist weggelassen wurden. Wo der hebräische Text fehlerhaft war, stellten die Übersetzer die ihrer Meinung nach ursprüngliche Bedeutung wieder her oder paraphrasierten sie frei. Mit der Zeit gewann die Übersetzung jedoch eine neue Bedeutung, denn die Juden Ägyptens begannen bald, die Sprache ihrer Väter zu vergessen und waren daher für die Kenntnis ihrer Schriften zunehmend auf die griechische Übersetzung angewiesen. Am Ende verdrängte es die ursprüngliche hebräische Version fast vollständig, nicht nur in den Ländern der Zerstreuung, sondern sogar in Palästina selbst. Ein großer Teil der Zitate aus dem Alten Testament im Neuen Testament stammt eher aus dem griechischen als aus dem hebräischen Text. Obwohl es sich nur um eine Übersetzung handelt, ist die griechische Version oder Septuaginta (die Version der Siebziger), wie sie im Volksmund genannt wird, immer noch von großem Wert für den modernen Übersetzer, da sie auf hebräischen Texten basiert, die Jahrhunderte älter sind als alle anderen existiert jetzt. An vielen Stellen, insbesondere in den historischen prophetischen Büchern, ermöglicht es die Wiederherstellung der ursprünglichen Lesart dort, wo das Hebräische im langen Prozess der Überlieferung korrupt geworden ist.

V. Apologetische jüdische Schriften. In den Jahrhunderten unmittelbar vor der christlichen Ära waren die Juden der Zerstreuung und insbesondere Ägyptens Gegenstand ständiger Angriffe. Manetho, ein ägyptischer Priester, schrieb eine Geschichte, die den Ursprung und die frühen Erfahrungen der Juden darlegen sollte. Teile davon sind erhalten geblieben und offenbaren den bitteren und ungerechten Geist, mit dem diese Rasse von den damaligen griechischen und ägyptischen Gelehrten betrachtet wurde. Um sich gegen diese Angriffe zu verteidigen, übersetzten die Juden nicht nur ihre Schriften, sondern verwendeten auch viele verschiedene Schrifttypen. Ein gewisser Jude namens Demetrius schrieb um 215 v. Chr. eine lobende Geschichte der jüdischen Könige. Aristobulos , der Lehrer von Ptolemaios Philometor , schrieb eine „Erklärung der mosaischen Gesetze“, in der er in vielerlei Hinsicht die moderne Interpretation der frühen Überlieferungen vorwegnahm, die in den ersten Büchern des Alten Testaments zu finden waren. Wie alle alexandrinischen Gelehrten schoss er jedoch unter dem Einfluss der allegorischen oder symbolischen Interpretationsart über das Ziel hinaus. Andere jüdische Schriftsteller wandten sich an die älteren griechischen Historiker und Dichter. Sie übernahmen die prinzipienlosen Methoden ihrer Verfolger und erweiterten die ursprünglichen Schriften von Historikern wie Hekataios , der sich lobend über die Juden geäußert hatte. Sie gingen sogar so weit, lange Passagen in die Schriften berühmter griechischer Dichter wie Orpheus, Hesiod, Aischylos, Sophokles und Menander einzufügen, um sie so zu glühenden Verfechtern der verfolgten Rasse zu machen. Der Höhepunkt dieser illegitimen Form der Verteidigung war die Einfügung einer langen Passage in die berühmten Sibyllinischen Bücher (III), die den Ruhm der jüdischen Rasse beschrieb und die Hoffnungen zum Ausdruck brachte, mit denen sie in die Zukunft blickten. In dieser Atmosphäre und unter dem Einfluss dieser Methoden entstand im antiken Alexandria der antisemitische Geist. Von dort wurde es als bösartiges Erbe an die christliche Kirche weitergegeben.

VI. Die Weisheit Salomos. Das edelste literarische Produkt der Juden der Zerstreuung war das apokryphe Buch, bekannt als die Weisheit Salomos. Es wurde so genannt, weil der Autor den Standpunkt Salomos vertrat. Dabei wollte er seine Zeitgenossen nicht täuschen, sondern folgte vielmehr der allgemeinen Tendenz seiner Zeit. Obwohl das Buch viele charakteristische hebräische Redewendungen aufweist, die auf seinen jüdischen Autor zurückzuführen sind, wurde es ursprünglich zweifellos auf Griechisch verfasst. Sein Autor war offensichtlich mit den Schriften vieler griechischer Dichter und Philosophen vertraut. Er akzeptierte Platons Lehre von der Präexistenz der Seele (8:19, 20), von den Grenzen des Körpers (9:15) und von der Erschaffung der Welt aus formloser Materie (11:17). Er wurde insbesondere vom Glauben der Epikureer und Stoiker beeinflusst. Er war mit der hellenischen Kunst, Astronomie und Wissenschaft vertraut (7:17-29) und zeigt durchweg den Einfluss griechischer Denkmethoden. Seine Ablehnung der Lehren des Buches Prediger, seine umfassende Gelehrsamkeit und seine Vorstellung von Unsterblichkeit weisen darauf hin, dass er einige Zeit nach Beginn des Makkabäerkampfes lebte . Sein Hinweis in 3:1-4 bezieht sich wahrscheinlich auf die Verfolgungen, denen die Juden Ägyptens während der Herrschaft von Ptolemaios Psykon (140–117 v. Chr.) ausgesetzt waren. Andererseits ist das Buch eindeutig älter als die Schriften des jüdischen Philosophen Philo, der in der zweiten Hälfte des ersten Jahrhunderts v. Chr. lebte. Die Weisheit Salomos könnte daher irgendwo zwischen 100 und 50 v. Chr. datiert werden

VII. Seine wichtigen Lehren. Der Autor der Weisheit Salomos wollte erstens den Heiden den Glauben Israels empfehlen, indem er zeigte, dass er im Wesentlichen mit den edelsten Lehren der griechischen Philosophen übereinstimmte, und zweitens den Juden der Zerstreuung, die damit vertraut waren, etwas vermitteln Hellenisches Denken und dennoch Ausbildung in der Religion ihrer Rasse, eine Arbeitsgrundlage für ihr Denken und Handeln. Von Anfang an schien es von den Juden außerhalb Palästinas hoch geschätzt worden zu sein , obwohl es nie einen Platz im palästinensischen Kanon fand. Wie die meisten Weisheitsbücher beschreibt es ausführlich die Schönheit und den Wert der Weisheit. Die Figur der Sprüche 8 und 9 wird unter dem Einfluss der griechischen Tendenz zur Personifizierung abstrakter Qualitäten noch weiterentwickelt. Für den Autor ist Weisheit jedoch lediglich eine Eigenschaft der Gottheit, die er mit den Menschen gemeinsam hat. Das Buch ist in zweierlei Hinsicht einzigartig: (1) Es enthält die frühesten Hinweise in der jüdischen Literatur auf einen persönlichen Teufel und identifiziert ihn mit der Schlange, die die Frau im Garten verführte (2,24, vgl. Gen. 3). An anderer Stelle jedoch , führt der Autor Sünde und Böses auf die freiwilligen Handlungen der Menschen zurück (z. B. 1:16). (2) Es lehrt die Unsterblichkeit der Gerechtigkeit und damit implizit die Unsterblichkeit des Einzelnen. „Gott hat den Menschen zur Unvergänglichkeit geschaffen" und „die Seelen der Gerechten sind in seiner Hand." Die hier vorgestellte Lehre ist ethischer und spiritueller Natur und nicht der Glaube an eine körperliche Auferstehung, der bereits im zwölften Kapitel von Daniel formuliert wurde. Es lehrt auch, dass sowohl die Guten als auch die Bösen entsprechend ihren Taten belohnt werden. Seine Vorstellungen von Gott sind übertrieben. Er ist der unvergängliche Geist in allen Dingen, gerecht und doch barmherzig, der Menschenliebende. Das Buch stellt den jüdischen Lehren über die Pflichten des Menschen gegenüber Gott und seinen Mitmenschen auch die griechischen Tugenden Mäßigung, gesunden Menschenverstand, Gerechtigkeit und Mut bzw. Standhaftigkeit gegenüber. Es lehrt auch, dass jedes seiner Kinder wie Gott die Menschen lieben sollte. Somit vereint das Buch auf wirkungsvollste Weise das Beste im Denken des Judentums und des Hellenismus und ist ein Ausdruck jener noch edleren Vereinigung, die später im Denken und in den Lehren des Christentums verwirklicht wurde.

Abschnitt CXVI. Der Niedergang des Makkabäer-Königreichs

[Nebenbemerkung: Jos. War, I, 4:1] Nachdem Aristobulus gestorben war, entließ seine Frau Salome, die von den Griechen Alexandra genannt wurde, seine Brüder aus dem Gefängnis (denn Aristobulus hatte sie in Gefangenschaft gehalten) und ernannte Alexander Janneus , der war der Älteste, König.

Asochis eingenommen hatte . Er tötete tatsächlich viele seiner Feinde, aber der Sieg ging eher auf Ptolemaios zurück. Doch als dieser Ptolemaios von seiner Mutter Kleopatra verfolgt wurde und sich nach Ägypten zurückzog, belagerte und eroberte Alexander Gadara und Amathus , die stärkste aller Festungen jenseits des Jordan und der wertvollste aller Besitztümer des Theodorus . der Sohn des Zeno, waren darin. Daraufhin marschierte Theodorus plötzlich gegen ihn, nahm, was ihm gehörte, und tötete zehntausend Juden. Alexander erholte sich jedoch von diesem Schlag, richtete seine Streitkräfte auf die Seebezirke und nahm Gaza, Raphia und Anthedon ein .

[Si bezeichnen: Jos. War, I, 4:3] Aber als er alle diese Städte versklavt hatte, erhoben sich die Juden auf einem Fest gegen ihn und es sah so aus, als hätte er ihrer Verschwörung nicht entkommen können Wären ihm nicht seine ausländischen Hilfstruppen zu Hilfe gekommen? Und als er mehr als sechstausend der Rebellen getötet hatte, fiel er in Arabien ein, und als er die Gileaditer und Moabiter besiegt hatte, befahl er ihnen, ihm Tribut zu zahlen, und kehrte nach Amathus zurück , nahm die Festung ein und zerstörte sie.

[Nebenbemerkung: Jos. War, I, 4:4, 5] Als er jedoch mit Obedas , dem König der Araber, kämpfte, der ihm in der Nähe von Golan einen Hinterhalt gelegt hatte, verlor er sein gesamtes Heer, das zusammengedrängt war tiefes Tal und von der Vielzahl der Kamele zertrampelt. Und als er wegen der Größe des Unglücks, das ihn getroffen hatte, nach Jerusalem floh, provozierte er die Menge, die ihn zuvor gehasst hatte, zum Aufstand gegen ihn. Er war jedoch in den verschiedenen Schlachten, die zwischen ihnen ausgetragen wurden, zu stark für sie und tötete innerhalb von sechs Jahren nicht weniger als fünfzigtausend Juden. Dennoch hatte er keinen Grund, sich über diese Siege zu freuen, da er sein eigenes Land nur verzehrte, bis er schließlich aufhörte zu kämpfen und eine Einigung mit ihnen erzielen wollte. Aber seine Wandelbarkeit und die Unregelmäßigkeit seines Verhaltens ließen ihn noch mehr hassen. Und als er sie fragte, warum sie ihn so hassten und was er tun sollte, um sie zu besänftigen, sagten sie: „Stirb.“

[Nebenbemerkung: Jos. War, I, 4:4c, 5c, 6a, c] Zur gleichen Zeit luden sie Demetrius ein, ihnen zu helfen, und als er ihrer Bitte bereitwillig nachkam und mit seiner Armee kam, schlossen sich die Juden ihnen an Hilfsmittel über Sichem. In der folgenden Schlacht war Demetrius der Sieger, obwohl Alexanders Söldner die größten Heldentaten vollbrachten. Dennoch erwies sich der Ausgang dieser Schlacht als anders als von beiden Seiten erwartet, denn diejenigen, die Demetrius eingeladen hatten, zu ihnen zu kommen, blieben ihm nicht treu, obwohl er der Sieger war, und sechstausend Juden aus Mitleid wegen der Veränderung Alexanders Zustand ging auf ihn über, als er in die Berge floh. Demetrius, der davon ausging, dass die ganze Nation zu Alexander rennen würde, verließ das Land und machte sich auf den Weg. Der Rest der jüdischen Menge legte jedoch ihre Streitigkeiten mit Alexander nicht bei, als die Hilfstruppen verschwunden waren, sondern führte ständigen Krieg mit ihnen, bis er den größten Teil von ihnen getötet hatte. Dann erfasste ein solcher Schrecken das Volk, dass achttausend seiner Gegner in der folgenden Nacht aus ganz Judäa flohen und erst zurückkehrten, als Alexander starb.

[Nebenbemerkung: Jos. War, I, 4:8c, d] Alexander unterwarf auch Golan, Seleukia und das sogenannte Tal von Antiochus; außerdem eroberte er die starke Festung Gamala . Dann kehrte er nach Judäa zurück, nachdem er drei Jahre auf dieser Expedition verbracht hatte. Nun wurde er wegen seines Erfolgs von der Nation gerne aufgenommen. Als er sich vom Krieg erholte, erkrankte er, starb und beendete seine Probleme, nachdem er siebenundzwanzig Jahre lang regiert hatte.

[Si bezeichnen: Jos. War, I, 5:1] Nun überließ Alexander das Königreich Alexandra, seiner Frau, und vertraute darauf, dass die Juden sich ihr bereitwillig unterwerfen würden, denn indem sie sich seiner gewohnheitsmäßigen Verletzung ihrer Gesetze widersetzte, gewann sie den guten Willen der Menschen. Er täuschte sich auch nicht in seinen Hoffnungen, denn diese Frau behielt die Herrschaft aufgrund ihres Rufs als Frömmigkeit. Denn sie studierte hauptsächlich die alten Bräuche ihres Landes und vertrieb jene Männer aus der Regierung, die gegen ihre heiligen Gesetze verstießen. Und da sie zwei Söhne von Alexander hatte, ernannte sie den älteren, Hyrkanos, zum Hohepriester, wegen seines Alters und auch wegen seines inaktiven Temperaments.

[Nebenbemerkung: Jos. War, I, 5:2, 3a, b] Und die Pharisäer schlossen sich ihr in der Regierung an und Alexandra hörte ihnen fortan in großem Maße zu. Aber diese Pharisäer drängten sich nach und nach geschickt in ihre Gunst und wurden bald zu den eigentlichen Verwaltern der öffentlichen Angelegenheiten. Sie verbannten und riefen zurück, wen sie mochten. Während sie das Volk regierte, regierten die Pharisäer sie. Dementsprechend töteten sie Diogenes, eine prominente Person, weil er ein Freund Alexanders gewesen war; Sie drängten Alexandra auch, die übrigen zu töten, die Alexander gegen sie aufgehetzt hatten. Doch der Anführer der Gefährdeten floh zu Aristobulos . Er überredete seine Mutter, die Männer aufgrund ihres Ranges zu verschonen, sie aber aus der Stadt zu vertreiben. Als ihnen die Freiheit gegeben wurde, wurden sie über das ganze Land verstreut.

[Nebenbemerkung: Jos. War, I, 5:4-6:1b] In der Zwischenzeit wurde Alexandra krank und Aristobulos , ihr jüngerer Sohn, nutzte diese Gelegenheit, um alle Festungen in Besitz zu nehmen. Außerdem nutzte er die darin gefundenen Geldbeträge, um eine Reihe von Söldnern um sich zu scharen und sich selbst zum König zu machen. Aber Alexandra starb, nachdem sie neun Jahre gelebt hatte, bevor sie Aristobulos bestrafen konnte . Hyrkanos war der Erbe des Königreichs und seine Mutter vertraute es ihm zu Lebzeiten an. Aber Aristobulus war ihm an Fähigkeiten und Geist überlegen, und als es zwischen ihnen in der Nähe von Jericho zu einer Schlacht kam, um den Streit um das Königreich zu entscheiden, verließ die Mehrheit Hyrkanos und ging zu Aristobulus über . Sie einigten sich jedoch darauf, dass Aristobulus König werden sollte und dass Hyrkanos zurücktreten, aber alle übrigen Würden behalten sollte.

[Nebenbemerkung: Jos. War, I, 6:2, 3] Nun hatten die anderen Gegner von Aristobulos Angst, als er so unerwartet an die Macht kam. Dies galt insbesondere für Antipatros, den Aristobulos einst hasste. Er war von Geburt an ein Idumäer und aufgrund seiner Abstammung, seines Reichtums und anderer Autorität, die ihm gehörten, einer der führenden Männer dieser Nation. Er forderte Hyrkanos auf, zu Aretas , dem König von Arabien, zu fliehen und das Königreich zurückzuerobern. Nachdem er sie beide vorbereitet hatte, entführte er Hyrkanos nachts aus der Stadt und floh nach Petra, der königlichen Hauptstadt Arabiens. Hier übergab er Hyrkanos in die Obhut von Aretas . Er setzte sich bei ihm dafür durch, ihm eine Armee zu geben, um ihn wieder in sein Königreich zu bringen. Diese Armee bestand aus fünfzigtausend Fußsoldaten und Reitern, denen Aristobulus nicht standhalten konnte, aber im ersten Kampf besiegt und aus Jerusalem vertrieben wurde. Er wäre mit Gewalt gefangen genommen worden, wenn nicht Scaurus , der römische Feldherr, gekommen wäre und die Belagerung rechtzeitig aufgehoben hätte. Dies war der Scaurus , der von Pompeius dem Großen aus Armenien nach Syrien geschickt wurde, als er gegen Tigranes kämpfte. Sobald Scaurus im Land ankam, trafen daher Gesandte beider Brüder ein, von denen jeder seine Hilfe erbat. Doch die dreihundert Talente des Aristobulos versperrten der Gerechtigkeit den Weg. Als Scaurus diese Summe erhalten hatte, sandte er einen Herold zu Hyrkanos und den Arabern und drohte ihnen mit dem Groll der Römer und Pompeius, wenn sie die Belagerung nicht aufheben würden. Aretas hatte große Angst und zog sich von Judäa nach Philadelphia zurück.

[Nebenbemerkung: Jos. War, I, 6:4-5] Als Hyrkanos und Antipater dadurch ihrer Hoffnungen gegenüber den Arabern beraubt wurden, flohen sie zu Pompeius um Hilfe und baten ihn, seine Missbilligung der gewalttätigen Aktion von Aristobulos zum Ausdruck zu bringen Gib ihm das Königreich zurück, wie es ihm rechtmäßig gehörte. Auch Aristobulos selbst war in königlicher Kleidung anwesend, doch Pompeius war über sein Verhalten empört. Als Hyrkanos' Freunde sich ebenfalls stark für Pompeius einsetzten, nahm er nicht nur seine römischen Streitkräfte, sondern auch viele seiner syrischen Hilfstruppen und marschierte gegen Aristobulos . Als er aber an Pella und Skythopolis vorbeigekommen war und nach Korea gekommen war, hörte er, dass Aristobulos nach Alexandrium geflohen sei , das eine von größter Pracht befestigte Festung auf einem hohen Berg war, und er sandte zu ihm und befahl ihm, es zu tun herunter kommen. Also kam Aristobulos zu Pompeius, und nachdem er die Gerechtigkeit seiner Herrschaft lange verteidigt hatte, kehrte er in die Festung zurück. Pompeius befahl ihm jedoch, seine befestigten Plätze aufzugeben und zwang ihn, an jeden seiner

Gouverneure zu schreiben, dass er sich ergeben müsse. Dementsprechend tat er, was ihm befohlen wurde, zog sich aber unzufrieden nach Jerusalem zurück und bereitete sich auf den Kampf mit Pompeius vor.

[Nebenbemerkung: Jos. War, I, 6:6-7:2b] Aber Pompeius ließ ihm keine Zeit, irgendwelche Vorbereitungen zu treffen, und folgte ihm auf den Fersen. Und Aristobulus war so erschrocken über seine Annäherung, dass er ihm als Bittsteller entgegenkam. Er versprach ihm auch Geld und die Auslieferung sowohl seiner selbst als auch der Stadt. Dennoch hielt er keines seiner Versprechen. Auf diese Behandlung war Pompeius sehr wütend und nahm Aristobulus in Gewahrsam. Und als er in die Stadt hineinkam, sah er sich um, um zu sehen, wo er angreifen könnte, denn er sah, dass die Mauern so fest waren, dass es schwer sein würde, sie zu überwinden, und dass das Tal vor den Mauern schrecklich war und der Tempel darin war Dieses Tal war selbst von einer so starken Mauer umgeben, dass der Tempel im Falle einer Einnahme der Stadt ein zweiter Zufluchtsort für den Feind wäre. Da Pompeius lange darüber nachdachte, kam es zu Aufruhr unter den Menschen in der Stadt. Die Partei des Aristobulos war bereit, für die Rettung ihres Königs zu kämpfen, während die Partei des Hyrkanos bereit war, Pompeius die Tore zu öffnen. Dann wurde die Gruppe von Aristobulos besiegt und zog sich in den Tempel zurück und unterbrach die Verbindung zwischen dem Tempel und der Stadt, indem sie die Brücke, die sie miteinander verband, niederbrach, und sie bereitete sich darauf vor, bis zum Äußersten zu widerstehen.

[Nebenbemerkung: Jos. War, I, 7:3] Pompeius selbst füllte den Graben auf der Nordseite des Tempels und das gesamte Tal auf, wobei die Armee verpflichtet war, das Material zu diesem Zweck zu transportieren. Tatsächlich war es aufgrund seiner großen Tiefe schwierig, dieses Tal aufzufüllen, insbesondere weil die Juden aus ihrer überlegenen Position alle möglichen Mittel nutzten, um sie zurückzudrängen. Sobald Pompeius das Tal zugeschüttet hatte, errichtete er hohe Türme am Ufer.

[Nebenbemerkung: Jos. War, I, 7:4, 5] Nun bewunderte Pompeius nicht nur die anderen Beispiele für die Standhaftigkeit der Juden, sondern insbesondere auch die Tatsache, dass sie ihre Gottesdienste keineswegs unterbrachen, selbst wenn sie von Pfeilen umgeben waren alle Seiten; denn als ob die Stadt in völligem Frieden wäre, wurden ihre täglichen Opfer und Reinigungen sowie alle ihre religiösen Riten immer noch mit äußerster Genauigkeit vor Gott durchgeführt. Auch als der Tempel eingenommen und sie täglich um den Altar herum getötet wurden, hörten sie nicht auf, die Dinge zu beachten, die ihr Gesetz vorschrieb. Denn es dauerte erst im dritten Monat der Belagerung, bis es den Römern auch unter großem Kampf gelang, einen der Türme einzustürzen und in den Tempel einzudringen. Der größte Teil der Juden wurde von ihren eigenen Landsleuten der Gegenpartei ermordet und eine unzählige Menge stürzte sich von den Mauern. Von den Juden wurden zwölftausend getötet, von den Römern jedoch nur sehr wenige, obwohl eine größere Zahl verwundet wurde.

[Randbemerkung: Jos. War, I, 7:6a, b] Aber es gab nichts, was die Nation in den Katastrophen, die sie damals erlitten hatte, so sehr berührte, wie dass ihr heiliger Ort, den sie bis dahin nicht gesehen hatte, für Fremde geöffnet wurde. Denn Pompeius und seine Umgebung gingen in den Tempel selbst, wo nur der Hohepriester Zutritt hatte, und sahen, was darin aufbewahrt wurde; aber er befahl den Geistlichen des Tempels, ihn zu reinigen und ihre gewohnten Opfer darzubringen.

[Nebenbemerkung: Jos. War, I, 7:7] Darüber hinaus ernannte er Hyrkanos erneut zum Hohepriester, wodurch er die Rolle eines guten Feldherrn spielte und das Volk eher durch Freundlichkeit als durch Terrorismus mit ihm versöhnte. Er nahm der Nation alle Städte weg, die sie zuvor eingenommen hatten, und reduzierte Judäa auf seine eigenen Grenzen. Dann beeilte er sich, auf dem Weg nach Rom durch Kilikien zu reisen, wobei er Aristobulos und seine beiden Kinder als Gefangene mitnahm. Einer von Aristobulos' Söhnen, Alexander, lief auf der Reise davon, aber der jüngere, Antigonos, wurde mit seinen Schwestern nach Rom gebracht.

I. Der Charakter und die Politik von Alexander Janneus. Für das Bild des Charakters von Alexander Janneus sind wir hauptsächlich auf Josephus angewiesen, und es ist nicht klar, inwieweit dieser verstorbene jüdische Historiker von den vorherrschenden Vorurteilen gegen diesen Herrscher beeinflusst wurde, der als Erzfeind der Pharisäer galt. Die aufgezeichneten Vorfälle offenbaren jedoch einen äußerst unheimlichen Charakter. Er war ehrgeizig, aber seine Ambitionen waren egoistisch und gering. Er war energisch und unermüdlich, aber seine Energie wurde in vergeblichen Unternehmungen verschwendet. Darüber hinaus war er skrupellos, rachsüchtig und gnadenlos. Es gibt nicht den geringsten Hinweis darauf, dass er von irgendeinem würdigen Dienstgedanken angetrieben wurde. Für den jüdischen Staat und die jüdische Rasse war es ein großes Unglück, dass ein Mann dieser Art die Kontrolle über die Nation in dem Moment erlangte, in dem sie ihre größte materielle Stärke erreicht hatte. Unter der freundlichen und weisen Führung von Simon wäre die weitere Geschichte des jüdischen Staates zweifellos ganz anders verlaufen. Janneus' erstes Ziel war es, seine Macht als absoluter Despot zu etablieren. Er akzeptierte leidenschaftlich das Ideal eines orientalischen Herrschers, das den Juden während der kurzen Herrschaft seines Bruders Aristobulos aufgezwungen worden war. Als er dieses Ziel verwirklichte, stieß er, wie jeder andere König in der Geschichte Israels, auf den starken Widerstand des Volkes und eine kühne Behauptung seiner ererbten Freiheiten. Sein zweites Ziel war es, die Macht der Pharisäer vollständig zu brechen. Sie waren die Partei des Volkes und hatten kein

Verständnis für seine Politik. In ihnen erkannte er daher seine Hauptgegner. Sein drittes Ziel war es, das Territorium des jüdischen Staates bis zu seinen äußersten natürlichen Grenzen auszudehnen. Bald nach Beginn seiner Herrschaft gelang es ihm, die erbitterte Feindseligkeit der griechischen Städte an seiner Ost- und Westgrenze, der regierenden Könige Ägyptens und der aufstrebenden arabischen Macht südlich des Toten Meeres zu wecken. Die Ziele, die er anstrebte, waren vergleichsweise unbedeutend: der Besitz der Städte Ptolemais und Gaza sowie bestimmter ostjordanischer Städte wie Gadara und Amathus . Er wurde häufiger besiegt als siegreich, aber seine Liebe zum Kampf und Abenteuer und seine Eroberungslust trieben ihn immer weiter an. In ihrer Verzweiflung wagten seine Untertanen sogar, Demetrius, den Gouverneur von Damaskus, herbeizurufen, doch als Alexander geschlagen vertrieben wurde, kam die Dankbarkeit und Loyalität der Nation gegenüber dem Makkabäerhaus wieder zum Ausdruck und er wurde zurückgerufen. Anstatt einen allgemeinen Waffenstillstand zu gewähren und so sein zerstreutes Volk zu versöhnen, nutzte er auf verräterische Weise seine neu gewonnene Macht, um öffentlich achthundert Pharisäer zu kreuzigen. Schrecken und Angst erfassten die Überlebenden, so dass laut Josephus achttausend von ihnen ins Exil flohen. Nach sechs Jahren Bürgerkrieg und dem Verlust von fünfzigtausend Menschenleben verwirklichte Alexander Janneus endlich sein erstes Ziel und wurde der absolute Herr seines Königreichs. Durch die Verwirklichung seiner Ambitionen verdiente er sich jedoch durchaus den Titel, mit dem ihn seine Zeitgenossen bezeichneten: „Sohn eines Thrakers", also eines Barbaren.

II. Die Auswirkungen seiner Herrschaft. Die katastrophalen Auswirkungen der Herrschaft von Alexander Janneus lassen sich kurz zusammenfassen. Sie waren: (1) die Zerstörung der Loyalität der Mehrheit der Juden gegenüber dem Makkabäerhaus; (2) die Verschärfung des Gegensatzes zwischen Pharisäern und Sadduzäern bis hin zum mörderischen Hass; (3) die Ausweitung des jüdischen Einflussbereichs vom Mittelmeer im Westen bis zur Wüste im Osten und vom Libanon bis zur südlichen Wüste; sondern (4) die Erschöpfung des Lebensbluts und der Energien des jüdischen Königreichs, so dass es weitaus schwächer und unorganisierter war als zu der Zeit, als Janneus den Thron bestieg.

III. Alexandras Herrschaft (78-69 v. Chr.). Alexandra war die zweite Königin, die in der Geschichte Israels regierte. Ihre Politik war, anders als die von Athaliah früher, im Großen und Ganzen konstruktiv. Obwohl sie die Frau von Janneus war , änderte sie seine Politik und übertrug den Pharisäern die Kontrolle. Die Rückkehr der Verbannten und die Wiederherstellung der prophetischen Partei versprachen Frieden und Wohlstand. Das alte Gesetz wurde erweitert und rigoros durchgesetzt. Dem Talmud zufolge wurden in dieser Zeit Grundschulen in Verbindung mit jeder Synagoge eingeführt. Ihre genaue Natur ist nicht bekannt, aber es ist wahrscheinlich, dass das Gesetz das Studienfach war und dass die Schriftgelehrten die Lehrer waren. Diese Änderung der Politik war zweifellos für das Volk sehr akzeptabel, aber die Pharisäer machten den schweren Fehler, ihre neue Macht zu nutzen, um sich an den adligen Sadduzäern zu rächen, die die blutige Politik von Alexander Janneus unterstützt hatten . Sie litten bald unter den schlimmen Folgen des Versuchs, Unrecht durch Unrecht wiedergutzumachen. Die Sadduzäer fanden in Aristobulos , dem ehrgeizigen und energischen jüngeren Sohn des Janneus , einen wirkungsvollen Vorkämpfer. Als Alexandra ihnen erlaubte, die vielen Festungen im ganzen Land in Besitz zu nehmen, beging sie ebenfalls einen fatalen Fehler, denn sie verschaffte ihnen dadurch die Kontrolle über die militärischen Ressourcen des Königreichs. Aristobulos zögerte nicht, seine Macht durchzusetzen, so dass er bereits vor Alexandras Tod 72 der Festungen eroberte und einen großen Teil des Volkes zum Aufstand aufstachelte. Während ihre Herrschaft im Großen und Ganzen friedlich verlief, war es nur die Ruhepause vor dem großen Sturm, der über die Nation hinwegfegte.

IV. Streitigkeiten zwischen Hyrkanos und Aristobulos . Leider war Alexandras älterer Sohn Hyrcanus träge und ineffizient. Er war zum Hohepriester ernannt worden und als Aristobulus den Titel eines Königs annahm, zwang er Hyrkanos II., sich mit diesem bescheideneren Titel zufrieden zu geben. Die Herrschaft von Aristobulos wäre möglicherweise vergleichsweise friedlich verlaufen, wenn nicht zu dieser Zeit ein neuer und unheilvoller Einfluss in der unruhigen Politik Palästinas aufgetreten wäre. Es war eines der Ergebnisse der gewaltsamen Judaisierung der Idumäer durch Johannes Hyrkanos. Antipatros, der Sohn des Idumäers, den Alexander Janneus zum Gouverneur von Idumäa ernannt hatte , erkannte in der Rivalität zwischen Hyrkanos und Aristobulos eine Gelegenheit, an die Macht zu gelangen. Er überredete Hyrkanos zunächst, nach Petra zu fliehen. Dann zwang er schließlich mit Hilfe des arabischen Königs Aretas Aristobulos und seine Anhänger, auf dem Tempelhügel in Jerusalem Zuflucht zu suchen. Das Bild der in zwei feindliche Lager geteilten Juden, die unter der Führung der Urenkel des patriotischen Simon in den Tempelbezirken einen erbitterten Bürgerkrieg führten, stellt einen traurigen Kontrast zum edlen Geist und den tapferen Errungenschaften der Gründer des Tempels dar das Makkabäer-Königreich, das als erster zum Schwert zur Verteidigung des Tempels und seines Dienstes gegriffen hatte .

V. Roms Intervention. Diese Situation gab Rom die gewünschte Interventionsmöglichkeit. Im Jahr 70 v. Chr. unternahm Pompeius einen erfolgreichen Feldzug gegen Mithridates, den König von Pontus, und gegen Tigranes, den König von Armenien. Roms Politik bestand darin, ganz Südwestasien bis zum Euphrat zu erobern. Aristobulus und Hyrcanus

ignorierten die Gefahr der Situation und wandten sich an Pompeius'
Leutnant Scaurus . Daraufhin wurde den Arabern der Rückzug befohlen und
Aristobulos blieb für kurze Zeit Herr der Lage . Als Pompeius jedoch im
Frühjahr 63 v. Chr. nach Damaskus kam, erschienen drei Gesandtschaften
vor ihm, eine vertrat die Sache des Aristobulos , eine andere die des
Hyrkanos, und eine dritte vertrat die Bitte der Pharisäer, dass Rom die
politische Kontrolle über sie übernehmen solle Palästina und lassen Sie ihnen
die Freiheit, sich dem Studium und der Anwendung ihres Rechts zu widmen.
Der Sturz von Aristobulos beschleunigte das, was nun unvermeidlich war.
Obwohl er von Pompeius gefangen gehalten wurde, blieben seine Anhänger
auf dem Tempelhügel verschanzt und konnten erst nach einer langwierigen
Belagerung und dem Verlust vieler Leben erobert werden. Aristobulus und
seine Familie wurden als Gefangene nach Rom verschleppt, um den Triumph
des Pompeius zu feiern, und der Bitte der Pharisäer wurde stattgegeben: Rom
hielt Palästina fortan unter seiner direkten Kontrolle. So verloren die Juden
nach etwas mehr als einem Jahrhundert (165-63 v. Chr.) erneut ihre
Unabhängigkeit und das Makkabäerreich wurde nur noch eine Erinnerung,
die außer für einen kurzen Moment nie wieder aufleben konnte.

VI. Ursachen des Untergangs des jüdischen Königreichs. Das jüdische
Königreich fiel aus klar erkennbaren Gründen. Dies lag vor allem daran, dass
die Ideale und Ambitionen der makkabäischen Führer selbst materiell und
egoistisch wurden. Sie erwiesen sich als unfähig, den Versuchungen des
Erfolgs zu widerstehen. Die Machtgier löschte ihren frühen Patriotismus aus.
Der materielle Geist ihrer Zeit verdeckte die edleren Ideale ihrer spirituellen
Lehrer. Das Ergebnis war Tyrannei und Korruption, die die späteren Könige
eher zu Irreführern als zu wahren Führern ihrer Nation machte. Parallel zum
erbitterten Kampf zwischen den Königen und ihren Untertanen gab es eine
erbitterte Fehde zwischen den Sadduzäern und den Pharisäern. Die normale
Parteirivalität entwickelte sich zu mörderischem Hass, und indem sie sich
gegenseitig rächten, ruinierten sie das Gemeinwesen. Das endgültige Ende
wurde durch die selbstmörderische Fehde zwischen den Brüdern Hyrkanos
und Aristobulos beschleunigt , die durch die prinzipienlosen Machenschaften
des idumäischen Antipatros angefacht wurde. In der letzten Krise ebnete die
pharisäische Politik der Unterwerfung und des Friedens um jeden Preis den
Weg für die Verwirklichung der Ambitionen Roms und machte die
endgültige Eroberung Palästinas praktisch unausweichlich. So fiel das
Königreich, das angesichts fast unüberwindlicher Hindernisse gegründet und
mit dem Lebenselixier vieler Helden geweiht war, schmählich als Folge
derselben Ursachen, die im Laufe der Jahrhunderte den Untergang noch
stärkerer Reiche bewiesen haben.

VII. Politische, intellektuelle und religiöse Auswirkungen des
Makkabäerkampfes. Dieses Jahrhundert tapferer Erfolge, kolossaler Fehler

und überwältigender Misserfolge hat einen tiefen Eindruck auf die jüdische Rasse hinterlassen. Es war Zeuge der Rückkehr vieler Juden aus der Zerstreuung nach Jerusalem und Judäa und der Entwicklung eines starken Gefühls der Rasseneinheit. Von nun an betrachteten die Juden auf der ganzen Welt Jerusalem als ihre wahre politische und religiöse Hauptstadt. Die Ereignisse dieser Zeit verschärften die alte Fehde zwischen Juden und Samaritern und lieferten den letzteren reichlichen Grund für die Feindseligkeit gegenüber ihren südlichen Verwandten, die in den Evangelienerzählungen auftaucht. In diesem Zeitalter kristallisierten und formulierten die Parteien der Pharisäer und Sadduzäer schließlich jene Grundsätze und Richtlinien, die sie im nächsten Jahrhundert leiten sollten. Zu dieser Zeit wurde der Grundstein für die Herrschaft des Hauses Herodes gelegt, das einen so unheilvollen Einfluss auf das Schicksal und Schicksal der Juden ausübte. Es markierte gleichzeitig den Beginn und Höhepunkt des Einflusses Roms auf die Länder des östlichen Mittelmeerraums und der Unterwerfung der Juden unter nichtjüdische Herrscher, die bis heute andauert.

Die Makkabäerzeit gab den Juden eine stark erweiterte intellektuelle Vision und führte dazu, dass sie viele Ideen ihrer griechischen Eroberer übernahmen. In ihrer Literatur ist der Einfluss der logischeren griechischen Denkmethoden und der wissenschaftlichen Haltung gegenüber dem Universum leicht zu erkennen. In dieser Zeit wurden die Weisen zu Schriftgelehrten und die Schreib- und Interpretationsmethode begann sich zu etablieren. Die Kämpfe, die die Juden durchmachten, verstärkten ihre Liebe zum Gesetz und zu den Tempeldiensten. Die Pflicht wurde mehr und mehr in zeremoniellen Begriffen definiert, und die Pharisäer machten sich an die gewaltige und unmögliche Aufgabe, Regeln für jede Handlung des Menschen festzulegen. Aus den Kämpfen der Makkabäerzeit entstand jene Verschmelzung hellenischer und jüdischer Ideen, die zu einem wichtigen Faktor im gesamten menschlichen Denken geworden ist. Unter dem Einfluss der großen Krisen, die sie durchgemacht hatten, erlangte der Glaube an die Unsterblichkeit des Einzelnen schließlich große Akzeptanz unter den Juden. Damit einher ging der Glaube an einen persönlichen Teufel und eine Hierarchie von Dämonen, die im Gegensatz zur göttlichen Hierarchie standen, an deren Spitze Jehova stand. Schließlich brachte der Geschmack der Freiheit unter einem jüdischen Herrscher die königlich-messianischen Hoffnungen der Menschheit wieder in den Vordergrund und ließ sie lange danach streben, sie zu verwirklichen. So erreichte das Judentum in diesem kurzen Jahrhundert in vielerlei Hinsicht seine endgültige Form, und nur im Lichte dieses Prozesses ist es möglich, den Hintergrund der neutestamentlichen Geschichte vollständig zu verstehen und zu würdigen.

* * * * *

DIE REGEL VON ROM

Abschnitt CXVII. DER AUFSTIEG DES HERODISCHEN HAUSES

[Nebenbemerkung: Jos. Jude. Krieg, I, 8:2] Alexander aber, der Sohn des Aristobulos , der vor Pompeius geflohen war, versammelte nach einiger Zeit eine beträchtliche Truppenmacht und unternahm einen heftigen Angriff auf Hyrkanos, überrannte Judäa und stánd kurz vor der Entthronung ihn. Und tatsächlich wäre er nach Jerusalem gekommen und hätte es gewagt, die von Pompeius niedergerissene Mauer wieder aufzubauen, wenn nicht Gabinius , der als Nachfolger von Scaurus nach Syrien geschickt wurde, seine Tapferkeit durch einen Angriff auf Alexander bewiesen hätte. Alexander, der Angst vor seiner Annäherung hatte, stellte eine größere Armee zusammen, bestehend aus zehntausend bewaffneten Fußsoldaten und fünfzehnhundert Reitern.

[Nebenbemerkung: Jos. Jude. Krieg, I, 8:4a, 5] Als Gabinius nun nach Alexandrium kam und dort eine große Menge lagerte, versuchte er, sie durch das Versprechen von Verzeihung für ihre früheren Verfehlungen an ihn zu binden, bevor es zu Kämpfen kam; aber als sie auf nichts Vernünftiges hörten, tötete er eine große Anzahl von ihnen und sperrte den Rest in der Zitadelle ein. Als Alexander daher verzweifelte, jemals die Herrschaft zu erlangen, sandte er Gesandte zu Gabinius und bat ihn, seine Verfehlungen zu begnadigen. Er übergab ihm auch die verbliebenen Festungen Hyrcanium und Macherus . Danach brachte Gabinius Hyrkanos nach Jerusalem zurück und übertrug ihm die Leitung des Tempels. Er teilte auch die gesamte Nation in fünf Bezirke ein und ordnete einen Jerusalem, einen anderen Gadara, einen weiteren Amathus , einen vierten Jericho und den fünften Sepphoris , einer Stadt in Galiläa, zu.

[Nebenbemerkung: Jos. Jude. Krieg, I, 8:6] Nicht lange danach sorgte Aristobulos durch seine Flucht aus Rom für neue Unruhen. Er versammelte erneut viele der Juden, die sich eine Veränderung wünschten, und diejenigen, die ihm seit jeher ergeben waren; und als er Alexandrium überhaupt eingenommen hatte , versuchte er, eine Mauer darum zu errichten. Aber die Römer folgten ihm, und als es zur Schlacht kam, kämpfte die Truppe des Aristobulos lange Zeit tapfer, doch schließlich wurden sie von den Römern besiegt und fünftausend von ihnen fielen. Aristobulos wurde erneut von Gabinius nach Rom gebracht .

[Nebenbemerkung: Jos. Jude. Krieg, I, 8:7] Als Gabinius sich nun auf den Weg machte, Krieg gegen die Parther zu führen, versorgte ihn Antipater mit Geld, Waffen, Getreide und Hilfsgütern, aber während Gabinius' Abwesenheit befanden sich die anderen Teile Syriens im Aufstand, und Alexander, der Sohn des Aristobulos , regte die Juden erneut zum Aufstand an. Doch in der Schlacht am Berg Tabor wurden zehntausend von ihnen getötet und der Rest der Menge in die Flucht geschlagen. So kam Gabinius nach Jerusalem und richtete die Regierung ein, wie Antipater es wünschte.

[Si bezeichnen: Jos. Jude. Krieg, I, 8:8] Dieser Antipater heiratete nun eine Frau aus einer angesehenen Familie unter den Arabern, deren Name Cypros war . Und sie gebar ihm vier Söhne, Phasaelus und Herodes, der später König war, und außerdem Joseph und Pheroras . Und er hatte eine Tochter namens Salome.

[Nebenbemerkung: Jos. Jude. Krieg, I, 9:1] Doch nach der Flucht von Pompeius und dem Senat über das Ionische Meer hinaus erlangte Caesar Besitz von Rom und dem Reich und entließ Aristobulos aus seinen Fesseln. Er vertraute ihm auch zwei Legionen an und schickte ihn eilig nach Syrien, in der Hoffnung, dass er durch seine Bemühungen dieses Land und das an Judäa angrenzende Gebiet leicht erobern würde. Aber er wurde von Pompeius' Sympathisanten vergiftet.

[Nebenbemerkung: Jos. Jude. Krieg, I, 9:3a, c, 4a, c, 5a] Nachdem nun Pompeius gestorben war, wechselte Antipater die Seiten und pflegte eine Freundschaft mit Caesar. Und als Mithridates von Pergamon mit der Streitmacht, die er gegen Ägypten anführte, von den Straßen rund um Pelusium ausgeschlossen wurde und gezwungen war, in Askalon zu bleiben , überredete Antipatros die Araber, unter denen er gelebt hatte, ihm zu helfen, und kam selbst an der Spitze von dreitausend Bewaffneten Juden. Er forderte auch die Mächtigen in Syrien auf, ihm zu Hilfe zu kommen. Beim Angriff auf Pelusium zeichnete sich Antipater hervorragend aus, denn er riss den Teil der Mauer nieder, der ihm gegenüber lag, und sprang mit den Männern, die ihn umgaben, zunächst in die Stadt. So wurde Pelusium eingenommen. Während er weitermarschierte, hielten ihn außerdem die Juden auf, die in der Gegend namens Onias lebten , aber Antipater überredete sie nicht nur, dies nicht zu behindern, sondern auch, ihr Heer mit Proviant zu versorgen. Daraufhin fiel Antipater im Delta über diejenigen her, die Mithridates verfolgten, tötete viele von ihnen und verfolgte den Rest, bis er ihr Lager eroberte, während er nicht mehr als achtzig seiner eigenen Männer verlor. Daraufhin ermutigte Caesar Antipatros, weitere gefährliche Unternehmungen für ihn zu unternehmen, indem er ihm große Belobigungen und Hoffnungen auf Belohnung aussprach. Bei all diesen Unternehmungen erwies sich Antipater als äußerst wagemutiger Krieger, und er hatte fast am ganzen Körper viele Wunden als Beweis seines Mutes.

[Nebenbemerkung: Jos. Jude. Krieg, I, 9:5b] Und als Caesar die Angelegenheiten Ägyptens geregelt hatte und wieder nach Syrien zurückgekehrt war, gab er Antipatros die Rechte eines römischen Bürgers und Steuerfreiheit und machte ihn wegen der anderen Ehrungen und

Auszeichnungen zu einem Gegenstand der Bewunderung Zeichen der Freundschaft, die er ihm schenkte. Aus diesem Grund bestätigte er auch Hyrkanos im Hohepriestertum.

[Nebenbemerkung: Jos. Jude. Krieg, I, 10:1, 2a, 3a] Ungefähr zu dieser Zeit kam Antigonos, der Sohn des Aristobulos , zu Caesar und wurde auf überraschende Weise zum Auslöser für Antipaters weiteren Vormarsch. Denn er verurteilte Hyrkanos und Antipater. Dann warf Antipater seine Gewänder ab, zeigte die vielen Wunden, die er hatte, und sagte, dass er in Bezug auf seinen guten Willen gegenüber Cäsar kein Wort sagen müsse, weil sein Körper laut schrie, obwohl er selbst nichts sagte. Als Caesar dies hörte, erklärte er Hyrkanos zum höchsten Verdienst des Hohepriestertums, und Antipater wurde zum Prokurator von ganz Judäa ernannt und erhielt auch die Erlaubnis, die niedergerissenen Mauern seines Landes wieder aufzubauen.

[Nebenbemerkung: Jos. Jude. Krieg, I, 10:4] Sobald Antipater Caesar aus Syrien geführt hatte, kehrte er nach Judäa zurück und baute als erstes die Mauern seines eigenen Landes wieder auf. Dann ging er durch das Land und beruhigte die Unruhen dort. Und zu dieser Zeit regelte er die Angelegenheiten des Landes selbst, weil er sah, dass Hyrkanos untätig und nicht in der Lage war, die Angelegenheiten des Königreichs zu regeln. Deshalb ernannte Antipater seinen ältesten Sohn, Phasaelus , zum Gouverneur von Jerusalem und dem umliegenden Gebiet. Er schickte auch seinen zweiten Sohn, Herodes, der noch sehr jung war, mit gleicher Autorität nach Galiläa.

[Nebenbemerkung: Jos. Jude. Krieg, I, 10:5a, b] Nun war Herodes ein sehr aktiver Mann und fand bald ein Feld für seine Energie. Als er nun feststellte, dass Hiskias , der Anführer der Räuber, mit einer großen Schar von Männern die angrenzenden Teile Syriens überrannte, nahm er ihn gefangen und tötete ihn und viele weitere Räuber. Diese Tat gefiel den Syrern besonders gut, so dass sowohl in den Dörfern als auch in den Städten Lieder zu Ehren des Herodes gesungen wurden, weil er ihnen den Frieden gesichert und ihre Besitztümer bewahrt hatte.

[Nebenbemerkung: Jos. Jude. Krieg, I, 11:1, 4] Zu dieser Zeit kam es nach der verräterischen Ermordung Caesars durch Cassius und Brutus zu einem gewaltigen Krieg unter den Römern. Dementsprechend kam Cassius nach Syrien, übernahm das Kommando über das Heer und forderte von den Städten so viel Tribut, dass sie ihn nicht ertragen konnten. Während des Krieges zwischen Cassius und Brutus einerseits und dem jüngeren Caesar (Augustus) und Antonius andererseits stellten Cassius und Murcus eine Armee aus Syrien zusammen. Und weil Herodes einen großen Teil des Lebensbedarfs gedeckt hatte, ernannten sie ihn zum Statthalter von ganz

Syrien und gaben ihm ein Heer aus Fußvolk und Kavallerie. Cassius versprach ihm auch, dass er ihn nach Kriegsende zum König von Judäa machen würde. Aber es geschah, dass die Macht und Hoffnungen seines Sohnes zur Ursache für Antipaters Untergang wurden. Da sich ein gewisser Malichus davor fürchtete, bestach er einen der Mundschenken des Königs, um Antipatros einen Gifttrank zu geben. So wurde er ein Opfer der Bosheit des Malichus und starb nach dem Fest.

[Nebenbemerkung: Jos. Jude. Krieg, I, 11:6, 12:3] Herodes rächte sich jedoch an Malichus . Und diejenigen, die ihn bisher nicht begünstigt hatten, schlossen sich ihm nun an, weil er in die Familie des Hyrkanos eingeheiratet hatte, denn er hatte zuvor eine Frau aus seinem eigenen Land von edlem Blut geheiratet, Doris mit Namen, die ihm Antipater gebar. Nun plante er, Mariamne , die Tochter Alexanders, den Sohn des Aristobulos und Enkel des Hyrkanos, zu heiraten .

[Si bezeichnen: Jos. Jude. Krieg, I, 12:4, 5] Aber als Caesar und Antonius Cassius in der Nähe von Philippi getötet hatten und Caesar nach Italien und Antonius nach Asien gegangen waren, kamen die großen Männer der Juden und beschuldigten Phasaelus und Herodes, dass sie die Regierung mit Gewalt hielten und dass Hyrkanos nichts weiter als einen ehrenvollen Namen hatte. Herodes schien bereit zu sein, auf diese Anschuldigung zu antworten, und nachdem er Antonius durch die großen Geldsummen, die er ihm gab, zu seinem Freund gemacht hatte, brachte er ihn dazu, nicht auf die Anschuldigungen zu hören, die von Feinden gegen ihn vorgebracht wurden. Danach kamen hundert der führenden Männer der Juden zu Antonius nach Daphne in der Nähe von Antiochia und beschuldigten Phasaelus und Herodes. Aber Massala stellte sich ihnen entgegen und verteidigte die Brüder mit Hilfe von Hyrcanus. Als Antonius beide Seiten gehört hatte, fragte er Hyrkanos, welche Partei am besten geeignet sei, zu regieren. Hyrkanos antwortete, dass Herodes und seine Gruppe am besten geeignet seien. Deshalb ernannte Antonius die Brüder zu Tetrarchen und übertrug ihnen die Herrschaft über Judäa.

[Nebenbemerkung: Jos. Jude. Krieg, I, 13:1a, Jos. Ant. XIV, 13:10] Als nun zwei Jahre später Barzaphanes , ein parthischer Statthalter, und Pacorus , der Sohn des Königs, Syrien erobert hatten, ließen sie sich durch das Versprechen von tausend Talenten und fünfhundert Frauen überreden, Antigonus in sein Königreich zurückzubringen und um Hyrkanos davon abzuhalten. So wurde Antigonus vom König der Parther nach Judäa zurückgebracht und nahm Hyrkanos und Phasaelus als Gefangene auf. Aus Angst davor, dass Hyrkanos, der unter der Obhut der Parther stand, sein Königreich durch die Menge wiederhergestellt bekommen könnte, schnitt Antigonus ihm die Ohren ab und hütete sich so vor der Möglichkeit, dass ihm das Hohepriestertum je wieder zuteil werden würde wurde verstümmelt, und das Gesetz verlangte, dass diese Würde nur denen zustehen sollte, deren Gliedmaßen intakt waren. Als Phasaelus erkannte, dass er getötet werden sollte, schlug er seinen Kopf gegen einen großen Stein und nahm sich dadurch das Leben.

[Nebenbemerkung: Jos. Jude. Krieg, I, 13:7, 8c, 14:1b, 2] Herodes machte sich jedoch bei Nacht auf den Weg und nahm diejenigen mit, die ihm am nächsten standen. Sobald die Parther es bemerkten, verfolgten sie ihn, aber als er bei jedem Angriff viele von ihnen getötet hatte, kam er zur Festung Masada und ließ dort achthundert seiner Männer zurück, um die Frauen zu bewachen ausreichender Proviant für eine Belagerung; aber er selbst eilte nach Petra in Arabien. Es gelang ihm jedoch nicht, eine Freundschaft unter den Arabern zu finden, denn ihr König sandte zu ihm und befahl ihm, das Land sofort zu verlassen. Als Herodes erkannte, dass die Araber seine Feinde waren, wandte er sich wieder an Ägypten. Und als er nach Pelusium kam , konnte er von denen, die bei der Flotte lagen, keinen Durchgang erhalten. Deshalb bat er ihre Anführer, ihn mit ihnen gehen zu lassen. Aus Respekt vor dem Ruhm und Rang des Mannes brachten sie ihn nach Alexandria. Und als er in die Stadt kam, wurde er von Kleopatra mit großem Glanz empfangen, die hoffte, er könnte überredet werden, der Befehlshaber ihrer Streitkräfte bei der Expedition zu sein, die sie unternehmen wollte. Aber er lehnte die Bitte der Königin ab und segelte nach Rom, wo er zunächst zu Antonius ging und ihm das Unglück vor Augen führte, das ihn und seine Familie heimgesucht hatte.

[Nebenbemerkung: Jos. Jude. Krieg, I, 14:4] Daraufhin erregte Antonius Mitleid wegen der Veränderung, die in den Angelegenheiten des Herodes eingetreten war, und so beschloss er, ihn zum König der Juden machen zu lassen. Herodes fand Caesar noch bereitwilliger als Antonius, weil er sich an die Feldzüge erinnerte, die er mit Herodes Vater Antipater in Ägypten unternommen hatte, und an seine gastfreundliche Behandlung und seinen guten Willen in allen Belangen. Außerdem erkannte er die Energie des Herodes. Daraufhin berief er den Senat ein. Dort stellten ihnen Messala und nach ihm Atratinus Herodes vor und schilderten den Römern ausführlich die Verdienste seines Vaters und seinen eigenen guten Willen. Auch Antonius kam herein und sagte ihnen, dass es für sie im Partherkrieg von Vorteil sei, dass Herodes König sei. Also gaben sie alle ihre Stimme dafür. Und als sich der Senat auflöste, zogen Antonius und Cäsar mit Herodes in ihrer Mitte aus. Auch Antonius veranstaltete am ersten Tag seiner Herrschaft ein Fest für Herodes.

[Nebenbemerkung: Jos. Jude. Krieg, I, 15:3 a,b , 4, 16:1] Herodes segelte dann von Italien aus und kam nach Ptolemais. Und sobald er ein beträchtliches Heer aus Fremden und eigenen Landsleuten versammelt hatte, marschierte er durch Galiläa gegen Antigonos. Die Zahl seiner Streitkräfte nahm mit jedem Tag zu, und ganz Galiläa schloss sich ihm bis auf wenige Ausnahmen an. Danach nahm Herodes Joppe ein und marschierte dann nach Masada, um seine Verwandten zu befreien. Dann marschierte er nach Jerusalem, wo sich die Soldaten des römischen Feldherrn Silo und viele aus der Stadt den seinen anschlossen, weil sie seine Macht fürchteten. Herodes blieb nicht untätig, sondern eroberte Idumäa und hielt es mit zweitausend Fußsoldaten und vierhundert Reitern. Er brachte auch seine Mutter und alle seine Verwandten, die in Masada gewesen waren, nach Samaria. Und als er sie sicher niedergelassen hatte, marschierte er, um die restlichen Teile Galiläas einzunehmen und die Garnisonen des Antigonos zu vertreiben.

[Nebenbemerkung: Jos. Jude. Krieg, I, 17:1] In der Zwischenzeit befanden sich die Schicksale des Herodes in Judäa in keinem günstigen Zustand. Er hatte seinem Bruder Joseph die volle Autorität überlassen, ihm aber befohlen, bis zu seiner Rückkehr keine Angriffe gegen Antigonos zu unternehmen. Als Josef aber hörte, dass sein Bruder in großer Entfernung war, missachtete er den erhaltenen Befehl und marschierte mit fünf Kohorten nach Jericho. Doch als seine Feinde ihn in den Bergen und an einem schwer zu passierenden Ort angriffen, wurde er getötet, da er tapfer in der Schlacht kämpfte, und alle römischen Kohorten wurden vernichtet.

[Nebenbemerkung: Jos. Jude. Krieg, I, 17:8, 9] Gegen Ende des Winters marschierte Herodes nach Jerusalem und führte sein Heer an die Mauer. Dies war das dritte Jahr, nachdem er in Rom zum König ernannt worden war. Also schlug er sein Lager vor dem Tempel auf, denn auf dieser Seite könnte es zu einer Belagerung kommen, und dort hatte Pompeius die Stadt nur knapp erobert. Dementsprechend teilte er die Arbeit unter der Armee auf, verwüstete die Vorstädte und gab den Befehl, drei Hügel zu errichten und auf diesen Hügeln Türme zu errichten. Doch er selbst ging nach Samaria, um die Tochter Alexanders, den Sohn des Aristobulos , zu heiraten, der zuvor mit ihm verlobt worden war. Und als er so verheiratet war, kehrte er mit einer größeren Armee nach Jerusalem zurück.

[Nebenbemerkung: Jos. Jude. Krieg, I, 18:1, 2c, 4a] Nun teilte sich die Menge der Juden, die in der Stadt waren, in mehrere Fraktionen. Denn die Menschen, die sich um den Tempel drängten, waren die schwächere Partei, wurden fanatisch und tobten wild über die Situation. Aber einige der kühneren Männer versammelten sich in Trupps und begannen auf vielfältige Weise zu rauben und vor allem die Vorräte zu plündern, die sich in der Umgebung der Stadt befanden, so dass weder für die Pferde noch für die Männer Essen übrig blieb. Nach einer fünfmonatigen Belagerung wagten sich einige der auserwählten Männer des Herodes auf die Mauer und fielen in die Stadt ein. Sie eroberten zunächst die Umgebung des Tempels, und als das Heer hereinströmte, kam es überall zu einem Abschlachten großer Menschenmengen, wegen der Wut, in der sich die Römer wegen der Länge der Belagerung befanden, und wegen der Juden, die Herodes umzingelten waren darauf bedacht, dass keiner ihrer Gegner zurückblieb. Daraufhin machte Herodes diejenigen, die auf seiner Seite standen, durch die Ehren, die er ihnen verlieh, noch mehr zu seinen Freunden; aber diejenigen aus Antigonus' Gruppe tötete er.

I. Der fruchtlose Kampf gegen Rom. Das erste Vierteljahrhundert der römischen Herrschaft war in vielerlei Hinsicht das komplexeste in der komplizierten Geschichte Israels. Es gab drei Hauptakteure in dem Drama: (1) Rom, zunächst vertreten durch die Führer der Republik und später durch Pompeius, Cäsar und ihre Nachfolger; (2) die von Aristobulus und seinem Sohn Alexander sowie Antigonus angeführte jüdische Volkspartei ; und (3) Antipater, unterstützt von seinen fähigen Söhnen Phasaelus und Herodes. Roms allgemeine Politik bestand darin, den Juden so viel Freiheit wie möglich zu gewähren, aber vor allem Palästina unter fester Kontrolle zu halten, denn es lag an der Ostgrenze und stand Parthien gegenüber, dem einzigen Feind, der der mächtigen Herrin des Mittelmeers erfolgreich getrotzt hatte. Die populäre jüdische Partei war über die Einmischung Roms erbittert. Zwar begrüßten die Pharisäer die Befreiung vom Bürgerkrieg, doch sie konnten die Mehrheit des Volkes nicht an der Leine halten. Der harmlose Hyrkanos blieb im Besitz des Hohepriestertums und wurde von Zeit zu Zeit in Positionen mit nomineller ziviler Autorität befördert, aber er war kaum mehr als ein Spielball der Umstände und Parteiintrigen. Die Ambitionen von Aristobulos und seinen Söhnen hielten Palästina in einem Zustand ständiger politischer Gärung. Dreimal in fünf Jahren stachelten sie die Juden zum Aufstand gegen Rom an. Der erste Aufstand fand 57 v. Chr. statt und wurde von Alexander angeführt. Er wurde schließlich vom römischen General nach Alexandria getrieben, der Festung mit Blick auf das mittlere Jordantal, und musste schließlich kapitulieren. Die drei großen Festungen Alexandria, Machaerus und Hyrcanium wurden niedergerissen und der jüdische Staat in fünf Bezirke aufgeteilt. Jeder von ihnen unterstand einem Gemeinderat, der aus den führenden Bürgern bestand. Diese berichteten direkt an den römischen Prokonsul. Um den jüdischen Nationalgeist noch weiter zu neutralisieren, wurden die hellenischen Städte in und um Palästina wiederhergestellt, erhielten ein hohes Maß an Unabhängigkeit und wurden direkt unter die Kontrolle des Vertreters Roms im Osten gestellt.

Der zweite Aufstand folgte schnell und wurde von Aristobulos angeführt . Er musste jedoch bald in der Festung Machaerus östlich des Toten Meeres Zuflucht suchen , wo er gefangen genommen und als Gefangener nach Rom zurückgeschickt wurde. Der dritte Aufstand wurde von Alexander angeführt. Es war noch schlimmer und am Ende katastrophaler, denn die Juden wurden in einer Schlacht in der Nähe des Berges Tabor deutlich besiegt. Die einzigen dauerhaften Folgen dieser Aufstände waren die Verschärfung des jüdischen

Hasses auf die römische Herrschaft und das zunehmende Misstrauen Roms gegenüber diesem rebellischen Volk. Es war dieser Verdacht, der es der Hohepriesterpartei später ermöglichte, den römischen Statthalter Pilatus zu zwingen, einen zu töten, den er für einen harmlosen galiläischen Bauern erkannte, nur weil ihm vorgeworfen wurde, den historischen Titel angenommen zu haben. König der Juden.

II. Antipaters Politik. Während des schwierigen ersten Vierteljahrhunderts der römischen Herrschaft gediehen Antipater und seine Familie, weil sie in jeder Wendung der politischen Geschicke Syriens in der Lage waren, sich für Rom immer nützlicher zu machen. In vielen kritischen Phasen gelang es ihm, die Juden vor dem Unglück zu bewahren und ihnen wertvolle Privilegien zu sichern. Es gibt eine gewisse Grundlage für Josephus' überhebliche Behauptung, er sei „ein Mann gewesen, der sich durch Frömmigkeit, Gerechtigkeit und Liebe zu seinem Land auszeichnete" (Jos. Ant. XIV, 11:4c).

Obwohl Hyrkanos nur ein Werkzeug in Antipaters Händen war, versuchte er nie, ihn abzusetzen, und behandelte ihn offenbar immer mit Respekt. Es war eine schwierige Aufgabe, die stürmische Zeit, in der Rom den Übergang von der republikanischen zur monarchischen Regierungsform vollzog, erfolgreich zu meistern. Als Crassus als Vertreter des Ersten Triumvirats kam, reichten die Gaben und das Fingerspitzengefühl des Antipaters nicht aus, um den Römer daran zu hindern, die Schätze des Tempels zu plündern.

Zum Glück für den Frieden in Judäa wurden während des darauf folgenden Bürgerkriegs zwischen Pompeius und Cäsar der abgesetzte jüdische König Aristobulos und sein Sohn Alexander hingerichtet. Nach der entscheidenden Schlacht von Pharsalia im Jahr 48 v. Chr. trat Antipater schnell für die Sache Caesars ein und leistete ihm wertvolle Dienste zu einer Zeit, als der große Römer von überwältigenden Kräften bedroht wurde. Durch seinen Einfluss auf die Menschen in Syrien und Ägypten und durch seine persönlichen mutigen Taten gewann er die Gunst, die Caesar ihm und dem jüdischen Volk überhäufte. Die von Gabinius eingeführte alte Gebietsteilung wurde abgeschafft, Hyrkanos wurde im Hohepriesteramt bestätigt und Antipatros zum Prokurator von Judäa ernannt. Joppe wurde dem jüdischen Staat zurückgegeben, die Gerusia , die Hauptversammlung der Juden, erhielt einige ihrer alten richterlichen Rechte, und es wurde die Erlaubnis erteilt, die Mauer Jerusalems wieder aufzubauen. Die Juden wurden auch von der Pflicht befreit, römische Soldaten zu unterstützen und den römischen Legionen zu dienen. Der Tribut wurde teilweise auch im Sabbatjahr erlassen, und die Juden Palästinas und des gesamten Römischen Reiches wurden in ihren religiösen Privilegien bestätigt. Damit erwies sich Caesar als Freund der Juden und schuf Präzedenzfälle, auf die sie sich in späteren Krisen häufig beriefen.

III. Frühe Aufzeichnungen des Herodes. Zu den vielen Belohnungen, die Antipater verliehen wurden, gehörte die Ernennung seines Sohnes Phasaelus zum Gouverneur von Jerusalem und seines jüngeren Sohnes Herodes zum Gouverneur von Galiläa. So erhielt Herodes schon als junger Mann Gelegenheit, sein Können und seine Energie unter Beweis zu stellen. Er ergriff sofort Maßnahmen, um die Räuberbanden niederzuschlagen, die Galiläa heimgesucht hatten, und richtete ihren Anführer Hiskias hin . Er gewann dadurch die Dankbarkeit der Galiläer und die Zustimmung Roms. Hyrkanos und der Sanhedrin in Jerusalem betrachteten diese Machtübernahme jedoch mit Argwohn und Besorgnis. Als Herodes vor sie gerufen wurde, erschien er in voller Militärrüstung und wurde von einer militärischen Gefolgschaft begleitet. Durch seine Kühnheit provoziert, hätte ihn der Sanhedrin zum Tode verurteilt, wenn nicht der örtliche römische Statthalter eingegriffen hätte. Das Vorgehen des Sanhedrins weckte den Rachegeist des Herodes, und bald darauf marschierte er mit seinen Truppen gegen Jerusalem und hätte die jüdischen Anführer getötet, wenn sein Vater ihn nicht davon abgehalten hätte.

Die Ermordung Caesars im Jahr 44 v. Chr. und die anschließende Schlacht von Philippi im Jahr 42 veränderten den politischen Horizont Palästinas. Antipater und seine Söhne folgten jedoch ihrer gewohnten Politik und schworen nacheinander ihre Treue gegenüber Cassius und Antonius, was zur Folge hatte, dass ihnen größere Ehren zuteil wurden. In dieser Krise ermordete Malichus , ein gewisser jüdischer Adliger, von Eifersucht und Misstrauen beseelt, seinen Rivalen Antipater auf verräterische Weise. Herodes revanchierte sich, indem er die Ermordung des Mörders anstiftete, doch schon bald wurde Judäa von einer Reihe von Katastrophen heimgesucht, die das Haus des Antipatros völlig auszulöschen drohten.

IV. Die parthische Eroberung. Während des Kampfes zwischen Antonius und den Attentätern von Julius Cäsar blieben die östlichen Außenposten Roms ungeschützt. Ihre alten Feinde, die Parther, nutzten diese Gelegenheit, um Nordsyrien einzunehmen. Ermutigt durch die Anwesenheit der Parther betrat Antigonos, der jüngere Sohn des Aristobulos , 41 v. Chr. Palästina. Mit Hilfe der Parther und der Herodesfeindlichen Juden gelang es ihm schließlich, sich als König zu etablieren. Antipater und Herodes' Bruder Phasaelus wurden Opfer des parthischen Verrats, und Herodes gelang es nach vielen Abenteuern, mit seiner Familie in die starke Festung Masada am südwestlichen Ende des Toten Meeres zu fliehen. Herodes überließ sie der Obhut seines Bruders Josef und fand nach vielen Entmutigungen und Wechselfällen schließlich den Weg nach Rom. Unglücklicherweise für die jüdische Unabhängigkeit fehlten Antigonos die wesentlichen Führungsqualitäten. Anstatt die Loyalität seiner Untertanen zu wecken, ging es ihm vor allem darum, sich an den Anhängern des Herodes und an allen zu rächen, die das Haus des Antipatros unterstützt hatten.

V. Herodes wurde zum König der Juden ernannt. Herodes reiste nach Rom, um auf die Ernennung von Aristobulos III., dem Enkel des Hyrkanos und Bruder von Herodes' verlobter Frau Mariamne , zum König von Judäa zu drängen. Antonius und Octavian, an die er sich wandte, waren zu Recht misstrauisch gegenüber den Überlebenden des Makkabäerhauses und schätzten die Dienste von Herodes und seinem Vater Antipatros. Daher boten sie ihm zu seiner völligen Überraschung die Königswürde an, und ihre Ernennung wurde vom Senat umgehend bestätigt. Die Geschichte bietet keinen seltsameren und dramatischeren Anblick als Herodes, den Idumäer, begleitet von Antonius und Octavian, der zum Jupitertempel auf dem Kapitolinischen Hügel ging, um im Zusammenhang mit seiner Annahme des historischen Titels „König der Juden“ Opfer darzubringen. Zunächst war es ein leerer Titel, aber die Energie von Herodes und die Ressourcen Roms reichten rechtzeitig aus, um ihn Wirklichkeit werden zu lassen. Im Frühjahr 39 v. Chr. landete Herodes in Ptolemais und begann mit der apathischen Hilfe der römischen Generäle in Palästina, die Juden zu organisieren, die sich um ihn versammelten. Als er die Mittelmeerküste entlang marschierte, gelang es ihm schließlich, seine in Masada belagerte Familie zu entlasten. Idumäa und Galiläa wurden dann unterworfen, und nach zwei Jahren des Kampfes gewann er eine wichtige Schlacht bei Isana , etwas nördlich von Bethel, die ihm den Besitz von ganz Judäa außer Jerusalem verschaffte. Der letzte Kampf um die Hauptstadt dauerte mehrere Monate, denn Antigonos und seine Anhänger erkannten, dass sie von Herodes und den Römern wenig Gnade erwarten konnten. Tausende Juden wurden abgeschlachtet, aber schließlich wurde der Tempel selbst eingenommen, und Herodes war tatsächlich und dem Namen nach König der Juden. Antigonos flehte vergeblich um Gnade. Die Römer wichen von ihrer üblichen Politik der Gnade gegenüber einheimischen Herrschern ab und ließen ihn zunächst als gewöhnlichen Verbrecher geißeln und dann schändlich enthaupten. So ging die Makkabäer-Dynastie, die im Ruhm aufgestiegen war, in Schande unter, ein deutliches Beispiel für den ewigen Grundsatz, dass selbstsüchtige Ambitionen und ungezügelte Leidenschaften in einem Einzelnen oder einer Familie früher oder später Schande und Zerstörung mit sich bringen. Während die Belagerung Jerusalems noch im Gange war, ging Herodes nach Norden nach Samaria und vollzog dort seine lange aufgeschobene Hochzeit mit Mariamne , der Tochter des Hyrkanos, und zog so teilweise die Loyalität an sich, die die Juden ihr so großzügig und katastrophal entgegengebracht hatten unwürdige Söhne von Alexander Janneus .

Abschnitt CXVIII. Politik und Herrschaft des Herodes

[Nebenbemerkung: Jos. Jude. Krieg, I, 19:1, 2a] Als nun der Krieg um Actium ausbrach, bereitete sich Herodes darauf vor, Antonius zu Hilfe zu kommen, wurde jedoch von Kleopatra auf hinterlistige Weise daran gehindert, die Gefahren des Antonius zu teilen, denn sie überredete Antonius, ihm zu vertrauen der Krieg gegen die Araber bis hin zu Herodes. Dieser Plan erwies sich jedoch für Herodes als vorteilhaft, denn er besiegte das Heer der Araber, obwohl es ihm starken Widerstand leistete.

[Nebenbemerkung: Jos. Jude. Krieg, I, 20:1] Nun war Herodes aufgrund seiner Freundschaft mit Antonius, der bei Actium von Caesar [Augustus] besiegt worden war, sofort um sein gesamtes Vermögen besorgt. Herodes beschloss jedoch, sich der Gefahr zu stellen: Er segelte nach Rhodos, wo Caesar sich damals aufhielt, und kam ohne sein Diadem und in der Kleidung und Gestalt einer Privatperson, aber im Geiste eines Königs zu ihm. Und er verbarg nichts von der Wahrheit, sondern sprach geradeheraus: „O Cäsar, ich wurde von Antonius zum König der Juden ernannt. Ich bekenne, dass ich ihm nützlich gewesen bin, und ich werde diese zusätzliche Tatsache auch nicht verheimlichen, was du tun würdest." Sicherlich habe ich mich in Waffen gefunden und ihm damit meine Dankbarkeit gezeigt, wenn mich die Araber nicht daran gehindert hätten. Ich bin mit Antonius überwältigt worden, und da ich das gleiche Vermögen wie er habe, habe ich mein Diadem abgelegt. Jetzt bin ich zu dir gekommen Ich setze meine Hoffnung auf Sicherheit auf Ihre Tugend und bitte Sie, darüber nachzudenken, wie treu und nicht wessen Freund ich gewesen bin."

[Nebenbemerkung: Jos. Jude. Krieg, I, 20:2] Caesar antwortete ihm wie folgt: „Nein, du wirst nicht nur in Sicherheit sein, sondern du wirst fester regieren als zuvor, denn du bist würdig, über viele Untertanen zu herrschen aufgrund der Standhaftigkeit deiner Freundschaft." Bemühen Sie sich, in der Stunde meines Erfolgs in Ihrer Freundschaft mit mir ebenso beständig zu bleiben, da ich aufgrund Ihres edlen Geistes die größten Hoffnungen habe. Ich versichere Ihnen daher, dass ich Ihnen das Königreich per Dekret bestätigen werde. Ich werde mich auch bemühen, dies zu tun Ich wünsche Ihnen im Folgenden noch eine weitere Freundlichkeit, damit Sie Antony nicht vermissen.

[Nebenbemerkung: Jos. Jude. Krieg, I, 20:3b-4a] Als Caesar danach über Syrien nach Ägypten zog, empfing ihn Herodes großzügig und königlich. Daher waren sowohl Cäsar als auch seine Soldaten der Meinung, dass Herodes' Königreich eine zu geringe Gegenleistung für das darstellte, was er getan hatte. Aus diesem Grund fügte Caesar nach seiner Rückkehr aus Ägypten die anderen Ehrungen des Herodes hinzu und vergrößerte auch sein Königreich, indem er ihm nicht nur das Land schenkte, das ihm von Kleopatra genommen worden war, sondern auch Gadara, Hippos und Samaria und auch die Küstenstädte Gaza, Anthedon , Joppa und Straton's

Tower. Er schenkte ihm auch vierhundert Gallier als Leibwache, die zuvor Kleopatra gehört hatten. Darüber hinaus fügte er seinem Königreich Trachonitis und das angrenzende Batanea sowie den Bezirk Auranitis hinzu .

[Nebenbemerkung: Jos. Jude. Krieg, I, 21:13] Nun hatte Herodes einen Körper, der seiner Seele entsprach, und war immer ein hervorragender Jäger, in diesem Sport hatte er aufgrund seiner Reitkunst im Allgemeinen großen Erfolg, denn an einem Tag fing er einmal vierzig wilde Tiere . Er war auch ein Krieger, dem man nicht widerstehen konnte. Viele staunten auch über seine Geschicklichkeit bei seinen Übungen, als sie sahen, wie er den Speer warf und den Pfeil direkt ins Ziel schoss . Zusätzlich zu diesen geistigen und körperlichen Vorteilen war ihm auch das Schicksal sehr günstig, denn im Krieg scheiterte er selten, und wenn er scheiterte, war er nicht selbst die Ursache, sondern es geschah entweder durch den Verrat von jemandem oder durch andere die Unbesonnenheit seiner eigenen Soldaten.

[Nebenbemerkung: Jos. Jude. Krieg, I, 21:1b, 4a] Herodes baute sich auch in Jerusalem in der Oberstadt einen Palast, der zwei sehr große und wunderschöne Gemächer enthielt, mit denen nicht einmal der Tempel zu vergleichen war. Eine Wohnung nannte er Caesareum und die andere Agrippeum [nach seinen Freunden Caesar Augustus und Agrippa]. Doch er bewahrte ihr Andenken nicht nur durch einzelne Gebäude und deren Namen, sondern seine Großzügigkeit erstreckte sich auch auf ganze Städte. Denn als er um eine Stadt im Bezirk Samaria eine wunderschöne, mehr als zwei Meilen lange Mauer baute und sechstausend Einwohner hineinbrachte und ihnen ein äußerst fruchtbares Gebiet zuteilte und inmitten dieser Stadt einen großen Tempel errichtete Für Augustus nannte er die Stadt Sebaste [von Sebastus , das Griechische von Augustus]. Und als Augustus ihm zusätzliches Territorium geschenkt hatte, baute er dort zu seinen Ehren in der Nähe der Jordanbrunnen auch einen Tempel aus weißem Marmor. Der Ort heißt Panium . Der König errichtete in Jericho weitere Gebäude und benannte sie nach denselben Freunden. Im Allgemeinen gab es in seinem Königreich keinen für diesen Zweck geeigneten Ort, der ohne etwas zu Ehren des Augustus bleiben durfte.

[Nebenbemerkung: Jos. Jude. War, I, 21:6a-8a] Und als er feststellte, dass es am Meer eine Stadt gab, die stark verfallen war, namens Straton's Tower, und dass der Ort aufgrund seiner schönen Lage durch ihn zu großen Verbesserungen fähig war Aus Ehrerbietung baute er alles aus weißem Stein wieder auf, schmückte es mit prächtigen Palästen und zeigte darin seine natürliche Großzügigkeit. Denn die ganze Meeresküste zwischen Dora und Ägypten (zwischen diesen Orten liegt die Stadt) hatte keinen guten Hafen, so dass jeder , der von Ägypten nach Phönizien segelte, wegen des Südwinds, der ihn bedrohte, gezwungen war, sich im Meer zu wälzen. Aber der König überwand mit großem Aufwand und Großzügigkeit die Natur und baute einen Hafen, der größer war als der von Piräus, und baute in seinen Nischen weitere tiefe Reeden. Er ließ Steine in einhunderteinundzwanzig Fuß tiefes Wasser fallen. Und als der Teil unterhalb des Meeres zugeschüttet war, verlängerte er die Mauer, die bereits über dem Meer lag, bis sie zweihundert Fuß lang war. Die Hafeneinfahrt lag im Norden, da der Nordwind dort der sanfteste aller Winde war. An der Hafenmündung befanden sich auf jeder Seite drei von Säulen getragene Kolosse. Und die Häuser, ebenfalls aus weißem Stein gebaut, lagen in der Nähe des Hafens, und die engen Gassen der Stadt führten dorthin hinunter und waren in gleichen Abständen voneinander gebaut. Und gegenüber der Hafeneinfahrt befand sich auf einer Anhöhe der Tempel des Cäsar Augustus, der sowohl an Schönheit als auch an Größe ausgezeichnet war, und darin befand sich eine kolossale Statue von Cäsar Augustus, so groß wie der olympische Zeus, dem er ähneln sollte, und eine Statue von Rom, die so groß ist wie die von Hera in Argos. Und er widmete die Stadt der Provinz und den Hafen denen, die dorthin segelten. Doch die Ehre, die Stadt zu gründen, schrieb er Caesar Augustus zu und nannte sie dementsprechend Caesarea. Er baute auch andere Gebäude, das Amphitheater, das Theater und den Marktplatz, die diesem Namen alle Ehre machten.

[Nebenbemerkung: Jos. Jude. Krieg, I, 21:9a-10a] Herodes war auch ein Liebhaber seines Vaters, denn er baute zum Gedenken an seinen Vater eine Stadt in der schönsten Ebene seines Königreichs [im unteren Jordantal], die Flüsse und Flüsse hatte Bäume in Hülle und Fülle und nannten es Antipatris . Er befestigte auch eine Festung, die über Jericho lag und sehr stark und schön war, und weihte sie seiner Mutter und nannte sie Cypros . Darüber hinaus weihte er seinem Bruder Phasaelus einen Turm in Jerusalem . Er baute auch eine weitere Stadt im Tal, das von Jericho nach Norden führt, und nannte sie Phasaelis . Als Denkmal für sich selbst baute er auf einem Berg in Richtung Arabien eine Festung und nannte sie nach sich selbst Herodium .

[Nebenbemerkung: Jos. Jude. Krieg, I, 21:11a] Und als er so viel gebaut hatte, zeigte er vielen fremden Städten die Größe seiner Seele. Er baute Turnhallen in Tripolis , Damaskus und Ptolemaios. Er baute eine Mauer um Byblus , Arkaden, Kolonnaden, Tempel und Marktplätze in Berytus und Tyrus sowie Theater in Sidon und Damaskus. Er baute auch ein Aquädukt für die Laodizäer, die am Meer lebten; und für die Bewohner von Ascalon baute er Bäder und kostbare Brunnen sowie umlaufende Kolonnaden, die sich durch ihre Kunstfertigkeit und Größe auszeichneten.

[Nebenbemerkung: Jos. Jude. Krieg, I, 22:1a, c-2b] Herodes begann jedoch wegen seiner Frau, die er sehr liebte, unglücklich zu werden. Denn als er das Königtum erlangte, ließ er sich von der aus Jerusalem stammenden Doris scheiden, die er als Privatmann geheiratet hatte, und heiratete Mariamne , die

Tochter Alexanders, des Sohnes des Aristobulos . Wegen Mariamne kam es in seiner Familie zu Unruhen, und zwar sehr bald, vor allem aber nach seiner Rückkehr aus Rom. Um seiner Söhne willen verbannte Mariamne Antipater, den Sohn der Doris. Danach erschlug er den Großvater seiner Frau, Hyrkanos, als dieser aus Parthien zu ihm zurückkehrte, weil er verdächtigt wurde, eine Verschwörung gegen ihn geplant zu haben. Von den fünf Kindern, die Herodes mit Mariamne hatte , waren zwei Töchter und drei Söhne. Der jüngste dieser Söhne starb, während er in Rom ausgebildet wurde, aber die beiden älteren Söhne behandelte er wie Prinzen, weil ihre Mutter einen ehrenvollen Rang hatte und weil sie geboren worden waren, nachdem er König geworden war. Aber was stärker war als all das, war die Liebe, die er Mariamne entgegenbrachte .

[Nebenbemerkung: Jos. Jude. Krieg, I, 22:2c-4] Aber Mariamnes Hass auf ihn war ebenso groß wie seine Liebe zu ihr. Sie hatte in der Tat einen berechtigten Grund zur Empörung über das, was er getan hatte, während ihre Redefreiheit das Ergebnis seiner Zuneigung zu ihr war. Deshalb machte sie ihm offen Vorwürfe für das, was er ihrem Großvater Hyrkanos und ihrem Bruder Aristobulos angetan hatte . Denn er hatte diesen Aristobulus nicht verschont , obwohl er noch ein Junge war, denn nachdem er ihm im Alter von siebzehn Jahren das Hohepriestertum verliehen hatte, ließ Herodes ihn sofort töten, nachdem er ihm diese Ehre verliehen hatte; Denn als Aristobulos die heiligen Gewänder anzog und sich bei einem Fest dem Altar näherte, weinte die versammelte Menge vor Freude. Daraufhin wurde der Junge nachts nach Jericho geschickt und dort auf Befehl des Herodes in einem Schwimmbad von den Galliern unter Wasser gehalten , bis er ertrank. Aus diesen Gründen machte Mariamne Herodes Vorwürfe und beschimpfte seine Schwester und seine Mutter aufs Schärfste. Er war stumm wegen seiner Zuneigung zu ihr, aber die Frauen waren überaus verärgert über sie und beschuldigten sie, untreu zu sein, weil sie dachten, dass dies am ehesten den Zorn des Herodes erregen würde. Als er daher eine Reise ins Ausland antreten wollte, vertraute er seine Frau Joseph an, dem Ehemann seiner Schwester Salome. Er gab ihm auch eine geheime Anweisung, dass Joseph Mariamne töten sollte, wenn Antonius ihn [Herodes] töten sollte . Aber Joseph offenbarte ihr dieses Geheimnis ohne böse Absicht und um die Liebe des Königs zu seiner Frau zu demonstrieren. Und als Herodes zurückkam und sie miteinander redeten, bekräftigte er ihr durch viele Schwüre seine Liebe und versicherte ihr, dass er noch nie eine andere Frau so geliebt habe wie sie. „Natürlich", sagte sie, „hast du mir deine Liebe bewiesen durch die Anweisungen, die du Joseph gegeben hast, als du ihm befohlen hast, mich zu töten!" Als Herodes hörte, dass dieses Geheimnis entdeckt worden war, war er wie ein verwirrter Mann und sagte, dass Joseph seine Anweisung niemals preisgegeben hätte, wenn er sie nicht verführt hätte. Von seiner Leidenschaft wahnsinnig gemacht, sprang er aus dem Bett und rannte wild durch den

Palast. Unterdessen verbesserte seine Schwester Salome die Gelegenheit zu falschen Anschuldigungen und zur Bestätigung des Verdachts gegenüber Joseph. Daher befahl Herodes in seiner unbändigen Eifersucht und Wut, beide sofort zu töten. Aber sobald seine Leidenschaft vorüber war, bereute er, was er getan hatte; und tatsächlich war sein leidenschaftliches Verlangen nach Mariamne so heiß, dass er nicht glauben konnte, dass sie tot war, aber in seiner Not redete er mit ihr, als ob sie noch am Leben wäre.

[Nebenbemerkung: Jos. Jude. Krieg, I, 23:1a, d, 2a, c-3a] Nun erbten Mariamnes Söhne den Hass ihrer Mutter; und als sie die Größe des Verbrechens des Herodes an ihr betrachteten, waren sie ihrem Vater gegenüber ebenso misstrauisch wie einem Feind gegenüber. Dieser Zustand verstärkte sich, je mehr sie zu Männern heranwuchsen. Und als Herodes mit Verleumdungen gegen sie vergiftet worden war, rief er Antipater, seinen Sohn von Doris, aus der Verbannung zurück, um sich gegen seine anderen Söhne zu verteidigen , und begann, ihn in jeder Hinsicht mit größerer Würde zu behandeln als sie. Aber diese Söhne konnten diese Veränderung nicht ertragen, denn als sie Antipatros, den Sohn einer Privatfrau, vorrücken sahen, konnte der Adel ihrer eigenen Herkunft ihre Empörung nicht zurückhalten. Denn Antipatros wurde bereits im Testament seines Vaters öffentlich als sein Nachfolger benannt. Die beiden Waffen, die er gegen seine Brüder einsetzte, waren Schmeichelei und Verleumdung, wodurch er die Angelegenheit privat so weit brachte, dass der König daran dachte, seine Söhne zu töten. So schleppte Herodes Alexander bis nach Rom mit sich und beschuldigte ihn vor Augustus, ihn vergiften zu wollen. Doch Alexander wehrte sich geschickt von den gegen ihn erhobenen Verleumdungen und brachte Augustus dazu, die Anschuldigungen zurückzuweisen und Herodes mit seinen Söhnen zu versöhnen auf einmal. Danach kehrte der König aus Rom zurück und schien seine Söhne von diesen Anschuldigungen freigesprochen zu haben, aber er war dennoch nicht ohne Argwohn, denn Antipater, der den Hass verursacht hatte, begleitete sie. Aber er zeigte seine Feindschaft ihnen gegenüber nicht offen, denn er hatte Ehrfurcht vor dem, der sie versöhnt hatte. Aber die Meinungsverschiedenheiten zwischen den Brüdern begleiteten sie immer noch, und das Misstrauen, das sie gegeneinander hegten, wurde immer schlimmer.

[Nebenbemerkung: Jos. Jude. Krieg, I, 24:1a, 27:1, 2a, 6b] Alexander und Aristobulos waren sehr verärgert darüber, dass Antipater das Privileg des Erstgeborenen bestätigt wurde, und Antipater war sehr wütend, weil seine Brüder seine Nachfolge antreten sollten. Darüber hinaus schürte Salome die Grausamkeit des Herodes gegenüber seinen Söhnen, denn Aristobulos wollte sie, seine Schwiegermutter und Tante, in die gleichen Gefahren bringen wie ihn selbst. Also sandte er zu ihr, um ihr zu raten, sich zu retten, und teilte ihr mit, dass der König vorhabe, sie zu töten. Da lief Salome zum König und teilte ihm die Warnung mit. Daraufhin konnte Herodes sich nicht länger zurückhalten, sondern ließ seine beiden Söhne binden, hielt sie voneinander fern und sandte eilig schriftliche Anklagen gegen sie an Augustus. Augustus war sehr besorgt über die jungen Männer, aber er glaubte nicht, dass er einem Vater die Macht über seine Söhne nehmen sollte. Also schrieb er ihm zurück und gab ihm die volle Autorität über seine Söhne und sagte, er täte gut daran, die Verschwörung durch einen gemeinsamen Rat zu prüfen, der aus seinen eigenen Verwandten und den Gouverneuren seiner Provinz und wenn auch seiner Provinz bestehe Söhne wurden für schuldig befunden, sie zu töten. Herodes folgte diesen Anweisungen. Dann schickte er seine Söhne nach Sebaste und befahl, sie dort zu erwürgen. Nachdem seine Befehle sofort ausgeführt worden waren, befahl er, ihre Leichen in die Festung von Alexandrium zu bringen .

[Nebenbemerkung: Jos. Jude. Krieg, I, 28:1a, 29:2c] Aber ein unüberwindlicher Hass gegen Antipater erhob sich in der Nation, da er einen unbestreitbaren Anspruch auf die Nachfolge hatte, weil sie genau wussten, dass er derjenige war, der alle Verleumdungen gegen ihn geplant hatte seine Brüder. Später erhielt er von seinen italienischen Freunden die Erlaubnis, nach Rom zu gehen und dort zu leben. Denn als sie schrieben, dass es angemessen sei, Antipater nach einiger Zeit zu Augustus zu schicken, zögerte Herodes nicht, sondern schickte ihn mit einem prächtigen Gefolge und einer großen Geldsumme und übergab ihm sein Testament zum Mitnehmen, in dem Antipater als geschrieben stand König.

[Nebenbemerkung: Jos. Jude. Krieg, I, 30:5a, 31:1a] Und nach dem Tod von Herodes' Bruder Pheroras widmete sich der König der Untersuchung des Verwalters seines Sohnes Antipater ; und als er ihn folterte, erfuhr er, dass Antipatros aus Ägypten einen Trank mit tödlichem Gift für ihn geschickt hatte und dass der Onkel von Antipatros ihn von ihm erhalten und an Pheroras übergeben hatte , denn Antipatros hatte ihm aufgetragen, seinen Vater, den König, zu vernichten. während [Antipater] in Rom war, und ihn so von dem Verdacht befreien, es selbst zu tun. Auch der Freigelassene von Antipater wurde vor Gericht gestellt, und er war der endgültige Beweis für Antipaters Absichten. Dieser Mann kam und brachte einen weiteren tödlichen Trank mit dem Gift von Ottern und anderen Schlangen, damit, wenn der erste Trank seinen Zweck nicht erfüllte, Pheroras und seine Frau damit auch gegen den König bewaffnet wären.

[Nebenbemerkung: Jos. Jude. Krieg, I, 33:1, 7, 8a] Nun wurde die Krankheit des Herodes immer schlimmer, weil ihn im Alter und in seiner melancholischen Verfassung verschiedene Krankheiten befielen, denn er war bereits fast siebzig Jahre alt und war es auch deprimiert durch die Katastrophen, die ihm im Zusammenhang mit seinen Kindern widerfahren waren, so dass er selbst bei guter Gesundheit keine Freude am Leben hatte.

Die Tatsache, dass Antipater noch am Leben war, verschlimmerte seine Krankheit, und er zog es vor, ihn zu vernichten, nicht zufällig, sondern indem er ihn völlig vernichtete. Als Briefe von seinen Gesandten in Rom eintrafen, in denen es hieß, Antipater sei zum Tode verurteilt worden, war Herodes für kurze Zeit wieder heiter; Doch als er bald von seinen Schmerzen überwältigt wurde, versuchte er, dem Schicksal zuvorzukommen, und dies, weil er durch Nahrungsmangel und einen krampfartigen Husten geschwächt war. Deshalb nahm er einen Apfel und bat um ein Messer, denn er pflegte seine Äpfel zu schälen, bevor er sie aß. Dann blickte er sich um, stellte fest, dass ihn niemand hinderte, und hob seine rechte Hand, als wollte er sich selbst erstechen. Doch Achiabus , sein Cousin, rannte auf ihn zu und hielt ihn an der Hand und hinderte ihn daran. Sofort erhob sich im Palast ein großes Wehklagen, als läge der König im Sterben, und sobald Antipatros das hörte, fasste er Mut und bat seine Wächter voller Freude um eine Geldsumme, um ihn freizulassen und gehen zu lassen . Doch der Oberaufseher des Gefängnisses verhinderte das nicht nur, sondern rannte auch los und teilte dem König mit, was er vorhatte. Daraufhin schrie der König lauter, als seine Krankheit ertragen konnte, und schickte sofort einige seiner Leibwächter und ließ Antipater töten. Er gab auch den Befehl, ihn in Hyrkanium begraben zu lassen , änderte sein Testament erneut und ernannte darin Archelaus, seinen ältesten Sohn, und den Bruder von Antipas, zu seinem Nachfolger, und ernannte Antipas zum Tetrarchen. Nachdem Herodes den Tod seines Sohnes nur fünf Tage überlebt hatte, starb er, nachdem er vierunddreißig Jahre lang regiert hatte, seit er die Kontrolle über die Angelegenheiten erlangt hatte; aber es war siebenunddreißig Jahre her, seit er von den Römern zum König ernannt worden war.

I. Der Charakter des Herodes. Der Charakter des Herodes ist vergleichsweise leicht zu verstehen, denn er ist elementar und in der Geschichte immer wiederkehrend. Wir in Amerika kennen diesen Typus, der durch unsere skrupellosen Industriekapitäne oder politischen Chefs repräsentiert wird — energisch, körperlich stark, schlau, unerbittlich gegenüber allen, die ihre Pläne zu durchkreuzen drohen, geschickt in der Organisation, nicht besorgt um die Richtigkeit ihrer Methoden , vorausgesetzt, sie entkommen den Strapazen des Gesetzes, sind in der Lage, Männer zu befehligen und große politische Maßnahmen erfolgreich durchzuführen. Sie sind nicht ohne persönliche Anziehungskraft, denn es ist instinktiv, das zu bewundern, was groß und leistungsfähig ist. Viele von ihnen leisten auch dauerhafte Beiträge zum Aufbau der Nation. Auch die orientalische Geschichte ist voller Analogien: Nebukadnezar , Cyrus, Alexander und in jüngerer Zeit Mohammed Ali aus Ägypten. Herodes war größtenteils das Produkt seines Erbes und seiner Ausbildung. Sein Vater Antipater hatte ihn gelehrt, die Juden mit heimlicher, aber gut versteckter Verachtung zu betrachten und Aristobulos und seine ehrgeizigen Söhne zu hassen. Seine Religion war die

Loyalität gegenüber Rom, denn dies bedeutete Reichtum und Erfolg. Er freute sich über die öffentliche Anerkennung und sein Ziel war es, als großer Baumeister bekannt zu werden. Wie bei dieser Art von Mann war er ein natürlicher Tyrann. Macht war seine vorherrschende Leidenschaft, und er betrachtete jeden mit äußerstem Misstrauen, der ihm diese Macht nehmen könnte. In dieser Hinsicht gaben die damaligen Herrscher des Römischen Reiches ein Beispiel, dem er nicht zögerte, zu folgen. Sein idumäisches und arabisches Blut floss heiß und wild durch seine Adern. Es war eine Zeit, in der die moralischen Maßstäbe äußerst niedrig waren und Herodes nie lernte, seine Leidenschaften zu beherrschen. Die orientalische Institution des Harems gab ihm volle Freiheit, und er lebte und liebte, während er kämpfte und regierte – vehement. Ein solcher Mann ist besonders anfällig für Schwächen und Verbrechen, die aus Eifersucht entstehen, und der Einfluss seiner Familie und seines Hofes verstärkte diese fatalen Fehler.

Herodes ist nicht ohne attraktive Eigenschaften. Ein Mann, der in der Lage ist, Großes zu leisten und den Titel „Großartig" zu gewinnen, ist nie alltäglich. Indem er Palästina die Vorteile einer starken und stabilen Regierung verschaffte , leistete er einen echten Dienst. In seiner Liebe zu Mariamne und den Söhnen, die sie ihm gebar, wurde er von einer Leidenschaft beherrscht, die ihn eine Zeit lang veredelte. Darüber hinaus zahlte Herodes wie jeder Mensch, der die Freuden des uneigennützigen Dienstes für seine Mitmenschen nicht genießt, die bittere Strafe für seinen eigenen ungezügelten Egoismus. Er erweckt eher Mitleid als Denunziation. Er hat nie das Leben gefunden, weil er nie gelernt hat, sein Leben im Dienst seines Volkes zu verlieren.

II. Seine Einstellung zu Rom. Die Politik des Herodes bestand in der Loyalität gegenüber dem Mann, der zu diesem Zeitpunkt Rom regierte, um jeden Preis. Während der ersten Hälfte seiner Regierungszeit war Antonius' Macht im östlichen Mittelmeer noch im Aufwind. Trotz der mächtigen Intrigen Kleopatras gelang es Herodes, die Gunst seines Gönners zu wahren. Als die Schlacht von Actium im Jahr 32 v. Chr. die Schwäche des Antonius offenbarte, gab Herodes sofort seine Treue auf, und sein Verrat war eine der Hauptursachen, die Antonius in den Selbstmord trieb. Octavian, der fortan unter dem Titel Augustus die vollständige Herrschaft über Rom erlangte, erkannte in Herodes einen wertvollen Diener. Herodes' Titel als König der Juden wurde bestätigt, und Augustus vergrößerte nach und nach sein Territorium, bis es praktisch ganz Palästina umfasste, mit Ausnahme einiger griechischer Städte an der Küste und östlich des Jordan. Herodes hatte die Aufgabe, den Frieden in dem ihm anvertrauten Land zu bewahren und die Ostgrenze des Reiches vor seinen parthischen Feinden zu schützen. Diese Aufgabe erfüllte er treu.

III. Seine Bautätigkeit. Der Geist und die Politik des Augustus spiegelten sich deutlich am Hof und im Königreich des Herodes wider. Als seine Position gefestigt war, widmete sich Herodes großartigen Bauvorhaben. In Antiochia, Athen und Rhodos errichtete er große öffentliche Gebäude. Jerusalem, seine Hauptstadt, erhielt ein Theater und ein Amphitheater sowie andere Gebäude, die die griechisch-römischen Städte dieser Zeit charakterisieren. Die beiden krönenden Errungenschaften der Herrschaft des Herodes waren der Wiederaufbau von Samaria und Cäsarea als Hafen an der Mittelmeerküste. Beide Städte wurden zu Ehren seines Gönners Augustus umbenannt. Auf der Akropolis von Samaria errichtete er einen riesigen römischen Tempel, dessen Fundamente kürzlich von amerikanischen Ausgräbern freigelegt wurden. Die Stadt selbst war von einer über eine Meile langen Kolonnade umgeben, die aus sechzehn Fuß hohen Säulen bestand. Cäsarea war wie Samaria mit prächtigen öffentlichen Gebäuden geschmückt, darunter einem Tempel, einem Theater, einem Palast und einem Amphitheater . Der große Wellenbrecher mit einer Breite von 60 Metern, der ins offene Meer mündete, war eine der größten Errungenschaften dieser Bauzeit. Durch diese Taten gewann Herodes noch mehr die Gunst des Augustus und die Bewunderung der östlichen Welt.

IV. Seine Einstellung gegenüber seinen Untertanen. Der Frieden, den Herodes nach Palästina brachte, wurde mit der Spitze des Schwertes erkämpft. Die Angst, die er vor seinen Untertanen empfand, wurde nur von der Angst übertroffen, die er ihnen einflößte. Er war skrupellos und gnadenlos dabei, alle möglichen Rivalen niederzuschlagen. Die heimtückische Ermordung von Aristobulos III., dem Enkel des Hyrkanos, und zuletzt die Ermordung des harmlosen und verstümmelten Hyrkanos gehören zu den dunkelsten Taten in der blutigen Herrschaft des Herodes. Die Macht des Sanhedrin , der nationalen Vertretungskörperschaft der Juden, wurde fast vollständig zerschlagen. Der Politik des Augustus folgend, entwickelte Herodes ein komplexes Spionagesystem, so dass er wie ein orientalischer Tyrann seine Untertanen mit zwei Armeen regierte: den Spionen, die im Geheimen wachten, und den Soldaten, die sie offen bewachten. Seine aufwendigen Bauvorhaben führten dazu, dass er seinem Volk eine fast unerträgliche Steuerlast aufbürdete, und doch war Herodes' Herrschaft für das einfache Volk eine Zeit des vergleichsweisen Friedens und Wohlstands. Endlich wurden sie von zerstörerischen Kriegen befreit und konnten die großen landwirtschaftlichen und kommerziellen Ressourcen des Landes erschließen. Während Herodes außerhalb von Judäa heidnische Tempel baute, bewachte er treu den Tempel von Jerusalem und achtete darauf, die religiösen Vorurteile seiner Untertanen nicht außer Kraft zu setzen. Seine Maßnahmen zur Linderung ihres Leidens in Zeiten der Hungersnot offenbaren eine Großzügigkeit, die ihn unter einem besseren

Umfeld und einer besseren Ausbildung zu einem gütigen Herrscher hätte machen können.

V. Die Tragödie seines häuslichen Lebens. Die Charakterschwäche des Herodes kommt am deutlichsten in seinem häuslichen Leben zum Ausdruck. Zweifellos liebte er die schöne Makkabäerprinzessin Mariamne mit der ganzen Leidenschaft, die seiner gewalttätigen Natur entsprach. Es war jedoch eine Art Liebe, die leicht in gefühllose Eifersucht übergeht. Als er Judäa kurz vor der Schlacht von Actium verließ und später Octavian entgegenging, ließ er seine Frau Mariamne in einer starken Festung einsperren. Leider war Herodes, wie die meisten Despoten, nicht in der Lage, die Dienste treuer Anhänger in Anspruch zu nehmen. Die Entdeckung von Herodes' Misstrauen ihr gegenüber erweckte den herrischen Geist Mariamnes . Sie wurde auch Opfer der Intrigen seiner eifersüchtigen Familie. Die Menschheitsgeschichte stellt keine größere Tragödie dar als die, dass Herodes die einzige Frau tötete, die er wirklich liebte, und später Opfer seines eigenen Verdachts und der Intrigen seines Sohnes Antipatros wurde und schließlich die königliche Erlaubnis erhielt, die beiden edlen Söhne zu töten den ihm Mariamne geboren hatte. Es gibt in der Geschichte kaum einen bemitleidenswerteren Anblick als Herodes in seinem Alter, der von den meisten seiner Untertanen gehasst wurde, von den Mitgliedern seiner eigenen Familie in die Irre geführt wurde, der Mörder derer war, die er am meisten liebte und der seine einzige Befriedigung darin fand, ihn zu töten Er tötete seinen Sohn Antipatros, der ihn verraten hatte, und plante in seinen letzten Stunden, wie er durch die Ermordung Hunderter seiner Untertanen weitverbreitete Klagen erregen könnte.

VI. Auswirkungen der Herrschaft des Herodes. Eines der Hauptergebnisse der Politik und Herrschaft des Herodes war die vollständige Auslöschung des Makkabäerhauses. Das Motiv und die Methode des Herodes waren durch und durch niederträchtig, aber für das jüdische Volk war das Ergebnis von Vorteil, denn es beseitigte eine der aktivsten Ursachen jener selbstmörderischen Aufstände, die für die Juden verheerende Folgen hatten, und brachte sie unter den Verdacht und die eiserne Herrschaft Roms. Mit seiner harten Hand beendete Herodes auch den Parteistreit, der das einheimische jüdische Königreich untergraben und Tausenden von Juden Verlust und Leid gebracht hatte. Den Pharisäern und Sadduzäern wurde schließlich die Lektion erteilt, nicht zu den Waffen zu greifen, so unterschiedlich sie auch sein mögen. Indem er die Pharisäer aus dem öffentlichen Leben entfernte, konzentrierte Herodes ihre Energie darauf, ihre zeremoniellen Vorschriften zu entwickeln und das Volk zu unterweisen. So gewann der Einfluss der Pharisäer bei der großen Mehrheit der Juden an erster Stelle. Als Herodes seine Herrschaft über ganz Palästina ausdehnte, brachte er die über das gesamte Gebiet verstreuten Juden in enge

Beziehungen und stärkte so die Bande von Rasse und Religion. Beim Bau der Tempel betonte er auch die zeremonielle Seite ihres religiösen Lebens und zentralisierte es, so dass selbst die Juden der Zerstreuung fortan ihre jährliche Tempelsteuer zahlten, häufig nach Jerusalem pilgerten und sich als Teil der Nation betrachteten. Darüber hinaus brachte Herodes seinem Volk Frieden und Wohlstand und verschaffte den Juden einen ehrenvollen Platz in der Rolle der Nationen. Obwohl seine Karriere von vielen unverzeihlichen Verbrechen geprägt war, erwies er sich im Großen und Ganzen als ein Erbauer und eher als Freund denn als Feind der Juden.

Abschnitt CXIX. HERODES-TEMPEL

[Randbemerkung: Jos. Ant. XV, 11:1a] Nun unternahm Herodes im achtzehnten Jahr seiner Herrschaft ein sehr großes Werk, nämlich den Tempel Gottes auf eigene Kosten wieder aufzubauen, seinen Umfang zu vergrößern und ihn auf a zu erhöhen prächtigere Höhe. Er dachte zu Recht, dass die Vollendung des Tempels das herrlichste aller seiner Werke sein würde und dass es als ewiges Denkmal ausreichen würde.

[Randbemerkung: Jos. Ant. XV, 11:2c] Und er bereitete tausend Wagen vor, um Steine zu bringen, wählte zehntausend der geschicktesten Arbeiter aus, kaufte tausend Priestergewänder für ebenso viele Priester und ließ einige von ihnen lehren, wie man als Baumeister arbeitet, und andere als Tischler. Dann begann er mit dem Bau, aber erst, als alles für die Arbeit gut vorbereitet war.

[Randbemerkung: Jos. Ant. XV, 11:3a-c] Und Herodes nahm die alten Fundamente auf und legte andere. Auf diesen Fundamenten errichtete er einen Tempel: Seine Länge betrug einhundert Ellen und seine Höhe zusätzlich zwanzig Ellen. Nun wurde der Tempel aus weißen und starken Steinen gebaut. Jedes war etwa fünfundzwanzig Ellen lang, acht Ellen hoch und zwölf Ellen breit. Die gesamte Tempelanlage an den Seiten lag viel tiefer, ebenso wie die königlichen Kolonnaden; aber der Tempel selbst war viel höher und war über viele Stadien hinweg im umliegenden Land sichtbar. Am Eingang befanden sich Türen, die so hoch waren wie der Tempel selbst, mit Stürzen darüber. Diese Türen waren mit bunten Schleiern geschmückt, in die Säulen und violette Blumen eingewebt waren. Darüber, aber unter dem Kranzwerk, war ein goldener Weinstock ausgebreitet, dessen Zweige weit herabhingen und dessen große Größe und feine Kunstfertigkeit für diejenigen, die ihn sahen, ein Wunder war.

[Randbemerkung: Jos. Ant. XV, 11:3f-l] Herodes baute auch sehr große Kolonnaden rund um den Tempel, um sie proportional zu machen. Er übertraf mit seinem verschwenderischen Geldaufwand alle seine Vorgänger. Die Kolonnaden waren von einer großen Mauer umgeben. Der Hügel, auf dem der Tempel stand, war felsig und stieg allmählich östlich der Stadt bis zu seinem höchsten Punkt an. Am Boden, der von einem tiefen Tal umgeben war, legte er mit Blei zusammengebundene Steine nieder. Er schnitt auch einige der inneren Teile ab und trug die Mauer in eine große Höhe, bis die Größe und Höhe des quadratischen Bauwerks immens war und bis die große Größe der davor liegenden Steine an der Außenseite sichtbar war. Die inneren Teile wurden mit Eisen zusammengehalten und die Gelenke blieben für alle Zeiten unbeweglich. Als dieses Werk bis zur Spitze des Hügels zusammengefügt war, vollendete er die obere Oberfläche, füllte die Hohlräume rund um die Mauer aus und machte sie oben eben und glatt. Innerhalb dieser Mauer befand sich ganz oben eine weitere Steinmauer, die im Osten eine doppelte Kolonnade von der gleichen Länge wie die Mauer hatte. Im Inneren befand sich der Tempel selbst. Diese Kolonnade lag gegenüber der Tür des Tempels und war bereits von vielen Königen geschmückt worden. Rund um den gesamten Tempel wurden die Beute der barbarischen Nationen befestigt. Alle diese wurden von Herodes dem Tempel geweiht, der die von den Arabern genommenen hinzufügte.

[Randbemerkung: Jos. Ant. XV, 11:4a, d] Nun wurde in einem Winkel an der Nordseite des Tempels eine Zitadelle errichtet, gut befestigt und von außerordentlicher Stärke. Diese Zitadelle war vor Herodes von den Königen und Hohepriestern der hasmonäischen Rasse erbaut worden und sie nannten sie den Turm. Darin wurden die Gewänder des Hohepriesters aufbewahrt, die er nur dann anzog, wenn er Opfer darbringen sollte. Herodes befestigte diesen Turm stärker als zuvor, um den Tempel sicher zu schützen, und gab dem Turm den Namen Antonia, um Antonius, seinen Freund und römischen Herrscher, zufrieden zu stellen.

[Randbemerkung: Jos. Ant. XV, 11:5a-g] An der Westseite der Tempelanlage befanden sich vier Tore; Eine führte zum Königspalast, zwei weitere führten in die Vororte der Stadt und die vierte führte über viele Stufen hinab ins Tal und auf der anderen Seite hinauf zum Eingang zum anderen Teil der Stadt. Die vierte Vorderseite des Tempels, die im Süden lag, hatte Tore in der Mitte; Vor dieser Front befanden sich die drei königlichen Kolonnaden, die vom Tal im Osten bis zum Tal im Westen reichten. Diese Kolonnaden zeichneten sich vor allem durch ihre große Höhe aus, was eher darauf zurückzuführen war, dass der Hügel an ihrer Basis abrupt in ein sehr tiefes Tal abfiel. Es gab vier Säulenreihen, die nebeneinander angeordnet waren. Der vierte wurde in die Steinmauer eingebaut. Jede Säule war etwa sieben Meter hoch, hatte eine doppelte Spirale an der Basis und war so dick, dass drei Männer, die sich an den Händen hielten, gerade noch um sie herumgreifen konnten. Die Zahl der Säulen betrug einhundertzweiundsechzig. Die Säulen hatten korinthische Kapitelle, die aufgrund ihrer Schönheit große Bewunderung bei denen hervorriefen, die sie sahen. Diese vier Säulenreihen bildeten drei parallele Gehräume. Zwei dieser parallelen Wege waren zehn Meter breit, sechshundertsechs Fuß lang und fünfzig Fuß hoch, während der mittlere

Weg wiederum halb so breit und doppelt so hoch war. Die Dächer waren mit tiefen Skulpturen aus Holz geschmückt, die viele verschiedene Dinge darstellten; die Mitte war viel höher als die übrigen, und die Vorderwand, die aus poliertem Stein bestand, war mit Balken geschmückt, die auf Säulen in den Stein eingelassen waren.

[Randbemerkung: Jos. Ant. XV, 11:5h, i] Das zweite Gehege, das über ein paar Stufen hinauf zu erreichen war, lag nicht sehr weit innerhalb des ersten. Diese innere Umzäunung hatte eine Steinmauer als Trennwand. Der Zutritt zu dieser Mauer war jedem Fremden unter Androhung der Todesstrafe verboten. Diese innere Umfriedung hatte an ihrer Nord- und Südseite drei voneinander beabstandete Tore. Im Osten gab es jedoch ein großes Tor, durch das diejenigen von uns, die zeremoniell rein waren, mit unseren Frauen eintreten konnten. Innerhalb dieses Geheges befand sich ein weiteres für Frauen verbotenes. Noch weiter innen gab es einen dritten Hof, den nur der Priester betreten konnte. Innerhalb dieses Hofes befand sich der Tempel selbst; davor war der Altar, auf dem wir Gott Opfer und Brandopfer darbringen.

[Si bezeichnen: Jos. Ant. XV, 11:5k, 6] Herodes selbst übernahm die Leitung der Arbeiten an den Kolonnaden und Außenanlagen; diese baute er in acht Jahren. Aber der Tempel selbst wurde vom Priester in einem Jahr und fünf Monaten gebaut. Daraufhin war das ganze Volk voller Freude und dankte erstens Gott für die Schnelligkeit, mit der es fertig wurde, und zweitens für den Eifer, den der König gezeigt hatte. Sie feierten und feierten den Wiederaufbau des Tempels; Der König opferte Gott dreihundert Ochsen, ebenso wie die anderen, jeder nach seinen Fähigkeiten. Die Zeit dieser Feier der Arbeiten am Tempel fiel auch auf den Tag der Amtseinführung des Königs, den das Volk üblicherweise als Fest feierte. Das Zusammentreffen dieser Jubiläen machte das Festival zu etwas ganz Besonderem.

I. Die Motive des Herodes. Es ist nicht schwer, die Gründe zu erkennen, die Herodes dazu veranlassten, mit dem Wiederaufbau des Tempels zu beginnen. Das wichtigste davon war zweifellos der Wunsch, die Zustimmung seines Meisters Augustus noch weiter zu gewinnen. Es ist auch ein Merkmal eines Mannes vom Schlage des Herodes, dass er versucht, durch die Großzügigkeit seiner öffentlichen Gaben die Zustimmung der Bevölkerung zu gewinnen. Während seiner gesamten Regierungszeit war er sich des Misstrauens seiner jüdischen Untertanen schmerzlich bewusst. Er vertraute darauf, und das Ereignis bewies die Weisheit seines Urteils, dass er sie versöhnen könnte, indem er ihnen das gab, worüber sich ihr Interesse am natürlichsten erregte. Die Methoden, die er beim Bau des Tempels anwendete, zeigen deutlich, dass dies eines seiner Hauptmotive war. Er befriedigte auch die Liebe zum Bauen, die in vielen Städten Palästinas und des östlichen Mittelmeerraums Ausdruck gefunden hatte. Er wollte sich ein großes Denkmal errichten, und in dieser Hoffnung wurde er nicht enttäuscht, denn spätere Generationen dachten weiterhin voller Dankbarkeit an ihn wegen des Tempels, der seinen Namen trug.

II. Vorbereitungen für den Wiederaufbau des Tempels. Der Bau des Herodes-Tempels begann im Jahr 20 oder 19 v. Chr. und wurde erst einige Jahre vor seiner Zerstörung im Jahr 70 n. Chr. vollständig fertiggestellt. Die Aufgabe an sich war schwierig, denn im Norden verhinderte die Stadt die Erweiterung des Tempelgeländes und im Im Süden fiel der Hügel schnell in Richtung der Kreuzung der Tyropoean- und Kidron-Täler ab. Herodes begegnete der Schwierigkeit, indem er im Süden riesige Steinkonstruktionen errichtete, die sich bis zu einer Höhe von 20 bis 30 Meter über den jungfräulichen Felsen erhob. Um Baumaterial einzusparen, baute er die riesigen unterirdischen Gewölbe und Bögen, die heute als Salomos Ställe bekannt sind. So erweiterte er mit großem Aufwand an Arbeit und Reichtum die Tempelfläche nach Süden, bis sie doppelt so groß war wie die Fläche, die Salomos Tempel umgab. Es war auch wichtig, die zeremoniellen Skrupel der Juden in allen Einzelheiten zu berücksichtigen. Zu diesem Zweck wurde eine kleine Armee von Priestern zu Maurern und Zimmerleuten ausgebildet, um die Arbeiten in unmittelbarer Nähe des Tempels auszuführen. Um den antiken Tempel in Proportionen mit den übrigen Gebäuden zu bringen, wurde vor ihm im Osten eine riesige Veranda oder Fassade errichtet, die laut Josephus eine Höhe von 120 Fuß erreichte. Für das Dach, das die Veranden bedeckte, brachte er offenbar Zedernholz aus dem fernen Libanon mit. Nur wenn ihm alle Ressourcen des Königreichs zur Verfügung standen, war es möglich, dieses gewaltige Unterfangen durchzuführen.

III. Die Zugänge zum Tempel. Der gesamte Tempelbereich hatte eine rechteckige Form, etwa zwölfhundert Fuß lang und sechshundert Fuß breit. Die Hauptanflüge erfolgten im Süden und Westen. Von Norden her öffnete sich ein kleines Tor, durch das Opfertiere sofort in den Tempelbezirk eingeführt wurden. Das einzige Tor im Osten, das ins Kidron-Tal führte, lag offenbar gegenüber dem Osteingang des Tempels. Die beiden Tore im Süden öffneten sich zur Stadt Davids. Das eine war ein Doppeltor mit einer Schräge, das in den Tempelbereich führte, und das andere, weiter östlich, war ein Dreifachtor. Die Hauptanflüge erfolgten von Westen. Das südliche davon war ein niedriges Viadukt, das das Kidron-Tal überspannte und von dort über Stufen oder Schrägen zum Tempelbereich hinaufführte. Überreste der Bögen, die an dieser Stelle und etwas weiter nördlich das Tal überspannten, sind noch heute an den heutigen Mauern des Tempelbereichs weit unten im Tyropoeischen Tal zu erkennen. Der dritte Zugang weiter nördlich war wahrscheinlich ebenfalls ein Viadukt, der direkt in den Tempelbereich führte, während der äußerste nördliche Zugang laut Josephus vom Palast des Herodes direkt zum Tempel führte. Der gesamte

Tempelbereich war von einer Kolonnade umgeben. In die hohe Mauer, die das Gelände umgab, wurde eine Reihe von Säulen eingebaut. Im Süden befand sich die königliche Vorhalle mit ihren vier Säulenreihen, wobei die erste und zweite etwa dreißig Fuß voneinander entfernt waren, die zweite und dritte fünfundvierzig Fuß und die dritte und vierte dreißig Fuß. Die Säulen an den Seiten waren etwa sieben Meter hoch, während die beiden Reihen in der Mitte doppelt so hoch waren. Jede dieser Kolonnaden war mit einem reich verzierten Dach aus Zedernholz bedeckt und bot so dankbaren Schutz vor Sonne und Sturm. Der große Raum im Süden des Tempelbereichs war der Heidenhof, der gemeinsame Park der Stadt, in dem sich alle Bevölkerungsschichten frei versammelten. Die Kolonnade im Osten des Tempelbereichs trug den Namen Salomos Vorhalle, und von ihr führten Stufen hinauf zu der erhöhten Plattform aus einheimischem Fels, die zwanzig oder mehr Fuß über dem Vorhof der Heiden lag. Irgendwo östlich des Tempels befand sich das berühmte Schöne Tor. Die Stufen führten zum sogenannten Hof der Frauen. Westlich davon befand sich der Hof der Israeliten, zu dem nur Männer Zutritt hatten. Von dort führte eine breite, hohe Tür in den offenen Raum vor dem Tempel. Eine steinerne Balustrade umgab den Altar und versperrte den Zugang zum eigentlichen Tempel. Der Raum darin wurde als Priesterhof bezeichnet. Hier waren keine Laien zugelassen, es sei denn, das Ritual privater Opfer erforderte dies. Diese Innenhöfe waren von einer hohen Mauer und angrenzenden Kammern umgeben, in denen die im Zusammenhang mit dem Opfer verwendeten Utensilien aufbewahrt wurden und in denen die Priester wohnten. Auf der Südseite des Tempels befand sich der Raum, in dem der Nationalrat, der Sanhedrin , seine öffentlichen Sitzungen abhielt . Vier Tore im Norden und vier Tore im Süden führten vom Tempelhof zum Unterhof der Heiden.

IV. Die Organisation des Tempeldienstes. An der Spitze der Tempelorganisation stand der Hohepriester. Seit der Absetzung des unglückseligen Hyrkanos waren die Hohepriester von Herodes ernannt worden, denn ihnen wurde sowohl große bürgerliche als auch religiöse Autorität anvertraut . Die einzige Pflicht, die die Hohepriester nicht vernachlässigen durften, sofern sie nicht durch eine Krankheit verhindert wurde, bestand darin, das Opfer für das Volk zu vollbringen und am Versöhnungstag das Allerheiligste zu betreten. Häufig brachte er auch das Opfer dar oder leitete die besonderen Gottesdienste am Sabbath, bei Neumond oder bei den großen jährlichen Festen. Ansonsten wurden die Aufgaben im Tempel von einem Heer aus Priestern und Assistenten wahrgenommen, die mit dem Tempel verbunden waren. Laut Josephus gab es zwanzigtausend Priester. Sie waren in vierundzwanzig Gänge unterteilt. Jeder Kurs umfasste bestimmte Priesterfamilien, denen eine Woche lang die Durchführung der Opfer anvertraut wurde. Den vierundzwanzig Dienstgraden der Priester entsprachen die Dienstgrade des Volkes, das bei jedem wichtigen Gottesdienst durch einige seiner Mitglieder vertreten wurde. Die Priester führten nicht nur die Opfer durch, sondern bewachten auch die Tempelschätze und die ihnen zur Verfügung gestellten privaten Reichtümer. Die Leviten kümmerten sich um die niedereren Pflichten im Zusammenhang mit dem Tempeldienst. Sie halfen den Priestern bei der Vorbereitung der Opfer und bei der Pflege der Geräte, die im Zusammenhang mit dem Opfer verwendet wurden. Einige von ihnen waren Türhüter. Wahrscheinlich wurde von den Leviten die Tempelpolizei rekrutiert, an deren Spitze der Hauptmann des Tempels stand. Ihre Aufgabe bestand darin, die Ordnung aufrechtzuerhalten und Nichtjuden daran zu hindern, die heiligen Bereiche des Tempels zu betreten. Die Sänger bildeten eine dritte Gruppe von Leviten.

Jeden Tag fanden zwei öffentliche Gottesdienste statt, der erste bei Sonnenaufgang bestand aus der Darbringung eines Opferbocks mit Begleitung von Gebeten und Liedern. Die gleichen Riten wurden bei Sonnenuntergang wiederholt. Nach dem Morgenopfer wurden die Privatopfer dargebracht. An den Sabbathen, Neumonden und großen Festen wurde die Zahl der Opfer stark erhöht und das Ritual aufwändiger gestaltet. Auf die Juden, die in der Synagoge in die Einzelheiten des Gesetzes eingewiesen wurden und ihnen beigebracht wurden, den Tempel und seine Gottesdienste mit tiefster Ehrfurcht zu betrachten, müssen die aufwändigen Zeremonien dieses großen und prachtvollen Heiligtums einen tiefen Eindruck hinterlassen haben. Als die Menschen zu Tausenden zu den großen Festen nach Jerusalem strömten, richtete sich ihre Aufmerksamkeit immer mehr auf das Ritual und die Wahrheiten, die es symbolisierte. Der Tempel des Herodes stärkte auch die Autorität der jüdischen Hierarchie gegenüber dem Volk und verschaffte den Schriftgelehrten und Pharisäern die beherrschende Stellung, die sie später im Leben und Denken des Judentums einnahmen.

Abschnitt CXX. Die messianischen Hoffnungen und die religiösen Überzeugungen des Judentums

[Nebenbemerkung: Sibylle. Orakel, III 767-784] Dann wird Gott ein Königreich über die ganze Menschheit für alle Zeiten errichten, der einst den Frommen das heilige Gesetz gab, für den er gelobte, jedes Land, die Welt und die Tore der Seligen zu öffnen, und alle Freuden und ein ewiger, unsterblicher Geist und ein freudiges Herz. Und aus jedem Land werden sie Weihrauch und Geschenke zum Haus des großen Gottes bringen. Und für die Menschen wird es kein anderes Haus geben, in dem sie etwas über die Welt erfahren können, als das, das Gott den treuen Menschen zur Ehre gegeben hat; denn die Sterblichen werden es den Tempel des mächtigen Gottes nennen. Und alle Wege der Ebene und der rauen Hügel und hohen Berge und wilden Wellen der Tiefe werden in jenen Tagen leicht zu überqueren und zu befahren sein; denn vollkommener Friede zum Guten wird auf Erden kommen. Und die Propheten des mächtigen Gottes werden das Schwert entfernen; denn sie sind die Herrscher der Sterblichen und die gerechten Könige. Und es wird gerechten Reichtum unter der Menschheit geben; denn dies ist das Gericht und die Herrschaft des mächtigen Gottes.

[Randbemerkung: Ps. Sol. 7:23-35a] Siehe, o Herr, und erwecke ihnen ihren König, den Sohn Davids, zu der Zeit, die du, o Gott, kennst, damit er über Israel, deinen Diener, regiere; und gürte ihn mit Kraft, damit er die, die ungerecht herrschen, in Stücke brechen kann. Säubere Jerusalem mit Weisheit und Gerechtigkeit von den Heiden, die es niedertreten, um es zu vernichten. Er wird die Sünder aus dem Erbe ausstoßen, den stolzen Geist der Sünder völlig vernichten und wie Töpfergefäße wird er mit einem eisernen Stab all ihre Habe in Stücke zerschlagen. Er wird die gottlosen Nationen durch das Wort seines Mundes vernichten, so dass die Nationen vor seiner Zurechtweisung vor ihm fliehen werden, und er wird die Sünder in den Gedanken ihres Herzens überführen. Und er wird ein heiliges Volk versammeln, das er in Gerechtigkeit führen wird; und er wird die Stämme des vom Herrn, seinem Gott, geheiligten Volkes richten. Und er wird keine Ungerechtigkeit in ihrer Mitte dulden; und niemand, der das Böse kennt, wird bei ihnen wohnen. Denn er wird von ihnen erfahren, dass sie alle Söhne ihres Gottes sind, und wird sie auf der Erde nach ihren Stämmen aufteilen, und der Fremdling und der Fremdling wird nicht mehr bei ihnen wohnen. Er wird die Nationen und Völker richten mit der Weisheit seiner Gerechtigkeit. Und er wird die Heidenvölker in Besitz nehmen, um ihm unter seinem Joch zu dienen; und er wird den Herrn an einem Ort verherrlichen, den die ganze Erde sehen kann; und er wird Jerusalem reinigen und es heiligen, wie es in den Tagen der Vorzeit war.

[Randbemerkung: Ps. Sol. 7:35b-46] Und ein gerechter und von Gott gelehrter König ist der, der über sie herrscht ; und in seinen Tagen wird in ihrer Mitte keine Ungerechtigkeit sein, denn alle werden heilig sein, und ihr König ist der Herr, der Messias. Denn er wird sich nicht auf Ross und Reiter und Bogen verlassen, noch wird er sich Gold und Silber für den Krieg vermehren, noch wird er sich mit Schiffen Zuversicht für den Tag der Schlacht verschaffen . Der Herr selbst ist sein König und die Hoffnung dessen, der stark in der Hoffnung auf Gott ist. Und er wird sich aller Nationen erbarmen, die in Furcht vor ihm herkommen. Denn er wird die Erde mit dem Wort seines Mundes schlagen, bis in alle Ewigkeit. Er wird das Volk des Herrn mit Weisheit und Freude segnen. Auch er selbst ist rein von Sünde, damit er ein mächtiges Volk regieren und durch die Macht seines Wortes Fürsten zurechtweisen und Sünder stürzen kann. Und er wird nicht müde werden sein Leben lang, denn er stützt sich auf seinen Gott; Denn Gott wird ihn stark machen durch den Geist der Heiligkeit und weise durch den Rat der Einsicht, mit Macht und Gerechtigkeit. Und der Segen des Herrn ist mit ihm in Macht, und seine Hoffnung auf den Herrn wird nicht schwächen. Und wer kann gegen ihn bestehen? Er ist mächtig in seinen Werken und stark in der Gottesfurcht und weidet die Herde des Herrn mit Glauben und Gerechtigkeit. Und er wird zulassen, dass keiner von ihnen auf seiner Weide in Ohnmacht fällt. Er wird sie alle in Heiligkeit führen, und sie werden keinen Stolz darauf haben, dass irgendjemand unterdrückt wird.

[Nebenbemerkung: Henoch 46:1-3] Und dort sah ich jemanden, der ein Kopf von Tagen hatte, und sein Kopf war weiß wie Wolle, und bei ihm war ein anderes Wesen, dessen Antlitz das Aussehen eines Menschen hatte und dessen Gesicht voll war der Gnade, wie einer der heiligen Engel. Und ich fragte den Engel, der mit mir ging und mir alles Verborgene zeigte, was diesen Menschensohn betrifft, wer er war und woher er kam und warum er mit dem Haupt der Tage ging? Und er antwortete und sprach zu mir: „Dies ist der Menschensohn, der Gerechtigkeit hat, bei dem Gerechtigkeit wohnt und der alle Schätze des Verborgenen offenbart, weil der Herr der Geister ihn erwählt hat und sein Los vor ihm liegt." Der Herr der Geister hat in Ewigkeit alles an Rechtschaffenheit übertroffen .

[Nebenbemerkung: Henoch 48:3-6] Bevor die Sonne und die Zeichen erschaffen wurden, bevor die Sterne des Himmels erschaffen wurden, wurde sein Name vor dem Herrn der Geister benannt. Er wird den Gerechten ein Stab sein, auf den sie sich stützen und nicht fallen, und er wird das Licht der Heiden und die Hoffnung derer sein, deren Herzen betrübt sind. Alle, die auf Erden wohnen, werden vor ihm niederfallen und die Knie beugen und den Herrn der Geister preisen, preisen und preisen. Und aus diesem Grund wurde er auserwählt und vor der Erschaffung der Welt und für immer vor ihm verborgen.

[Nebenbemerkung: Henoch 49:27-29] Und er saß auf dem Thron seiner Herrlichkeit, und die Summe des Gerichts wurde ihm anvertraut, und der

Menschensohn ließ die Sünder und diejenigen, die die Welt in die Irre geführt haben, sterben und vom Angesicht der Erde zerstört werden. Mit Ketten werden sie gefesselt, und an ihrem Versammlungsort der Vernichtung werden sie eingesperrt werden, und alle ihre Werke werden vom Angesicht der Erde verschwinden. Und von nun an wird es nichts mehr geben, was vergänglich ist; Denn der Menschensohn ist erschienen und sitzt auf dem Thron seiner Herrlichkeit, und alles Böse wird vor seinem Angesicht vergehen und verschwinden . aber das Wort des Menschensohns wird stark sein vor dem Herrn der Geister.

[Nebenbemerkung: Henoch 51:1, 2] Und in jenen Tagen wird die Erde auch diejenigen zurückgeben, die in ihr gehütet sind, und der Scheol wird auch das zurückgeben, was er empfangen hat, und die Hölle wird das zurückgeben, was sie schuldet. Und er wird aus ihrer Mitte die Gerechten und Heiligen erwählen; denn der Tag ihrer Erlösung ist nahe.

I. Das Wachstum der messianischen Hoffnungen Israels. Ewige Hoffnung ist ein ausgeprägtes Merkmal der hebräischen Rasse. Während des größten Teils ihrer Geschichte war die Gewissheit, dass dies nur der Auftakt zu einer glorreichen Rechtfertigung und Befreiung war, umso größer, je größer die Katastrophen waren, die sie ereilten. Diese Hoffnung war nicht nur das Ergebnis ihres natürlichen Optimismus, sondern auch des Glaubens, der durch ihre Erfahrungen in vielen nationalen Krisen entstanden war, dass ein Gott der Gerechtigkeit die Ereignisse der Geschichte außer Kraft setzte und dass er nicht auf die Zerstörung, sondern auf die Vernichtung der Menschheit hinarbeitete sein höchstes Glück und Wohlbefinden. Es war ihre Einsicht in die göttliche Absicht, die die hebräischen Propheten dazu veranlasste, sich von den Volkstraditionen zu lösen, die die Verwirklichung der größten Hoffnungen des Menschen bis in die Anfänge der Geschichte projizierten. Stattdessen verkündeten sie, dass das goldene Zeitalter eher in der Zukunft als in der Vergangenheit liege. Die Hoffnungen der Propheten Israels hinsichtlich dieser Zukunft nahmen viele verschiedene Formen an. Oft wurde die Form durch die früheren Erfahrungen der Nation bestimmt. Zu vielen Zeiten hofften die Menschen auf eine Wiederbelebung der Herrlichkeiten aus der Zeit Davids. In späteren Tagen, als sie von grausamen Verfolgungen bedrängt wurden, ließen sie in abgewandelter Form die Träume wieder aufleben, die in der Kindheit der semitischen Rasse verbreitet waren, und dachten an ein übernatürliches Königreich, das nach Jehova und seinen begleitenden Engeln eingeweiht werden sollte Marduk hatte in der altbabylonischen Schöpfungsüberlieferung Satan und die gefallenen Engel besiegt. Israels messianische Hoffnungen wurden auch durch die Lehren der großen ethischen Propheten geprägt und erweitert. Ein wachsendes Bewusstsein für die Unvollkommenheiten der bestehenden Ordnung ließ sie immer erwartungsvoller auf die Zeit blicken, in der die prophetischen Ideale von Gerechtigkeit und Barmherzigkeit sowohl in der Gesellschaft als auch im Charakter des Einzelnen verwirklicht würden. Diese unterschiedlichen Zukunftserwartungen werden allgemein als messianische Prophezeiungen bezeichnet. Das Wort „messianisch" kommt wie sein Gegenstück „Messias" (griechisch „Christus") vom hebräischen Wort und bedeutet „beschmieren" oder „salben". In der Antike bezeichnete es die für den Kampf geweihten Waffen oder den gewählten und damit symbolisch zur Seite gestellten König, der das Volk als Stellvertreter Jehovas führen sollte, oder einen Priester, der berufen wurde, das Volk im zeremoniellen Gottesdienst zu vertreten. Der gemeinsame Grundgedanke des Wortes ist die Hingabe an einen göttlichen Zweck. In seiner engeren Anwendung beschreibt es einfach den Akteur, der Gottes Absicht in der Geschichte verwirklichen soll, aber in seiner breiteren und vorherrschenden Verwendung bezeichnet es alle Prophezeiungen, die das Ideal beschreiben, das Jehova im Leben Israels und der Menschheit zu vervollkommnen versucht, und das Agenten oder Agenturen, ob individuell oder national, materiell oder spirituell, natürlich oder übernatürlich, durch die er dieses Ideal verwirklichen soll.

II. Der königliche, nationalistische Typ messianischer Hoffnung. Die messianischen Prophezeiungen des Alten Testaments scheinen nur verwirrend und widersprüchlich zu sein, bis die drei unterschiedlichen Typen erkannt werden. Diese verschiedenen Arten messianischer Prophezeiungen gehen natürlich ineinander über, und doch unterscheiden sie sich grundsätzlich voneinander und wurden im Laufe der Geschichte Israels von unterschiedlichen Klassen von Denkern vertreten. Die erste ist die königliche, nationalistische Hoffnung. Es entstand, sobald Israel eine Nation wurde, und lässt sich in den Bileam-Orakeln in Numeri 24:17-19 nachverfolgen, wo der Seher dargestellt wird, wie er Israels siegreichen König sah, wie er seine Feinde, die Moabiter und Edomiter, schlug und ruhmvoll regierte über ein triumphierendes Volk. Es findet seinen Widerhall in 2. Samuel 7,10-16 in der Verheißung, dass das Haus Davids über die nachfolgenden Generationen hinweg friedlich und ununterbrochen regieren sollte. Hesekiel erklärt in seinem Bild der wiederhergestellten Nation in 37:21-28 im Namen Jehovas: „Mein Knecht David wird König über sie sein, und sie werden in dem Land wohnen, das ich meinem Knecht Jakob gegeben habe, in dem ihre Väter leben." wohnten, und sie werden darin wohnen, sie und ihre Söhne für immer, und mein Knecht David soll für immer ihr Fürst sein. In Passagen wie Jesaja 9 und 11 wird dargestellt, dass der davidische Herrscher nicht despotisch oder selbstsüchtig regiert, sondern im Einklang mit den Grundsätzen der Gerechtigkeit und Barmherzigkeit und allen seinen Untertanen Frieden bringt. Wie bereits erwähnt, erreichte Israels königliche, nationalistische Hoffnung in den Prophezeiungen von Haggai und Sacharja und im Zusammenhang mit dem Wiederaufbau des zweiten Tempels ihren Höhepunkt, wurde jedoch durch die Siege des Darius jäh zunichte gemacht

(Abschnitt XCV:vi) . . In den nächsten dreieinhalb Jahrhunderten, während der persischen und griechischen Zeit, wurde diese Art der messianischen Hoffnung Israels offenbar zum Schweigen gebracht. Die Kämpfe und Siege der Makkabäer und die repressive Herrschaft Roms entfachten jedoch diese schwelende Hoffnung und verschafften ihr zu Beginn der christlichen Ära große Verbreitung unter den Menschen. Wieder rückte die Nation in den Vordergrund. In der wunderschönen Prophezeiung von Sacharja 9:9, 10, die offenbar aus der früheren Zeit der Makkabäer stammt, findet sich das edle Bild eines Bauernkönigs, der demütig und doch siegreich ist und mit dem Schwert ein weltweites Königreich errichtet. Erinnerungen an die glorreichen Errungenschaften der makkabäischen Führer beflügelten die Fantasie des Volkes. Als sich Roms eiserne Hand im Jahr 63 v. Chr. über Palästina schloss, warteten die Augen der Juden erwartungsvoll auf die Ankunft eines Vorkämpfers wie des alten David, der die Heiden vernichten, die sündigen Juden überführen und das gläubige Volk sammeln und über sie herrschen würde Gerechtigkeit und mit liebevoller Sorgfalt. Diese Hoffnungen kommen am deutlichsten in den Psalmen Salomos zum Ausdruck, die zu Beginn der Römerzeit geschrieben wurden. Diese Erwartungen in ihrer eher materiellen Form inspirierten die Partei der Zeloten zu Beginn des ersten christlichen Jahrhunderts wiederholt dazu, das Schwert zu ziehen, in dem vergeblichen Versuch, Rom zu stürzen und sofort die Herrschaft des Messias zu errichten. Weil diese Art von Hoffnung in den Köpfen des einfachen Volkes so stark verankert war, konnten die falschen Messiasse, die von Zeit zu Zeit aufstanden, schnell Tausende um sich scharen, in der vergeblichen Erwartung, dass der Moment der Erlösung endlich gekommen sei .

III. Die apokalyptische, katastrophale Art der messianischen Hoffnung. Eine andere Klasse von Denkern in Israel suchte nicht nach einem weltlichen, sondern nach einem übernatürlichen Königreich. Gewöhnlich wird es in der symbolischen Sprache der Apokalypse beschrieben. Die Gründung dieses Reiches hing nicht vom Handeln des Menschen ab, sondern allein vom Willen Gottes. Der genaue Zeitpunkt und die Art und Weise seiner Gründung waren geheimnisvoll. Spuren dieses Glaubens finden sich in den Hinweisen in Amos auf die Erwartungen der Bevölkerung an den Tag Jehovas. Offensichtlich erwarteten die Nordisraeliten einen großen Weltgerichtstag, an dem ihre heidnischen Feinde plötzlich vernichtet und sie selbst erhöht werden würden. Es war ein Glaube, den Amos und die ethischen Propheten, die ihm folgten, entschieden bekämpften, denn sie waren sich der grundlegenden Schwäche der apokalyptischen oder katastrophalen Prophezeiung völlig bewusst: Sie nahm der Nation und dem Einzelnen jegliche persönliche Verantwortung. Darüber hinaus gehen seine Wurzeln auf die alte semitische Mythologie zurück. Diese Art von Hoffnung war jedoch zu fest im Bewusstsein der Bevölkerung verankert, als dass sie selbst durch die Predigten der größten Propheten Israels zerstreut werden konnte. Infolge der Katastrophen, die sich im Zusammenhang mit dem Untergang des hebräischen Staates abzeichneten, wurde er wiederbelebt. Es findet sich in Hesekiel, Sacharja und Joel. Jeder dieser Propheten freute sich auf die Zeit, in der Jehova auf wundersame Weise seine heidnischen Feinde stürzen, sein zerstreutes Volk wiederherstellen und für sie ein weltweites, ewiges Königreich errichten würde. In den Schlusskapiteln des Buches Daniel findet diese Glaubensform im Alten Testament ihren vollsten Ausdruck. In den Gleichnissen Henochs (37-71), die entweder aus der zweiten Hälfte der Makkabäerzeit oder aber aus der Zeit des Herodes stammen, werden diese messianischen Hoffnungen noch weiter entwickelt. Anstelle von Israels Schutzengel Michael, der auf den Wolken vom Himmel kommt und wie ein Menschensohn aussieht, wird ein himmlischer Messias vorgestellt. Er ist unter dem Titel „Messias", „Auserwählter" und „Menschensohn" bekannt (wahrscheinlich aus dem Buch Daniel). Bei Henoch ist der Begriff „Sohn des Menschen" offensichtlich, wie auch in IV Esdras, zum Titel eines persönlichen Messias geworden. Er wird als präexistent und mit göttlicher Autorität ausgestattet beschrieben. Wenn er erscheint, sollen die Toten auferstehen und sowohl Engel als auch Menschen vor seinem Gericht verurteilt werden. Die Sünder und die gefallenen Engel wird er zur ewigen Strafe verurteilen. Alle Sünde und alles Unrecht werden von der Erde vertrieben. Himmel und Erde werden verwandelt und ein ewiges Königreich errichtet, an dem alle Gerechten, ob tot oder lebend, teilhaben werden. Dies war offensichtlich die Art messianischer Hoffnung, die sowohl die Pharisäer als auch die Essener hegten. Als Ergebnis der Lehren der Pharisäer war es bei den Juden des ersten christlichen Jahrhunderts weit verbreitet. Es war eindeutig in den Gedanken der Jünger Jesu, als er seine letzte Reise nach Jerusalem unternahm. Es war sowohl der Hintergrund als auch das Hindernis für all seine Arbeiten. Es ist der Schlüssel zur Interpretation der Vorstellung des Paulus vom Christus oder Messias, denn er war als Pharisäer erzogen worden. Diese apokalyptische Art der messianischen Hoffnung beeinflusste das Leben und Denken der frühen christlichen Kirche stark und durchdrang sogar die Erzählungen der Evangelien. Die Frage, inwieweit Jesus selbst davon beeinflusst wurde, ist eines der wichtigsten und schwierigsten Probleme der frühchristlichen Geschichte.

IV. Der ethische und universalistische Typ der messianischen Prophezeiung. Weit entfernt von den königlichen, messianischen Hoffnungen des Volkes und den übernatürlichen Visionen der Apokalypsen lagen die klaren, direkten und praktischen Ideale der großen ethischen Propheten Israels. Amos, Hosea, Jesaja und Jeremia waren sich alle darin einig, dass die Verwirklichung von Jehovas Absichten in der Geschichte in erster Linie von der Reaktion seines Volkes abhing. Sie betrachteten das Reich Gottes als ein natürliches Wachstum. Es stellte die allmähliche Transformation des Charakters der

Menschen unter dem Einfluss der Wahrheit und des Geistes Gottes dar, die in ihren Köpfen wirkten. Sie hofften und arbeiteten daran, dass die Nation Israel in völliger Übereinstimmung mit den Forderungen der Gerechtigkeit, der Barmherzigkeit und des Dienens leben würde. Der II. Jesaja brachte unter den Einflüssen, die aus der Zerstörung des Tempels und dem engeren Kontakt mit der heidnischen Welt erwuchsen, diese Art messianischer Hoffnung in ihrer umfassendsten und am stärksten vergeistigten Form zum Ausdruck. Er erklärte, dass die Israeliten zu einem einzigartigen Dienst berufen und ausgebildet worden seien und dass sie diesen Dienst still und unauffällig als Propheten und Lehrer der Menschen verrichten sollten. Er stellte auch das Missionsideal Israels am deutlichsten dar und zeigte, dass seine Aufgabe nicht darin bestand, die heidnische Welt zu zerstören, sondern Licht zu bringen. Er und die aufgeklärteren Propheten, die ihm folgten, sahen ein immer größer werdendes Königreich, das ohne die Hilfe des Schwertes errichtet und von allen Rassenbarrieren befreit wurde – das ewige, universelle, spirituelle Königreich Gottes auf Erden. Es ist offensichtlich, dass diese Form im Gegensatz zu den anderen Arten messianischer Prophezeiung verständlich, praktikabel und allein realisierbar war.

V. Die messianischen Hoffnungen des Judentums zu Beginn der christlichen Ära. Leider wurden seine ethischen und universellen messianischen Hoffnungen aufgrund der vielfältigen Erfahrungen, die das Judentum in den Jahrhunderten unmittelbar vor der christlichen Ära machte, weitgehend in den Schatten gestellt. Das Ideal des leidenden Dieners scheint fast in Vergessenheit geraten zu sein. Als die späteren Juden die früheren Schriften ihrer Rasse lasen, um herauszufinden, was die Zukunft für sie bereithielt, richteten sie ihren Blick auf die königlichen und apokalyptischen Prophezeiungen. Da sie alle Schriften als gleichermaßen maßgeblich betrachteten, versuchten sie die unmögliche Aufgabe, diese grundlegend unterschiedlichen Arten von Prophezeiungen miteinander zu verbinden. Das Ergebnis war, dass ihre Überzeugungen tatsächlich zu einem komplexen Labyrinth mit in entgegengesetzte Richtungen führenden Wegen wurden. Spätere Ereignisse haben zweifelsfrei bewiesen, dass diese populären Typen eher Träume religiöser Enthusiasten als wahre Bilder davon waren, wie der göttliche Plan in der Menschheitsgeschichte vervollkommnet werden sollte, und doch war der apokalyptische Typus der Prophezeiung nicht ohne Bedeutung. Es zielte darauf ab, die engen nationalen Hoffnungen der Juden zu korrigieren und sie dazu zu bringen, sich mit dem zu befassen, was geistig und ewig war. Es führte sie auch dazu, die Einheit der gesamten Geschichte zu schätzen, und hielt in Zeiten der Not ihren Glauben an einen Gott lebendig, der ihr Schicksal weise leitete. Allen diesen verschiedenen Arten von Prophezeiungen liegt die Anerkennung der umfassenden Wahrheit zugrunde, dass Gott im Leben der Menschen und Nationen einen bestimmten Zweck verfolgte und dass dieser Zweck gut war und dass der

Gott hinter der gesamten Geschichte nicht nur ein Gott war der Macht, aber auch der Liebe. Es war unvermeidlich, dass die ethischen und spirituelleren Erwartungen der frühen hebräischen Propheten im Herzen und im Leben des großen Lehrers ihre volle Resonanz fanden. Angesichts des Widerstands der Führer seiner Rasse, der Menschenmengen, die sich um ihn versammelten, und sogar der Jünger, die ihn liebten und ihm folgten, verkündete er, dass das Reich Gottes nicht durch Beobachtung, sondern durch Wachstum entstehen werde natürlich und schrittweise wie das Senfkorn, dass es nicht äußerlich, sondern im Herzen der Menschen lag, dass die Mitgliedschaft in diesem Königreich nicht vom willkürlichen Willen Gottes abhing, sondern davon, dass die Menschen im Alltag in Übereinstimmung mit diesem Willen handelten Beziehungen des Lebens. So bereitete Jesus den Weg für die vollständige Erfüllung all dessen, was an den messianischen Hoffnungen Israels am edelsten und besten war, und übertraf in seinem Charakter und seinen Lehren die höchsten Erwartungen der inspirierten Lehrer seiner Rasse bei weitem.

APP -ENDE

I
EINE PRAKTISCHE REFERENZBIBLIOTHEK

Bücher zum ständigen Nachschlagen. Der vollständige Text der biblischen Schriften der nachexilischen Zeit findet sich in den Bänden II bis VI des *Alten Testaments des Studenten* . Eine sorgfältige, ausführliche Zusammenfassung der Geschichte ist in Riggs' *Geschichte des jüdischen Volkes während der Makkabäer- und Römerzeit enthalten* . Professor Bevan präsentiert in seinem Werk „*Jerusalem unter den Hohepriestern* " insbesondere aus kirchlicher Sicht einen neuen Überblick über die Geschichte der griechischen und makkabäischen Zeit. Der geographische Hintergrund kann entweder in George Adam Smiths *Historical Geography of the Holy Land* oder in Kents *Biblical Geography and History studiert werden* .

Zusätzliche Nachschlagewerke: Einführungen und Kommentare. Zusätzlich zu den Standardeinleitungen zum Alten Testament von McFadyen, Cornill und Driver wird die Sammlung von Monographien in Professor Torreys *Ezra Studies* als besonders wertvoll erachtet. Die Einleitung sowie die kritischen Anmerkungen in den kurzen, aber wissenschaftlichen Bänden der *New Century Bible* sind für den allgemeinen Leser äußerst nützlich. Grundlegender sind die Bände des *International Critical Commentary*. Die Einleitungen zu den verschiedenen Büchern in Hastings' *Dictionary of the Bible* und der *Encyclopedia Biblica* sind klar, prägnant und aus moderner Sicht geschrieben.

Jüdische und zeitgenössische Geschichte. Wer diese Zeit gründlich studiert, wird in Smiths *Geschichte des Alten Testaments* und in Schürers monumentalem Werk „ *Eine Geschichte des jüdischen Volkes in der Zeit Jesu Christi* " eine Fülle an *anregendem Material finden* . Die spätere Entwicklung der Religion Israels wird in Martis *Religion des Alten Testaments* , im ersten Teil von Toy's *Judaism and Christianity* und bei Bousset dargestellt *Judentum* und in Karls *Eschatologie hebräisch, jüdisch und christlich* . Einen hervorragenden Überblick über die zeitgenössische Geschichte dieser Zeit bietet Goodspeeds „ *History of the Ancient World* " oder „*Ancient History* " *von Meyer*. Eine detailliertere Behandlung der Zeitgeschichte findet sich in der *Geschichte Griechenlands* von Curtius oder von Holm. Die *Geschichte Roms* wird vollständig in den monumentalen Werken von Mommsen oder Gibbon oder in der neueren Studie „ *Die Größe und der Niedergang Roms* " von Ferrero nachgezeichnet. Kürzere, aber ebenso verlässliche Geschichten über Rom sind die von Botsford, Horton und Seignobos .

II

ALLGEMEINE FRAGEN UND THEMEN FÜR SPEZIELLE FORSCHUNG

Die Allgemeinen Fragen folgen, wie in den vorhergehenden Bänden, den Hauptgliederungen des Buches und sollen den Studenten beim Sammeln und Koordinieren der wichtigeren Fakten unterstützen, die im biblischen Text oder in den Notizen dargelegt werden.

Die „Subjects for Special Research" sollen den Leser zu weiteren Studien in verwandten Bereichen anleiten und ihn durch detaillierte Referenzen mit den hilfreichsten Passagen in den besten englischen Nachschlagewerken vertraut machen. In der Unterrichtsarbeit können viele dieser Themen gewinnbringend für persönliche Recherchen und Berichte eingesetzt werden. Sofern nicht anders angegeben, beziehen sich die Verweise auf Seiten. Normalerweise werden mehrere parallele Referenzen angegeben, damit der Student das vorliegende Buch nutzen kann. Detailliertere klassifizierte Bibliographien finden Sie in den Anhängen der Bände II–VI des *Student's Old Testament des Autors* .

Das Exil und die Wiederbelebung der judäischen Gemeinschaft

Abschnitt XCI. Die Juden in Palästina und Ägypten. ALLGEMEINE FRAGEN: 1. Was bedeutete die endgültige Zerstörung Jerusalems im Jahr 586 für das jüdische Volk? 2. Beschreiben Sie die Struktur und den Inhalt des Buches der Klagelieder. 3. Wahrscheinlicher Autor und Datum. 4. Sein Thema und sein historischer Wert. 5. Der Zustand der in Palästina zurückgelassenen Juden. 6. Die Zahl der Juden in Ägypten. 7. Das Leben der jüdischen Kolonie in Elephantine. 8. Der Charakter und Dienst des Tempels von Jahu .
THEMEN FÜR SPEZIELLE FORSCHUNG: 1. Die Literaturgeschichte des Buches der Klagelieder. McFadyen, *Einführung* . , 294-7; Fahrer, *Lit. des AT* , 456-65. 2. Geschichte Ägyptens von 600 bis 560 v. Chr. Breasted, *Hist, of the Ancient Egyptians* , 404-18. 3. Die Entdeckungen in Elephantine. Sayce und Cowley, in *Assuan entdeckte aramäische Papyri* ; Sachau , *Drei aramäische Papyrusurkunden aus Elephantine* .

Abschnitt XCII. Hesekiels Botschaft an seine zerstreuten Landsleute. ALLGEMEINE FRAGEN: 1. Beschreiben Sie die Situation der jüdischen Kolonie in Babylon. 2. Ihre Möglichkeiten und Berufe. 3. Ihr religiöses Leben. 4. Die Prophezeiungen Hesekiels nach der Zerstörung Jerusalems. 5. Bedeutung seiner Beschreibung des Tals der trockenen Gebeine in Kapitel 37. 6. Seine Vorstellung von der Art und Weise, wie die zerstreuten Verbannten wiederhergestellt werden sollten. 7. Sein Plan des wiederhergestellten Tempels. 8. Die Bedeutung und Bedeutung dieses detaillierten Plans.
THEMEN FÜR SPEZIELLE FORSCHUNG: 1. Babylon unter Nebukadnezar. Goodspeed, *Hist. von Babs. und Assyrer.*, 336-50; *En. Bib.*, III, 3369-71. 2. Die religiösen Institutionen der Babylonier. Goodspeed, *Hist. von Babs. und Assyrer.*, 351-66; Jastrow, *Religion. von Bab. und Assyr.*; Johns, *Bab. und Assyr. Gesetze, Briefe und Verträge*, 208-17. 3. Einfluss babylonischer Institutionen auf Hesekiel. Spielzeug, *Ezek.* (Einleitung.).

Abschnitt XCIII. Die letzten Jahre der babylonischen Herrschaft. ALLGEMEINE FRAGEN. 1. Beschreiben Sie die verschiedenen Einflüsse, die die Juden zu einem literarischen Volk machten. 2. Die Art ihrer literarischen Tätigkeit. 3. Die alttestamentlichen Bücher, die in dieser Zeit geschrieben oder neu herausgegeben wurden. 4. Der allgemeine Charakter des Heiligkeitskodex. 5. Die nationalen Hoffnungen, die durch die Befreiung Jojachins geweckt wurden. 6. Der Charakter von Nabonidus. 7. Die Auswirkungen seiner Herrschaft. 8. Die frühen Eroberungen von Cyrus. 9. Seine Eroberung Babylons. 10. Seine Politik gegenüber eroberten Völkern.
THEMEN FÜR SPEZIELLE FORSCHUNG: 1. Inhalt und Geschichte des Heiligkeitskodex. *St. AT*, IV, 36-42; McFadyen, *Einführung. bis OT*, 31-4. 2. Das letzte Jahrzehnt der babylonischen Geschichte. Goodspeed, *Hist. von Babs. und Assyrer.*, 367-76; Kent, *Hist. JP*, 66-77. 3. Charakter und Herrschaft von Cyrus. Herodot, I, 95, 108-30, 177-214; Hastings, *DB*, I, 541-2; Rawlinson, *Anc. Monarchien*, IV, VII; Duncker, *Hist. von Antiq.*, V.

Abschnitt XCIV. Der Wiederaufbau des Tempels. ALLGEMEINE FRAGEN: Beschreiben Sie den Inhalt und die Literaturgeschichte der Bücher Esra und Nehemia. 2. Ihre Urheberschaft. 3. Die eigentümlichen Vorstellungen des Chronisten bezüglich der Restaurierung. 4. Revolutionen im Persischen Reich, die die Juden zum Handeln aufstachelten. 5. Haggais Appell an die judäische Gemeinde. 6. Maßnahmen zur Verhinderung des Wiederaufbaus des Tempels. 7. Bedeutung des Wiederaufbaus des Tempels für die jüdische Rasse.
THEMEN FÜR SPEZIELLE FORSCHUNG: 1. Der historische Wert von Esra und Nehemia. Torrey, *Composition and Historical Value of Ezra and Nehemiah,* or *Ezra Studies*, 62-251. 2. Die ersten zwei Jahrzehnte der persischen Geschichte. Goodspeed, *Hist. der Antike*, 60-2; Ragozin, *The Story*

of Media , II; Meyer, *Anc. Hist* ., 88-93. 3. Beweise dafür, dass es im Jahr 536 v. Chr. keine allgemeine Rückkehr der Juden gab. Kent, *Hist. JP* , 126-36; Torrey, *Ezra Studies* , 297-307.

Abschnitt XCV. Sacharjas Visionen und ermutigende Ansprachen. ALLGEMEINE FRAGEN: 1. Beschreiben Sie die Beweise, die Sacharja aus der Sicht eines Priesters schrieb. 2. Der Aufbau und Inhalt seines Buches. 3. Die Probleme der judäischen Gemeinschaft. 4. Ihre Hoffnungen auf eine nationale Wiederbelebung. 5. Sacharjas Zusicherungen. 6. Die Schritte, die unternommen wurden, um Serubbabel zum König zu machen. 7. Beweise dafür, dass die königlichen Hoffnungen des Volkes enttäuscht wurden. 8. Der Inhalt der späteren Predigten Sacharjas. 9. Die Hoffnungen, die er in seinen Landsleuten weckte.
THEMEN FÜR SPEZIELLE FORSCHUNG: 1. Ursprung des apokalyptischen Prophezeiungstyps. *Jüdische Enzyklopädie.* , I, 669-73; *St. OT* , Ill, 42-3; Hastings, *DB, I* , 109-10. 2. Die populären messianischen Hoffnungen dieser Zeit. *St. OT* , III, 44-5, 472-86. 3. Die Errichtung der Autorität von Darius. Herodot, II, 67-86; Ragozin , *Medien* , XIII; Hastings, *DB* , I, 558.

Abschnitt XCVI. Israels Ausbildung und Schicksal. ALLGEMEINE FRAGEN: 1. Beschreiben Sie die Bedingungen in der judäischen Gemeinde während der siebzig Jahre nach dem Wiederaufbau des Tempels. 2. Die Kräfte, die das spirituelle Leben der Juden am Leben hielten. 3. Die Hinweise darauf, dass Jesaja 40-66 in Palästina geschrieben wurde . 4. Das voraussichtliche Datum dieser Kapitel. 5. Ihre besonderen literarischen Merkmale. 6. Der Zweck, für den sie geschrieben wurden.
THEMEN FEIN SPEZIELLE FORSCHUNG: 1. Die Organisation des Persischen Reiches unter Darius. Goodspeed, *Hist, von Anc. Welt* , 62-3; Ragozin , *Medien* , 384-91; Sayce , *Anc. Empires* , 247-50; *En . Bib* ., I, 1016-7. 2. Die persischen Invasionen in Europa. Goodspeed, *Anc. Hist.* , 122-8; Herodot, IV, 1-142; Ragozin , *Medien* , 412-29; Bury, *Hist. von Griechenland* , 265-96; Botsford, *Hist. von Griechenland* , 127-36. 3. Inhalt und literarische Merkmale von Jesaja 40-48. *St. O. T.* , Ill, 27-30; Cobb, in *Jour, von Bib. Lit.* , XXVII, 48-64; Box, *Jesaja* , 179-237.

Abschnitt XCVII. Zustände und Probleme in der jüdischen Gemeinde. ALLGEMEINE FRAGEN: I. Was ist das wahrscheinliche Datum des Buches Maleachi? 2. Beschreiben Sie seine Lehren bezüglich des Tempeldienstes. 3. Die Notwendigkeit eines großen moralischen Erwachens. 4. Die von den Gläubigen in der Gemeinde geäußerten Zweifel. 5. Die ermutigenden Versprechen, die ihnen gemacht wurden. 6. Darstellung des Problems der Gläubigen in den Psalmen dieser Zeit.
THEMEN FÜR SPEZIELLE FORSCHUNG: 1. Zeitgenössische griechische Geschichte und Literatur. Goodspeed, *Anc. Hist.* , 159-96; Bury,

Hist. von Griechenland , 507-90; Jebb , *griechische Lit.* , 109-20. 2. Die frühesten Psalmen. Briggs, *Psalmen* , I, LXXXIX-XCII; Cobb, *Bk. von Pss* . , XI-XIV; Fahrer, *Lit. des AT* , 371-2; McFadyen, *Einführung . zu OT* , 238-50. 3. Psalmliteratur unter zeitgenössischen Völkern. Brustig, *Hist. von Anc. Ägypter* , 273-7; Jastrow, *Religion . von Bab. und Assyr.* , 294-327.

Abschnitt XCVIII. Die Probleme und Lehren des Buches Hiob. ALLGEMEINE FRAGEN: 1. Beschreiben Sie die Struktur des Buches Hiob. 2. Die verschiedenen literarischen Einheiten, die darin enthalten sind. 3. Die voraussichtlichen Daten dieser verschiedenen Abschnitte. 4. Inhalt der ursprünglichen Prosageschichte. 5. Das Thema und der Inhalt des großen Gedichts in 3-31, 38:1-42:6. 6. Die verschiedenen Entwicklungslinien in Hiobs Denken. 7. Die Bedeutung der Reden Jehovas. 8. Der Beitrag des Buches zur Lösung des Problems des Bösen.
THEMEN FÜR SPEZIELLE FORSCHUNG: 1. Der babylonische Prototyp   Hiobs.
Jastrow, in *Jour. von Lätzchen. Zündete.* , XXV, Pt. II, 135-91. 2. Vergleich von Hiob mit anderen großen skeptischen Dramen. Owen, *Die fünf großen skeptischen Dramen der Geschichte* . 3. Die modernen Erklärungen zum Problem des Bösen. Royce, *Studien über Gut und Böse* .

Abschnitt XCIX. Die Ausbildung und Mission des wahren Dieners Jehovas. ALLGEMEINE FRAGEN: 1. Beschreiben Sie die verschiedenen Merkmale des Dieners Jehovas in Jesaja 49-53. 2. Welchen Zweck verfolgte der Prophet, als er dieses anschauliche Bild des idealen Dieners Jehovas präsentierte? 3. Beschreiben Sie die Klasse, an die sich der Prophet wandte. 4. Seine Interpretation der Aufgabe des Dieners. 5. Seine Ausbildung. 6. Die verschiedenen Methoden, mit denen er seine Mission erfüllen sollte. 7. Hatte der Prophet ein Individuum, eine Klasse oder einfach nur einen idealen Charakter im Sinn? 8. Auf welche Weise erfüllten sich seine Vorhersagen? 9. Inwiefern ist sein Dienstleistungsideal von aktueller Bedeutung?
THEMEN FÜR SPEZIELLE FORSCHUNG: 1. Die Bedeutung und Geschichte der verschiedenen messianischen Titel. *St. AT* , III, 39, 47; *En . Lätzchen.* , III, 3057-61. 2. Inhalt und Einheit von Jesaja 49-55. *St. AT* , III, 28-30; Box, *Jesaja* , 238-83. 3. Inwieweit wurde Jesus vom Ideal des leidenden Dieners beeinflusst?

Abschnitt C. Nehemias Arbeit beim Wiederaufbau der Mauern Jerusalems. ALLGEMEINE FRAGEN: 1. Welchen historischen Wert haben Nehemias Memoiren? 2. Wie wurde er über die Verhältnisse in Jerusalem informiert? 3. Wie erlangte er die Erlaubnis, nach Jerusalem zu gehen? 4. Beschreiben Sie die Hindernisse, mit denen er konfrontiert war. 5. Sein Arbeitsplan. 6. Seine Diplomatie im Umgang mit seinen Gegnern. 7. Die Aufgabe, die Mauern wieder aufzubauen. 8. Ihr Engagement. 9. Die Bedeutung des Wiederaufbaus der Mauern.
THEMEN FÜR SPEZIELLE FORSCHUNG: 1. Zeitgenössische Ereignisse in der griechischen Geschichte. Goodspeed, *Anc. Hist.* , 141-72; Bury, *Hist, von Griechenland* , 336-75; Botsford, *Hist, von Griechenland* , 151-85. 2. Die Topographie Jerusalems. Kent, *Sib. Geog. und Hist.* , 64-72; Smith, *Jerusalem* , I, I-249; Hastings, *DB* , II, 591-6. 3. Aktuelle Ausgrabungen in Jerusalem. *Jerusalem Bd. von PEF-Erinnerungen* ; Bliss und Dickey, *Ausgrabungen in Jerusalem* ; Smith, *Jerusalem* , I.

Abschnitt CI. Nehemias soziale und religiöse Reformen. ALLGEMEINE FRAGEN: 1. Beschreiben Sie die grausame Unterdrückung der Führer der jüdischen Gemeinde. 2. Die Wirkung auf die Masse des Volkes. 3. Die Art und Weise, wie Nehemia diese Übel korrigierte. 4. Die Beweise für und gegen die historische Genauigkeit von Nehemia 13. 5. Nehemias Maßnahmen zur Verbesserung des Tempeldienstes. 6. Sein Schwerpunkt auf der Einhaltung des Sabbats. 7. Sein Widerstand gegen ausländische Ehen. 8. Die Bedeutung seiner Arbeit als Ganzes.
THEMEN FÜR SPEZIELLE FORSCHUNG: I. In welcher Hinsicht war Nehemia ein würdiger Nachfolger der früheren hebräischen Propheten? 2. Die späteren jüdischen Gesetze bezüglich des Sabbats. *St. OT* , IV, 263-4. 3. Bezüglich der Ehe mit Ausländern. *St. OT* , IV, 54-5.

Abschnitt CII. Traditioneller Bericht über die Annahme des Priestergesetzes. ALLGEMEINE FRAGEN: 1. Beschreiben Sie die gegenwärtige literarische Form der Überlieferung bezüglich Esra. 2. Seine wahrscheinliche Geschichte. 3. Sein historischer Wert. 4. Die zugrunde liegenden Fakten. 5. Entstehung der späteren Priestergesetze. 6. Ihr allgemeiner Zweck. 7. Ihre wichtigeren Vorschriften. 8. Ihr verändernder Einfluss auf die jüdische Gemeinschaft.
THEMEN FÜR SPEZIELLE FORSCHUNG: 1. Die Schwierigkeiten, die Esra-Erzählung als streng historisch zu akzeptieren . Torrey, *Ezra Studies* , 208-78; Smith, *OT Hist.* , 390-8. 2. Geschichte der späteren Priesterkodizes. *St. OT* , IV, 43-8. 3. Einkommen und Pflichten der Priester und Leviten gemäß den späten Priesterkodizes. *St. OT* , IV, 187-92, 197-202.

Abschnitt CIII. Der jüdische Staat im letzten Jahrhundert der persischen Herrschaft. ALLGEMEINE FRAGEN: I. Beschreiben Sie die Anzeichen dafür, dass die judäische Gemeinde im halben Jahrhundert nach dem Werk Nehemias ungewöhnlichen Wohlstand genoss. 2. Die Auswirkung dieses Wohlstands auf das geistige Leben der Juden. 3. Das Wachstum des Psalters in dieser Zeit. 4. Das Datum der Prophezeiung von Joel. 5. Sein Thema. 6. Die Hoffnungen der Juden zu dieser Zeit. 7. Art der Herrschaft der Hohepriester. 8. Die Beweise bezüglich des Datums des samaritanischen Schismas. 9. Seine Ursachen. 10. Seine Wirkung auf das Judentum.
THEMEN FOB SPEZIELLE FORSCHUNG: 1. Geschichte des Persischen Reiches zwischen 400 und 332 v. Chr. Cox, *Die Griechen und die Perser* . 2. Zeitgenössische Ereignisse in der griechischen Geschichte. Goodspeed, *Hist. von Anc. Welt* , 173-204; Meyer, *Anc. Hist.* , 244-74. 3. Die Geschichte der Samariter. *En . Lätzchen.* , IV, 4256-64; Montgomery, *Die Samariter* .

Das griechische und makkabäische Zeitalter

Abschnitt CIV. Die Juden unter ihren griechischen Herrschern. ALLGEMEINE FRAGEN: 1. Beschreiben Sie den Charakter des jüdischen Historikers Josephus. 2. Der Umfang seiner Geschichten. 3. Ihr historischer Wert. 4. Alexanders asiatische Eroberungen. 5. Seine Haltung gegenüber den Juden. 6. Die Juden in Alexandria. 7. Der allgemeine Charakter der Herrschaft der Ptolemäer. 8. Ihre Politik im Umgang mit den Juden. 9. Schicksale der Juden Palästinas im ersten Jahrhundert der griechischen Herrschaft. 10. Das seleukidische Königreich mit seiner Hauptstadt Antiochia. 11. Die Unterwerfung Palästinas durch die Seleukiden.
THEMEN FÜR SPEZIELLE FORSCHUNG: 1. Josephus' Rang als Historiker. Hastings, *DB* , extra Bd., 461-73. 2. Alexander der Große. Mahaffy, *The Story of Alexander's Empire* , 1-11; Hogarth, *Philipp und Alexander von Makedonien* ; Wheeler, *Alexander der Große* . 3. Charakter der ptolemäischen Herrscher. Bevan, *Jerusalem unter den Hohepriestern* , 21-30; Mahaffy, *Die ptolemäische Dynastie* , Bd. IV von Petries *Hist. von Ägypten* .

Abschnitt Lebenslauf. Die Weisen und ihre Lehren. ALLGEMEINE FRAGEN: 1. Beschreiben Sie die literarische Struktur des Buches der Sprüche. 2. Der Beweis, dass es das Werk vieler verschiedener Weiser ist. 3. Das voraussichtliche Datum der verschiedenen Sammlungen. 4. Die Hinweise auf die Weisen in der vorexilischen Literatur. 5. Der Einfluss des babylonischen Exils auf ihre Tätigkeit. 6. Die Gründe, warum sie in der griechischen Zeit ihre größte Bedeutung erlangten. 7. Der Charakter des Weisen. 8. Ihre Ziele. 9. Ihre Methoden. 10. Ihre wichtigen sozialen und moralischen Lehren.
THEMEN FÜR SPEZIELLE FORSCHUNG: 1. Das Buch der Sprüche. McFadyen, *Einführung . zu OT* , 256-63; Fahrer, *LOT* , 392-407; Spielzeug,

Sprichwörter , Einführung . 2. Die Weisen Ägyptens und Griechenlands. Die Weisheit des Ptahhotep , in der *Reihe „Weisheit des Ostens"*; Symonds, *Studies of the Greek Poets* , I, 161-273; Jebb , *Klassische griechische Poesie* . 3. Die sozialen Lehren des Buches der Sprüche. *St. O. T.* , VI, *in Lok* ; Kent, *The Wise Men of Ancient Israel and Their Proverbs* , 100-14, 158-75; Root, *Der Profit der Vielen* , 17-126.

Abschnitt CVI. Die verschiedenen Denkströmungen im Judentum während der griechischen Zeit. ALLGEMEINE FRAGEN: 1. Warum gab es in dieser Zeit im Judentum viele unterschiedliche Denkströmungen? 2. Beschreiben Sie den Charakter und die Ziele der Ritualisten. 3. Von den Legalisten. 4. Von denen, die besonderen Wert auf die Lehren der früheren Propheten legten. 5. Die Beweise bezüglich des Datums des Buches Jona. 6. Die Bedeutung der Geschichte. 7. Seine Lehre. 8. Die Geschichte des Buches Prediger. 9. Sein Standpunkt. 10. Seine Lebensphilosophie.
THEMEN FÜR SPEZIELLE FORSCHUNG: 1. Die Vorstellung des Chronisten über den Ursprung der Institutionen Israels. Curtis, *Chronicles* , Einleitung ; Torrey, *Ezra Studies* , 208-38; *St. O. T.* , II, 22-8. 2. Griechische Mythen parallel zur Geschichte von Jona. *En . Bib* ., II, 2568-9; Taylor, *Primitive Culture* , I, 306. 3. Ein Vergleich von Koheleths Philosophie und Lehre mit denen des Autors von Omar Khayyam.

Abschnitt CVII. Die Lehren Jesu, des Sohnes Sirachs. ALLGEMEINE FRAGEN: 1. Beschreiben Sie die Beweise für das Datum von Jesus, dem Sohn Sirachs. 2. Der Charakter des Mannes. 3. Die Geschichte seiner Schriften. 4. Die Natur der griechischen Übersetzung. 5. Die Wiederherstellung des hebräischen Originals. 6. Sein Bild vom jüdischen Leben dieser Zeit. 7. Seine Beschreibung der Weisen und Schriftgelehrten. 8. Seine Soziallehren. 9. Seine religiösen Lehren.
THEMEN FÜR SPEZIELLE FORSCHUNG: 1. Die hebräischen Fragmente von Ben Sira. Cowley und Neubauer, *The Original Heb. eines Teils von Ecclus.* ; Schechter und Taylor, *The Wisdom of Ben-Sira;* Hastings, *DB* , IV, 546-9; *En . Lätzchen.* , II, 1166-9. 2. Der Charakter von Ben Sira, wie er in seinen Schriften offenbart wird. Hastings, *DB* , IV, 550; *En . Lätzchen.* , II, 1175-8; Bevan, *Jerusalem unter den Hohepriestern* , 49-51. 3. Ein Vergleich der moralischen und sozialen Lehren von Ben Sira mit denen des Buches der Sprüche. Bevan, *Jerusalem unter den Hohepriestern* , 52-68.

Abschnitt CVIII. Die Ursachen des Makkabäerkampfes. ALLGEMEINE FRAGEN: 1. Beschreiben Sie den allgemeinen Charakter von I Makkabäer. 2. Sein historischer Wert. 3. II Makkabäer. 4. Die attraktiven und aggressiven Eigenschaften der zeitgenössischen hellenischen Kultur. 5. Seine Überlegenheit gegenüber den Lehren des Judentums. 6. Die Elemente, in denen das Judentum überlegen war. 7. Die Eroberung des Hellenismus in den Reihen des Judentums. 8. Der Einfluss der abtrünnigen jüdischen Hohepriester. 9. Die Geschichte und der Charakter von Antiochus Epiphanes. 10. Gründe, warum er versuchte, die Juden zu hellenisieren . 11. Die Maßnahmen, die er ergriffen hat.
THEMEN FÜR SPEZIELLE FORSCHUNG: 1. Die Merkmale der griechischen Religion. Gulick, *Life of the Ancient Greeks* , 262-83; Dyer, *Die Götter in Griechenland* ; Goodspeed, *Hist. von Anc. Welt* , 148-51; Hastings, *DB* , extra Bd., 109-56. 2. Der historische Wert von II Makkabäer. Hastings, *DB* , III, 189-92; *En . Lätzchen.* , III, 2869-79. 2. Zeitgenössische Porträts von Antiochus Epiphanes. *Livius* , XLI-XLV; *Polybios* , XXVI-XXXI; *Appian, Syr.* , 45, 66; *Justin* , XXIV, 3.

Abschnitt CIX. Die Auswirkungen der Verfolgung auf die Juden. ALLGEMEINE FRAGEN: 1. Beschreiben Sie den von Mattathias angeführten Aufstand. 2. Die Methoden der Rebellen. 3. Der Ursprung und die politischen Prinzipien der Chassidener oder Frommen. 4. Die Beweise bezüglich des Datums der Visionen in Daniel 7-12. 5. Ihr literarischer Charakter. 6. Ihre Bedeutung und Ziele. 7. Die Identifizierung der vier heidnischen Königreiche. 8. Die in diesen Kapiteln präsentierte Botschaft der Hoffnung. 9. Seine Wirkung auf die verfolgten Juden.
THEMEN FÜR SPEZIELLE FORSCHUNG: 1. Die Stadt Modein . Kent, *Lätzchen. Geog. und Hist.* , 210-2; Smith, *Hist. Geog. des Heiligen Landes* , 212. 2. Inhalt und Literaturgeschichte des Buches Daniel. McFadyen, *Einführung. zu OT* , 316-31; Fahrer, *LOT* , 438-515; Hastings, *DB* , I, 552-7.

Abschnitt CX. Die Siege, die den Juden Religionsfreiheit verschafften. ALLGEMEINE FRAGEN: 1. Beschreiben Sie die Eigenschaften, die Judas zu einem großen politischen Führer machten. 2. Die Widrigkeiten, gegen die er und die Juden kämpften. 3. Die physische Kontur Westpalästinas. 4. Die Niederlage von Apollonius. 5. Von der syrischen Armee unter Seron. 6. Die Einzelheiten der Schlacht von Emmaus. 7. Die Bedeutung des Sieges von Bethsura . 8. Die Wiederherstellung des Tempeldienstes. 9. Die Auswirkungen der Verfolgungen auf die Juden.
THEMEN FÜR SPEZIELLE FORSCHUNG: 1. Griechische militärische Ausrüstung und Methoden der Kriegsführung. Gulick, *Leben des Anc. Griechen* , 188-205. 2. Die westlichen Landzungen von Juda. Kent, *Lätzchen. Geog. und Hist.* , 40-2; Smith, *Hist. Geog. des Heiligen Landes* , 286-320. 3. Vergleich von

Judas mit anderen großen Militärkommandanten. Conder, *Judas Makkabäus* ; Bevan, *Jer. unter den Hohepriestern* , 97-9; Smith, *OT Hist.* , 465.

Abschnitt CXI. Der lange Kampf um politische Unabhängigkeit. ALLGEMEINE FRAGEN: 1. Beschreiben Sie die Haltung der heidnischen Nationen gegenüber den Juden. 2. Die politischen Probleme, mit denen sie konfrontiert waren. 3. Die jüdische Haltung gegenüber den Heiden spiegelt sich im Buch Esther wider. 4, Judas' Ostjordanien-Feldzug. 5. Ergebnisse der Schlacht von Beth- Zacharias . 6. Die Wiederherstellung der syrischen Autorität. 7. Die Siege über Nikanor. 8. Die Ursachen, die zum Tod von Judas führten. 9. Bedingungen am syrischen Gericht, die den Juden ihre große Chance gaben. 10. Der Charakter und die Politik von Jonathan. 11. Die Ehren und Autorität, die ihm von den rivalisierenden syrischen Königen verliehen wurden.
THEMEN FÜR SPEZIELLE FORSCHUNG: 1. Die Geschichte und der Wert des Buches Esther. Paton, *Esther* ; Hastings, *DB, I* , 773-6; *En . Lätzchen.* , II, 1400-5. 2. Die syrische Geschichte dieser Zeit. Bevan, *Jer. unter den Hohepriestern* , 100-6; Smith, *OT Hist.* , 465-9. 3. Die Szenen von Judas' Ostjordanien-Feldzug. Kent, *Lätzchen. Geog. und Hist.* , 214-7.

Abschnitt CXII. Frieden und Wohlstand unter Simon. ALLGEMEINE FRAGEN: 1. Beschreiben Sie die politischen Intrigen, die zum Tod von Jonathan führten. 2. Der Charakter und die Herrschaft von Simon. 3. Seine Erweiterung des jüdischen Territoriums. 4. Die ihm von den Juden verliehene Autorität. 5. Seine Entwicklung des Tempeldienstes. 6. Die Ursachen, die zur Fertigstellung des Psalters führten. 7. Das religiöse Leben und der Glaube spiegelten sich in den späteren Psalmen wider.
THEMEN FÜR SPEZIELLE FORSCHUNG: 1. Vergleichen Sie die Charaktere der drei Brüder Judas, Jonathan und Simon. 2. Die Gilden der Tempelsänger.Hastings, *DB* , IV, 92-3; Wellhausen, *Das Buch der Psalmen* (in *SB OT*), 217-9. 3. Der Beweis, dass viele der Psalmen aus der Makkabäerzeit stammen. Hastings, *DB* , IV, 152-3; Cheyne, *Ursprung des Psalters* .

Abschnitt CXIII. Die Herrschaft von Johannes Hyrkanos und Aristobulos . ALLGEMEINE FRAGEN: 1. Beschreiben Sie die Intrige, die zum Tod von Simon führte. 2. Die syrische Invasion unter Antiochus Sidetes . 3. Der Charakter von John Hyrcanus. 4. Seine Militärpolitik. 5. Seine Eroberungen im Norden und Süden. 6. Die Gründe, warum er die Unterstützung der Pharisäer verlor. 7. Die bedeutenden Ereignisse in der Regierungszeit von Aristobulos .
THEMEN FÜR SPEZIELLE FORSCHUNG: 1. Zeitgenössische Bedingungen im syrischen Königreich. *En . Lätzchen.* , IV, 4356-60; Gardner,

Die seleukidischen Könige von Syrien . 2. Die Geschichte der Idumäer. Hastings, *DB* , I, 644-6; *En* . *Lätzchen.* , II, 1181-8; Buhl, *Edomites.* 3. Vergleichen Sie die Politik von John Hyrcanus mit der von David.

Abschnitt CXIV. Die Pharisäer, Sadduzäer und Essener. ALLGEMEINE FRAGEN: I. Beschreiben Sie die Einflüsse, die zur Entstehung der Partei der Pharisäer führten. 2. Von den Sadduzäern. 3. Die Eigenschaften und Überzeugungen der Pharisäer. 4. Von den Sadduzäern. 5. Der politische Einfluss dieser Parteien. 6. Die Merkmale der Sekte der Essener. 7. Ihre Überzeugungen.
THEMEN FÜR SPEZIELLE FORSCHUNG: 1. Die Partei der Pharisäer. Hastings, *DB* , III, 821-8; *En* . *Lätzchen.* , IV, 4321-9. 2. Die Sadduzäer. Hastings, *DB* , IV, 349-51; *En* . *Lätzchen.* , IV, 4234-40. 3. Die Berührungspunkte zwischen Essenismus und Christentum. Hastings, *DB* , I, 767-72; *En* . *Lätzchen.* , II, 1396-1400; Thomson, *Books which Influenced Our Lord* , 75-122; Cheyne, *Origin of the Psalter* , 418-21, 446-9.

Abschnitt CXV. Das Leben und der Glaube der Juden der Zerstreuung. ALLGEMEINE FRAGEN: 1. Beschreiben Sie das Leben der Juden in Antiochia und Kleinasien. 2. Die ihnen vom syrischen König gewährten Privilegien. 3. Die Zahl der Juden in Ägypten. 4. Die ihnen von den Ptolemäern gewährten Privilegien. 5. Die Gründung des jüdischen Tempels in Leontopolis . 6. Seine Bedeutung. 7. Der Anlass der Übersetzung der hebräischen Schriften ins Griechische. 8. Die wichtigen apologetischen jüdischen Schriften. 9. Thema und Datum der Weisheit Salomos. 10. Seine wichtigen Lehren. 11. Seine Reflexionen des griechischen und jüdischen Denkens.
THEMEN FÜR SPEZIELLE FORSCHUNG: 1. Merkmale und Wert der griechischen Übersetzung des Alten Testaments. Hastings, *DB* , IV, 864-6; Swete, *Einführung . zum Alten Testament auf Griechisch* ; *En* . *Lätzchen.* , IV, 5016-22. 2. Die Geschichte und der Inhalt der Weisheit Salomos. Hastings, *DB* , IV, 928-31; *En* . *Lätzchen.* , IV, 5336-49; Deane, *Das Buch der Weisheit* , 1-41; Gregg, *The Wisd . von Sol.*

Abschnitt CXVI. Der Untergang des Makkabäerreichs. ALLGEMEINE FRAGEN: 1. Beschreiben Sie den Charakter von Alexander Janneus . 2. Seine Militärpolitik. 3. Sein Umgang mit seinen Untertanen. 4. Die Erweiterung des jüdischen Territoriums. 5. Die Auswirkungen seiner Herrschaft. 6. Alexandras Politik. 7. Die fatalen Fehler der Pharisäer. 8. Die selbstmörderischen Streitigkeiten zwischen ihren Söhnen Hyrkanos und Aristobulos . 9. Die Intrigen des Antipatros. 10. Der Appell an Rom. 11. Pompeius' Eingreifen und Eroberung Jerusalems. 12. Die Ursachen für den Untergang des Makkabäerreiches. 13. Die politischen Auswirkungen des Makkabäerkampfes. 14. Der Eindruck, den es auf den Glauben Israels machte. 15. Der neue Geist, den es in den Juden inspirierte.
THEMEN FÜR SPEZIELLE FORSCHUNG: 1. Roms Politik und Feldzüge im Osten. Goodspeed, *Hist. von Anc. Welt* , 311-9; Seignobos , *Hist. von Rom. Leute* , 126-30. 2. Roms frühere Beziehung zum jüdischen Königreich. 3. Der Charakter und die Karriere von Pompeius. Goodspeed, *Hist. von Anc. Welt* , 343-9;
Botsford, *Hist. von Rom* , 175-80, 183-9; Morey, *Umrisse der römischen Geschichte.* , Kap. 20.

DIE REGEL VON ROM

Abschnitt CXVII. Der Aufstieg des herodianischen Hauses. ALLGEMEINE FRAGEN: 1. Beschreiben Sie die wiederholten Aufstände gegen Rom, die von Aristobulos und seinen Söhnen angezettelt und angeführt wurden . 2. Die Gründe, warum die Juden sich für ihren Standard einsetzten. 3. Charakter und Politik des Antipaters. 4. Herodes' Karriere als Gouverneur von Galiläa. 5. Die parthische Eroberung und die vorübergehende Wiederherstellung der Makkabäerherrschaft. 6. Die unmittelbare Wirkung auf Herodes und seine Familie. 7. Gründe, warum er von Antonius und Octavian zum König der Juden ernannt wurde.
THEMEN FÜR SPEZIELLE FORSCHUNG: 1. Die Festungen von Alexandrium und Macherus . Smith, *Hist. Geog. des Heiligen Landes* , 352-3, 569-71; Kent, *Lätzchen. Geog. und Hist.* , 229, 244-5; Schurer , *HJP* , I, i , 250-1. 2. Die Geschichte Roms von 60 bis 40 v. Chr. Botsford, *Hist. von Rom* , 183-97; Fowler, *Julius Caesar* ; Mahaffy, *Gk. Welt unter römischer Herrschaft* , Kap. IV. 3. Die Parther. Hastings, *DB* , III, 680-1.

Abschnitt CXVIII. Politik und Herrschaft des Herodes. ALLGEMEINE FRAGEN: 1. Beschreiben Sie die Stärken und Schwächen des Charakters von Herodes. 2. Die Art und Weise, wie er die Gunst des Augustus gewann. 3. Seine Bautätigkeit innerhalb seines Königreiches. 4. Außerhalb Palästinas. 5. Seine Behandlung seiner Untertanen. 6. Sein Ruf als Ehemann und Vater. 7. Die Auswirkungen seiner Herrschaft.
THEMEN FÜR SPEZIELLE FORSCHUNG: 1. Rom unter Augustus. Botsford, *Hist. von Rom* , 204-22; Bury, *Studentenroman. Emp.* , chs . I-XIV; Umhänge, *frühes Empire* , Kap . I-III, XII-XIX. 2. Cäsarea des Herodes. Smith, *Hist. Geog. des Heiligen Landes* , 138-41; *En . Lätzchen.* , I, 617-8; Kent, *Lätzchen. Geog. und Hist.* , 233. 3. Die verschiedenen Seiten des Charakters des Herodes. Hastings, *DB* , II, 356-7; *En . Lätzchen.* , II, 2025-9; Bevan, *Jer. unter den Hohepriestern* , 148-51.

Abschnitt CXIX. Herodes-Tempel. ALLGEMEINE FRAGEN: 1. Beschreiben Sie die Motive, die Herodes dazu inspirierten, den Tempel in Jerusalem wieder aufzubauen. 2. Seine Vorbereitungen für die Arbeit. 3. Die Erweiterung des Tempelbereichs. 4. Die verschiedenen Tore, die dorthin führen. 5. Die umliegenden Veranden. 6. Der eigentliche Tempel. 7. Die Tempelbeamten. 8. Der Tempeldienst.
THEMEN FÜR SPEZIELLE FORSCHUNG: 1. Der detaillierte Plan und die Abmessungen des Herodes-Tempels. Hastings, *DB* , IV, 711-6; *En Lätzchen.* , IV, 4943-7; Warren, *Der Tempel und das Grab* ; Smith, *Jerusalem* , II, 499-520. 2. Die Verwaltung der Tempelfinanzen. Hastings, *DB* , IV, 92-7; *En . Lätzchen.* , IV, 4949-51; Smith, *Jerusalem* , I, 351-66. 3. Die Inschrift, die Ausländern den Zutritt zu den Innenhöfen verbietet. Hastings, *DB* , IV, 713-4.

Abschnitt CXX. Die messianischen Hoffnungen und religiösen Überzeugungen des Judentums. ALLGEMEINE FRAGEN: 1. Beschreiben Sie die Einflüsse, die das Wachstum der messianischen Hoffnungen Israels bestimmten. 2. Die verschiedenen Formen, die diese Hoffnungen annahmen. 3. Der königlich-nationalistische Typus der messianischen Hoffnung. 4. Die Merkmale und Entwicklung des apokalyptischen, katastrophalen Typus der Hoffnung. 5. Der von den großen ethischen Propheten verkündete Typus. 6. Die Erweiterung und Universalisierung der messianischen Hoffnungen Israels. 7. Der Einfluss des Makkabäerkampfes auf den messianischen Glauben Israels. 8. Die messianischen Erwartungen der Juden zu Beginn der christlichen Ära.
THEMEN FÜR SPEZIELLE FORSCHUNG: 1. Der Ursprung der messianischen Hoffnungen Israels. *St. O. T.* , Ill, 39-48; Goodspeed, *Israels messianische Hoffnung* ; Oesterley , *Evolution der messianischen Idee* . 2. Die Sibyllinischen Orakel. Deane, *Pseudepigrapha* ; Hastings, *DB* , Extrabd., 66-8.

3. Die Psalmen Salomos. Ryle und James, *The Pss . von Sol.* ; Deane, *Pseudepigrapha* , 25-48.